Kulturwissenschaft im Zeitalter der Globalisierung

Münchener Universitätsschriften

Münchner Beiträge zur Volkskunde

herausgegeben vom
Institut für Volkskunde / Europäische Ethnologie
der Universität München

Band 31

Die Publikationen der Reihe
Münchner Beiträge zur Volkskunde werden von
der Münchner Vereinigung für Volkskunde e.V.
gefördert und organisatorisch betreut.

Helge Gerndt

Kulturwissenschaft im Zeitalter der Globalisierung

Volkskundliche Markierungen

Waxmann Münster / New York
München / Berlin

Gedruckt mit Unterstützung aus Mitteln
der Münchener Universitätsschriften

Die Deutsche Bibliothek – CIP-Einheitsaufnahme
Gerndt, Helge:
Kulturwissenschaft im Zeitalter der Globalisierung :
Volkskundliche Markierungen /
Helge Gerndt. – Münster ; New York ;
München ; Berlin : Waxmann, 2002
(Münchner Beiträge zur Volkskunde ; Bd. 31)
(Münchener Universitätsschriften)
ISBN 3-8309-1180-7

ISBN 3-8309-1180-7
ISSN 0177-3429

http://www.waxmann.com
E-Mail: info@waxmann.com

Umschlaggestaltung: Zembsch' Werkstatt, München
Titelbild: Brigitte Schneider, Gauting
Satz: Stoddart Satz und Layout Service, Münster
Druck: Runge GmbH, Cloppenburg
Gedruckt auf alterungsbeständigem Papier, DIN 6738

Printed in Germany

Für
Astrid und Cordula

In seinen Träumen übt sich der Mensch
für das fernere Leben.

Jorge Luis Borges

Inhalt

Kaleidoskop der Zugänge

Orientierungsmuster

Anhang

Einleitung

Der Titel dieses Buches will genau sein, doch er ist dem Mißverstehen ausgesetzt. Wenngleich Mißverständnisse potentiell in jedem Akt kulturellen Handelns angelegt sind, gilt das hier in verschärfter Weise. Außer der Bezeichnung Kulturwissenschaft im Singular wird nämlich auch der Plural Kulturwissenschaften verwendet, und das Nebeneinander dieser beiden grammatischen Formen ist im öffentlichen wie im wissenschaftlichen Sprachgebrauch unklar. Außerdem bereitet die Begriffsbestimmung von Kultur Schwierigkeiten.

„Kultur“ ist kein Gegenstand, den wir sehen, hören, schmecken oder mit den Händen greifen könnten, sondern verweist auf einen abstrakten Sachverhalt. Kultur wird allerdings gemeinhin hoch bewertet. Wer möchte nicht, wo Kultur herrscht, dazugehören oder hingelangen wollen und das, was als Kultur verstanden wird, besitzen oder sich zu eigen machen? Was aber Kultur jeweils konkret meint, bleibt meistens unbestimmt. Woraus, zum Beispiel, erwächst Kultur? Entsteht sie gewissermaßen „von selbst“ oder als Ergebnis stetigen Bemühens? Nur eines scheint offenkundig: Kultur meint etwas, das im Laufe der Evolutionsgeschichte erst mit dem Menschen auf die Welt gekommen ist. Kultur bezeichnet das Humane in unserem Dasein schlechthin.

Kulturwissenschaft und Kulturwissenschaften

Wissenschaft ist heute rechenschaftsbedürftig geworden. Paradoxerweise wird aber den philologischen oder archäologischen Kulturwissenschaften, weil sie unter wirtschaftlichen Gesichtspunkten oft nicht effektiv genug erscheinen, die Legitimation eher abgefordert als den Naturwissenschaften, denen manche technische Entwicklung anzulasten wäre, die in eine – auch ökonomisch – verheerende Katastrophe (Atomexplosion in Tschernobyl, Chemiegiftwolke in Seveso) eingemündet ist. Diese widersprüchliche Bewertung markiert ein kulturelles Problem. Aber wie wichtig scheint es uns, und wie notwendig sind Antworten auf solche Fragen? Hier ist die Selbstreflexion kulturwissenschaftlicher Arbeit gefordert: Warum braucht unsere Zeit die Kulturwissenschaften, was können sie leisten, und wie sollten sie unter den Bedingungen einer Welt, die im Globalisierungsprozeß steht, aussehen? In einer Zeit, in der sich Kulturen nicht nur begegnen oder „aufeinander prallen", sondern sich gegenseitig durchdringen und dabei alle miteinander in Kulturprozesse eingebunden sind, die die ganze Erde umspannen.

Die einzelnen kulturwissenschaftlichen Disziplinen befassen sich mit einer Vielfalt kultureller Äußerungen. Sprache, Literatur, Musik, Bildende Kunst, Werkzeug und Gerät, Brauch und Lied sind ihr Gegenstand. Aber auch geschichtliche Ereignisse, soziale Gesellungsformen und kommunikative Vorgänge gehören dazu. Kann nun Kulturwissenschaft (im Singular) eine Synthese bieten, soll sie als Dachdisziplin alle kulturbetrachtenden Bemühungen integrieren? Nein, dieses Buch will nicht „Umrisse einer neuen Disziplin" skizzieren, wie sie im Jahr 2000 in einem programmatischen Bändchen „Orientierung Kulturwissenschaft" entworfen wurden, in dem aber zugleich auch die Problematik dieses Unternehmens zum Ausdruck kommt. Kulturwissenschaft als Disziplin von einem „Gegenstand" Kultur her zu definieren, wäre genauso hypertroph wie ein Fach Naturwissenschaft zu fordern, das von der Physik bis zur Biologie und Geologie alles vereinen wollte, was sich mit Naturforschung befaßt.

Seit den 1980er Jahren gibt es eine zunehmend intensivere Diskussion darüber, was Kulturwissenschaft sein könnte oder sein sollte. Ein guter Teil der Argumentation ist dabei vom Legitimationszwang bestimmter Forschungs- und Lehrprogramme geprägt. Diese sind aus unterschiedlichen Wissenschaftstraditionen herausgewachsen, und es fällt schwer, all das konsistent zu vereinigen, was seit Giambattista Vicos „Neuer Wissenschaft" (1725) an kulturwissenschaftlichen Ansätzen entwickelt worden ist. Man wird zumindest die mehr philosophisch-theoretischen und ästhetischen Richtungen von eher pragmatisch-empirischen Projekten unterscheiden müssen: Von Herder über Hegel und Freud bis zu Cassirers „Theorie der symbolischen Formen" und der Kritischen Theorie Horkheimers und Adornos sowie die Arbeiten von Philologen und Kunsthistorikern einerseits und die Vielzahl ethnologisch-anthropologischer Studien andererseits. Das alles stimmig auf ein spezielles Fach mit eigenständiger Kompetenz zuzurichten, scheint eine kaum lösbare Aufgabe.

So stellt sich auch die nützliche Gruppierung kulturwissenschaftlicher Arbeitsfelder in dem genannten Orientierungsband „Kulturwissenschaft" zwar anregend, aber auseinanderstrebend dar. Dort sind gegenwärtige Forschungsschwerpunkte (Wissenschaftskulturen, Kulturgeschichte der Natur, Historische Anthropologie, Erinnerung und Gedächtnis, Kulturgeschichte der Technik, Mediale Praktiken) akzentuiert, ohne deutlich zu machen, wie ein Theorienetz all diese Gebiete systematisch zu verbinden vermag. Auffällig ist, daß die Alltagskultur nur einmal, wo es um die Macht der Technik im Alltag geht, kurz angesprochen wird und daß sie im Bereich der „medialen Praktiken", die das Alltagsleben so tiefgreifend mitbestimmen, gänzlich unkonkret bleibt.

Orientierung in der Kulturwissenschaft – was wäre da zu fordern? Wer sich Kulturwissenschaft wie einen artenreichen Wald vorstellt und dort, um sich zurechtzufinden, das Unterholz beseitigt, wird einzelne Bäume und Baumgruppen deutlicher sehen und in ihrer Art genauer bestimmen können. Aber den gesamten Wald als lebendiges Ganzes richtig einzuschätzen, kann auf diese Weise schwerlich gelingen. Anstatt nur Schneisen zu schlagen und das Wissen über einzelne Stammbäume immer weiter zu vermehren (so wichtig dies selbstverständlich ist), wäre eher ein Kompaß zu wünschen – aber wo findet man den? Da bleibt nur der Aufstieg in eine der Baumkronen, um einen Überblick zu gewinnen.

Volkskundliche Markierungen

Jener Baum, den wir für unsere Erkundung wählen, heißt Volkskunde. Man darf ihn durchaus mit einer deutschen Eiche vergleichen. Er wurzelt in der Aufklärung, hat ein romantisches Blätterkleid ausgebildet, hier und da mythologisches Schlingpflanzenwerk angezogen sowie im Laufe der Zeit ein knorriges Geäst aus Positivismus und – weiter oben – strenger Empirie entwickelt. Letzteres ist eine solide Steighilfe bis in die Gipfelregionen, die einen spezifischen Blick über den ganzen Wald gestatten. Da weitet sich der Wahrnehmungshorizont, und wir erkennen, daß er vor allem aus Fragen besteht. Und daß darum die Fähigkeit, andere Wahrnehmungs- und Denkweisen zu erlangen, in manchen Situationen wichtiger sein kann als die beim Ausholzen und Klettern gewonnenen detailreichen Erkenntnisse.

Der Wald der Kulturwissenschaften verändert sich nicht, wenn man ihn vom Wipfel volkskundlicher Fachtradition aus zu beurteilen versucht, und der Baum Volkskunde wird dadurch schon gar nicht zum Wald „Kulturwissenschaft". Er bleibt ein Einzelgewächs von markanter Identität, das aber den Wald als seinen Lebensraum betrachten und in gewisser Hinsicht repräsentieren darf. Aus seiner Gipfelperspektive lassen sich Pfade erkennen, die vom Lebensalltag inspiriert und zunächst im gegenwärtigen Zeithorizont angelegt sind. Kulturwissenschaft bedeutet also in diesem Buch keine spezifische Forschungsdisziplin, sondern charakterisiert eine Betrachtungsperspektive und ein Tätigkeitsmuster; sie kann im Idealfall auch ein Integral von Wissensbeständen darstellen, darf sich aber keinesfalls nur als eine Summe verstehen. Orientierungspunkt soll hier die Volkskunde sein, eine von vielen Disziplinen, die kulturwissenschaftlich arbeiten. Ihre Spezifik liegt darin, daß sie vom konkreten Lebensalltag der breiten Bevölkerungsschichten ausgeht, dabei in der Regel die Mikrobetrachtung einer Makrosicht vorzieht, ohne allerdings – und das ist eine unabdingbare Prämisse – je das Bewußtsein vom räumlich-historisch-sozialen Gesamtzusammenhang allen kulturellen Geschehens verlieren zu dürfen.

Dieses Buch will volkskundliche Wegmarken setzen und konzentriert sich auf zwei Arten: problemgeleitete und theoretische. Sie sind stets aufeinander bezogen und eng verzahnt, aber doch so, daß sie sich gewichtet in zwei Gruppen scheiden lassen. Der erste Teil des Buches präsentiert ein *Kaleidoskop der Zugänge*. Hier wird von verschiedenen Sachproblemen her, aber auch auf variierenden methodischen Wegen, kulturwissenschaftliches Fragen entfaltet. Ausgangspunkte sind populäre Erzählungen, ein markanter Kulturraum, das Phänomen Großstadt, ein technisches Unglück, eine wirtschaftspolitische Machtdemonstration und das gegenwärtige Naturverständnis, was sich insgesamt als eine paradigmatische Auswahl versteht. Eines der Leitmotive ist die Bildanalyse.

Der zweite Teil vermittelt *Orientierungsmuster*, und zwar wiederum von sehr unterschiedlicher Art. In den beiden ersten Kapiteln werden als Forschungsfundamente programmatische und politische Zusammenhänge der volkskundlichen Fachgeschichte skizziert, in den beiden nächsten zentrale begriffliche und erkenntnistheoretische Kontexte kulturwissenschaftlicher Arbeit entworfen und schließlich werden in den beiden letzten Kapiteln jene bildungs- und wissenschaftspolitischen Vernetzungen deutlich gemacht, denen sich Volkskunde und auch die übrigen Kulturwissenschaften verantwortlich fühlen müssen. Insgesamt führt die Orientierung von der Fachspezifik hin zu einer im interdisziplinär-globalen Zusammenhang reflektierten Kulturpolitik. Ein Leitmotiv bildet der Legitimationsanspruch der modernen Gesellschaft gegenüber Wissenschaft als Institution.

Inwiefern sich volkskundliche Ansätze im konkreten Forschungskontext von dem des neueren, oft modischen, kulturwissenschaftlichen Diskurses unterscheiden, sei kurz am Beispiel des „Arbeitsfeldes" *Erinnerung und Gedächtnis* erläutert. Im Studienführer „Orientierung Kulturwissenschaft" werden dazu vor allem Fragen des kulturellen Gedächtnisses sowie der Gedächtnis- und Aufzeichnungstechniken abgehandelt. Ein Volkskundekongreß zu dieser Problematik (1989) stand bezeichnenderweise unter dem Thema „Erinnern und Vergessen" und artikulierte damit eine etwas andere Problemsicht.

Volkskunde schaut auf die Erinnerungen selbst, und sie interessiert sich für das Erinnern als Prozeß, als „Kulturtechnik", zugleich aber auch für den entgegengesetzten Vorgang, das Vergessen. Erinnerns- und Vergessensvorgänge repräsentieren eng verkoppelt eine Grundbedingung menschlichen Lebens. In ihnen vollzieht sich – so könnte man sagen – der Atem des kulturellen Daseins. Erinnern und Vergessen sind Bewußtseinsvorgänge, aber sie sind nichts „rein Subjektives", sondern Teil des sozialkulturellen Lebensprozesses. Als kulturelle Phänomene aufgefaßt, sind sie nicht in erster Linie

Folgen physiologischer Mechanismen mit psychischen Funktionen. Erinnern und Vergessen werden volkskundlich als Konstituenten des Traditionsprozesses verstanden. Es geht um traditionsgesteuerte und Traditionen stiftende Vorgänge, darum, was wir bewußt erinnern und vergessen wollen, was wir aufheben oder wegwerfen, was wir zu erinnern oder zu vergessen mahnen. Darin zeigt sich ein Grundmuster unserer Kultur oder spezifischer Subkulturen. Was erinnert oder vergessen wird, gibt dem jeweiligen Alltag seine charakteristische Gestalt, seinen Gehalt, seine Lebensbedeutung.

Der volkskundliche Forschungsansatz bedarf des Konkreten. Er schaut auf den engeren sozialen Kontext des Erinnerns oder auf Objekte als Katalysatoren der Erinnerungsarbeit: auf private Tagebücher ebenso wie auf öffentliche Denk- und Mahnmale. Zwei Hauptaspekte lassen sich unterscheiden. Auf der einen Seite – unter stärker personalem Zugriff – kulturelle Formen individueller Lebensstrategie: Fragen nach dem persönlichen Entscheidungszwang zwischen Erinnern und Vergessen, der beiläufigen Einbindung erinnerter Erfahrungen in den Alltag, der „geronnenen" Erinnerungswahrnehmung durch Fotos oder der Form und Notwendigkeit familiärer Privatmythen. Auf der anderen Seite rücken stärker gesellschaftliche Konstrukte und Rhythmen des Kulturprozesses in den Blick. Hier geht es um epochale Erinnerungsmuster, um Erinnerungsstiftung – z.B. in Museen und Vereinen – , um normierte Erinnerung und gezieltes Vergessen, um Schablonisierung von Geschichte, um verordnete Gedächtniskultur, kurz: um das sogenannte kulturelle (in Abgrenzung zum kommunikativen) Gedächtnis.

Ob Erinnerung nötig sei, ob Vergessen uns glücklich macht – das sind, so allgemein formuliert, triviale Fragen; sie gewinnen aber in einem engeren kulturellen Zusammenhang Substanz und bedürfen einer je spezifischen Behandlung. Daß Erinnern keine vergangene Realität abbildet, ist eine Binsenweisheit, die aber grundlegende Fragen herausfordert, etwa: Hebt nicht das in jedem Kontext *andere* Erinnern jede *objektive* Vorstellung geschichtlicher Wirklichkeit auf? Und was wäre daraus zu folgern?

Wie Individuen, so organisieren auch Gruppen ihre Vergangenheit und Gegenwart durch das Erinnern, um ihre Identität zu sichern – was freilich immer erneute Anstrengung fordert. Das gilt auch für eine Forschergemeinschaft wie die Volkskunde, die mit dem Verlust ihrer normativen Erinnerungen das Bewußtsein von ihrer spezifischen Aufgabe verlöre. Erinnerte Vergangenheit und erfahrene Gegenwart legen sich gegenseitig aus. „Erinnern und Vergessen" ist nicht zuletzt ein Thema, das die sachlich sehr disparaten volkskundlichen Forschungen auf ein gemeinsames Zentrum zusammenziehen kann und eine Vergewisserung ihrer zentralen Fragestellungen erlaubt.

Aber diese Thematik weist natürlich über ein Einzelfach hinaus. Ein angesichts der bedrängenden ökologischen Probleme notwendig erscheinendes neues Wissenschaftsverständnis müßte – analog zu naturwissenschaftlichen

Kooperationen – auch in den Kulturwissenschaften von *disziplin*orientierter zu *aufgaben*orientierter Zusammenarbeit übergehen. Volkskundler sind sensibel für „Vergangenes", das in der Gegenwart weiterlebt. Solche Vergangenheit kann man als Relikt oder polemisch als eine Addition von Ruinen bezeichnen, aber man sollte bedenken: Ruinen zeigen die widerstandsfähigsten Seiten des Lebens. Was also „leisten" Erinnern und Vergessen im Alltagsleben, und was fordert die Analyse dieser Prozesse?

Ordnung und Distanz

Jeder, der sich – auf welchem Gebiet auch immer – mit etwas komplizierteren Dingen beschäftigt, gelangt früher oder später zum Begriff der Ordnung. Irgendwann muß er nämlich komplexe Phänomene – oder doch wenigstens Gedanken darüber – „auf die Reihe bringen"; er muß Erscheinungen, die er betrachtet, sinnvoll verknüpfen, wenn er sich ein Bild machen will; er muß Aussagen strukturieren, wenn er seinen Gesprächspartnern nicht nur amorphe Realität anbieten, sondern Zusammenhänge veranschaulichen möchte. Alles wissenschaftliche Tun, alles Verstehen-Wollen zielt darauf, Ordnung in die Vielfalt der Erscheinungen zu bringen.

Ordnung ist ein abstrakter Begriff und bedarf der Spezifizierung. Ein konsistentes, die ganze Welt oder auch nur eine spezielle Kultur umfassendes Modell oder Muster zu finden, in welches sich *jeder* Bestandteil der erfahrbaren Wirklichkeit sinnvoll und verständig einfügen würde, erscheint freilich unmöglich. Ordnungsvorstellungen sind eine allgemeine Voraussetzung, eine Bedingung der Möglichkeit zu wissenschaftlicher Erkenntnis; denn Wissenschaft beruht auf der Hypothese, daß es Antworten gibt, die die Erscheinungen in eine gewisse Ordnung bringen. Ordnung kennzeichnet auch den formalen Rahmen, in dem wir Ergebnisse formulieren und Erkenntnisse überhaupt erst als solche begreifen.

In beschreibender Form wurde in der Volkskunde öfter über Ordnungen gehandelt. Eine umfängliche Studie von Edit Fél und Tamás Hofer über das ungarische Dorf Átány, die in den ersten Jahrzehnten nach dem zweiten Weltkrieg durchgeführt wurde, stellt ein Musterbeispiel dar für die Veranschaulichung realer Ordnungen des Alltagslebens, die den einzelnen Gemeindemitgliedern mehr oder weniger bewußt sind. In diesem Werk werden die „Normen der geziemenden Kleidung" oder die „Ordnung des Wohnens" sachnah als aufeinander abgestimmte Systeme geschildert. Arbeitsgeräte besitzen für Bauern ihren je spezifischen Aufbewahrungs- oder Anwendungsort, viele Handlungen ihre bestimmte Zeit. Ähnlich kommt auf historische Quellen gegründet in Karl-S. Kramers Aufriß einer „Rechtlichen Volkskunde" von 1974 das verflochtene, hoch differenzierte Ordnungsgefüge der frühneuzeitlichen Dorfgesellschaft zum Ausdruck. Dort werden anschauliche Modelle präsentiert, wird ein aus Gewohnheiten und Notwendigkeiten entstandenes System von Regeln des Zusammenlebens entfaltet, das im Laufe der Zeit allgemein verbindlich wurde und Autorität gewann. Die räumliche Ordnung in den Siedlungen manifestierte sich durch bestimmte Grenzen (darunter der mit Glaubensvorstellungen behafteten Dachtraufe) oder in der Binnengliederung des Hauses. Das Bedürfnis nach zeitlicher Ordnung äußerte sich in den Brauchterminen, soziale Ordnung in der „Rangordnung“ der Ehre. Das Ordnungsgeflecht war in übergeordneten Rechtssystemen der geistlichen und weltlichen Obrigkeit eingebettet und wurde immer wieder kontrolliert und aktualisiert.

Auf fachtheoretischer Ebene ist in der Volkskunde über kulturell bedingte und kulturell ausgeformte Ordnungen – jedenfalls programmatisch-explizit – viel weniger gehandelt worden. 1947 hat Leopold Schmidt die Volkskunde als „Wissenschaft vom Leben in überlieferten Ordnungen“ definiert und die Ordnung als eine „funktionelle Aufbauform“ dieses Lebens (z.B. Altersgemeinschaften) erläutert. Erst 25 Jahre später wurden seine Überlegungen unter dem Gesichtspunkt kultureller Ordnung von Ina-Maria Greverus weitergeführt. Die kulturellen Ressourcen der Menschen, meinte sie, zeigten sich nicht nur im „Überlieferten“ selbst, sondern auch in kreativen Prozessen, bei denen eine enkulturierte Ordnung in Situationszwängen modifiziert wird („kulturelle Anti-Ordnung“ in Jugendkulturen). Doch in die etwa gleichzeitige Debatte über Kultur als System, die einige Ideen der sogenannten System-Umwelt-Theorie für die Volkskunde fruchtbar machen wollte, und anderen Theorieentwürfen wurde die Idee der kulturellen Ordnung nicht aufgenommen. Jüngst hat der Würzburger Volkskundler Wolfgang Brückner wieder nachdrücklich einen Diskurs über Ordnung in den Kulturwissenschaften eingefordert.

Die methodisch-theoretisch interessanteste Frage dieses Komplexes zielt darauf, ob bestimmte Ordnungen realiter vorhanden sind oder ob sie nur Gedankenkonstruktionen der über Leben und Welt reflektierenden Forscher darstellen. Das ist ein erkenntnistheoretisches oder, wenn man die Wirklichkeit als gesellschaftliche Konstruktion versteht, ein wissenssoziologisches Problem. Die Soziologie fragt nach den Faktoren, die zur Ausbildung oder Auflösung von Ordnungen führen. Dieser Ansatz ist aber auch für eine mikroanalytisch arbeitende Volkskunde bedeutsam; denn das alltägliche Lebensumfeld der Menschen wird von diesen bewußt gestaltet, d.h. geordnet. Jede ein oder mehrere Male wiederholte Handlung neigt zur Habitualisierung, auch das ist Ordnungsbildung. Volkskunde hat jedoch nicht nur danach zu fragen, ob eine Ordnung Faktum oder Konstrukt, Fund oder Erfindung darstellt, sondern: in genau welchem Grade ist eine bestimmte Ordnung erfahrbares Faktum oder wirkmächtiges Konstrukt?

Das Streben nach Ordnung, so unumgänglich es für Lebensgestaltung wie Erkenntnisfindung ist, hat seine Gefahren. Ordnung kann zu einem Machtmittel instrumentalisiert werden; oder umgekehrt gesagt: was beherrscht werden soll, muß geordnet sein. Problematisch wird das vor allem dann, wenn bestimmte Interessengruppen ihre Ordnung zementieren, was – auf geistige Inhalte bezogen – eine Ideologisierung bedeutet. Solche Verfestigungen können im Alltag wie in der Wissenschaft Wandel und Fortschritt hemmen.

Ordnungen zu erkennen oder zu schaffen, verlangt Distanz. Unter methodologischem Blickwinkel sind Ordnungen logische Abläufe oder Modellkonstruktionen, die als Arbeitshilfe dienen, in theoretischer Sicht sind es Synthesen. Wissenschaftliche Arbeit verlangt durch das Systematisierungsgebot und das Objektivitätspostulat prinzipiell Abstand. Bereits die Begriffsbildung bedeutet Distanzierung. Aber die Distanz kann unterschiedlich groß sein. Wenn wir Phänomene nach Ursache und Funktion *erklären*, ist der Abstand vom zu erklärenden Phänomen größer als wenn wir uns bemühen, einen Sachverhalt nach Intentionalität und Symbolkraft zu *verstehen*, denn dafür wird Einfühlung, also Nähe, benötigt.

Der Zweck wissenschaftlicher Distanzierung liegt auf der Hand. Nur mit hinreichendem Abstand können wir ein Phänomen als Ganzes und in seiner Kontexteinbettung überschauen. Nur im Abstand treten die charakteristischen Elemente hervor, die sich dann mit anderen vergleichen lassen: Distanz ermöglicht Überblick; Vergleich setzt Distanz voraus. Nur wer nicht zu nah steht, kann das Komplexe angemessen vereinfachen, kann Typisches erkennen, kann zu systematisieren und zu verallgemeinern versuchen, eben: Ordnung schaffen. Distanz bewahrt vorm Ertrinken im Stoff, vor unkontrollierter Emotionalität, vor Partikularismus und Undurchsichtigkeit. Sie fördert Bedachtsamkeit beim Wahrnehmen, Abwägen und Urteilen. Und nicht zuletzt schärft sie den Blick für die von der Wissenschaft selbst produzierten Rücklaufphänomene (die dem Volkskundler z.B. als Folklorismus wiederbegegnen).

Damit ist ein Leitgedanke der folgenden Ausführungen formuliert: Wir gewinnen Einsichten, indem wir uns bemühen, mehrmals hinzuschauen, Pausen einzulegen und unsere Erkenntnisse aus immer wieder anderer Sicht abzuklären. Die Reisemetapher vermittelt dafür ein erhellendes Bild. Im buchstäblichen wie im übertragenen Sinne der Gedankenreise schafft Reisen Distanz, indem neue Blickpunkte und Perspektiven auftauchen, die sich gegenseitig relativieren. Daß Distanzierung im Übermaß, so wie bei Ordnung, jedoch Probleme schafft, ist einsichtig. Wer sich nur auf makrostrukturelle Aspekte konzentrieren wollte, würde rasch die lebensgesättigten Details, die voller Widersprüche stecken, aus den Augen verlieren. Damit ist die Frage der Lebensnähe von Wissenschaft in der modernen, von ihr selbst geprägten wissenschaftlich-technischen Welt gestellt. Bevor wir jedoch das Kaleidoskop der Wirklichkeitsbilder schütteln, soll ein pointierter Gedankengang durch einige Vorstellungen vom menschlichen Leben die Bedeutung der historischen Dimension unseres Problemfeldes ins Blickfeld rücken.

Das Leben als Reise

Das Zeitalter der Globalisierung, in welches wir unter dem Druck der Finanz- und Warenmärkte im Zusammenspiel mit einer zunehmenden Vernetzung der Kommunikationskanäle seit gut einem Jahrzehnt eingetreten sind, zeichnet sich durch markante Vorgänge aus. Besonders nachdrücklich erleben wir die Beschleunigung vieler Lebensprozesse. Daneben gibt es andere Phänomene, die die Welt grundlegend verändern, z.B. gewaltige Wanderbewegungen, wie sie Krieg und Hunger hervorrufen, aber auch durch Massentourismus und die großflächige Verlegung von Arbeitsplätzen verursacht werden. Oder eine unüberschaubare Produktion von Bildern: man denke an Illustriertenflut und Plakatwerbung im öffentlichen Raum oder an privates Videofilmen, an Fernsehen und Internet. Da drängen sich Fragen auf: Gibt es im Schatten der Migrationsströme noch herkömmliches Reisen? Oder herrscht allein das Ankommen, ein unruhiges Sich-Aufhalten, ein zwanghaftes Sich-Weiterbewegen? Und zur Bilderschwemme: Wieweit ersetzen Visualisierungsvorgänge sprachliche Aussagen? Verdrängt der schnelle Bildeindruck das differenziertere Argumentieren? Wenn das zutrifft, wäre zu fragen: Ist rasches Ankommen statt bedachtsamer Reisen und sind buntmontierte Bilder statt präziser Worte als Gewinn oder Verlust zu werten? Aber auch: Sind ökonomisch eingefärbte Begriffe wie Gewinn und Verlust das angemessene Vokabular, um damit den Wert des Lebens zu fassen?

Sammeln wir zunächst ein paar historische Informationen! Seit alters wird das menschliche Leben in symbolischen Bildern veranschaulicht. Humanistische Emblemata stellten es z.B. als einen *Kampf* vor Augen (militia est vita hominis super terram). Für die Barockdichter verlöschte das Leben des Menschen *wie eine Flamme* oder es verging *wie ein Hauch*. Calderon da la Barca gab einem seiner Schauspiele den Titel: Das Leben ein *Traum*. Besonders vielfältig aber ist das Metaphernfeld vom Leben als *Reise*. „Unser Leben gleicht der Reise / eines Wandrers in der Nacht: / Jeder hat auf seinem Gleise / etwas, das ihm Kummer macht", heißt es im Beresina-Lied von 1812. Wir schreiben, wenn wir uns bewerben, noch heute einen Lebens*lauf*, und wir suchen im Alltag unseren Lebens*weg*, auf dem es *Umwege* und *Irrwege* geben mag, wo man auf *Abwege* geraten kann, und wo wir das gewinnen, was höchst bildhaft Er-*fahrung* heißt.

Für das *reale* Auf-Reisen-Gehen hat sich nach der Mitte des 16. Jahrhunderts eine spezifische Reisekunst, die *ars apodemica*, herausgebildet. Das ist eine eigene Literaturgattung. In einem Zeitraum von knapp zweieinhalb Jahrhunderten sind in Europa mehrere hundert einschlägige Werke erschienen. Diese Reisehandbücher hatten Anregungen aus älteren Völker- und Landeskunden, Pilgerdirektorien und ärztlichen Reiseregimina aufgenommen. Sie zählten z.B. Argumente für und gegen das Reisen auf, gaben religiöse und moralische, hygienische und diätetische Ratschläge, boten ferner Informationen und oft sehr detaillierte Anweisungen zur Beschreibung von Land und Leuten. Gegen Ende des 18. Jahrhunderts verschwand die Apodemik. Genauer gesagt: Sie verwandelte sich und strebte in zwei Richtungen: zur Methodenlehre ethnographischer Feldforschung einerseits und zum touristischen Kunst- und Reiseführer andererseits.

Das Auf-Reisen-Sein wurde in der Neuzeit zunehmend für immer breitere Bevölkerungsschichten ein Teil ihres Lebens. Reisekunst ist somit auch *Lebens*kunst. Die *ars vivendi* zielt sowohl auf personale Lebensweisheit wie auf sozial richtiges Verhalten, wobei hinsichtlich der Veränderung der Verhaltensstandards im Zivilisationsprozeß der letzten Jahrhunderte eine gewisse Einebnung von der Lebens*kunst* hin zur Lebens*planung* stattgefunden hat. Das Reisen ist aber nicht nur Bestandteil, sondern eben auch aspektreiches Gleichnis des Lebens. Die Reise (etymologisch verwandt mit englisch *to rise* = aufstehen, sich erheben) beginnt mit dem Aufbruch. Aufbrechen bedeutet, gefestigte Strukturen zu verlassen: das Vertraute weicht dem Fremden. Räumlich ist das Fremde das Auswärtige, sozial sind die Fremden die Anderen, allgemein ist „fremd" etwas Unbekanntes, das Befreiung bringen oder Prüfung bedeuten kann. Die Reise selbst kennt zwischen Aufbruch und Heimkehr Grenzüberschreitungen oder andere Stationen, z.B. Wegegabeln und Raststätten. Dort kann man Atem schöpfen, sich auf den zurückgelegten Weg besinnen und darüber nachdenken, wie es weitergehen soll. All diese Strukturelemente der Reise gelten metaphorisch auch für die *Lebensreise*, und mehr noch: wir können dort ganz ähnliche Empfindungen, z.B. ein *Auf und Ab*, erleben, vollziehen statt eines räumlichen z.B. mit Doktorprüfung oder Heirat einen lebensgeschichtlichen *Übergang*, müssen vielleicht den vor uns liegenden Weg *ebnen* oder eine schwierige Situation *überbrücken*. Mancher mag *Schiffbruch* erleiden und sich aus der Not retten – bis zum *Heimgang*, wenn wir sterben müssen: dann tritt jeder die sprichwörtliche *letzte Reise* an.

Sprachbilder sind mit konkret-anschaulicher Wirklichkeit eng verknüpft. Aus dem Mittelalter kennen wir das Bild vom Menschen als *Homo viator*, eines Wanderers, der immer auf dem Wege ist. Die Vorstellung, das Leben des Christen sei eine Pilgerfahrt, läßt sich aber noch weiter zurückführen, auf alt- und neutestamentliche Begebenheiten: den Exodus aus Ägypten oder den Gang der Jünger nach Emmaus. Während Wallfahrt eine Reise zu einem heiligen Ort in dieser Welt bezeichnet, ist Peregrinatio das asketische Unterwegssein, das absichtliche In-der-Fremde-Weilen als Voraussetzung für den Eintritt in das Reich des Heils. Im Mittelalter besuchte mancher Christ Jerusalem, wanderte nach Rom oder Santiago de Compostela. Schon weil die Reise so langsam voranging und so lange dauerte, war sie selbst ein Stück

Abb. 1: Zwei-Wege-Bild. Kolorierte Kreidelithographie, Stuttgart um 1866

Leben. Mit dem spirituellen Weg des einzelnen Pilgers, seinem Leben als Pilgerreise, waren Bescheidenheit, Mäßigkeit, Enthaltsamkeit verbunden. Pilgerfahrten oder entsprechendes Reisen gibt es aber auch in anderen Kulturen; jeder Mohammedaner soll einmal im Leben Mekka besuchen.

In der Bergpredigt benutzt Jesus das Bild vom breiten Weg, der in die Verdammnis, und vom schmalen Weg, der zum Leben führt. Diese Metaphorik ist sehr detailliert in zahlreiche literarische und bildliche Formen umgesetzt worden. Sie haben von der Barockzeit bis ins 19. Jahrhundert eine große Popularität erreicht. In Kirchenliedern oder im Werk des englischen Baptisten John Bunyan „The Pilgrim's Progress" (1678) wird die richtige Form der Lebensreise eines Christen imaginiert mit allen denkbaren Gefährdungen, denen der gläubige Mensch ausgesetzt ist. Besonders anschauliche Beispiele sind dafür im 19. Jahrhundert die Zwei-Wege-Bilder (Abb. 1), die die breite Straße der Weltleute ausmalen, welche am „Gasthof zum Weltsinn" und einer Spielhölle vorbei zu Tod und Verdammnis führt. Daneben sieht man den steilen, über eine schmale Brücke führenden Pfad der frommen und wohltätigen Christen zu Leben und Seligkeit. – Im Buddhismus, übrigens, liegt die Entscheidung nicht zwischen dem schmalen und dem breiten Weg, dem Weg nach oben oder unten, sondern zwischen dem Weg im Kreis und dem Weg aus dem Kreis hinaus.

Aber auch im spätmittelalterlichen und frühneuzeitlichen Europa finden wir die Vorstellung vom Lebenskreis, und zwar im Bildtypus des Schicksalsrades. Diese Vorstellung ist z.B. in skandinavischen Kirchenfresken öfter abgebildet. Ein deutscher Einblattholzschitt aus der Mitte des 15. Jahrhunderts (Abb. 2a) zeigt im Zentrum das Rad des Glücks (mit der Inschrift: Rota vitae qui fortuna vocatur) und an den Bildrändern finden sich kreisförmig angeordnet die Lebensstationen des Menschen von der „generatio" bis zur „corruptio". Auf solchen Bildern wird die Vergänglichkeit anschaulich. Als „Motor" des Lebensrades sind Gott oder Fortuna oder der Tod dargestellt. Parallel zu dieser Säkularisierungstendenz wandelt sich auch die zyklische Lebensvorstellung zur Auffassung eines linearen Lebensverlaufs.

Gegenüber der rein symbolischen Darstellung erscheint das horizontal gelagerte Lebensrad in einem niederländischen Holzschnitt von 1558 (Abb. 2b) wie ein konkreter Gegenstand. Auf dem Rad werden die Lebensalter als zeitgemäß ausgestattete Personen vorgeführt: ein nackter Knabe, ein modisch gewandeter Jüngling, ein Kaufmann mit Geldtasche und ein Greis mit Gehstock und Rosenkranz. Hier bewegen die vier an den Füßen geflügelten Lebensalter gewissermaßen selbst das Rad, das sich um die Welt dreht. Unübersehbar ist die Mahnung an das Jenseitsgericht und an das lebensbeherrschende Regiment des Todes. Die Menschen in der Renaissance stellten sich die Frage nach Sinn und Grenzen ihres Lebens und ihrer Haltung zu Gott neu; sie rückten bürgerliche Tugenden und irdischen Verdienst in ein neues Licht.

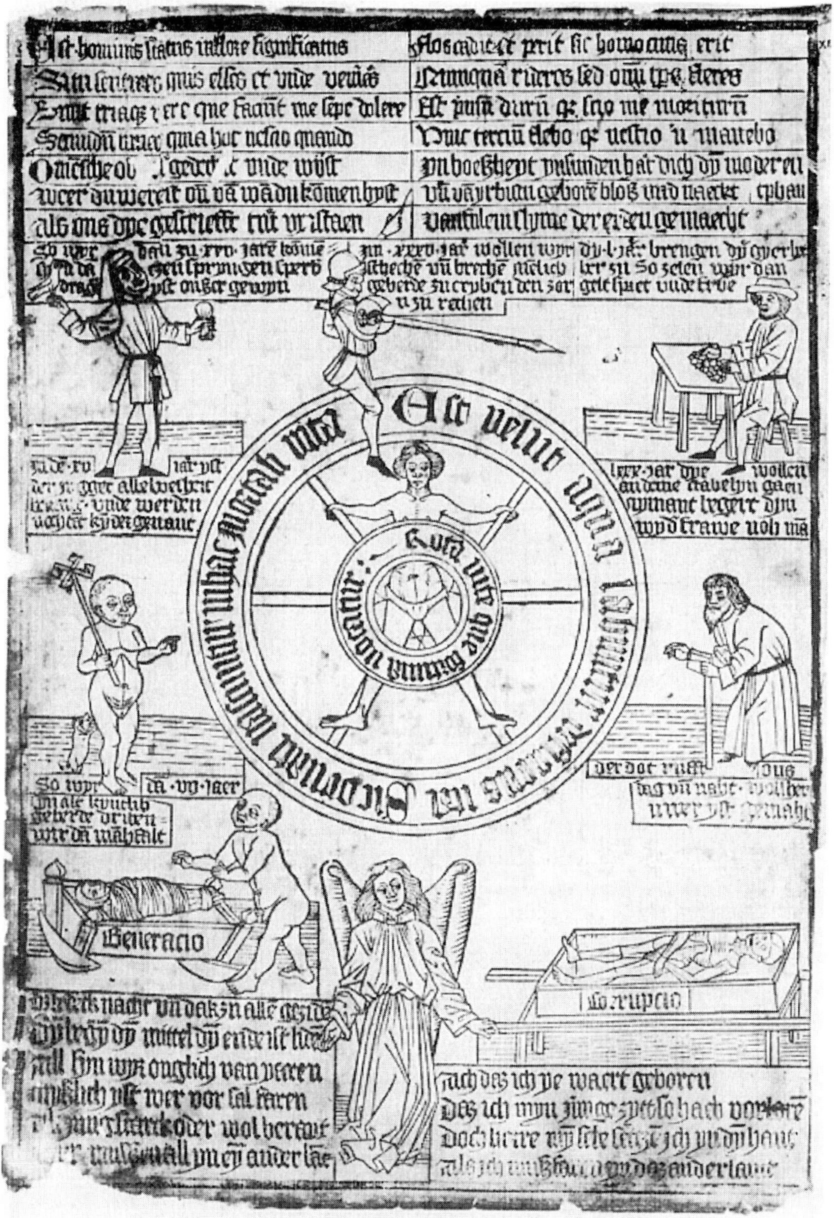

Abb. 2a: Lebensrad. Einblattholzschnitt, um 1470

Abb. 2b: Lebensrad. Flugblatt (Ausschnitt), Kampen 1558

Abb. 3: Lebensbrücke. Dänische Bildkarte nach einer Vorlage aus dem 19. Jh.

Nachdem noch im 15. Jahrhundert die Lebensalter-Darstellungen als Rad-Anordnung oder als ein Nebeneinander vorherrschten, entstand in der ersten Hälfte des 16. Jahrhunderts der Bildtypus der Altersstufen. Vielfältig variiert mit Männern, Frauen oder Paaren besetzt steigt die Lebenstreppe bis zum 50. Jahr und fällt dann wieder hinab bis zum Tod: 10 Jahr ein Kind, 20 Jahr ein Jüngling, 30 Jahr ein Mann, 40 Jahr wohlgetan, 50 Jahr still stahn, 60 Jahr geht's Alter an, 70 Jahr ein Greis, 80 Jahr nimmer weis', 90 Jahr der Kinder Spott, 100 Jahr gnad' dir Gott. Unter einem Holzschnitt lesen wir: „Wer den Tod für Augen hat,/ Denkt an denselben früh und spat." Zwei Himmelsstrahlen verkünden: „Gottes Hand erhält alles" und „Gottes Aug siehet alles". Welt und Lebensgang sind noch fest in die religiöse Ordnung eingebunden.

Die Lebensalter bilden ein vielfältig variiertes Thema sowohl in Literatur und hoher Bildkunst als auch in der Popularkultur. Das Motiv begegnet als Wandschmuck wie im Würfelspiel und ist europaweit verbreitet. Dabei hat sich das Bildschema der „Alterstreppe" oder „Lebensbrücke" (Abb. 3) mit der Zeit im Kern nur geringfügig verändert. Im 19. Jahrhundert vermittelten die Bilder das dem Zeitgeist entsprechende bürgerliche Selbstverständnis. Im 20. Jahrhundert tauchte dann das Motiv als Vorwand für sarkastische Cartoons über Prestige- und Statusdenken auf (Abb. 4). Der amerikanische Karikaturist Saul Steinberg glossierte die Stufen des gesellschaftlichen Aufstiegs: Pfadfinder, Doktor, Geschäftsreisender; auf dem Höhepunkt ein gewaltiger Schreibtisch und dann –. Was sich in den populären Drucken des

Abb. 4: Lebenstreppe. Saul Steinberg, 1954

19. Jahrhunderts schon angekündigt hatte, ist hier auf die Spitze getrieben: die totale Verdrängung des Todes aus der modernen Leistungs- und Freizeitgesellschaft. Statt dessen korrespondiert der Geburt nun der scheinbar ewige Urlaub eines rüstigen Rentners unter Sonne und Palmen.

Die Lebenssinnbilder vergangener Jahrhunderte sind aus dem gegenwärtigen Bewußtsein weitgehend verschwunden. Was aber ist in unserer von Bildern beherrschten Welt an ihre Stelle getreten? Statt der Lebensaltertypologie auf der Treppe finden wir heute das Alter der Bevölkerung in geometrische Figuren und statistische Diagramme umgesetzt (Abb. 5): Für wachsende Bevölkerungen (z.B. in den Entwicklungsländern) gewinnt die Darstellung der Altersgliederung die Form einer Pyramide, nimmt mit steigender Lebenserwartung eine Glockenform an und verwandelt sich mit einsetzendem Geburtenrückgang in die Gestalt einer Zwiebel, die schließlich noch, bei hoher Überalterung, in einen Pilz mutiert. Solche mathematischen Schaubilder werden heute überall auf der Welt verstanden.

Etwas weniger abstrakt, aber ebenfalls global verständlich, ist das Körperpuzzle-Bild (Abb. 6), mit dem im Werbeprospekt eines medizinischen Arbeitskreises zur Organspende aufgerufen wird. Dieses Visiotyp (wie der Sprachwissenschaftler Uwe Pörksen ein Bild nennt, das mit suggestivem Design argumentiert) unterstellt auf subtile Art, der Konstruktionsplan des menschlichen Körpers sei durchschaut und ermögliche eine gleichmäßige

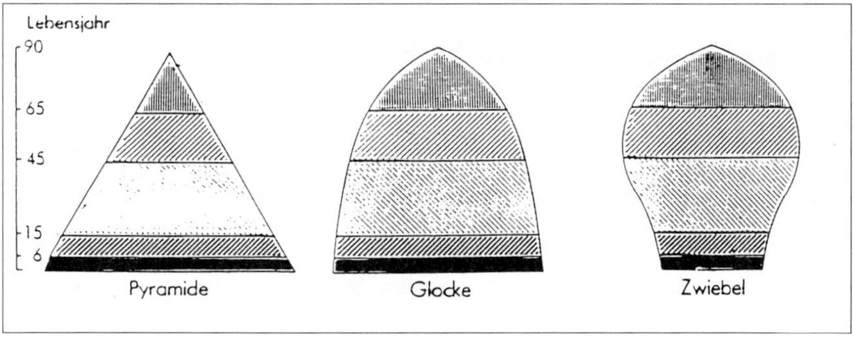

Abb. 5: Altersgliederung. Brockhaus Enzyklopädie (1986)

Auswechselung seiner Organe. Das visuelle Zeichen verbildlicht einen scheinbar objektiven Faktenbefund, stützt und fördert wie ein Logo das Vertrauen in die wissenschaftlich-technische Entwicklung. Da zum Bild des technischen Zeitalters die Idee des Seriellen und die Kopierfähigkeit gehören, verschwindet vor solch faszinierender Funktionalität unversehens die Frage, wie denn das, was da propagiert wird, im individuellen Empfinden von Spendern und Empfängern konkret zu bewerten sei.

Wir halten ein: Die Lebensreise zwischen Geburt und Tod, deren Dauer niemand in Jahren genau zu beziffern vermag und die sich doch jeder in ihrer *Größenordnung* gut vorstellen kann, stellt ein elementares Maß menschlichen Lebens dar. Hier können wir uns auf lange Bildtraditionen berufen. Das zeitliche Ausmaß des Lebens hat sich kaum geändert, wohl aber die Art, das Leben zu begreifen. Das Leben des Menschen, das ehedem in Europa zwiespältig, aber lebensvoll-bunt, anschaulich-konkret und symbolisch zugleich verbildlicht wurde, erscheint in jüngerer Zeit eindeutiger, berechenbarer, abstrakter – und weltweit verstehbar. Die menschliche Figur wandelt sich von einer individualisierten oder allegorischen Darstellung zur geometrisch umgesetzten Massenzahl und zum Typ. Säkularisierung, Rationalisierung und Formalisierung veräußerlichen und verflachen offenbar den Sinngehalt. Gewinn oder Verlust? Aus kulturwissenschaftlicher Sicht ist das jedoch – wie wir erkennen werden – kein Entweder-Oder, sondern eine Frage der Perspektive. Was hinsichtlich des Verfügungswissens als Gewinn erscheint, kann für das Orientierungswissen ein Verlust bedeuten – und umgekehrt. Kulturelles Werten ist keine Einbahnstraße, sondern ein immer neues Möglichkeitsspiel.

Je stärker das Formalisieren und Quantifizieren die Reproduzierbarkeit und Prognosefähigkeit des Wissens steigert, umso mehr geraten die gefühlsmäßigen, ästhetischen und religiösen Erfahrungsmomente aus dem Blick. Eine These dieses Buches lautet, daß die moderne Wissenschaft mit ihrer extremen Spezialisierungstendenz einer visionären Komponente bedarf, die

Abb. 6: Körper-Puzzle. 1990er Jahre

sich aus Bildern speist, aus mythischen Leitbildern, welche die Vielfalt und Widersprüchlichkeit kultureller Werte zu integrieren vermögen. Auch eine Revitalisierung des Bildes vom Leben als Reise könnte ein Schritt auf solchem Wege sein, der Devise eingedenk: Mit der Hoffnung zu reisen ist besser, als das Ziel zu erreichen (R. L. Stevenson). *Was* wir aber erhoffen dürfen, das hat bemerkenswerterweise der französische Schriftsteller und Philosoph des Absurden Albert Camus 1936 in seinem Tagebuch notiert und kann uns als Losung dienen: „Man reist um der Bildung willen, wenn wir unter Bildung die Betätigung des geheimsten unserer Sinne verstehen, nämlich des Sinns für das Ewige. ... Das Reisen, das gleichsam eine höhere und ernstere Wissenschaft ist, führt uns zu uns zurück."

Kaleidoskop der Zugänge

Von Antworten schwirrt die Luft, der Lärm wächst täglich; wieder fragen können, heißt, wieder der Ruhe, der Fruchtbarkeit fähig sein. Antwort ist Programm; Frage – beinahe – Idee.

Moritz Heimann

Erzählen und Wirklichkeit

Wenn man das Erkenntnisinteresse der Volkskunde in eine einzige Frage verdichten sollte, dann könnte sie lauten: Warum leben wir *so*, wie wir leben? Was Menschen heute tun oder lassen, gründet auf dem, was ihnen kulturell vermittelt wurde, und es orientiert sich daran, was sie für die Zukunft erwarten oder anstreben. Bewußtes Leben ist zwischen Erfahrungen und Erwartungen eingespannt. Besonders plastisch äußert sich das je individuelle Bewußtseinsgeflecht aus Erinnerungen, Wahrnehmungen, Ideen, Wünschen und Hoffnungen – nämlich Weltvorstellung und Weltverständnis – im Erzählen. Erzählungen gibt es unzählige und überall: eingebettet in vielfältigen Alltagsgesprächen, in Büchern und Zeitungen, im Theater, in Kino und Fernsehen. Sie entwachsen dem Grundbedürfnis der Menschen nach Selbstvergewisserung und sozialem Kontakt.

Jede einzelne Erzählung kondensiert und transzendiert ein Stückchen Wirklichkeit – das ist eine Basisthese kulturwissenschaftlicher Erzählforschung. Allerdings wird diese erkenntnistheoretische Grundlage meist unreflektiert vorausgesetzt und nur gelegentlich selbst zum Thema. Die Verkoppelung von Erzählen und Wirklichkeit wirft viele Fragen auf: Was bedeutet in einem Erzählzusammenhang „Wirklichkeit"? Welche *Aspekte* von Wirklichkeit sind hier in Betracht zu ziehen? Was bringen gerade Erzählungen – und je verschiedene Erzählgattungen – an spezifischen Einsichten? Und speziell: Was vermag dabei die volkskundliche Kompetenz und der volkskundliche Blick zu leisten?

Eine zweifelhafte Geschichte

> *Im Ochotskischen Meer bei der Insel Sachalin soll eine Kuh vom Himmel gefallen sein und beim Aufprall ein japanisches Fischerboot versenkt haben. Das gehe aus einer vertraulichen Meldung der deutschen Botschaft in Moskau ans Auswärtige Amt hervor, von der die* Hamburger Morgenpost *berichtete. Dem Bericht zufolge hatten russische Soldaten eine Herde Kühe gestohlen und wollten sie mit*

> *einem Transportflugzeug wegschaffen. Die Soldaten versäumten es jedoch, die Tiere im Flugzeug anzubinden. Als die Tiere begannen, im Bauch der Maschine unruhig zu werden, wurde auch das Flugzeug instabil, so daß die Besatzung keine andere Möglichkeit sah, als sie durch die große Heckklappe hinauszutreiben. Eines der Tiere sei auf ein japanisches Fischerboot gefallen, das dem Anprall nicht standgehalten habe. Die Fischer seien gerettet worden. Ein Sprecher des Auswärtigen Amtes in Bonn wollte die Meldung weder bestätigen noch dementieren, da das AA zum internen Schriftverkehr grundsätzlich keine Auskunft gebe. Er meinte aber, in England regne es der Redewendung nach oft Hunde und Katzen, anderswo auf der Welt offenbar auch schon mal Kühe.* (AP/SZ)

Dieser mit Agentur- und Redaktionskürzel versehene Bericht ist – kursiv gedruckt und in ein Kästchen gesetzt, also von den übrigen Nachrichten etwas abgehoben – am 29.4.1997 auf der Seite „Vermischtes" in einer großen deutschen Tageszeitung erschienen. Die besondere Aufmachung, die Konjunktive und die ironische Bemerkung des Außenamtssprechers lassen durchblicken, daß an der Wahrheit des Geschehens Zweifel haften. Trotzdem schien die Geschichte der Zeitungsredaktion des Mitteilens wert. Warum? Ging es allein darum, die Aura des Seriösen etwas aufzulockern und zwischen ernsten Nachrichten auch dem unterhaltenden Spaß, den eine fliegende Kuh in einem politischen Dokument erregen mag, Genüge zu tun?

Am nächsten Tag wurde das absonderliche Thema in derselben Zeitung, jetzt mit einem zweispaltigen Artikel, abermals aufgenommen:

> *Die Mär von der fliegenden Kuh. Bericht über versenkten Kutter bringt Auswärtiges Amt in Bedrängnis*
>
> *Moskau (Reuter) – Berichte über fliegende Kühe halten dieser Tage deutsche Diplomaten schwer in Atem. Unter Berufung auf eine Depesche der deutschen Botschaft in Moskau an das Auswärtige Amt, deren Autor unter anderem auf eine Reuter-Meldung bezug genommen habe, meldete die* Hamburger Morgenpost, *russische Soldaten hätten im Fernen Osten des Landes Kühe per Flugzeug entführt, sie aber in der Luft aus dem Flieger gestoßen, weil die unruhigen Tiere die Maschine ins Trudeln zu bringen drohten. Eine Kuh habe offenbar ein japanisches Fischerboot getroffen und versenkt. Die Geschichte hat nur einen Haken – sie stimmt nicht.*
>
> *In den Reuter-Archiven findet sich nichts über fliegende Kühe, die japanische Fischerboote treffen – und auch den anderen großen westlichen Nachrichtenagenturen in Moskau ist derlei nicht erinnerlich.*

> *Das legt den Verdacht nahe, daß die Story der Kategorie „Die Spinne in der Yucca-Palme" zuzuordnen ist – so der Titel einer Sammlung von Begebenheiten, die nachweislich aus dem Reich der Phantasie stammen, aber zur allgemeinen Freude immer wieder mal als wahrhaftig wahr verbreitet werden. Und auch sonst gibt es einige Hinweise, daß es sich bei der Kuh-Kutter-Geschichte um einen Witz handelt.*
>
> *Da ist etwa der inzwischen zum Kultfilm aufgestiegene russische Streifen „Eigenheiten der Nationaljagd", in dem Kühe in Militärjets fliegen. Diesen Film nahm erklärtermaßen die Moskauer Tageszeitung* Komsomolskaja Prawda *vor etwa einem halben Jahr zum Anlaß, in der Rubrik „Erfundene Begebenheiten" das Phänomen der fliegenden Rinder zu schildern. Und vor einigen Wochen – es könnte Anfang April, zur Zeit der Scherze gewesen sein – tauchten die Kühe im Internet auf. Ein Surfer schlug vor, so fand der schottische Journalist Tom Morton heraus, die Geschichte mit einem skurrilen Preis auszuzeichnen. „Eine Quelle für die Geschichte im Internet gab es, soviel ich weiß, nicht", sagt Morton.*
>
> *Irgendwie landete die Mär trotzdem in der US-Botschaft in Moskau, wo sie mit viel Gelächter aufgenommen wurde. Jemand, der sie dort gehört hatte, erzählte sie unter West-Diplomaten weiter – der Mann freilich versichert heute: „Ich habe das nie überprüft." So machte die Geschichte die Runde auch bis in die deutsche Botschaft und wurde dort im hauseigenen Info-Netz verbreitet – als „internes Kuriosum", wie ein Mitarbeiter sagt. Doch dabei blieb es offenkundig nicht: Die Kühe landeten in jenem offiziellen Bericht an das Auswärtige Amt in Bonn.* (SZ 30.4.97)

Es hat nur einen einzigen Tag gedauert, bis der kuriose Bericht über den Untergang eines japanischen Fischerbootes in eine dreimal so lange, vielgliedrige Überlieferungsgeschichte verwandelt worden ist. Aus der distanziert referierten Geschichte wurde eine ausgefaltete Meta-Geschichte. Statt der fliegenden Kühe interessierte nun, wer und wo man davon erzählt hat. Wer hat die Geschichte erfunden, und wie ist sie weitergetragen worden? Einige Stationen der Tradierungskette werden offenbar: ein russischer Film, eine Moskauer Tageszeitung, ein Text im Internet, mündliche Kommunikation unter Diplomaten, schriftlicher Niederschlag im Info-Netz einer deutschen Botschaft und in einem offiziellen Bericht nach Bonn, die Hamburger Morgenpost, die Süddeutsche und andere Zeitungen.

Was in den Nachrichtenblättern begegnet – ist das nun (wie der Text als mögliche Kategorien anbietet) ein „Bericht", eine „Meldung" oder eine „Mär" – oder nur ein „Witz"? Handelt es sich um eine „erfundene Begebenheit", einen „(April-) Scherz" oder ein „internes Kuriosum"? Oder liegt hier eine „Story der Kategorie ‚Die Spinne in der Yucca-Palme'" vor, also eine sagenhafte Geschichte, welche – dem Redakteur zufolge – „nachweislich aus dem Reich der Phantasie" stammt?

Doch zuerst: Was hat die Kuh-Kutter-Geschichte mit unserer Wirklichkeit zu tun? Warum interessiert sie uns, warum wollen oder sollten wir sie lesen und warum reizt sie eventuell sogar zum Weitererzählen? Ferner: Was ist der Unterschied zwischen dem Interesse, das Journalisten und deren Leser an der Geschichte haben mögen – z.B. Irritationen erzeugen, Lachlust befriedigen, den Wahrheitsgehalt enträtseln –, und dem Interesse, mit dem ein Wissenschaftler ihr Aufmerksamkeit schenkt?

„Sage" als Angelpunkt

Ein Volkskundler wird über diese Geschichte zunächst deswegen stolpern, weil sie ihm typisch, vielleicht sogar exemplarisch erscheint. Inwiefern? Inhaltlich erinnert die Kuh-Geschichte an eine Gruppe von Erzählungen, die man „moderne Sagen" nennt und die derzeit ein Bestsellerprodukt und vieldiskutiertes Objekt der volkskundlichen Erzählforschung sind; strukturell ähnelt der recherchierende Zeitungstext den Einzelkommentaren in den entsprechenden Sagensammlungen. Warum aber hat die Betrachtung solch kurios-grotesker, erzähltechnisch schlichter und ästhetisch wenig ansprechender Geschichten Konjunktur?

Im Vordergrund vieler Aktivitäten auf diesem Gebiet steht das lustvolle Bemühen, eine möglichst große, vollständige Sammlung der mündlich vermittelten Erzählstoffe zu präsentieren. Ergänzend wird der jeweilige Überlieferungszusammenhang erläutert. Inhaltlich geht es vordringlich um die Frage, ob die jeweilige Geschichte auch wirklich wahr ist oder nicht. Im Grunde aber beruht die Rechtfertigung dafür, in solche Erzählphänomene wissenschaftliche Energie zu investieren, explizit oder implizit auf dem Postulat, daß sich in den *modern legends* das Verhältnis der Menschen zur modernen Welt ausdrücke.

Nun kann man sicher zustimmen, daß die Welt, in der wir leben, und die Art und Weise, wie wir mit der uns umgebenden Wirklichkeit im Beziehung treten, sich in den Geschichten spiegelt, die wir einander erzählen. Und man wird ergänzen können, daß sich im Brennpunkt des Geschichtenspiegels – also mit besonderer Aussagekraft – nicht etwa ganz alltägliche Mitteilungen sammeln, sondern *außer*-gewöhnliche Ereignisberichte, die als „wahr" oder „wirklich geschehen" vorgestellt werden.

Freilich macht die nachdrückliche Betonung der Wahrheit auch stutzig. Solche Erzählungen, die einen Wahrheitsanspruch erheben und zugleich Verwunderung oder gar Zweifel hervorrufen, werden seit zweihundert Jahren „Volkssagen" oder einfach „Sagen" genannt. Da es für die menschliche

Wirklichkeitserfahrung charakteristisch und zentral ist, unablässig zwischen Sein und Schein, Wahrheit und Trug unterscheiden zu lernen, erscheinen Sagen geradezu als ein archimedischer Punkt, von dem aus das menschliche Wirklichkeitsverständnis „aus den unbewußten Angeln" ins Bewußtsein gehoben werden kann.

Das Wort *Volkssage* wurde – wie *Volkslied* und *Volkspoesie* – in der zweiten Hälfte des 18. Jahrhunderts geprägt und erhielt besonders mit den „Deutschen Sagen" der Brüder Grimm 1816/18 die vorbildgebende Beispielsammlung. Der Sagenbegriff hat sich dann im historischen Verlauf zwischen relativ vage empfundenen Sammelintentionen einerseits und dem klassifizierenden Bemühen intellektueller Beschäftigung andererseits in vielfältigen Abtönungen ausgebildet.

Die Definitionsversuche sind widersprüchlich. Sie reichen von der Auffassung Friedrich Rankes, daß Sage einen vorgeblich wahren, aber objektiv unwahren Ereignisbericht darstelle, bis zu Will-Erich Peuckerts Bestimmung, Sage sei Geschichte, freilich im mythischen, nichtaufgeklärten Raum. In der Praxis muß wohl jeder Text, der irgendwann einmal in einer „Sagensammlung" abgedruckt worden ist, als Sage gelten. Diese wenig präzise Begriffsbestimmung hat zu konträren Folgerungen geführt: Manche Forscher begrüßen ausdrücklich einen inhomogenen Sagenbegriff, weil er Einsichten in die unterschiedlichen Reaktionsmodelle, die in ein und derselben Erzählsituation vorkommen können, ermögliche (die einzelnen Zuhörer glauben nicht alles, nicht die gleichen Dinge, nicht in gleicher Weise und nicht zur gleichen Zeit), während andere konstatieren, daß der überkommene Sagenbegriff allzu Heterogenes bündele und daher auf ihn verzichtet werden solle.

Grundsätzlich bleibt jede Gegenstandskonstitution an die sie prägenden Erkenntnisinteressen gebunden: Historiker, Mythologen, Unterhaltungsschriftsteller oder Volkskundler werfen jeweils einen anderen Blick auf die Wirklichkeit und sondern das Erzählte mittels ihres spezifischen Interessenfilters. Kann man erwarten, daß das gleiche Material, das den Brüdern Grimm zur Rekonstruktion der germanischen Mythologie dienen sollte, genauso gut dem Sozialhistoriker die Lebensverhältnisse des frühen 19. Jahrhunderts angemessen widerspiegelt? Jedes Geschehen nimmt – sobald es erzählt wird – einen fiktiven Charakter an. Unbestritten ist hinsichtlich der Sagen nur, daß sie eine inhaltlich größere Nähe zur Lebenswirklichkeit besitzen als Märchen, daß sie zugleich aber auch als trügerisch empfunden werden. So liegt es nahe, „Sage" nur als offenen Verständigungsbegriff aufzufassen, nämlich als eine Erzählung oder einen Bericht über ein ungewöhnliches (oft unheimliches) Erlebnis oder Ereignis, das tatsächlich geschehen sein soll oder geschehen wird, und im Kommunikationsprozeß zwischen Wahrheitsanspruch und Zweifel oszilliert.

Sagenhafte Wirklichkeiten

Wirklichkeit ist als Ganzes nicht zu fassen. Neben den Sagen selbst und dem Prozeß des Sagenerzählens gehören auch die Sagensammlungen und die Terminologie, mit der wir z.B. die Vielfalt der Sagenerzählungen sprachlich zu begreifen versuchen, zur Wirklichkeit. Im Lichte eines weiten Sagenverständnisses rücken dann viele Arten sagenhafter Geschichten, die im Laufe der Wissenschaftsgeschichte herausgesondert worden sind, in unser Betrachtungsfeld. Verschaffen wir uns kurz einen Überblick!

Zu solchen merkwürdigen Geschichten, die Wahrheit beanspruchen und Zweifel auslösen, gehören die *Mythen*. Sie erzählen ein vorzeitlich-fiktionales Ereignis (eine Weltentstehungs- und Göttergeschichte), z.B. die Wiederbelebung von Thors, eines Germanengottes Böcken aus den Knochen der verspeisten Tiere. Ferner *Ätiologien*; sie erzählen ein erklärend-fiktionales Ereignis (eine Ursprungsgeschichte), z.B. daß der mächtige Steinquader auf dem Quedlinburger Domplatz von dem als Baumeister düpierten Teufel wütend dort hingeschleudert wurde. Dann *Historien*: sie erzählen ein weltliches Geschichtsereignis (eine Profangeschichte), z.B. daß Herzog Heinrich der Löwe von seiner Palästinareise 1172 einen Löwen mit nach Braunschweig gebracht habe, und *Legenden*: sie erzählen ein religiöses Geschichtsereignis (eine heilige Geschichte), z.B. daß das Haus der Heiligen Familie aus Nazareth, von Engeln getragen, 1295 nach Loreto gelangt sei. Weiterhin: *„Moderne Sagen"* erzählen ein zeitgenössisches Ereignis (oft eine Schreckensgeschichte), z.B. vom irrtümlichen Verzehr der in einem Carepaket versandten Asche der toten Großmutter; *Memorate* erzählen dagegen ein selbst miterlebtes Ereignis – zumindest wird der persönliche Bezug zum Erlebenden hergestellt – (oft eine Geistergeschichte), z.B. die Begegnung eines Mannes mit dem Wilden Heer und seine Luftfahrt an einen mehrere Tagereisen entfernten Ort. Schließlich gibt es noch *Prophezeiungen*. Sie erzählen ein zukünftiges Ereignis (eine Verheißungs- oder Vernichtungsgeschichte), z.B. daß zu bestimmter Zeit ein Feuerregen herniederrauschen und dann die Welt untergehen werde.

Typologie und Begriffsbildung bestimmter Erzählformen sind das Ergebnis eines historischen Prozesses. Darum werden die Bezeichnungen nicht immer einheitlich verstanden. Es gibt Überlappungen, aber auch Inkongruenzen, wenn die Gattungsbestimmung auf unterschiedlichen Merkmalkategorien basiert. Die gleiche Erzählung kann so z.B. phänomenologisch eine *Historie* und funktional eine *Ätiologie* sein, oder auch als eher vage, ephemere Ausprägung ein *Gerücht*. Der Mediävist Hugo Kuhn hat hinsichtlich der Gattungstypologie grundsätzlich herausgestellt, daß Sprachfunktionen fast immer polymorph und Sprachgestalten immer polyfunktional sind und daß daher jeder Einzelfall literarischer Gattungsnamen nur zutreffend verstanden werden kann, wenn der ganze Horizont seiner theoretischen und historischen Bedingungen mitgedacht ist. Während der finnische Erzählforscher Lauri Honko trotz aller Komplexität ein idealtypisches Gattungssystem für notwendig hält, weil es uns hilft, tatsächlich existierende Erzählformen zu erkennen und darüber zu reden, meint dagegen sein amerikanischer Kollege Dan Ben-Amos: die Folkloristen hätten in ihrem Bestreben, eine theoretische und analytische Gattungstaxonomie zu schaffen, die tatsächliche kulturelle Wirklichkeit aufgegeben.

Wie auch immer wir uns dazu stellen wollen: eine nützliche Orientierung ermöglicht die Gattungsdifferenzierung auf jeden Fall. Man darf ihre Aussagen nur nicht mit der Realität gleichsetzen. Unter dem Gesichtspunkt spezifischer Repräsentation von Wirklichkeit lassen sich die Sagenuntergattungen übersichtlich zueinander in Beziehung setzen (Abb. 7). Das hier vorgestellte Modell hat drei Koordinaten, die das Wirklichkeitsverhältnis der Geschichtentypen in dreierlei Hinsicht kennzeichnen: 1. *in der Horizontalen*: vom eher Fiktionalen (in Mythen und Ätiologien) zum eher Faktischen (in Historien und Legenden), 2. *in der Vertikalen*: vom eher Profanen (in Historien und Ätiologien) zum eher Sakralen (in Mythen und Legenden), 3. *in der Radialen*: vom Subjektnahen (in den Memoraten) zum Verallgemeinernd-Objektivierten (in Mythen, Ätiologien, Historien und Legenden). Jeder Geschichtentyp besitzt seine spezifische Wahrheit; und die eigene Erlebniswahrheit des Menschen bildet im Gesamtfeld den dynamischen Kern.

Im elementaren Sinne hat jedes Erzählen, wenn es von Bäumen, Häusern oder Menschen spricht, mit der Realität zu tun. Welche speziellere Wirklichkeit aber transportieren die Sageninhalte? Philosophisch bildet Wirklichkeit einen Gegensatz zu Möglichkeit oder Schein. Konkret erfahren wir sie in der Regel als eine Aufgabe, eine Verhaltensanforderung: dieses zu tun oder jenes zu lassen. Ohne ein erlebendes Subjekt, ohne Ich, ist Wirklichkeit nicht denkbar. Sie ist das Produkt aus Impulsen der äußeren Welt und der inneren Wahrnehmung einer Person. Es gibt darum zahlreiche Wirklichkeitsauffassungen, und selbst für ein und dieselbe Person bedeutet Wirklichkeit nichts unabänderlich Feststehendes, sondern etwas Vieldeutiges. Verallgemeinert heißt das, Wirklichkeitswahrnehmung ist auch historisch bedingt (denken wir nur an die erst für die neuzeitliche Auffassung typische Spaltung von objektiver Welt und subjektiv-geistiger Wirklichkeit des Menschen).

Diese Sachlage betrifft auch das Geschichtenerzählen selbst. Erzählen vermittelt verschiedene Wirklichkeiten; es spielt Möglichkeiten (und Nicht-Möglichkeiten) durch; es bringt Wirklichkeit zur Wirksamkeit. Für das Erfassen der Wirklichkeitsaspekte in den Geschichten gibt es unzählige Kategorisierungsmöglichkeiten (in denen nicht zuletzt auch das Wirklichkeitsverständnis des Interpreten enthalten ist). So können wir – ergänzend zu den im Modell angedeuteten Kategorien – weitere Aspekte unterscheiden, die hier knapp formuliert seien: zwischen historischer und gegenwärtiger Wirklichkeit (Frage nach historischen Schichten) oder zwischen natürlicher und sozio-

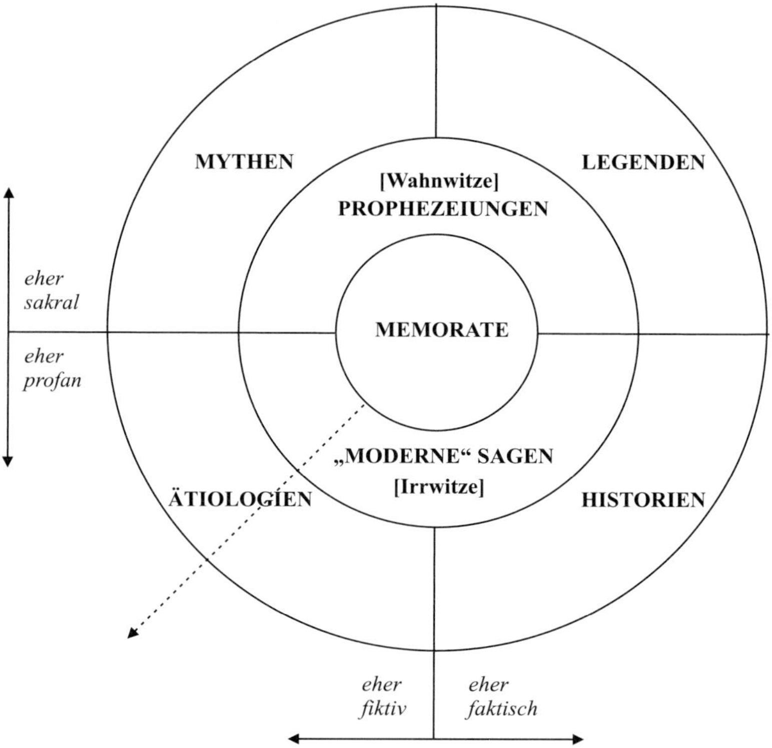

Innenkreis: *stärker subjektiv;* Außenkreis: *stärker objektiviert*

Abb. 7: Sagenhafte Geschichten: Kategorienschema

kultureller Wirklichkeit (bzw. den Sichtweisen darauf) oder zwischen äußerer und innerer Wirklichkeit, die in den Geschichten zum Ausdruck kommen. Jede Sagenerzählung besitzt, weil sie „äußere Erfahrungswelt mit inneren Erlebnisformen verbindet“ (Utz Jeggle), stets ein besonderes Mischungsverhältnis ihrer Wirklichkeitsaspekte.

Auch Märchen oder Schwänke korrespondieren natürlich mit der Realität. Aber Sagen unterscheiden sich von Märchen nicht nur in ihrem expliziten Wirklichkeitsbezug (Orts- und Zeitangaben, Namen geschichtlich bezeugter Personen), sondern vor allem eben darin, daß sie den Zweifel am Geschilderten virulent halten. Bei Märchen oder Schwänken wäre Zweifeln ein unangemessenes Verhalten. Während ein Märchen als ästhetisches Produkt aus Traditionsstoff und persönlichen Eigenschaften des Erzählers erwächst, ist eine Sage ein Aussageprotokoll über Traditionselemente in einer spezifischen Kommunikationssituation. Erzähler und Zuhörer einer Sage sind so nicht nur Bestandteile einer Erzählsituation, sondern – anders als beim Märchen – auch des Sagentextes. Das ist freilich auf den ersten Blick nicht immer zu erkennen, weil ihn die Herausgeber der Sagensammlungen bei der Reduktion auf den Sagensachinhalt oft beschnitten haben. Wenn es in einer Chronik z.B. heißt „Der gemeine Mann sagt...“, dann deutet das nicht nur auf eine mündliche Überlieferung, sondern meint oft auch eine Distanzierung des Chronisten, etwa zu ergänzen mit „im Gegensatz zum Gebildeten“.

Einen interessanten Wirklichkeitsaspekt bilden bei der Sage die Geltungsansprüche: der Inhalt einer Geschichte kann *wahr* sein, soweit er sich auf die Welt objektiv existierender Sachverhalte bezieht; entsprechend wäre er *richtig*, wo er die soziale Welt betrifft, und *wahrhaftig*, wenn ein dem Sprecher privilegiert zugängliches inneres Erlebnis zu Grunde liegt. Doch wird in der alltäglichen Kommunikation zwischen diesen drei Geltungsansprüchen normalerweise nicht unterschieden; eine vom Erzähler selbst erlebte Angst oder Freude wurde *wahrhaftig erfahren*, wird aber durchaus auch für *wahr* und *richtig* gehalten. Eine ähnliche Differenzierung ließe sich zwischen *wirklich* (im Sinne von: der Wirklichkeit nicht widersprechend, also möglich) und *wahr* (sicher geschehen) durchführen, aber auch hier verschwimmt die umgangssprachliche Verwendung.

Die gesamte Palette unterschiedlicher Geltungsansprüche gehört in der Sage zum Text. Sage enthält immer (explizit oder implizit) zumindest *einen* Glaubwürdigkeitskonflikt, und sei es nur dadurch, daß ein Sagensammler eine allseits für wahr gehaltene Geschichte in den Rahmen einer *Sagensammlung* fügt. Der Konflikt ist in einem Text nicht immer leicht zu lokalisieren und kann aus einem ganzen Konfliktbündel bestehen: zwischen der unterschiedlichen Glaubwürdigkeit bestimmter Elemente der Erzählung, zwischen verschiedenen Personen, die darüber diskutieren, im abwägenden Zweifel einer einzigen Person, oder zwischen dem „Zuerst“ und dem „Später“ im Verlauf eines Vorganges oder einer Reflexion.

Die Erfahrung des Wirklichen in seiner Vielschichtigkeit ist das hintergründige Thema allen sagenhaften Erzählens. Analytisch dürfen darum Wahrheit und Zweifel nicht gegeneinander ausgespielt werden. Sagen bezeugen die Ambivalenz des Wirklichkeitsverständnisses. Sie schärfen und erproben die Sensibilität dafür, daß es unterschiedliche Wirklichkeitsauffassungen gibt. Das hat auch mit dem Zustand der Mündlichkeit zu tun: Mündliches Erzählen hält in der Schwebe. Im Sagenerzählen geht es um die Selbstversicherung des erfahrbaren Wirklichkeitsraumes; es steckt die Grenzen der eigenen Wirklichkeit ab. Nur was geschrieben ist, kann *fest*geschrieben werden. In einem faktischen Sinne ist die Frage nach Wahrheit im lebendigen Sagenerzählen letztlich sekundär.

Gelegentlich streift auch das Märchen die Wahrheitsfrage; das klingt dann aber ganz anders: Wer’s nicht glaubt, zahlt einen Taler. Oder: Möchte wohl wissen, ob’s wahr ist. Und auch im Märchen finden wir den Gedanken, daß seine Helden immer noch am Leben sind, jedoch nur als rhetorische Formel, als eine scherzhaft angenommene Möglichkeit: Und wenn sie nicht gestorben sind, dann leben sie noch heute.

Erkenntnisziele

Allgemein kann man davon ausgehen, daß das, was in der Überlieferung besteht und weitergegeben wird, für wichtig, in gewisser Weise für wahr gehalten wird. Die Historiker haben darum meistens nach einem wahren Kern in den Sagen gesucht, vor allem dann, wenn ihnen nur die Überlieferung der „kleinen Leute" vorlag und keine überprüfbare Schriftquelle. Volkskundler wollten dagegen eher ein „volkstümliches Geschichtsbild" herausarbeiten, doch dieses Konstrukt hat sich ihnen mit dem Gewahrwerden sozialer Schichtung auch im „einfachen Volk" weitgehend verflüchtigt. Wenn Volkskundler und Historiker heute der „Oral History" nachspüren, suchen sie die subjektive Sicht geschichtlicher Ereignisse zu fassen, die als eigene Wahrheit bedeutsam ist, auch wenn sich diese von der „objektiven" Wahrheit unterscheidet.

Die Wirklichkeit ist nun nicht nur das zentrale Thema der Sagenerzählungen, sondern auch der Sagenforschung (und aller wissenschaftlichen Arbeit). Hier geht es speziell um die Analyse des ambivalenten Alltagsdiskurses über Wirklichkeit, der sich in Sagen äußert. Wieweit kann man damit kommen?

Wenn wir die bisherigen Überlegungen anhand eines zweiten Modells rekapitulieren, das ebenfalls kein beschreibendes Abbild der Wirklichkeit, sondern nur eine Gedankenhilfe sein will, so können wir festhalten (Abb. 8): 1. Die Wirklichkeit (das Alltagsleben) beeinflußt den Sageninhalt und die Art des Sagenerzählens, und 2. Sagen und Sagenerzählen regen mit unterschiedlichen Impulsen zur Sagenforschung an.

Dem fügen wir jetzt einen weiteren Wirkungszusammenhang hinzu: 3. Die jeweilige Alltagswirklichkeit bedingt auch die Art der Sagenforschung; denn Sagenforschung ist von dem je gegebenen soziokulturellen Umfeld abhängig. Die Sagensammlung der Brüder Grimm und ihrer Zeitgenossen war eine spezifische Reaktion auf aufklärerische Rationalität und kompensatorische Bedürfnisse der Zeit; in der Mitte des 19. Jahrhunderts wurden die Sagensammlungen bewußt für ein bürgerliches Publikum „produziert"; in den 1920er Jahren verwandelten sich Sagenanthologien im Schwange der Heimatideologie zu deutschen „Stammeskunden" und seit etwa den 1970er Jahren zu werbeträchtiger Konsumware (als spezifische Mitbringsel) in der Tourismusindustrie.

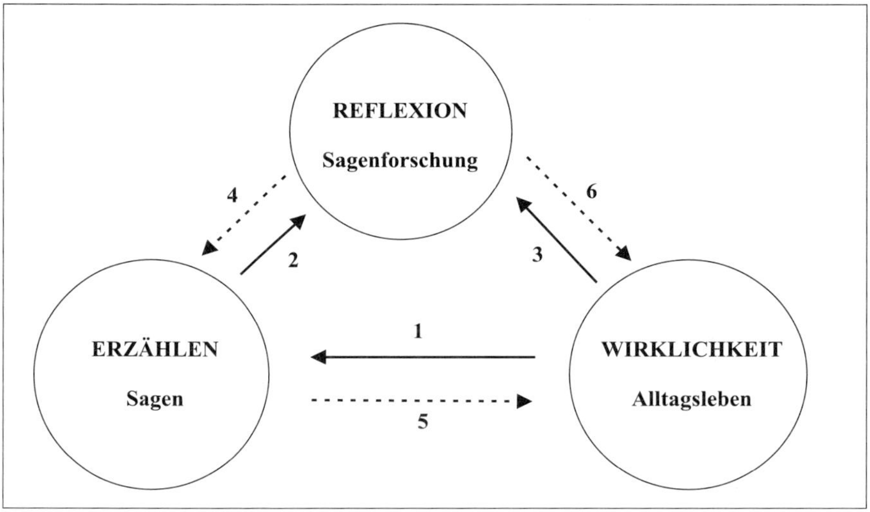

Abb. 8: Sagen, Sagenforschung, Alltagsleben: Wirkungsmodell

Wirkung erzeugt Gegenwirkung. So entstehen Rücklaufphänomene (die auch im Modell skizziert sind): 4. Die Sagenforschung verändert die Sagen; denn Sagensammlung und Sagendeutung geben vielfach Anstöße, die Sagenüberlieferung zu „folklorisieren" (manipulativ zu beeinflussen). Aus der „zweiten Hand" der Gelehrten fließt Sagenwissen – Faktisches und mit Bedeutung Aufgeladenes – ins lebendige Erzählen zurück. Lehrer und Schüler bereichern ihr lokales Sagenwissen (es wird „kompakter") und versehen es mit Deutungsmustern. Das so entstandene Bild eines regionalen Sagenschatzes färbt dann wiederum 5. auf den Alltag einer Region ab. Wer etwa hätte das Sagenrepertoire einer ganzen Region überschauen können, solange es keine zusammenfassende Edition darüber gab? Die Sageninhalte schmücken die Alltagsrealität jetzt nicht nur in Kinderbilderbüchern. Städte und Dörfer identifizieren sich mit sagenhaften Gestalten (Drachenbrunnen auf dem Klagenfurter Markt), pflegen ihre Sagenstätten (Renovierung des Tintenkleckses auf der Wartburg) und spielen ihre sagenhafte Geschichte (Hamelner Rattenfängerspiele).

Schließlich ist noch die Rückwirkung volkskundlich-kulturwissenschaftlicher Arbeit auf das alltägliche Leben zu registrieren: 6. Die Sagenforschung erweitert das Alltagsbewußtsein. Sie vermittelt Erkenntnisse über die generelle Bedeutung der Sagenüberlieferung als historisches Element zur Schaffung lokaler Identität und fördert so das populare Wirklichkeitsverständnis.

Wissenschaftliche Erkenntnissuche: Neben philologischen Studien zur Motivgeschichte und zum Gattungsstil der Sage hat sich Sagenforschung vor allem den folgenden Aspekten der Wirklichkeitsanalyse gewidmet:

1. Sagenbildung. Die personalen und soziokulturellen Entstehungsbedingungen sagenhafter Geschichten verknüpfen äußere mit innerer Wirklichkeit: landschaftlich-klimatische und psychische Grundlagen, soziale Milieus, epochale Geistesströmungen und historische Ereignisse sowie individuelle Auslösemotive. Die Drakula-Sage wurde, wie Dieter Harmening gezeigt hat, etwa im 17. Jahrhundert in Transsilvanien auf der Basis von Geschichtserinnerung, allgemeinem Vampirglauben und „importiertem" Predigtexempel (mit Blutdurstmetapher) geschaffen.

2. Traditionsprozesse. Die Frage nach dem Sagenursprung und nach zeitlich kontinuierlichen Zusammenhängen, Vermittlung im geographischen Raum und durch soziale Schichten; die Weitergabe der Erzählinhalte in mündlicher (gesprochener oder gesungener), schriftlicher oder bildlicher Form und die wechselseitige Transposition von einem Medium in ein anderes. Die Legende von Jesu Taufe auf dem Jordanstein wurde von Leopold Kretzenbacher in südosteuropäischer Bildüberlieferung entdeckt und als eine Stütze der mündlichen Erzähltradition belegt.

3. Kommunikationsvorgänge. Die aktionalen und rezeptionalen Elemente der Performanz (des Erzählaktes selbst) in unterschiedlichen Erzählsituationen, auch differenten Erzähler- und Zuhörergruppen, so etwa das Erzählen unter Kindern, im Gefangenenlager, zwischen Generationen. Das Erzählen im Wirtshaus eines Dorfes wurde schon 1933 von Otto Brinkmann anschaulich analysiert.

4. Erzählfunktionen. Erzählen zur Selbstdarstellung und als Hilfe bei der Identitätsfindung, als Mittel der Gemeinschaftsbindung, zu gruppenmäßiger Befriedigung der Neugier oder der Angstbewältigung, aber auch allgemeiner zur Vermittlung von Wissen und Normen, zur Symbolisierung und Sinndeutung von Lebenserfahrungen. Für die Sennenpuppensage der alpenländischen Hirten hat Gotthilf Isler auf der Grundlage der Jung'schen Psychologie eine religiöse Funktion herauszuarbeiten versucht.

5. Verwertungszusammenhänge. Nicht nur die Instrumentalisierung von Sagen im Folklorisierungsprozeß und als profitables Konsumgut der Warengesellschaft, sondern auch Sagen zur Stützung politischer Legitimationsinteressen, zur Mythisierung und Ideologisierung gesellschaftlichen Bewußtseins. Die Sage von Wilhelm Tell, die im Zeitalter des Humanismus erfunden wurde, ist noch in jüngerer Zeit für die Identifikation und die Stärkung des Nationalbewußtseins der Schweizer eingesetzt worden.

All diese Interessenkomplexe bieten über die Analyse des Erzählens hinaus Erkenntnisse der alltäglichen Lebenswirklichkeit. Das gilt besonders für historische Zeiten oder – hinsichtlich der Gegenwart – für Bewußtseinsprozesse in face-to-face-Situationen. In Mikrostudien können manche Aspekte der modernen Welt mittels sagenhafter Erzählungen valide erhellt werden. Was aber geschieht, wenn wir die Fragen der Sagenforschung generell auf Problemlagen unserer Zeit anzuwenden versuchen?

Moderne Realitäten

Immer wieder wurden und werden moderne Sagen als ein aussagekräftiger Spiegel für Erfahrungen in der gegenwärtigen Lebenswelt betrachtet. Die Aussagen sind aber, genau besehen, sehr allgemein geblieben: In diesen Geschichten würden verbreitete Empfindungen unserer Zeit verarbeitet; sie seien ein Ausdruck unbewältigter Ängste vor der Fremde und dem Fremden, vor unerwarteter Gefahr, vor Krankheiten und anderem Unheil; in ihnen würde sich das steigende Bedürfnis nach Übersinnlichem in einer säkularisierten Welt artikulieren. Ist all das aber hinreichend spezifisch für unsere Gegenwart?

Für die moderne Lebenswelt scheint, in wenige Stichworte gefaßt, das Folgende typisch:

1. Die Auflösung der Horizonte: des erreichbaren Raumes, eines enges Zeitbewußtseins, der sozialen Schranken. Im Zeitalter der Globalisierung ist die Welt nahezu grenzenlos geworden, hinsichtlich der Verfügbarkeit der Güter (und auch der Menschen und der Informationen), der Historisierung der Bewußtseinsinhalte (und auch der massenmedialen Veranschaulichung vergangener Epochen sowie zukünftiger Szenarien), der sozialen Imitationsprozesse (und auch unabsehbarer materialer und zunehmend biologischer Reproduziermöglichkeiten).

2. Die Zunahme der Geschwindigkeit, eine unaufhaltsam scheinende Beschleunigung aller Vermittlungsprozesse im geographischen Raum. Allerdings scheint diesbezüglich im individuellen und sozialen Bereich personaler Lern- und Enkulturationsprozesse ein gewisses Limit erreicht.

3. Die Steigerung der Variabilisierbarkeit, nicht nur eine ungebremste Reproduzierbarkeit, sondern auch scheinbar unbegrenzte Ausschöpfung denkbarer (und bis vor kurzem den meisten Menschen undenkbarer) Spielmöglichkeiten im Bereich der Produktentwicklung, der Konsum- und Verhaltensangebote in unserer „Erlebnisgesellschaft" oder auch der wissenschaftlichen Entdeckungen in der Mikro- und der Makrowelt (einschließlich offenbar zunehmender Fälschungsbereitschaft).

4. Die Pluralisierung der Lebenslagen. Eine durch die weltweite kommunikative Vernetzung unabsehbare Erweiterung der Möglichkeiten, alle Erscheinungen mit Bedeutung aufzuladen, wobei sich jeder seiner eigenen Erfahrungskontexte bedient: (fast) alles kann (fast) alles bedeuten.

Aufgrund dieser Situation scheint für die Sagenforschung eines offenkundig: daß es ganz unmöglich geworden ist, in einer von Variabilitätslust und Beschleunigungswahn geprägten Welt aufgelöster Horizonte irgendwelche kulturellen Vermittlungsprozesse, die Räume und Zeiten überschreiten, auch nur halbwegs faktenpräzis aufzudecken. Das gleiche gilt für allgemeinverbindliche Bedeutungszuschreibungen. Durch die Begrenzung unserer individuellen Wahrnehmungsmöglichkeiten sind dem Zufall Tür und Tor geöffnet. Die objektive Erkenntnis etwa der Verbreitungswege einer modernen Sage ist rein spekulativ. In Wahrheit kann alles ganz anders sein; und höchstwahrscheinlich ist das auch der Fall. Also: Vermittlungsprozesse auf der Makroebene, d.h. im globalen Rahmen, sind kaum mehr stringent nachvollziehbar, und Performanzen in einer hochdifferenzierten, sich ständig wandelnden Gesellschaft lassen sich auf keinen gemeinsamen Nenner bringen, der nicht trivial wäre.

Was also kann Sagenforschung im Zeitalter der Massenkommunikation zur Erkenntnis unseres Lebens noch beitragen? Die modernen Vermittlungsgeschwindigkeiten per Funk und Telefon können wir mit einer Sagenverbreitungsrecherche nicht erreichen und damit diese Wirklichkeit nie einholen. Der Indikatoransatz, daß wir moderne Sagen nicht als Erkenntnisziel, sondern als Erkenntnismittel verstehen, eben als Indikatoren für spezifische Probleme der Lebensführung und Lebensbewältigung, führt heute für sich allein nicht weit. Zunächst muß er unabdingbar durch die historische Perspektive ergänzt werden. Erst wenn wir von der Sage historische Linien in die Vergangenheit, in der die Vermittlungsprozesse noch differenzierbarer waren und der Analyse zugänglicher sind, ziehen, wird die Indikatorfunktion aussagekräftig, weil wir die Sagenvermittlung nur vor dem Hintergrund von Wandel und Wirkkraft anderer gelebter, sich in Sagen äußernder Erzählbedürfnisse und Erzählmuster besser verstehen können.

Die thesenhafte Frage, ob Aufklärung, naturwissenschaftliche Kenntnisse und moderne Technik eine zunehmende „Entwirklichung" der Sage mit sich gebracht haben, ist falsch gestellt. Denn „Sage" ist nur die Begriffszuschreibung eines Textes, welcher als Wirklichkeitsindikator kein aus dem Kommunikationszusammenhang herauslösbares Phänomen darstellt. Über das Wesen „der" Sage generell gibt es keinen Erkenntnisgewinn zu erhoffen. Die inhaltliche Auseinandersetzung mit Faktizitäten und Fiktionen im Erzählen jedoch, die z.B. in Kriegszeiten und Fluchtsituationen besonders virulent wird, dürfte immer wieder Geschichten hervorbringen und eine lohnende Erkenntnisaufgabe bleiben. Ob solche Erzählungen „Sagen" sind, ist dabei sekundär, nämlich ein Problem der Begriffsbildung und nicht der gelebten Wirklichkeit.

Kehren wir zur fliegenden Kuh zurück. Es ist nur ein Zufall, welches von unzähligen Beispielen sagenhafter Geschichten durch eine Zeitung (oder Film, Television und Internet) gerade publik wird. Die modernen volkskundlichen Sagensammlungen belegen das mit ihren Kommentaren; denn ständig wird dort auf Massenmedien verwiesen. Es ist aber ebenfalls nur ein Zufall, wer von einem merkwürdigen Bericht Gebrauch macht. Ein Volkskundler ordnet ihn nach seinem folkloristischen Wahrnehmungsraster und ernennt ihn zur „sagenhaften Geschichte“; ein Journalist nimmt ihn als eine „haarsträubende Nachricht“ wahr. Jeder Publikator folgt seinem eigenen Präsentationsstil: der Volkskundler trennt Text und Kommentar, der Journalist vermischt beides und erfindet eine dialogische Geschichte; der erste notiert das Datum der Zeitungsausgabe, der zweite begnügt sich mit dem Namen der Zeitung als Quellenangabe. Das Büchlein *Der Irrwitz des Jahres* (Abb. 9) repräsentiert die Sachlage; es ist nur *ein* Beispiel für ganze Serien ähnlicher Publikationen.

Die Deutung von Volkskundlern und Journalisten unterscheidet sich oft nur wenig. Jeder interessiert sich, wie aus Vor- oder Nachworten hervorgeht, für die objektiven Fakten, auf denen die Geschichte beruht, fragt nach zugrunde liegenden seelischen Bedürfnissen für das Ausspinnen und Weitererzählen und bringt vermutete Zeitströmungen „auf den Begriff“: Entsakralisierung, Übersteigerungslust, „Horrorbedarf“. Ein Volkskundler wird vielleicht etwas systematischer reflektieren und seinen Vergleichshorizont weiter ziehen. So kann er die Geschichte von der fliegenden Kuh mit Nachrichten über vereiste Fäkalienbomben (aus Flugzeugen) in Zusammenhang bringen. Das hat zu der Einsicht geführt, daß ursprünglich (vielleicht) erfundene Geschichten sich bewahrheiten können. Vergleiche mit historischen Ereignissen wie einem Meteoritenfall oder „Kornregen“ bleiben spekulativ. Wichtiger scheint es, die Rolle der modernen Sagensammlungen selbst im Traditionsprozeß mit zu bedenken. Auch diese repräsentieren eine Facette der Verwissenschaftlichung des Lebens. Ihre Kommentare sind gewissermaßen als intellektuelle Rechtfertigungsgeschichten zu verstehen, die das Aufsammeln und Publizieren solcher Erzählungen legitimieren.

Ein erweiterter Problemhorizont

Sagensammlungsgeschichten wie die von der fliegenden Kuh entstammen meist den verbreiteten und beliebten „Vermischten Meldungen“ in den Massenmedien. In dieser Rubrik wird das Weltgeschehen entpolitisiert, auf Anekdoten und Klatsch reduziert; das Skurrile und Beiläufige wird künstlich in den Vordergrund geschoben und zum Ereignis stilisiert. Die gesellschaftlich relevanteren „Stories“ aus Politik, Wirtschaft, Wissenschaft und Technik freilich, wo es um Machtkämpfe, enorme Geldsummen, riskante Technologie und fragwürdige Experimente geht, geraten aber kaum in wissenschaftliche Sammlungen. Dabei häufen sich gerade dort „sagenhafte“ Ereignisse mit selbstbewußt verkündetem Wahrheitsanspruch einerseits und rasch aufkom-

Abb. 9:
Buchumschlag,
München 1998

menden Zweifeln an vielen Details andererseits. Da liegt ein blinder Fleck der Sagensammler, der ihre eingeschränkte Wirklichkeitswahrnehmung belegt. Während einst „Volkssagen“ entstanden sind (d.h. als solche faßbar wurden), als Experten nach Geschichten suchten, die das Volk für wahr hielt, die sie selbst aber anzweifelten, bleiben heute umgekehrt z.B. „Wissenschaftssagen“ unbemerkt, nämlich Experimentiergeschichten, die Experten (z.B. der Atom- oder Gentechnik) als wahr propagieren, der Bevölkerung aber (auf Grund *ihrer* Erfahrung) wenn nicht unverständlich, dann doch höchst zweifelhaft erscheinen.

Es kennzeichnet all diese Geschichten gegenüber den traditionellen Sagen, daß sie selten irrational-numinose Vorgänge schildern, dagegen vielmehr sehr oft ein „irre rationales" Element enthalten, wie z.B. einen Pudel in der Mikrowelle zu trocknen oder eben tobende Kühe aus dem Flugzeug zu treiben. Moderne Sagen kommen dem grotesken Witz nahe, und es bietet sich an, sie – wie der genannte Buchtitel – „Irrwitze" zu nennen. Wenn man sich bewußt macht, daß eine face-to-face-Kommunikation für moderne Sagenforschung kein Auswahlkriterium mehr sein kann, kommt eine weitere Gattung von Erzählungen in den Blick, die als *science fiction* vornehmlich in schriftlicher Form verbreitet wird. Diese Gattung verhält sich zur Sage ähnlich wie *fantasy stories* zum Märchen. Wenn man sie als Erzählungen von zukünftigen Ereignissen auffaßt, die ja auch zwischen Wahrheitsanspruch und Zweifel bezüglich ihres Eintreffens stehen, lassen sie sich den traditionellen Prophezeiungen zuordnen. Der Übergang von *science fiction* zu *science faction* ist fließend. Den in Zusammenhang mit Genmanipulation und Klonierung stehenden Nachrichten (sagenhaften Charakters) ließe sich, weil sie tief in Natur (oder Schöpfung) eingreifen, gerade aufgrund dieser „Entheiligungshandlung" ein sakraler Aspekt zusprechen. Solche Geschichten würden dann, analog zu den Irrwitzen, als „Wahnwitze" unser Wirklichkeitsmodell sagenhafter Geschichten bereichern.

Was durch eine Welt der grenzenlosen Horizonte, der allseits beschleunigten und variabilisierten Prozesse in Bedrängnis gebracht wird, ist das menschliche Bedürfnis nach Identität. Wo Grenzen und Differenzen aufgehoben werden, wo kein konturiertes Anderes besteht, kann sich ein Individuum nicht „definieren". Dieser Versuch des Abgrenzens geschieht alltäglich auch durch Geschichtenerzählen, und die Geschichten von besonderer Relevanz sind jene, in denen wir die Grenze zwischen Trug und Wahrheit auszuloten suchen. Die Grenzen in diesem Bereich sind vielfältig und diffizil. Hier lassen sich differenzierte Einsichten nur vor einem erweiterten Problemhorizont gewinnen, oder anders gesagt: durch ein erweitertes Sagenverständnis, das für alle Probleme unserer Welt, soweit sie das Verhältnis von Sein und Schein erzählerisch bewältigen wollen, Platz läßt.

Zum Schluß sei das, was eine Wirklichkeitsbetrachtung der Gegenwart von einem modernen Sagenforscher verlangt, in vier Thesen zusammengefaßt:

1. Eine angemessene Wahrnehmung der Gegenwart. Überkommene Forschungsbrillen filtern möglicherweise nur Phänomene heraus, die heute wenig relevant sind. (Es gibt noch andere und wichtigere Geschichten als die von der fliegenden Kuh.)

2. Die Erkenntnis kultureller Sinnbezüge. Es bleibt ärmlich, vielfältiges „Erzählmaterial" nur zu registrieren; interessant wird seine Bedeutung in den je gegebenen sozialhistorischen Zusammenhängen. (Die fliegende Kuh ist nicht nur eine merkwürdige Geschichte, sondern gewinnt in ihrem jeweiligen Kontext, in der Kommunikation zwischen Menschen eine spezifische Zweck- oder Zeichenfunktion.)

3. Die Reflexion kulturwissenschaftlicher Eigendynamik. Auch geisteswissenschaftliche Arbeit muß ihre Auswirkungen auf die Alltagsrealität selbstkritisch abwägen und in den Zeiten der Popularisierung von Wissenschaft der Gefahr von Klischeebildungen vorbeugen. (Wenn sich Wissenschaftler mit der fliegenden Kuh beschäftigen, dann erfährt diese Geschichte allein dadurch eine möglicherweise ganz unerwünschte Aufwertung.)

4. Die Vergegenwärtigung der eigenen Position. Wissenschaft bedarf der Rückbindung in den Lebensalltag und sollte fachspezifisches und öffentliches Interesse in Einklang zu bringen verstehen. (Also die Geschichte von der fliegenden Kuh und deren Wirklichkeitsbezug in einer Mikrostudie exemplarisch nach den untergründigen Erzählbedürfnissen und -interessen befragen und deuten – es dann aber auch genug sein lassen.)

Die Alpen als Kulturraum

Vor etwa zehntausend Jahren, als die Gletscher der letzten Eiszeit sich zurückgezogen hatten, begann die Besiedlung und damit die Kultivierung der Alpen. Die Menschen drangen von verschiedenen Himmelsrichtungen her langsam in die Gebirgsregion vor. Sie nutzten zunächst wohl eher sporadisch die breiteren Talböden und mittlere Höhenlagen für Nahrungssammlung und Jagd. Wo sie durch die Jahrtausende siedelten, wissen wir nur punktuell. Erst für die Römerzeit wird das Gesamtbild deutlicher. Damals gab es zum Beispiel in Innernoricum, dem heutigen Kärnten, bereits Städte, und über die Alpen zog sich ein Fernstraßennetz.

Seit prähistorischer Zeit waren es vor allem Bauern und Hirten, die die Alpen in eine Kulturlandschaft verwandelten. Durch Handwerk und Handel gewann das Siedlungsgefüge weitere Akzente. An der Wende vom Mittelalter zur Neuzeit prägten in den österreichischen Hochalpentälern der Erzbergbau und das Hüttenwesen die dortige Arbeitswelt. Im späten 18. Jahrhundert setzte im Zürcher Oberland die Industrialisierung ein und etwa zeitgleich mancherorts der Fremdenverkehr, welcher dann die jüngere Entwicklung des gesamten Alpengebiets wesentlich mitbestimmt hat. Der Tourismus förderte den Warenabsatz und bot neue Arbeitsmöglichkeiten, beschleunigte allerdings in jüngster Zeit auch rasant Bodenverbrauch und Umweltbelastung. Heute sind die Alpen ein durch Überbeanspruchung stark gefährdeter Lebensraum.

Das große Thema des alpinen Lebens ist der Umgang des Menschen mit der Natur. Das galt für die Vergangenheit, gilt für die Gegenwart und gewiß auch für die Zukunft. Im Prozeß der politischen Einigung Europas werden die Alpenländer besonders deutlich als hoch differenzierter Lebenszusammenhang wahrgenommen, als ein Kontakt- und Transitraum, der für immer mehr Menschen und Güter eine möglichst günstige Überwindung schroffer Bergbarrieren und unwegsamer Taleinschnitte verlangt. Welchen Einfluß also nahmen und nehmen die Alpen auf die menschliche Lebensbewältigung und die menschliche Fantasie? Wie verwandelt sich „Natur“ in „Kultur“? Wie gehen wir – als kulturbegabte Wesen – mit der Natur um?

Alpine Kultur in der Gegenwart: Stereotyp und Realität

Seit mehr als einem Jahrhundert sorgen neben dem Tourismus die Unterhaltungsindustrie und die Konsumgüterwerbung dafür, daß jeder Flachlandbewohner von den Alpen und alpiner Kultur anschauliche Vorstellungen besitzt. Nicht nur Rosegger und Ganghofer, Luis Trenker und Reinhold Messner haben unsere geistigen Alpenbilder mitgeprägt. In Reiseprospekten locken Volkstanzgruppen, spitze Kirchtürme und urige Almhütten vor grandioser Bergkulisse; von Plakatwänden, Käseschachteln und Schokoladentafeln blicken zum Almabtrieb buntgeschmückte Kühe; in Radio und Fernsehen vermitteln Jodelgesang und Alphornbläser die stimmige Begleitmusik. Die Stereotypen des Alpenfolklorismus sind allgegenwärtig.

Wer heute sogenannte „genuine" Alpin-Kultur erfassen will, müßte zuerst die Kulissenwelt der Kulturindustrie durchdringen und das zum Abziehbild verformte alpine Leben aus dem Netz der Vermarktungsstrategien befreien. Außer dem Naturraum der Alpen ist auch dessen kulturelle Ausfüllung zum ökonomischen Objekt geworden. Neben bewußt für den Verbrauch geschaffenen alpinen Erzeugnissen haben sich auch solche Kulturgüter, die ganz selbstverständlich den Alltag der Menschen begleiten, zur Ware verwandelt. Hier handelt es sich häufig um „Volkskultur aus zweiter Hand", das sind z.B. Trachten, Lieder oder Bräuche, die aus ihrem lebensgeschichtlichen Kontext herausgelöst und vorgeführt und so zu einem nicht unwichtigen Wirtschaftsfaktor werden. Die reale Alltagskultur und das, was als Alpenkultur auf Heimatbühnen (oder auch Briefmarken) präsentiert wird, ist nicht kongruent. Die Entdeckung, man kann sogar sagen: die Erfindung dieser „Folklore" geschah nicht ohne wissenschaftliche Beihilfe.

Von allen Hochgebirgen der Welt sind die Alpen kulturell am besten erschlossen. Schon von den Verwaltungsbeamten der Aufklärungszeit besitzen wir Beschreibungen des alpinen Wirtschaftslebens; Reisende schilderten die Wohn- und Ernährungsgewohnheiten der Gebirgsbevölkerung. Seit der Romantik sammelten Lehrer und Pfarrer alpenländische Lieder, Sagen und Märchen. Gegen Ende des 19. Jahrhunderts beschrieben Volkskundler die alpinen Sachgüter und suchten dabei oft nach besonders archaischen Geräten. Die ältere Forschung erstrebte nämlich die Erkenntnis eines vermeintlich ursprünglichen Kulturzustandes, den sie unter der modernen Zivilisation verschwinden sah. Heute interessiert das konkrete Alltagsleben in seiner Dynamik zwischen Beharrung und Wandel.

Es liegt nahe, zu vermuten, daß die dominanten Grundkräfte des kulturellen Lebens im Alpenraum von der Bergwelt bestimmt sind. Für die Schweiz, zum Beispiel, hat der Volkskundler Richard Weiss festgestellt, daß die „Schneeberge" auch für jene Bewohner des Mittellandes, die nie zu ihnen aufbrechen, zum vertrauten Heimatbild gehören. Die Mannigfaltigkeit und Gegensätzlichkeit der Alpenlandschaft präge auch das kulturelle Gesicht der

Schweiz. Die Alpenmauer schirme nicht nur von der Welt ab, sondern deren Pässe öffneten das Land auch nach allen Seiten. So ließe sich erklären, daß das traditionelle Bauernland zu den am stärksten industrialisierten Ländern Europas gehört. Die alpine „Raffung der Gegensätze", meinte Weiss, erzeuge eine Polarisierung der Kultur, die aufgeschlossen und konservativ zugleich ist.

Aber die „alpine Formkraft", von der Weiss sprach, bildet ein schwer durchschaubares Bedingungsfeld. Die Bergbauernkultur war und ist durchaus nicht einheitlich. Die Abhängigkeiten zwischen den Bauern, ihren Höfen und der umgebenden Natur äußern sich nur selten als Zwangläufigkeiten. Seit der frühen Neuzeit haben sich, wie Weiss an anderer Stelle dargelegt hat, in der Schweiz Unterschiede in der Wirtschaftsweise herausgebildet zwischen einem nordalpinen „Hirtenland", das auf Graswirtschaft basiert, einer inneralpinen Mehrzwecklandschaft und einer südalpinen, der submediterranen ähnlichen Wirtschaftsform. Während die Bauern im inner- und südalpinen Gebiet lange Selbstversorger geblieben sind, haben sich die nordalpinen Bauern bereits früh auf Viehhandel und Milchwirtschaft spezialisiert. Als Grund dafür werden entsprechende Mentalitäten vermutet (bzw. postuliert): im Norden bewegliche und für Neuerungen zugängliche, in den Hochalpen eher verschlossene Menschen mit „typisch alpin-konservativen Zügen". Freilich läßt sich etwa der vielfältige alpine Wohnhausbau nicht allein aus den je gegebenen Naturbedingungen oder gruppenspezifischem Naturell ableiten, und insgesamt wird die Eigenart der bergbäuerlichen Kultur und Lebensweise noch durch viele andere Faktoren, z.B. das Erbrecht, oder fallweise durch individuelle Lebenserfahrungen, mitbestimmt.

Weil man in der älteren kulturhistorischen Forschung die Alpengemeinden zumeist als kleine, sich selbst genügende Welten verstand, blieben interne Spannungen und Konflikte im Dunkeln. Der Alpenbevölkerung eigne, so meinte man, eine „natürliche" Liebe zum Althergebrachten und ein „angeborener" Konservatismus. Erst Weiss stellte heraus, daß der dem alpinen Leben zugesprochene spezifische Wert (traditionsliebend, naturverbunden, zufrieden-harmonisch) in krassem Widerspruch zur materiellen Lage und zur seelischen Verfassung vieler Bergbewohner steht. Nicht eine innere Bejahung des Alten, vielmehr ein durch die beschränkten wirtschaftlichen Möglichkeiten bedingter Zwangskonservatismus habe das Nachhinken der alpinen Kulturentwicklung verursacht. Inzwischen konnten Rundfunk und Fernsehen, Fremdenverkehr und Politik die vom Bildungsbürgertum seit der Romantik zunehmend verinnerlichte Hochschätzung der Alpen allen gesellschaftlichen Schichten vermitteln und – wie z. B. durch Briefmarken der Schweiz oder Österreichs breitenwirksam geschehen (Abb. 10) – die Alpenlandschaft mit ihren Bergsilhouetten und Kulturdenkmälern zu einem nationalen Identifikationsraum gestalten.

Abb. 10: Alpenlandschaften als Identifikationsmittel. Briefmarken, 2. Hälfte 20. Jh.

In jüngster Zeit gewinnt nun auch die Gebirgsbevölkerung selbst langsam ein Wissen um die gesamtgesellschaftliche Bedeutung ihres Lebensraums und damit ein neues Selbstverständnis. Das alpine Arbeitsleben vollzieht sich heute nicht mehr dominant in der Land- und Forstwirtschaft, sondern statt dessen sind Verkehr, Erholung und Energiegewinnung an eine zentrale Stelle gerückt. Und in dem Grade, wie diese Bereiche – durch Abholzung und Planierung für Autobahnen, Skipisten, Staudämme, Zweitwohnungssiedlungen – auf die konkrete Gestalt der Kulturlandschaft Einfluß gewinnen, steigern sich auch die Alltagsprobleme der Bergbevölkerung. Soziologisch manifestieren sich diese in dem Spannungsverhältnis zwischen Aktivisten für eine weitere Modernisierung einerseits und solchen für eine strikte Form der Konservierung des alpinen Raums andererseits.

Volkskundliche Betrachtung ist gegenüber einer rein historischen oder rein soziologischen Sichtweise dadurch charakterisiert, daß sie in Geschichte und Gesellschaft nach dem kulturellen Gehalt fragt, daß sie nach Konstellationen der Alltagskultur sucht, aus denen neue Kulturprozesse hervorgehen, ohne daß damit notwendig alles Vorherige unbedeutsam wird. In der Kultur bleibt Vergangenheit langfristig präsent (was Neuerungen natürlich nicht ausschließt). In unserer modernen Welt wirken – wenn auch oft auf verborgenen Wegen – jene Erfahrungen weiter, die man zum Beispiel im 18. und 19. Jahrhundert in den Alpen (und über sie) gewonnen hat, gleichgültig, ob solche Vorstellungen nun zu Stereotypen geronnen sind oder nicht. Die Probleme, mit denen wir im Alpenraum konfrontiert werden, sind jedenfalls ganz wesentlich kulturelle Probleme. Es sind Probleme eines Kulturraums, welchen wir unter anderem als einen Speicher voller Erinnerungen und Utopien begreifen können und der sowohl eine spezifische materielle Ausprägung als auch ein nicht weniger wirksames geistiges Potential besitzt.

Alltagskultur im Alpenraum: regionale Differenzierungen

Die alpine Kulturlandschaft bildet von den Seealpen bis zum Wienerwald eine geographische Einheit mit vom Umland deutlich abgehobenen Lebensbedingungen. In kulturwissenschaftlicher Hinsicht kann man im Alpenbogen grob drei Abschnitte unterscheiden: im Südwesten eine schmale Mittelmeerzone, im Osten einen vom Kontinentalklima beeinflußten Gebirgsstreifen zwischen Wien und Ljubljana sowie dazwischen einen langgestreckten Zentralabschnitt, der die Grenze zwischen Mittel- und Südeuropa markiert. Die kulturellen Unterschiede zwischen Nord- und Südalpen scheinen generell gesehen etwas weniger stark ausgeprägt als jene gegenüber den westlichen oder östlichen Alpenrändern, und dies gilt offenbar schon seit vorgeschichtlicher Zeit.

Im einzelnen sind die alltagskulturellen Erscheinungen der jüngeren Vergangenheit in den großen volkskundlichen Kartenwerken Österreichs und der Schweiz – am Rande auch Deutschlands und Jugoslawiens – mit vielen Facetten erfaßt. Dort werden die kulturräumlichen Differenzierungen an zahlreichen Erscheinungen durchgespielt: Siedlungs- und Hausformen, Kleidung, Nahrung, Arbeit und Gerät, Brauch und Fest, Lieder, Erzählungen, Glaubensvorstellungen usw. Die Verteilungen sind freilich oft vermischt und fallweise schwer zu erklären. Mittlerweile wurden und werden zudem viele Lebensäußerungen durch allgegenwärtige Massenkommunikation vereinheitlicht und durch weltumspannenden Handel internationalisiert, so daß die Bilder jetzt noch stärker verwischen.

Probleme, die die räumliche Kulturgliederung stellt, seien hier kurz an einem historischen Beispiel erläutert: der Verbreitung typischer Frühstücksspeisen (Abb. 11), wie sie in den 1930er Jahren für den schweizerischen Atlas für Volkskunde erfragt worden sind.

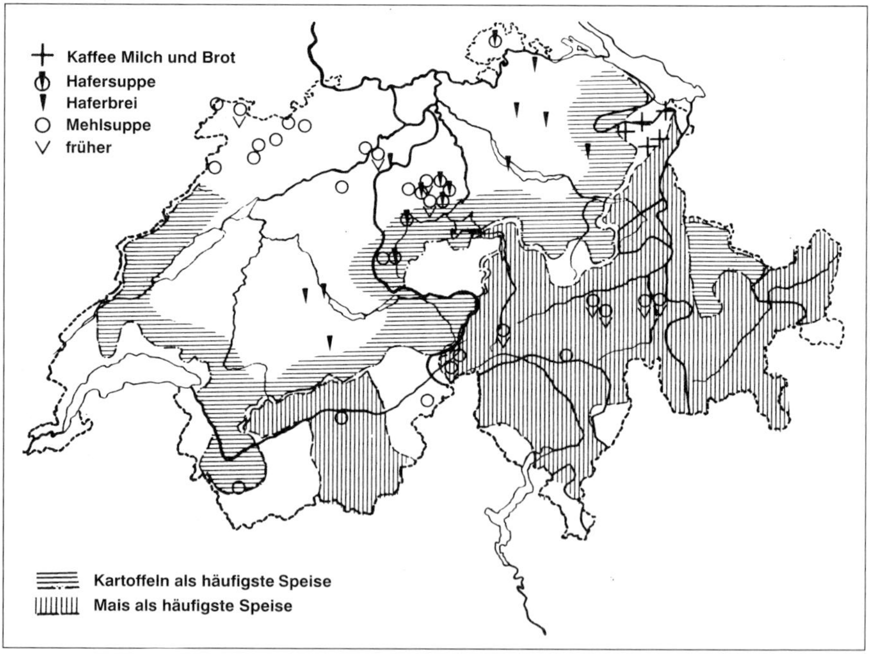

Abb. 11: Speisen zum Frühstück, 1930er Jahre

Das Kartenbild zeigt einen deutlichen Gegensatz zwischen den Maisspeisen in den Alpen und den Kartoffelspeisen im Mittelland. Man mag zunächst geneigt sein, die Verbreitungsgebiete aufgrund der klimatischen Verhältnisse und der Anbaustatistik zu erklären. Das Vordringen der Maisspeisen den Rhein nordwärts ergibt sich dabei plausibel durch den ausgedehnten Maisanbau im föhnbegünstigten Rheintal. Doch: Warum wird Mais anstelle von Bratkartoffeln zum Frühstück gerade in hochgelegenen inneralpinen Gebieten (Graubünden, Uri, Tessin) bevorzugt, wo Maisanbau unmöglich ist, wo aber sehr wohl Kartoffeln gepflanzt werden können? Und umgekehrt: Warum glaubt man in klimabegünstigten Gegenden des Mittellandes, daß der Mais nur als Schweinefutter zu brauchen sei?

Eine geschichtliche Betrachtung zeigt, daß ältere Zustände in den jüngeren nachwirken. Bis ins 18. Jahrhundert wurde nämlich im schweizerischen Mittelland, als altem Agrargebiet, zum Frühstück Körnerbrei gegessen, der in einzelnen Gegenden als Haferbrei oder Hafersuppe erhalten blieb. Einen entschiedenen Gegensatz dazu bildete die nordalpine Hirtennahrung mit Milchprodukten, was noch darin nachwirkt, daß die Bauern in Appenzell und z.T. auch im Glarnerland weder Mais noch Kartoffeln, sondern Milchkaffee mit Brot und Butter zum Frühstück genießen. In der inner- und südalpine Zone verzehrte man seit jeher entsprechend ihrer Mischung von Agrar- und Viehwirtschaft keine reine Hirtennahrung; vereinzelt blieben dort Arten von Körnerbrei sowie Mehlsuppe und Mehlspeisen als traditionelles Frühstück bewahrt.

Als seit dem 18. Jahrhundert eine weltwirtschaftliche Umstellung den Rückgang des Ackerbaus mit sich brachte, wurde als teilweiser Getreideersatz von damals neu begründeten Ökonomie-Gesellschaften der Mais- und Kartoffelanbau propagiert. Im Mittelland eingeführt, drangen die Kartoffeln nach Süden vor, wo sie in der inneralpinen Zone auf Maisspeisen trafen – Polenta im Tessin, Ribel in Graubünden, Maissuppe im Wallis. In den Inneralpen war nämlich der Mais an die Stelle der älteren Getreidenahrung getreten, da man hier mit den oberitalienischen Maisanbaugebieten Handel trieb und aufgrund starker Traditionsbindung zum Kartoffelessen keine Neigung verspürte. Diese freilich recht summarische Betrachtung deutet an, daß die regionalen Besonderheiten der Ernährung auf einer frühen Stufe stark von den Naturgegebenheiten abhängig sind, aber durch wirtschaftliche Rationalisierung und neue Verkehrsverbindungen verändert werden, wobei zugleich ein häufig festzustellender Geschmackskonservatismus an den gewohnten Speisen festzuhalten sucht.

Wenn man in gleicher Weise andere Kulturerscheinungen kartiert, entstehen unterschiedliche Verbreitungsbilder. Ein Vergleich solcher Karten zeigt, daß manche der Verbreitungsgebiete sich weitgehend oder partiell decken, so daß Regionen mit gleichem Kulturinventar erkennbar werden. An den Rändern solcher Kulturräume, also dort, wo sich mehrere Verbreitungsgrenzen bündeln, liegen sogenannte Kulturgrenzen. Auch hierzu noch ein Beispiel aus der Schweiz.

Die großräumige Scheidung des schweizerischen Kulturraumes in die nördliche Mittellandzone und die südliche Alpenzone, wie sie nicht nur anhand des Frühstücks erkennbar ist, wird durch eine ebenfalls großräumige Trennung in Ost- und Westschweiz ergänzt. Diese verläuft aber nicht etwa entlang der deutsch-französischen Sprachgrenze, sondern auf einer Linie, die durch die Wasserscheide des Brünig, das Napfgebiet und den untersten Flußlauf von Reuss und Aare markiert ist (Abb. 12a, b). Kurz einige Indikatoren: Als weihnachtlicher Gabenbringer erscheint in der Kindermythologie der Ostschweiz das Christkind gegenüber dem Weihnachtsmann in der Westschweiz, wo außerdem – jeweils anders als im Osten – Maskenbräuche zu Silvester und Neujahr üblich sind, keine Fastnacht gefeiert wird und der traditionelle Termin des Dienstbotenwechsels am Jahresende liegt. Oder: westlich dieser Linie werden französische, östlich davon deutsche Spielkarten benutzt; dort gilt Merligen und hier Gersau als traditioneller Schildbürgerort (deren Bewohnern man also eine Schildbürgermentalität zuschreibt). Und auch im Bereich von Eß- und Trinkgewohnheiten – z.B. Most als Getränk zur Hauptmahlzeit im Osten, Kartoffelsuppe als Samstagsspeise im Westen – oder beim Zuggeschirr für das Rindvieh (östlich ist das Halsjoch, westlich das Viehkummet üblich gewesen) tritt – zur Zeit der Befragung in der ersten Hälfte des 20. Jahrhunderts – die Brünig-Napf-Reuss-Linie als Verbreitungsgrenze hervor. Wie läßt sich dieser Tatbestand erklären?

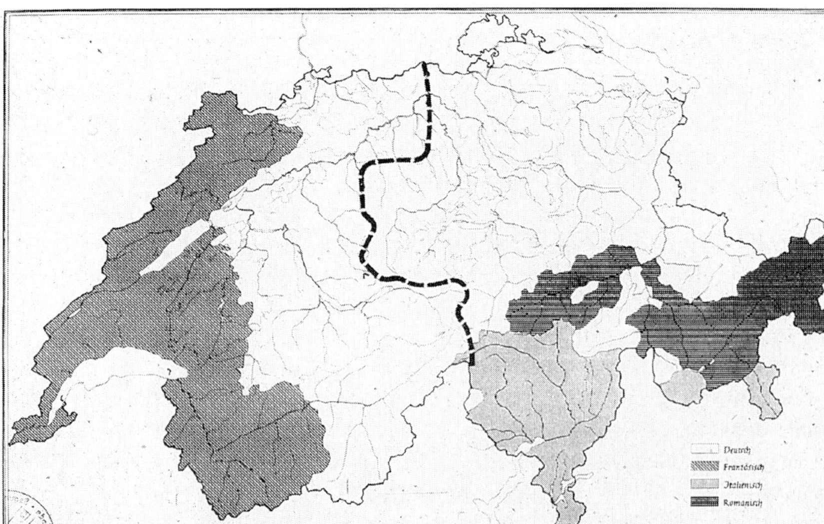

Abb. 12a: Sprachgebiete der Schweiz mit Brünig-Napf-Reuss-Linie (1951)

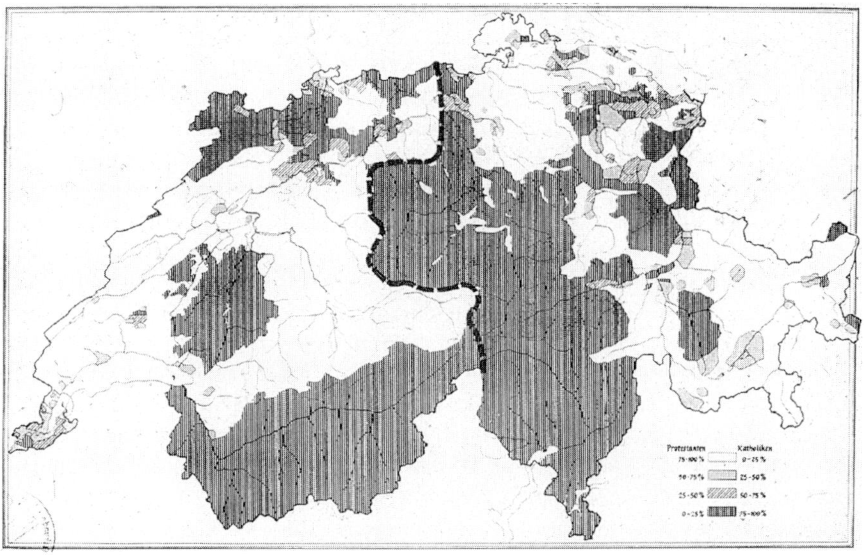

Abb. 12b: Konfessionsgebiete der Schweiz mit Brünig-Napf-Reuss-Linie (1951)

Zunächst ist festzuhalten, daß die Sprache – und das gilt relativ generell auch für andere Regionen Europas – für die Ausprägung von Kulturgrenzen keine oder nur eine untergeordnete Bedeutung besitzt (Abb. 12a). Einflußreichere Faktoren sind natürliche Grundlagen, die auf das Wirtschaftsleben einwirken, ferner die konfessionelle Zugehörigkeit (Abb. 12b), besonders häufig aber ältere Territorialgebilde, wo z.B. gleiche Verwaltungsvorschriften herrschten. Im Falle der Brünig-Napf-Reuss-Grenze ist vor allem eine Vermischung religiös-konfessioneller und historisch-politischer Triebkräfte festzustellen. Im übrigen erweist sich aber das Bündel der Verbreitungslinien keineswegs als starr und zeigt sich im Gebiet der unteren Reuss und Aare etwas „zerfasert“. Auch ist durch die reine Summierung von Erscheinungsbildern über die Intensität und das Gewicht der kulturellen Trennungen nichts gesagt. Auf der Mikroebene betrachtet, wenn z.B. soziale Schichten und Gruppierungen sowie individuelle Gesichtspunkte zu berücksichtigen sind, werden räumliche Kulturgliederungen ohnehin recht diffus. Insgesamt bleibt ihr Erkenntniswert auf Einsichten mittlerer Reichweite, das heißt auf eine Groborientierung beschränkt. Sie bieten in der Regel zum konkreten Lebensvorgang keine detaillierten Antworten, sondern werfen vielmehr grundlegende Fragen auf zu Art, Wirkung und Folgen kultureller Prozesse.

Die Frage, inwieweit die Alpen einen objektiv erfaßbaren Kulturraum darstellen, der aufgrund der Verteilung bestimmter Kulturelemente differenziert gegliedert ist, bedarf aber noch einer vertiefenden Bemerkung. In den Wissenschaften allgemein hat sich in den letzten Jahrzehnten die Auffassung vom konstruktivistischen Charakter all unseres Wissens weitgehend durchgesetzt; d.h. wir glauben, daß Wissenschaft jene Wirklichkeit, die sie als gesellschaftliche Konstruktion erkennt, zu einem erheblichen Maße auch selbst konstruiert. Als Folge dieser Auffassung haben wissenschaftliche Aussagen ihren Rang als gleichsam letztes Wort der Wahrheitsfindung verständlicherweise eingebüßt. Und mit der Einsicht, daß wissenschaftliche Arbeit immer nur einen bestimmten *Typ* von Aussagen zuläßt, ist auch der Zweifel gewachsen, daß es vom jeweiligen Erkenntnisinteresse unabhängige objektive Kulturräume geben kann. Darum fragt ein Volkskundler heute viel situations- und aspektbezogener. Er überlegt, in bezug auf welche Problemlage und Zielsetzung man denn jeweils *sinnvollerweise* von Kulturräumen sprechen sollte.

Der schon mehrfach genannte Richard Weiss hat sich auch mit sogenannten subjektiven Kulturräumen befaßt. Die Kehrseite des von außen – also aus der Distanz – gesehenen Kulturraums ist ihm der von innen gesehene – wohl mehr noch: empfundene – Heimatraum. Dieses realitätshaltige Konstrukt eines subjektiven Heimatraums besitzt gegenwärtig – im Zuge der europäischen Einigung, wo die Auflösung regionaler Identitäten vielfach als problematisch empfunden wird – offensichtlich die größere Aktualität. Das menschliche Bewußtsein vermittelt kulturellen Gegebenheiten ja keinen unveränderlichen Wert; der Bedeutungsgehalt eines jeden Phänomens ist vielmehr eher schwebend zu denken und wird in je veränderten Lebenssituationen aufgrund zeitgemäßer Bedürfnisse stets neu bestimmt und modifiziert.

Die Alpen als kultureller Wert: kollektive Vorstellungsbilder

Der Schweizer Naturforscher Johann Jakob Scheuchzer (1672-1733) hat Anfang des 18. Jahrhunderts als einer der ersten versucht, die Alpen im Ganzen wissenschaftlich zu erfassen. In seinem Werk „Itinera per Helvetiae Alpinas regiones“ – Reisen durch die Schweizer Alpen – von 1723 beschreibt er u.a. magische Kräfte der Pflanzen und gibt Berichte über sagenhafte Tiere. Das Hochgebirge war ein „wildes“ Gebiet, das auf die Menschen abweisend wirkte. Das Erlebnis der Alpen wurde – wenn man von vorauseilenden Erfahrungen Einzelner absieht – erst seit der Aufklärung im 18. Jahrhundert zunehmend als positiv empfunden. Damals begann das gezielte Erkunden und Bereisen der Schweizer Berge, etwas später auch des österreichischen Teils der Alpen. Die Texte und Illustrationen jener Bücher, die von solchen Reisen berichten, zeigen, daß man die Bergnatur nicht immer auf die gleiche Weise erlebt hat. Größtenteils waren es Fremde – darunter viele Gelehrte, Dichter und Maler –, die die geistige Erschließung der Alpen förderten. So haben beispielsweise die seit dem beginnenden 19. Jahrhundert in Bildkunst und

Literatur sich häufenden Alpenhirtenszenen die Vorstellung von einer romantisch-patriotischen Hirtenwelt im Gebirge weit verbreitet. Da man das Hirtenmotiv überdies auch gern in Festumzügen verwendete, wird verständlich, daß die Schweiz im Bewußtsein vieler Ausländer zum „Land der Hirten" geworden und dies teilweise bis heute geblieben ist.

Einen wesentlichen Faktor für die kulturelle Gestaltung der Alpen bildete der Alpinismus, eine bergsteigerische Bewegung, die sowohl aus sportlichem als auch aus künstlerischem oder wissenschaftlichem Antrieb gespeist wurde. Stilbildend haben im 19. Jahrhundert insbesondere die Alpenvereine gewirkt. Wegenetze und Aufstieghilfen veränderten die Wahrnehmung der Berglandschaft; Gebietsvermessungen und die Benennung der hervorstechenden topographischen Merkmale schufen spezifische Orientierungen und haben der Herausbildung einer modernen Bergästhetik den Grund gelegt. Großenteils war es romantisches Gedankengut aus den Städten des Tieflandes, das über Bergsteiger und Wanderer, und z.B. durch Trenker-Filme unterstützt, sein Echo schließlich auch bei den Einheimischen fand und Leitbilder für die „Imagebildung" der Alpen vorgegeben hat.

Ein allgemeingültiger und unwandelbarer Wertgehalt der Berge oder des Alpinismus ist nicht zu fixieren, aber das Gebirge scheint doch – wie Meer oder Wald – eine besondere Qualität von Naturerfahrung zu bieten. Tourenberichte von Bergbesteigungen demonstrieren den Wandel des Naturerlebens seit der Mitte des 19. Jahrhunderts. Anfangs feierten die Gipfelstürmer vor allem den Sieg über den Berg oder schilderten die alpine Natur in ihrer Erhabenheit; später trat das Erleben des eigenen Körpers stärker hervor, der Sieg über sich selbst durch die Auseinandersetzung mit der äußeren Natur. So verwandelte sich die Eroberung der Alpen, die durch die Fahrtenberichte der Extrembergsteiger im kulturellen Gedächtnis der Menschheit verankert ist, neuerdings zu einer Erschließung des eigenen „Selbst" – und auch diese Erfahrung gerinnt, z.B. in den Büchern Reinhold Messners, zu etwas Paradigmatisch-Überindividuellem, zu einem exemplarischen Ausdruck zeitgemäßen Kulturlebens.

Die Stilisierung und Popularisierung des Alpenerlebnisses und die symbolische Überhöhung des sog. Naturschönen gehören als gegenläufige Bewegung in den allgemeinen Modernisierungsprozeß. Eine idealistisch überformte Romantik hat dem bürgerlichen Naturempfinden des 19. Jahrhunderts eine facettenreiche Wort- und Bildsprache für die Alpen als Sehnsuchtslandschaft bereitgestellt. Poetische Schilderungen und Gemälde über Alpenlandschaft und Alpenleben bilden seither einen unablösbaren Bestandteil der europäischen Kulturgeschichte. Mit diesem Erbe ist der Alpenraum auch in der Gegenwart aus dem Selbstverständnis Europas nicht wegzudenken.

Es dürfte deutlich geworden sein, daß Naturlandschaft nicht nur durch den aktiven Eingriff der Menschen zur Kulturlandschaft geformt wird, sondern auch durch Interpretation. Wahrnehmung, künstlerische Umsetzung und

Deutung, nun, sind geschichtlich gebunden: bestimmte Sichtweisen beginnen irgendwann, entfalten sich und werden wieder vergessen, kennen Moden und Beharrungsphasen. Wie jede Interpretation bedarf die der Landschaft sprachlicher oder bildlicher Fixierung. Solche Ausdrucksformen verleihen den Bergen unter anderem eine spezifische Wiedererkennbarkeit und verwandeln sie so – was abermals Briefmarken besonders eindrücklich bezeugen – zum kennzeichnenden Symbol für regionale oder nationale Eigenart.

Landschaftlich gebundene Sachcharakteristika und Mentalitäten sind oft in der Sagenüberlieferung besonders gut zu fassen. Aus den Hochalpen kennen wir zum Beispiel, zuerst von Scheuchzer aufgeschrieben, die Geschichte von der Blümlisalp. Man erzählte, daß sich ein Senn auf paradiesisch üppiger Alp verging – durch Speisefrevel, Vergötzung der Geliebten oder Unbarmherzigkeit gegen seine Mutter – und daß die Alp daraufhin vergletscherte und den frevlerischen Senn mit seiner Geliebten unter dem Eis begrub. Das ist eine Geschichte mit mythischen Dimensionen; die Natur rächt eines Menschen böse Tat. Ähnlich hat man der bereits erwähnten, bezeichnenderweise nur im Alpenraum verbreiteten Sage von der Sennenpuppe ausdrücklich eine religiöse Kompensationsfunktion zugeschrieben. Drei Sennen auf der Alp schnitzten sich aus Langeweile eine Puppe. Sie sprachen mit ihr, fütterten sie und trieben in gotteslästerlicher und obszöner Weise Unfug mit dem „Sennentunsch". Unversehens wurde die Puppe lebendig. Beim Alpabtrieb hielt sie den Anführer zurück, tötete ihn und spannte dessen Haut auf dem Alphüttendach aus.

Kollektive Vorstellungen und Bedeutungen verdichten sich in sinnträchtigen Bildern. Heute ist die Werbeindustrie mit riesigem Kapitaleinsatz der erfolgreichste Mythenproduzent. Sie schafft – wenn sie Firmen eine „Corporate Identity" oder Produkten ein „Image" verleiht – mit Bildern Werte. Moderne Autoplakate, zum Beispiel, wecken Sehnsüchte und versuchen, eine extensive Naturnutzung als etwas völlig Selbstverständliches zu suggerieren. Wenn der Berg „ruft" (wie man auf einem Auto-Werbeplakat lesen kann), dann braucht niemand, der für sein Fahrvergnügen Berghänge sprengen läßt oder Bergwälder vergiftet, ein schlechtes Gewissen zu haben. Solche Vorstellungen, einmal verinnerlicht, lassen sich schwer und wohl nur mit noch suggestiveren Bildern verändern. Freilich: welche Autofirma investiert schon in Plakate, die dokumentieren, daß der Berg sich durch Muren- und Lawinenabgang bitter rächen kann?

Dennoch gebiert auch die Umweltschutzperspektive neue Mythen oder instrumentalisiert alte. Auf einem neueren schweizerischen Plakat ist – unter Rückgriff auf ein Bild Ferdinand Hodlers – der sagenhafte Wilhelm Tell auferstanden (Abb. 13), mit seiner archaischen Waffe drohend: wider die Tyrannei der Betonstraßen, für die Freiheit der Berge. Hier wird Tradition gegen Fortschritt mobil gemacht. Der Wunsch, eine mit Gefühlswerten hoch aufgeladene Landschaft zu bewahren, kämpft gegen das ökonomische Kalkül

Abb. 13: Wilhelm Tell als Umweltschützer, ca. 1980er Jahre

einer wirtschaftsgünstigen und zeitsparenden Verkehrserschließung. Darin äußert sich einprägsam ein kultureller Wertekonflikt. Das, was Lebensqualität ausmacht, kann von sehr unterschiedlichen Standpunkten her definiert werden (Beschaulichkeit und Ruhe einerseits, Mobilität und Konsumwunscherfüllung andererseits) – und wir beginnen zu ahnen, welch höchst komplexes Bild ambivalenter Wertvorstellungen zutage tritt, wenn wir die Alpen als einen im Bewußtsein der Menschen ebenso vielfältig wie variabel verankerten Kulturraum zu begreifen versuchen. Die sozialen und individuellen Dimensionen kulturellen Lebens sind durch Raum und Zeit untrennbar miteinander verflochten, doch die Folgerung bleibt: Wer heute gesellschaftspolitische Konflikte in den Alpenländern optimal entscheiden und notwendige Veränderungen durchsetzen will, muß sich auf diesem komplizierten Feld kultureller Wertvorstellungen beharrlich um Einsicht und Durchblick bemühen.

Für die Erkenntnis der heterogenen und kontroversen Alltagsrealität, die gutenteils aus wirkmächtigen Ideologien besteht, bedarf es kulturwissenschaftlichen Sachverstands. Solche Wirklichkeit besser zu verstehen, verlangt einläßliche Analysen und nicht zuletzt den Mut, auch dort genau hinzusehen, wo die erschreckenden Folgen wissenschaftlichen Fortschrittsoptimismus strenger Selbstkritik bedürfen; denn erst alle Facetten menschlicher Existenz (und dazu gehört auch die Verwissenschaftlichung des Lebens) führen zu einer wirklichkeitsgerechten Erhellung unseres Daseins. Und weil wir gerade in der Rolle als Wissenschaftler die Welt nicht nur registrieren, sondern auch schaffen, bleiben wir zum Nachdenken verpflichtet über das, was aus manchen älteren wissenschaftlichen Trug- oder Wahnbildern wurde, und darüber, was aus unseren neuerlichen Konstruktionen werden wird. Wir sind und bleiben verantwortlich dafür, in welcher Form unsere wissenschaftlichen Erklärungsmodelle und Lösungsvorschläge verwendet und umgesetzt werden, nicht zuletzt auch dann, wenn sie mißbraucht werden.

Zur Verantwortung der Kulturwissenschaften

Was können wir für das künftige Leben im Alpenraum erwarten? Wenn der Biologe und „Erdpolitiker" Ernst Ulrich von Weizsäcker die Grundsituation unserer Zeit richtig beschreibt, muß auch in den Alpen gelten, daß wir uns vom Jahrhundert der Ökonomie in das der Ökologie bewegt haben. Diese Tendenz zielt auf einen Ausgleich, der kaum ohne einen Bewußtseinswandel im Naturverständnis und eine Änderung der herrschenden emotionalen Einstellung zur Bergwelt zu haben ist.

Derzeit scheint die Zukunft der Alpen noch entschieden auf deren wirtschaftliche Nutzung fixiert. Die gewinnoptimierte Ausbeutung der Salz- und Erzlagerstätten, der Anbau- und Weideflächen, der Holz- und Wasserreserven wird verstärkt durch eine Profit versprechende Umgestaltung der Naturgegebenheiten zu Erholungslandschaften für Wanderer und Skifahrer, zu Stauseen für die Energiegewinnung und zu Damm- und Tunnelstrecken für den Personen- und Gütertransport. Daß sich speziell mit der Verkehrserschließung auch das „alpine Empfinden" verändert, demonstrieren zum Beispiel Fotos schon aus der ersten Hälfte des 20. Jahrhunderts, auf denen sich Seilbahnen kühn über Abhänge und Berggipfel schwingen. 1952 heißt es in einem Autobuch mit dem Titel „Philosophie am Steuer" triumphierend: „Wir haben die Alpen unter uns gebracht, sie stehen nicht mehr trutzig für sich." Heute aber geht es für uns darum, zu überlegen, ob und wieweit angesichts sterbender Wälder und herabstürzender Muren ein solches Siegesgefühl noch ausgekostet werden darf.

Was leistet speziell Kulturwissenschaft zur Lösung der Probleme, die in den Alpen begegnen? Zuerst sollte sie helfen, die richtigen Fragen zu formulieren, und die Spannweite der Antworten aufzeigen. Dabei ist es bereits wichtig, zu erkennen, daß ein nur auf „Lösungen" fixiertes Denken gefährlich werden kann, wenn man nicht auch die Folgewirkungen der Lösungsversuche antizipiert und kulturelle Gesichtspunkte wie den Erinnerungswert für alte Menschen oder sogenannte Nachhaltigkeit für künftige Generationen außer acht läßt. Aber auch sturer Natur- und Denkmalschutz wird kurzsichtig, wo er nur Barrieren baut und die Distanz zur natürlichen und kulturellen Umwelt verstärkt. Eine einfühlsame Umweltpflege, bei der wir aktiv *bleiben* müssen, die unser ethisches Empfinden, unsere Wachheit und Selbstkritik stets *aufs Neue* herausfordert, scheint zum Beispiel ein angemesseneres Prinzip zu verkörpern, als streng normierter und oft mechanisch umgesetzter Umweltschutz.

Knapp zusammengefaßt kann man sagen, daß es Aufgabe der Kulturwissenschaften ist, erstens *den Blick für die Zusammenhänge unseres Lebens offenzuhalten, damit wir bedeutsame Veränderungen überhaupt wahrnehmen.* Hier ist zu bedenken, daß die gewichtigsten Veränderungen sich häufig im mentalen Bereich vollziehen und daß sich die Strahlkraft einer Veränderung meist nur über größere Zeitstrecken hin richtig beurteilen läßt, d.h. mit dem Wissen um das geschichtliche Werden.

Zweitens muß Kulturwissenschaft *aufzeigen, welche Bedeutung speziell unsere alltäglichen Wertvorstellungen und Entscheidungen besitzen.* Naturereignisse, die die kulturelle Lebenswelt bedrohen, werden ja großenteils durch unser sich so selbstverständlich vollziehendes Alltagshandeln ausgelöst, und solche Aktivitäten sind durch tradierte Einstellungsmuster und Sozialnormen vorgeprägt. Hierher gehört zum Beispiel die biblische Maxime „Macht euch die Erde untertan", die unreflektiert verheerende Folgen zeitigen kann.

Drittens hat Kulturwissenschaft handlungspraktisch die Pflicht, *auf der Komplexität eines menschenwürdigen Lebens und damit auf der Vielseitigkeit der Zugänge und der Vielfalt der Antworten zu beharren.* Sie muß jede vorschnelle Reduktion auf Normgrößen und Meßbarkeiten verwehren; denn der Kulturwissenschaftler weiß, daß Kultur als vieldimensionales Gebilde der Menschennatur korrespondiert, die auch nicht auf einen eng begrenzten Katalog von Zweckfunktionen und Folgemechanismen zurückzuführen ist.

Endlich scheint Kulturwissenschaft auch darum unabdingbar, weil sie eine Mittelstellung zwischen Naturwissenschaft und Religion einnehmen und damit eine vermittelnde Funktion übernehmen kann zwischen jenen beiden kontroversen Weltanschauungen, von denen die eine, nämlich die naturwissenschaftliche, voraussetzt, daß es für alles eine Ursache gibt, während die andere, die religiöse, postuliert, daß alles einen Sinn hat. In diesem Spannungsfeld fehlen uns, wie der amerikanische Theologe Philip Hefner betont, mythische Leitbilder, die es vermögen, die unübersehbare Vielfalt von Bedeutungen und Werten in unserer Kultur wirkungsvoll zu steuern.

Mit Hefners Begriffen könnte man sagen, daß Kulturwissenschaft – viertens – die Chance bietet, *das Bedürfnis der Menschen nach Zuverlässigkeit mit dem nach Letztgültigkeit zu versöhnen.* Kulturwissenschaft vermag die wissenschaftliche Erkenntnis elementarer Lebensnotwendigkeiten und die transzendente Frage nach dem Lebenssinn miteinander zu verknüpfen. Für unsere Lebensplanung brauchen wir einerseits „harte" Daten, andererseits auch Träume und Visionen. Nur so läßt sich das Leben in der Fülle seiner Möglichkeiten erfahren und verwirklichen. Wir alle benötigen und suchen offenbar Balancen: wollen uns sowohl am Überlieferten als auch am zu Erhoffenden orientieren, brauchen das Gefühl der Lebenskontinuität *und* die Erfahrung des Wandels, und wir erstreben ja oft auch täglich einen Ausgleich zwischen kreatürlichen und kultürlichen Bedürfnissen.

Im praktischen Leben muß die wissenschaftlich-analytische Unterscheidung zwischen Natur und Kultur wieder aufgehoben werden. Denn beide Bereiche sind vielfach verschmolzen, ihre Grenzen fließend, und es ist unentscheidbar, welcher von beiden wichtiger wäre. Darum kann man auch nicht gut Verantwortung für die Umwelt übernehmen, wenn man sich nicht zugleich für die von ihr „Umgebenen" verantwortlich fühlt. Der 1990 verstorbene Soziologe und – wie er sich selbst verstand – Menschenwissenschaftler Norbert Elias hat eindrücklich betont, daß es eine Selbsttäuschung wäre, zu glauben, die nicht-menschliche Natur wirksam schützen zu können, ohne gleichzeitig etwas für den Schutz und das Wohlergehen der Menschen zu tun. Und so hängt auch die Situation der Alpennatur am Ende immer von der kulturellen Situation der Alpenbevölkerung ab, besonders von den jeweils herrschenden Machtverhältnissen (und diese sind nicht nur eine Funktion des Kapitals, sondern auch der Überzeugungskraft).

Die heute nicht zuletzt im politischen Bereich gängige Neigung, Natur und Kultur voneinander zu trennen, ist in der konkreten Wirklichkeit ganz illusorisch. Denn jene „Natur", der wir in den Alpen begegnen, wurde in hohem Grade von Menschen überformt und bezüglich der Wertungen „zivilisiert" und wird auch im Fortgang der Zeit zwangsläufig noch weiter umgestaltet und noch stärker menschlichen Maßgaben unterworfen werden. Worüber wir jedoch – und hier sind die Kulturwissenschaften gefordert – immer erneut nachdenken müssen, ist, welche Richtung diese Entwicklung in Zukunft nehmen soll, damit sie dem Wohle des *ganzen* Lebens dient. Wir sollten für uns eine Gesellschaft erstreben, die Natur und Kultur gleichermaßen respektiert und die im kulturellen Bereich Fortschrittsfaszination mit asketischen Lebensformen ins Gleichgewicht zu bringen versucht.

Wissenschaftliche Reflexion faßt die Probleme freilich nur auf die ihr eigene Weise. Eine komplementäre Sicht dazu vermag die künstlerische Intuition zu evozieren. Ferdinand Hodlers eindrucksvolle Gemälde alpiner Berglandschaften – zum Beispiel das vom Niesen, dem Wahrzeichen der Thuner-See-Region im Berner Oberland (Abb. 14) – tauchen die Alpen in symbolisches Licht. In ihnen scheint das triumphierende Selbstbewußtsein des Künstlers mit seinem Wunsch nach einer dauerhaft-unverletzten natürlichen Lebensumwelt des Menschen verschmolzen. Vor solcher Bildkraft verschwindet die Dichotomie von Natur- und Kulturwissenschaften, die gedankliche Trennung von Erklären und Verstehen löst sich auf – ganz im

Sinne Johan Huizingas, des niederländischen Kulturhistorikers, der 1919 in seinen erhellenden Studien über die Lebensformen des Spätmittelalters konstatiert: „Ohne Bild und Metapher kann kein einziger Gedanke ausgedrückt werden, und wo von dem erkennbaren Wesen der Dinge geredet wird, ist jedes Wort Bild. Vom Höchsten und am innigsten Begehrten einzig in Negationen sprechen zu können, befriedigt das Gemüt nicht, und immer wenn der Weise am Ende ist, muß wieder der Dichter kommen."

Abb. 14: Die Alpen als symbolisches Erlebnis. Ferdinand Hodler, Der Niesen (1910)

Großstadtbilder

Es gibt wohl nur wenige Erscheinungskomplexe unserer Lebenswelt, die so metaphernbeladen sind wie die Großstadt. Die Großstadt, als Steigerungsform der Stadt, ist – nach Buchtiteln aus dem letzten halben Jahrhundert – *unwirtlich*, eine *Profitopolis*, ein *Labyrinth*, gar *Niemandsland und Niemandszeit*. Sie erscheint vielen Autoren als *Alptraum* oder *Rätsel*, als ein Ort der Blasiertheit und Reserviertheit, als ein Bild für Entwurzelung, Heimatlosigkeit, Unbehaustheit, Oberflächlichkeit, Konsumorientiertheit usw. Anderen wiederum bedeutet sie *Heimat*, den Ort des Aufstiegs aus der Unfreiheit in die Freiheit, ein Ort mit spezifischen Reizen, die „Wachstumsspitze der Hochkulturen". Jedenfalls ist Großstadt – oder zumindest die Rede über Großstadt – ein Sammelplatz der Widersprüche, der Paradoxien.

Wahrnehmungsprobleme und Betrachtungsansätze

Im Jahre 1983 war in München eine Ausstellung Berliner Maler, Grafiker und Fotografen zu sehen, die den Titel „Großstadtdschungel" trug. Die Empfindung, in einem Dschungel herumzuirren, wenn es darum geht, eine Großstadt kennenzulernen, wird kaum jemandem fremd sein. Diese Empfindung kann aber noch steigern, wer sich bemüht, in die wissenschaftliche Literatur über Stadt und Großstadt einzudringen. Niemand darf hoffen, dieses undurchschaubare, grenzenlos verschlungene Gestrüpp aus traditionellem und modischem Diskursgeäst völlig zu entwirren. Provisorisch lassen sich aber für einen ersten Durchblick zwei Schneisen schlagen.

Stadt oder Großstadt erscheinen in dieser Literatur zum einen als ein *erfahrbarer Gegenstand*. In den entsprechenden Büchern über Berlin, München oder Hamburg, Paris, London oder New York wird ein architektonischer Baukomplex mehr oder weniger anschaulich beschrieben. Es tritt uns dann zuvorderst eine von Straßen und Plätzen durchzogene Gebäudeansammlung entgegen, der Ort wird durch die Schilderung kultureller Ausdrucksformen und sozialer Verhaltensmuster verlebendigt oder mag sich auch in Erlebnisberichten eines Beobachters mit eher subjektiven Bewertungen des Gesehenen und Gehörten spiegeln. Zum anderen dienen Stadt oder Großstadt in erster Linie als ein *Reflexionsobjekt*, dem generelle Einsichten abgerungen werden sollen, die davon abhängig sind, ob – zum Beispiel – Kunsthistoriker, Architekten, Sozialgeschichtler, Geographen, Psychologen oder Kommunikationswissenschaftler mit ihren je spezifischen Fragen und Fachbegriffen operieren.

Selbstverständlich gehört für einen Wissenschaftler immer beides zusammen: die Beobachtung und die Reflexion darüber. Aber man kann doch konstatieren, daß in der Praxis meist eine Seite, entweder das Vordergründig-Konkrete oder das Abstrakt-Spekulative, vorherrscht. Was speziell die Großstadt-Volkskunde betrifft, so hat auch sie sich lange Zeit ganz überwiegend nur im Dämmerlicht entweder der einen oder der anderen Schneise bewegt.

Warum Dämmerlicht? Die Großstadt wurde zwar, schon durch den Kulturhistoriker Wilhelm Heinrich Riehl in der Mitte des 19. Jahrhunderts, als Objekt jenseits des Ufers volkskundlicher Arbeit gesichtet, aber fast durchweg aus traditioneller Perspektive oder mit ideologisch eingefärbtem Vokabular angepeilt. Kulturelle Erscheinungsformen in der Großstadt wurden nur mit solchen Kategorien erfaßt, die für ländliche Gebiete bereits gefunden und dort als volkskundlich ergiebig eingeschätzt worden waren. Die Kultur der Großstadt erwuchs dabei zu einem Kontrastprogramm ländlicher Kultur. Neben der „eigentlichen“ Kultur, wurzelnd in der Bodenpflege, dem Kultivierungsakt der Bauern, erkannte man ein zweites Untersuchungsfeld: nämlich das Produkt oder vielmehr gleich das Abfallprodukt des Bürgers, die städtische Zivilisation. Auf eine eigenmächtige neue Erfahrung jedoch haben sich die volkskundlichen Großstadtforscher bis weit in die zweite Hälfte des 20. Jahrhunderts hinein kaum eingelassen.

Jener Wissenschaftsdiskurs, den man etwa seit Ende der 1920er Jahre als Großstadtvolkskunde bezeichnen kann, untermauerte im wesentlichen nur den postulierten Gegensatz zwischen Stadt und Land oder verlegte die Widersprüchlichkeiten in die Städte selbst. Bezeichnenderweise war es gleich das Extrem, die *Groß*stadt, die in den Blick gezogen wurde. Volkskunde in diesem Feld sei gleichzusetzen mit Gegenwartsvolkskunde, während ein Volkskundler, der das Dorf untersuche, eine Vergangenheitsvolkskunde betreibe. Man suchte in der Stadt ganz bestimmte Kulturphänomene, nämlich (ehemals ländlich geprägtes) Erbe oder Neuwuchs; fand dort (noch) Gemeinschaftsgebundenheit oder (vor allem) Massenhaftigkeit; verdammte oder verteidigte. Neben das Entweder-Oder trat zwar gelegentlich das moderatere Sowohl-Als-auch, aber die Polaritäten blieben beherrschend. Der älteren Volkskunde war Stadtkultur, äußerlich wie nach Innen, eine polarisierte Kultur. Es fehlten die Zwischentöne. Versuche, die Stadt durch andere Kategorien oder neuartige Erfahrungsmodelle eindringlicher zu erfassen, waren lange hin kaum zu erkennen.

Inzwischen gibt es eine Vielzahl volkskundlicher Untersuchungen, die sich mit Stadtfesten, Mietswohnungen oder Kinderspielen in der Stadt befassen; es gibt Darstellungen über das städtische Dienstbotenleben oder städtische Vereine. Wir besitzen Einzelfallanalysen zu Gartenstädten oder Quartieren, von Sagen oder Liedern in städtischem Milieu und vielem anderen, aber bisher keine Strukturanalyse einer Stadt als kulturellem Wirkgefüge insgesamt, keinen wohlgegründeten Überblick über jene Faktoren, die städtische Ausdrucksformen in charakteristischer Weise bestimmen. Wir wissen nicht einmal hinreichend genau, inwieweit eine als „städtisch" oder „großstädtisch" erfahrene Kultur auch im diagnostisch-erklärenden Sinne tatsächlich als „städtisch" oder „großstädtisch" bezeichnet werden darf. Es gibt – wenn man von wenigen Einzelforschern und allerjüngsten Studien absieht – bisher kein kontinuierliches Weiterfragen und keine spezielle Methodik kulturwissenschaftlicher Stadtforschung. Durchweg stehen noch immer isolierte Einzelstudien einzelner Sachprobleme, auf die man in den Städten stieß oder die man dort lokalisierte, im Vordergrund.

Die Frage ist, inwieweit die Integration, eine Synthese bisheriger großstadtvolkskundlicher Ansätze möglich ist und was sie überhaupt erbringen könnte. Brauchen wir vielleicht ganz neue Ansätze? Brauchen wir eine Grundlegung, die die bisherigen Forschungen verbreitert und dann weiterbaut, oder nicht vielmehr eine Tiefenlotung, die die Qualität des kulturwissenschaftlichen Forschens neu erfaßt? „Ich würde es für das Wichtigste halten", hat Roland Barthes vor Jahrzehnten formuliert, „nicht die funktionalen Erhebungen und Studien über die Stadt, sondern die Lesungen der Stadt zu vermehren." Eine Stadt wird ja von Alteingesessenen anders erfahren als von Zugezogenen oder Touristen, von Kindern anders als von Erwachsenen, und natürlich auch von den verschiedenen Fachwissenschaftlern, die sich mit der Analyse von Städten befassen, jeweils anders. Dürfen wir diese Frage nach der Beschaffenheit unserer Wahrnehmung – aus faktischen wie aus methodischen Gründen – so stark vernachlässigen wie das herkömmlicherweise geschieht?

Eine Großstadt läßt sich als ein komplexes Kultursystem auffassen, geformt aus „Kulturbausteinen" und verlebendigt durch kulturelle Aktivitäten (vor allem seiner Bewohner, aber auch anderer Betrachter). Dem kulturanalytischen Blick präsentiert sie sich in verschiedenen Aggregatzuständen.

Die Stadt bildet zunächst einen Mikrokosmos von Erscheinungen: steingeworden im Stadtbild, aber nicht minder gegenwärtig in den Wohnungseinrichtungen, in den Kleidungsmoden, dem Nahrungsangebot, einem Vorrat von Witzen, Liedern, Erzählungen usw. Dieser Mikrokosmos steckt Rahmenbedingungen alltäglichen Lebens ab, welches sehr konkret in einem Netz spezieller Sozialbeziehungen abläuft. Es ist eingebunden in ständige Vermittlungs- und Austauschvorgänge und wird in unterschiedlichsten Kommunikationsmustern aktualisiert. Das gesamte Großstadtleben schließlich ist überwölbt von Vorstellungen und Wertsetzungen, die mit den Erscheinungen oft nur mittelbar zu tun haben, sich ihnen aber in immer neuen Farbspielen anlagern.

Was also ist zu tun? Es scheint so, als ob die Großstadt aus dem Metaphernbrei der von niemandem mehr zu überschauenden Fachliteratur der unmittelbaren wissenschaftlichen Erfahrung wieder zugänglich gemacht werden müßte. Wir haben in der Fülle von Einzelaspekten und Spezialstudien die Orientierung verloren und müssen zurück „vor Ort". Aber wir sollten doch nicht – überwältigt von der Vielfalt drängender Aufgaben – einfach hier oder dort anfangen, wohin uns die Neugier, die Faszination, die Betroffenheit, die gesellschaftspolitische Opportunität gerade verschlägt. Ein zweiter Gesichtspunkt ist unabdingbar, und das ist die Theorie.

Es kann keine gute empirische Kulturforschung geben, ohne einen guten kulturtheoretischen Hintergrund. Wissenschaftler müssen sich am Leitseil theoretischer Vorgaben orientieren, wenn ihre Kletterpartie weder in einen gewöhnlichen Sonntagsspaziergang noch in ein unkalkulierbares, einzelgängerisches Abenteuer münden soll. Freilich sind Art und Güte des Seils entscheidend; es darf nicht zu lang sein, damit es Führungshilfe leisten kann, und nicht zu kurz, damit Bewegungsfreiheit bleibt.

Die Großstadtvolkskunde – wie immer wir sie auch in die empirische Kulturwissenschaft integrieren mögen – muß sich an der Theorie des Gesamtfaches orientieren. Von daher bieten sich drei Betrachtungsmuster an, die im Folgenden kurz durchgespielt werden sollen: erstens die Großstadt als ein *kulturelles Gebilde*, ein Gefüge, das eine mehr oder weniger geschlossene Alltagswelt umfaßt; zweitens die Großstadt als ein *kultureller Vermittlungsraum*, ein Handlungsfeld, in dem sich ein relativ eigengeprägtes Alltagsleben entfaltet; und drittens die Großstadt als ein *kultureller Bedeutungsraum*, eine Wertewelt mit von Einzelfall zu Einzelfall ziemlich typisch erscheinenden Vorstellungsbildern. Das sind drei Modellvorstellungen, die sich überlagern, ja verzahnen, die wir aber für die Dauer unserer Überlegungen analytisch trennen wollen, um die Chancen der Erkenntnis von Großstadtkultur wie auch die Problematik unseres Tuns im einzelnen etwas besser abschätzen zu können.

Großstadt als kulturelles Gebilde

Sind Großstädte kulturelle Gebilde spezifischer Art? Inwiefern sind sie es? Ist „Großstädtisches" abhängig von der Größe der Bevölkerungszusammenballung? Es wäre gewiß absurd, genau mit 100.000 Einwohnern einen qualitativen Sprung im Kulturgefüge einer Stadt zu vermuten. Großstadt kann also nur eine offene, heuristische Kategorie für uns sein. Es geht ja auch gar nicht um die Erhärtung von Klassifikationen, um den Nachweis, daß etwa

München volkskundlich gesehen tatsächlich eine Großstadt ist, und seit wann genau man davon sprechen kann, sondern z.B. um das Verständnis dessen, was es bedeutet, wenn die Olympiastadt der einen den anderen als Millionendorf erscheint. Auch wenn die letztere Charakterisierung ironische Untertöne hat, basiert sie doch auf einer bestimmten, wie auch immer erworbenen, Wirklichkeitserfahrung.

Wer die Großstadt München kennenlernen will, wird sich – wie überall sonst – in der Regel zunächst an seiner baulichen Gestalt orientieren. Das durch Straßen gegliederte Bauensemble bildet für jede Stadt die äußerlichste und offensichtlichste Zwiebelschale seiner Erscheinungswelt, in der auch die Bewohner selbst ihren Platz suchen, die sie sich aneignen müssen, die sie in größerem oder geringerem Maße mitgestalten. Die Baulichkeiten – und zwar im Regelfall die der Repräsentationskultur – vermitteln den prägenden Stadteindruck, nicht zuletzt aber deshalb, weil die bildungsbürgerliche Stadtliteratur in Feuilletons, Reportagen, Fotobänden und Stadtführern uns so zu sehen anleitet. In solchem Fahrwasser „Stadtkultur" bewegt sich auch noch ein Großteil der wissenschaftlichen Darstellungen, mal stärker kunst- oder sozialgeschichtlich akzentuiert, mal mosaiksteinchenhaft oder strukturanalytisch, so daß – wenn wir etwa Kevin Lynch folgen – bestimmte Baubereiche und Grenzlinien, Brennpunkte, Merk- und Wahrzeichen hervortreten.

Dennoch: es wäre kurzschlüssig, die Stadtkultur im wesentlichen nur von den Baumassen, der Welt der Straßen und Plätze, der öffentlichen Gebäude und Denkmäler, der Wohnquartiere und Gewerbebetriebe her zu erfassen, obwohl man natürlich fragen kann, wieweit diese Siedlungsstruktur durch wirtschaftliche Gegebenheiten, durch die Trennung von Arbeitsplatz und Wohnung, den expandierenden Verkehr oder die soziale Schichtung der Stadtgesellschaft geformt ist. Das bauliche Stadtbild ist aber nur ein Indikator von vielen und vermutlich ein relativ grober, von einer dünnen Oberschicht stark eingefärbter dazu. Jenseits elitärer „verordneter" Denkmäler liegt die Alltagswelt der Stadtbewohner mit ihrer eigenen Zeichenhaftigkeit.

Wenn man mit Hans Paul Bahrdt die Spannung zwischen extremer Öffentlichkeit und extremer Privatheit als ein für die Großstadt typisches Merkmal erachtet, so bedeutet das, daß sich ein beträchtlicher Teil des kulturellen Potentials einer Großstadt in Bereichen findet, die dem raschen Zugriff des Forschers entzogen sind. Dann ist die Frage zu stellen, welches Gewicht diese verborgenen, privateren Kulturäußerungen in dem Gesamtgefüge Großstadt eigentlich einnehmen, auch wieweit sie einerseits die Großstadt als Typus mitprägen und wieweit davon andererseits die Eigenart einer ganz bestimmten Großstadt beeinflußt wird. Hier gibt es – soweit ich sehe – einstweilen nur Hypothesen und keine präzisen Untersuchungen. Jedenfalls muß das oft beschworene Lokalkolorit, das die Atmosphäre einer Stadt wesentlich mitbestimmt, in der privaten Alltagswelt durchaus nicht fehlen.

Der Geschichtlichkeit der Einzelphänomene wäre in diesem Zusammenhang weiter nachzugehen. Die großflächige Ausgestaltung von Stadträumen vollzog sich meist in einem jeweils spezifischen geistigen Klima. In München war das die Spannung zwischen den Repräsentationsansprüchen des Herrscherhauses und der bürgerlichen Gemeinde; hier verband sich im 19. Jahrhundert die Ideologie der Kunst- und Residenzstadt mit einer gewerbebürgerlichen Industriefeindlichkeit gegen die Forderung nach Freigabe der Stadt als industriellem Arbeitsraum; hier wurde Camillo Sittes Lehre vom künstlerischen Städtebau rezipiert und in die Stadtplanungspraxis umgesetzt. Sozialhistoriker fragen nun, in welcher Weise sich die Großstadt in ihren Bauten darstellt, wie z.B. das kommunale Schulhausprogramm neben anderen Bildungsbauten den Kulturstaat des späten 19. Jahrhunderts repräsentiert oder sich interventionsstaatliche Elemente im kommunalen Wohnungsbau nach der Jahrhundertwende ausprägen. In München sind staatliche Verwaltungsbauten bis heute ein wesentlicher Teil des städtischen Erscheinungsbildes. Die politische Topographie müßte aber vom Volkskundler durch eine Topographie der Alltagskultur ergänzt werden, die schließlich das Strukturelle der Erscheinungswelt im exemplarischen Einzelfall sichtbar macht.

Großstadt als kultureller Vermittlungsraum

Verlassen wir das idealtypisch-statische Modell der Großstadt als kulturelles Gebilde, in dem unterschiedlichste historische Elemente kondensiert sind, und ergänzen bzw. ersetzen wir es durch ein übergreifendes Modell, das die Dynamik sozialen Lebens berücksichtigt. Aus volkskundlich-kulturwissenschaftlicher Sicht ist das die Frage danach, inwieweit Großstädte kulturelle Vermittlungsräume spezifischer Art darstellen. Es geht jetzt also nicht um Agglomerationen mit einer spezifischen kulturellen Ausstattung, sondern um Räume mit spezifischer kultureller Aktivität.

Die bayerische Landeshauptstadt München ist – wie andere Großstädte auch – mit seiner hohen zentralörtlichen Bedeutung ein Magnet für gesellschaftliche Institutionen, die durchweg auch ihren kulturellen Aspekt haben. Als Messezentrum zieht München viele Neuheiten zusammen, die dann von hier in alle Richtungen ausstrahlen. Ähnliches gilt für eine unüberschaubare Menge von Informationen, die über Rundfunk und Fernsehen, Zeitungen und Zeitschriften sowie das Buchverlagswesen verbreitet werden.

Großstädte als Innovationszentren, als Strahlpunkte für die Diffusion von Neuerungen, sind in der Volkskunde öfter behandelt worden. Freilich wäre noch genauer zu klären, ob sie Innovationen tatsächlich selbst hervorbringen oder nur bündeln, und wieweit über den quantitativen Aspekt hinaus die qualitative Seite der Innovationsschübe, also bestimmte Inhalte und Ausdrucksformen, in besonderem Maße großstadtabhängig sind.

Das großstädtische Leben wurde oft charakterisiert: Toleranz und daraus folgende Distanz als typische Verhaltensweisen in der Öffentlichkeit; Anonymität und Mobilität; Isolation und Kommunikationsunfähigkeit, obwohl der Großstädter durch die hohe Mediendichte mit Kommunikationsinhalten geradezu überschwemmt wird. So hat man z.B. bei den Bewohnern einiger Münchner Neubauviertel eine allgemeine Klage über die Anonymität und Distanziertheit in der Stadt registriert, obwohl die Befragten mit ihren eigenen distanzierten nachbarlichen Kontakten durchaus zufrieden waren. Solche Diskrepanzen machen stutzig. Stellen sie womöglich ein wissenschaftlich erzeugtes Problem dar? Sind sie vielleicht sogar typisch für objektivierendes Denken, das bei Gegenständen von zu hoher Komplexität Paradoxien erzeugt, die logisch nicht mehr aufgelöst werden können? Ist Großstadt in ihrer Komplexität einer analytisch-rationalen Deutung überhaupt noch zugänglich? Kann sie vielleicht allein schon aus diesem Grunde kein Forschungsgegenstand sein, sondern nur ein Forschungsfeld, innerhalb dessen wir uns mit weniger komplexen Forschungsgegenständen bescheiden müssen?

Die Art großstädtischer Kommunikation, die das Alltagsleben wesentlich prägt, ist sicher durch die Anwesenheit vieler Fremder beeinflußt, aber auch durch die Wohnumgebung und andere kulturelle Eigenheiten. „Tante-Emma-Läden", Kneipen und Vereine waren wohl einmal Kristallisationspunkte einer stetigen Kommunikation, die sich heute in Warenhaus, Stehimbiß und Massenversammlung auflöst, aber vermutlich doch an anderen Orten der Großstadt – oder auch nur in anderer Form – regeneriert. Hier könnte nämlich unsere Beobachtung nachhinken, weil sie z.B. die Viertel der ausländischen Arbeitsmigranten primär unter einer anderen Problemsicht – etwa der Akkulturationskonflikte – betrachtet und jene Stadtteilkulturen nicht wahrnimmt, wo sich direkte Kommunikation neue Kommunikationsrahmen und zugleich Strahlpunkte verdichteter Kulturvermittlung schafft.

Einen die Stadt zwar bestimmenden, aber auch übergreifenden Vorgang stellt die sogenannte Urbanisierung dar, also der Entstehungs- und Diffusionsprozeß moderner städtischer Lebensformen. Hier ist das ganze Stadt-Land-Gefüge im Blick zu behalten. Wer Dörfer in Ballungsräumen untersucht, kann auch dann, wenn keine Hochhaussilhouette und kein den Ort (über)prägendes Verkehrsnetz die Verstädterung anzeigt, deutliche Urbanitätsmerkmale fassen, wie z.B. die geringe Integration einer Bevölkerung, für die Nebeneinanderwohnen nicht auch Miteinanderwohnen bedeutet. Andere Merkmale sind die Anonymität in einer Mehrzahl von Alltagssituationen, überlokale Orientierung und starke Mobilität. Alles Merkmale, die zuerst besonders in großstädtischem Milieu höheren Lebenstempos, größerer Enge, strengerer Fremdheit ausgemacht und rasch auf dieses Bedingungsfeld zurückgeführt wurden.

Ob aber die ausschlaggebende Determinante wirklich das spezifische Raumgefüge und nicht eine zeitbedingte Gesellschaftsformation ist? Erfassen wir die Typik eines kulturellen Raumes oder die einer kulturgeprägten Zeitepoche? Ist die Entscheidung eines Forschers für dieses oder jenes Kausalgefüge prinzipiell offen oder durch wissenschaftliche Vorgaben in bestimmter Richtung festgelegt? Es scheint so, als ob sich fast nach Belieben immer wieder andere Reduktionsebenen für eine einleuchtende Erklärung finden ließen.

Nehmen wir das Phänomen der Einpersonenhaushalte. Singles sind offenbar überproportional in Großstädten anzutreffen, beeinflussen dort das Kulturangebot, z.B. im Wohnungssektor (Appartements), beim Nahrungskonsum (Kleinkonserven) und im Freizeitbereich. Aber das Lebensgefühl der Singles ist trotzdem nicht einheitlich, sondern sehr kontrovers zu beschreiben: Ein Teil von ihnen empfindet die Großstadt als Herausforderung, ein anderer als Bedrohung, je nachdem ob die psychische Struktur der Individuen offensiv oder defensiv geprägt ist. Also: Sind Singles nun typisch für Großstädte oder typisch für die moderne Gesellschaft (mit ihrer Großstadtaffinität)? Beides ließe sich wohl plausibel begründen.

Sobald sie ein etwas allgemeineres Begriffsvokabular verwenden, sind Funktionsanalysen mit Vorsicht zu betrachten; sie riskieren schon bei ziemlich geringen Wechseln der Abstraktionsebene Beliebigkeit. Bei dieser Sachlage ist es verständlich, wenn ältere Volkskundler Extrempositionen suchten, zwischen denen auch eine grobere Funktionsanalyse noch Halt findet – eben Stadt und Land. Dieses Untersuchungsraster – aber vielleicht auch *nur* dieses Raster – mag es in unserer gegenwärtigen Gesellschaftsentwicklung erlauben, Großstädte als kulturelle Vermittlungsräume spezifischer Art zu charakterisieren. Die Frage bleibt, wie lange die Abstraktionshöhe der verwendeten Begrifflichkeit noch für Teilbereiche unseres Alltagslebens greift und ab wann die moderne Großstadt nur quasi Paradigma-Aussagen für den gesamten Alltag zuläßt.

Großstadt als kultureller Bedeutungsraum

Bevor wir aus diesen Überlegungen forschungsstrategische Folgerungen ziehen, ist noch ein drittes Betrachtungsmodell zu diskutieren. Sind Großstädte auch kulturelle Bedeutungsräume spezifischer Art? Die Geschichte einer expliziten über hundertjährigen Großstadtfeindschaft und Großstadtdämonisierung spricht ein deutliches Wort. Und auch eben in der Gegenwart werden die Parolen der Großstadtverachtung vielfach durch eine ökologisch begründete Spielart ergänzt.

Kulturwissenschaftler setzen voraus, daß die gesamte menschliche Umwelt mit Werten besetzt ist. Mit dieser These ist aber ein erkenntnistheoretisches Problem verbunden, nämlich: analysieren wir im konkreten Fall eigentlich empirische Realität oder eine durch Bewerten, durch Vorurteile geschaffene Realität? Jene Touristen, die nach München kommen, um hier das Isar-Athen zu sehen, erfahren die Großstadt anders als jene, die die weiß-blaue Metropole oder die Weltstadt mit Herz suchen, und wieder anders als solche, für die sie die Stadt der Lebensfreude darstellt oder (früher) die heimliche Hauptstadt Deutschlands.

Wie baut sich das Bild von einer Stadt auf? Es ist ja – wie bei den Fremden – auch bei allen Stadtbewohnern keineswegs gleichartig ausgebildet. Das liegt an der unterschiedlichen Gruppenzugehörigkeit und an den individuell verschiedenartig ausgeprägten Erlebnisfeldern. Dennoch gibt es in der Regel etliche, besonders prägnante „Situationssymbole“, die allen Stadtbewohnern bekannt sind und damit zu Bestandteilen eines gemeinsamen Selbstbildes werden. Solche Selbstbilder könnte man – wie Gernot Ruhl vorgeschlagen hat – als eine Art kleinsten gemeinsamen Nenner des Identitätsbezuges von Stadtbewohnern bezeichnen.

Für München sind 1971 auf Grund einer umfänglicheren Zeitungsanalyse die wichtigsten Stadtelemente hierarchisiert worden. Unter Einzelgebäuden und markanten Orientierungspunkten nahmen dabei die Frauenkirche und das Hofbräuhaus mit Abstand den ersten Platz ein, gefolgt von verschiedenen Museen, Kirchen, Theatern. Unter den städtebaulichen Räumen war mit noch größerem Abstand Schwabing der Favorit, dem Englischer Garten, Maximilianstraße und einige andere Straßen und Plätze folgten. Als „soziale Situationsbestandteile“ erwartete man in erster Linie Studenten und Künstler. Wichtig waren schließlich für München neben Elementen der geographischen Lage und des Klimas (Voralpen, Föhn) einige alltagskulturelle Elemente wie Bier, Biergarten, Oktoberfest, Fasching, Weißwurst, Maßkrug, Lederhose usw. Aus solchen Assoziierungspunkten baute und baut sich das – typisierte – Selbstbild Münchens auf, das dann auch den Grund legt für unterschiedliche Fremdbilder, die dadurch entstehen, daß aus der Summe aller symbolisierten sozialräumlichen Situationsbestandteile und deren Eigenschaften von Personengruppen außerhalb Münchens eine bestimmte Menge der über die Stadt verbreiteten Informationen selektiert wird.

Mit den kommunikativ verbreiteten Symbolen sind nun bestimmte „Anmutungsqualitäten“ gekoppelt, z.B. Liberalität und Toleranz (Schwabing, Maler, Gammler), Freizeit und Urlaubsatmosphäre (Englischer Garten); Kunst, Theater, Bildung; Tradition, Gemütlichkeit, Romantik (Biergärten). Was auffällt, ist, daß Situationen und Anmutungsqualitäten, die sich auf die Berufs- und Arbeitswelt beziehen, in den Berichten über München weitgehend fehlen oder in den Hintergrund treten; erst in jüngster Zeit wird München als „High-Tech“-Standort stark propagiert und allgemeiner bewußt. München ist die größte Industriestadt Süddeutschlands, doch seine Anziehungskraft erwächst vor allem aus den im Fremdimage enthaltenen Vorstellungen über ein breit gefächertes Freizeitangebot, ein tolerantes Sozialklima, ein umfassendes Bildungsangebot, ferner eine Reihe schichtspezifischer Prestigewerte (elegante Geschäfte) und einer dynamischen Weltstadtatmosphäre (Universitäten).

Vergleicht man das so skizzierte Image von München mit Vorstellungen von anderen Großstädten oder mit derjenigen von Großstadt überhaupt, wird man erhebliche Diskrepanzen feststellen. Allerdings könnte ein geschickter Interpret auch genau das Gegenteil demonstrieren: nämlich ein ähnliches, auf der strukturellen Ebene oft austauschbares Image verschiedener Großstädte. Woran liegt das und was bedeutet das? Und endlich: was hat hier empirische Kulturforschung – Volkskunde – zu leisten?

Das Image einzelner Großstädte ist eine kulturelle Wirklichkeit, lebt – unterschiedlich nuanciert – im Bewußtsein vieler Menschen und wirkt auf die sinnlich erfahrbare Realität zurück. In München besitzt heute Schwabing keinen so überragenden, andere Stadtteile verdrängenden Situationswert mehr wie etwa noch vor 30 Jahren. Andere Stadtteile – Haidhausen, Lehel – sind stärker ins Bewußtsein getreten, haben so etwas wie Stadtteilkultur ausgebildet; aber auch Neuperlach und einige Gastarbeiterquartiere der Innenstadtrandgebiete liefern – eher negative – Bedeutungsnuancen zum neueren Münchenbild. Negativ – solange es der Stadtwerbung nicht gelingt, sie zu unterdrücken oder so umzudeuten, daß positive Identifikationen möglich werden.

Werbung ist ein wesentlicher Faktor im Kontext moderner Kulturvermittlung. Auch die Stadt ist heute eine Ware. Nicht mit konkreten Informationen über objektivierbare Qualitäten – etwa die lokalen Arbeits- und Lebensbedingungen – wird für Städte geworben, sondern mit emotionalisierten Bildern und Slogans wie beim Verkauf von Konsumgütern. Hier ertrinkt die Bedeutungswelt einer Stadt schnell im gerade Modischen, hier bleibt oft nur noch der Kitzel übrig, der Stimulus, und damit die inhaltliche Beliebigkeit. Wer kann unterscheiden, was primäre Bedeutung ist und was rückgekoppelte Vermarktung oder schlichtweg Wortspielerei? Großstadtvolkskunde auf dieser Ebene ist eine Standortsuche im Strudel der Trends.

Stereotypvorstellungen

Die Frage nach der Wirklichkeitsvorstellung führt weit über Großstadtprobleme hinaus. Volkskunde untersucht generell materielle Besitztümer und Nutzungsgegenstände, mündliche und schriftliche Überlieferungen, gewohnheitsmäßig durchgeführte Rituale und Verhaltensweisen. All diese Erscheinungsformen gründen immer auf entsprechenden Vorstellungsbildern und werden in einem mehr oder weniger bewußten Umsetzungsprozeß hervorgebracht. Die Alltagswirklichkeit besteht gewissermaßen aus zwei Schichten und läßt sich entsprechend auf zwei Ebenen begreifen – auf einer Wahrnehmungs- und einer Vorstellungsebene. Besonders interessant ist aber deren Verknüpfung, also die Frage, wie das Wechselspiel zwischen manifester und vorgestellter Wirklichkeit sich konkret vollzieht. Dieser Problemkomplex stellt ein ganzes Wissenschaftsprogramm dar, das in verschiedener Hinsicht zu entfalten wäre. An dieser Stelle sei ein knapper Exkurs zur Stereotypenbildung eingefügt.

Wer nachvollziehbar über Prozesse reden will, muß vorher die Pole beschreiben, zwischen denen sich die Vorgänge vollziehen. Wer nach dem Bedingungsverhältnis von Objektivationen und Subjektivationen fragt, muß die äußere Welt der Kulturerscheinungen ebenso wie die innere Welt der Meinungen und Vorstellungen veranschaulichen, bevor er sie argumentativ aufeinander beziehen kann. In der Volkskunde gibt es etliche Beschreibungsversuche für äußere Welten – zwar noch selten für Großstädte, aber doch für Dorfgemeinden und Subkulturen, auch für „Volkskulturen“ bestimmter Regionen oder bestimmter Epochen. Die Beschreibung innerer Welten dagegen – also die Darstellung von „Weltbildern“, „Geistigkeiten“ und „Mentalitäten“, von „Lebensstilen“ und „Klassenbewußtsein“ – ist viel weniger weit gediehen. Das ist verständlich; denn genaugenommen gibt es für eine größere Gruppe von Menschen ja gar keine „durchgängige“ innere Welt aus Vorstellungen und Wertsetzungen, sondern nur eine Vielzahl von Welten.

Die unumgängliche Generalisierung, die wir vornehmen müssen, wenn wir nicht in totaler Vereinzelung landen und uns jeglicher Objektivierungschance soziokultureller Gegebenheiten entledigen wollen, ist aber nun keineswegs nur ein Wissenschafts-, ein Metaproblem. Dieses korrespondiert vielmehr mit den ganz konkreten Kommunikations- und Orientierungsproblemen der Alltagswelt, weil ja niemand dem anderen in den Kopf blicken kann und dennoch unablässig gruppeninterner Verständigung auch über nur Vorgestelltes, Gewünschtes, Gemeintes usw. bedarf. Das bedeutet, daß zwar kaum geschlossene „Innenwelten“, aber doch wesentliche Bestandteile davon alltäglich von subtiler Subjektivität entkleidet in dem für das Zusammenleben notwendigen Maße wahrnehmbar gemacht werden müssen und damit jedem, der den Code – im Medium der Sprache, Gestik oder materialen Gestaltung – kennt (also prinzipiell auch dem Kulturanalytiker), in gleicher Annäherung zugänglich sind.

Freilich bedeutet das Zugänglich-sein gruppenspezifischer „Innenwelt“ noch nicht, daß sie auch hinreichend beschreibbar ist. Der Volkskunde fehlt ein einschlägiges Begriffsraster dazu, weil sie sich eben viel häufiger mit kulturellen Außenwelten als mit den dazugehörigen Innenwelten befaßt hat. Wenn sie es jedoch tat, hat sie sich die notwendige Begrifflichkeit aus der Psychologie bzw. der Sozialpsychologie ausgeborgt. Von einzelnen Adaptionsversuchen – zum Beispiel der „Identität“ als „kultureller Identität“

– abgesehen, ist aber der adäquate Einbau solcher Arbeitshilfen in das kulturwissenschaftliche Begriffsnetz bisher kaum erfolgt. Hier stellt sich einer Wissenschaft, die hinter der vordergründigen kulturellen Alltagswelt auch die sie bedingenden kulturprägenden (und kulturgeprägten) Wertvorstellungen erfassen und zueinander in Beziehung setzen will, eine wichtige theoretische Aufgabe. Denn nur jenes Begriffsinstrumentarium, das auf beide Welten gleichermaßen „paßt", kann diese letztlich insgesamt als „Kultur", als zwei Aspekte einer einheitlichen Lebenswelt begreifbar machen.

Bei der Erkundung der inneren Welten, die aus Bild- und Wertvorstellungen bestehen, befindet sich die Volkskunde noch in einer frühen Phase ihrer Beschreibungsversuche, wo mit umgangssprachlichen Bezeichnungen oder eben Begriffen anderer Disziplinen, insbesondere der Psychologie, gearbeitet wird. Das „Stereotyp" ist ein solcher Begriff im Bereich der Vorstellungswelten. Er soll einen Sachverhalt bezeichnen, den wir in wesentlichen Merkmalen als „erstarrt" empfinden – wie etwa auf der kulturellen Ausdrucksebene Relikt, Formel oder Topos.

Die hier vermutete Analogie gibt freilich erst einen Anstoß zu vielen spezielleren Fragen. Es muß geklärt werden, in wie vielen und in wie gewichtigen Merkmalen sie gegründet ist und welche Gesichtspunkte ihr entgegenstehen. Es ist zu prüfen, inwieweit analog erscheinende Begriffe überhaupt in die gleiche Grundklasse passen, ob also das „Stereotyp" auch einen wesentlich *kulturellen*, nicht nur einen psychologischen Sachverhalt umschreibt bzw. umschreiben kann.

Nun hat die Untersuchung ethnischer Auto- und Heterostereotypen gezeigt, daß diese zu wesentlichen Teilen stets tradiert, also kulturell vermittelt sind und somit ein kulturwissenschaftliches Arbeitsfeld markieren. Freilich bleibt zu entscheiden, ob der Begriff „Stereotyp" über die verfestigte Bildvorstellung, die Menschengruppen von einander haben, hinaus ausgedehnt werden sollte, also auf verfestigte Bilder von Lebenswelten, des Wohnens zum Beispiel, auf Landschaften, Produktuniversa, Institutionen oder Ideengebilde wie etwa auch wissenschaftliche Disziplinen. Das ist keine Frage nach „richtig" oder „falsch", sondern eine Frage der Zweckmäßigkeit für den kulturwissenschaftlichen Erkenntnisprozeß und zugleich eine, die sich nicht rein theoretisch beantworten läßt. Sie bedarf vorher des empirischen „Auslotens".

Wo nach der Ausformung und Tradierung von stereotypen Vorstellungen gefragt wird, ist auch deren oft handfeste Rückwirkung auf das tägliche Leben zu beachten. Solche Rückwirkungen treffen das Leben in der Regel an einem „kritischen" Punkt. Denn Stereotype sind ja nicht nur verfestigte, erstarrte Vorstellungen, sondern bewertete Vorstellungen, die auf Vorurteilen beruhen, die jedenfalls in einem Spannungsverhältnis, einer Differenz zur erfahrbaren Realität stehen. Sie verzerren Wirklichkeit, aber sie schaffen auch neue Wirklichkeit, und zwar meist eine höchst problematische, eine problembeladene für diejenigen, die sich ihr nicht entziehen können. Der Volkskunde geht es um Einblicke in die kulturprägende und das Alltagsleben bestimmende Kraft verfestigter tradierter Bild- und Wertvorstellungen, in die Leistungen, aber speziell auch die Gefahren stereotypisierter – und damit oft genug auch manipulierter oder manipulierbarer – Wirklichkeitserfahrung. Fremdbilder und Selbstbilder, aus kulturellen Versatzstücken aufgebaut, stehen – wie die vorgestellte und die manifeste Realität insgesamt – in einem dialektischen Verhältnis zueinander, „vermitteln" sich gegenseitig; kulturelle Wahrnehmungsmuster, und das sind guten Teils Selektionsmuster, stabilisieren letztlich auch Identität.

Großstadt als Forschungsaufgabe

Was die obigen Bemerkungen zur Großstadt betrifft, so liegt es auf der Hand, daß sie ihrerseits nur einen ersten Reflex auf die Situation wissenschaftlicher Großstadtreflexionen darstellen, mit den gleichen Merkmalen: voll widersprüchlicher Inhalte, zufälliger Auswahl und analytischer Unzulänglichkeit. Immerhin mag der Versuch, kulturwissenschaftliche Problemfelder anzudeuten, auf einem Sektor wissenschaftlicher Großstadtdeutungen auch die Bemühungen aus volkskundlicher Perspektive legitimieren. Soweit er das Betrachtungsspektrum nur ausdehnt, wäre freilich nicht viel gewonnen. Erweitert wird ja heute im Zeitalter der Spezialisierung an allen Ecken und Enden; das scheint bis ins Unendliche möglich. Das läßt sich durchaus mit hinreichend vielen, immer neuen akuten Problemen, auf die wir stoßen, begründen. Soziale Konflikte, oft den Leidtragenden kaum bewußt, die im kulturellen Gewand auch in Großstädten sichtbar werden, rufen nach Hilfe. Dem sollten wir uns nicht verweigern. Nur: Lösungen liegen nicht in der Breite, sondern in der Tiefe.

Wir stehen in der Großstadt vor der überwältigenden Gegenwart kultureller Elemente, die der Aneignung, der Assimilation, der Einbindung in den alltäglichen Lebensvollzug bedürfen, und wir stehen in der Gefahr – wie ein amerikanischer Großstadtforscher schon vor Jahrzehnten deutlich an die Wand gemalt hat –, in der Korrelation von allem und jedem, in Trivialitäten und Sinnlosigkeiten unterzugehen. In dieser Lage hilft nicht der Computer, sondern nur die Suche nach Theorie und methodischen Prinzipien.

Aus der Forschungstradition der Volkskunde bringt empirische Kulturforschung in die Großstadtanalyse zunächst eine Erweiterung des Gegenstands ein: die Alltagswelt der breiten Unter- und Mittelschichten, ihren kulturellen Besitz, der für eine adäquate Kenntnis der Lebensverhältnisse die Grundlage bildet. Hinzu kommt eine Reihe von Betrachtungsmustern, die die Großstadtwirklichkeit anders beleuchten und somit der Interpretation des Großstadtlebens neue Nuancen geben. Das gilt besonders für den Problemkomplex kultureller Vermitteltheit. Ferner liefert uns die Forschungstradition bestimmte fachspezifische Fragebündel, wie die nach Innovations-, Diffusions- und Tradierungsprozessen und die nach dem kulturellen Wertsystem der städtischen Unterschichten oder bestimmter Subkulturen. Das alles sind allgemeine Kenntnisse erweiternde Beiträge zur interdisziplinären Stadtforschung.

Methodisch arbeitet die volkskundliche Kulturanalyse zunächst mit den Techniken empirischer Sozialforschung, aber sie wird in Zukunft stärker, als das bisher üblich ist, den empirischen Rückbezug zu reflektieren haben. Wir müssen genauer wissen, welcher Schicht von Realität wir gerade auf der Spur sind. In dieser Hinsicht werden die Techniken empirischer Sozialforschung vielfach zu technizistisch angewendet. Die kulturelle Realität ist zwar real, aber – was jeden Deutungsversuch entscheidend beeinflußt – ihrerseits kulturell vermittelt. Wir müssen mit Zähigkeit und Präzision nach dem archimedischen Punkt für unsere Analyse suchen. Er liegt in der jeweiligen engeren Zielsetzung verborgen und bestimmt wesentlich die Abstraktionsebene der Begrifflichkeit. Diese zu finden ist womöglich gerade das Hauptproblem einer qualitätvollen Untersuchung. Darin ist überdies eine praxisrelevante Frage versteckt: ein Stadtvolkskundler muß sich darüber im Klaren sein, daß die Leute, die er studiert, ihm über die Schulter gucken. Seine Untersuchungs„objekte" können ihn – was dem Dorfforscher früher kaum je passierte – rückbefragen. Die Grenze, was gesagt werden muß und was nicht, wird zum Problem. Empirische Kulturforschung soll natürlich nicht nur die Gemeinde der Wissenschaftler erreichen. Sie geht nicht nur Kulturzuständen und Kulturprozessen exemplarisch nach, um unsere Welt und uns selbst darin besser zu verstehen; sie interessiert sich auch für die subjektive Seite: für die Kulturbedürfnisse und die „Kulturzufriedenheit".

Die gegenwärtige Volkskunde und Kulturforschung ist aber noch ganz überwiegend von der Suche nach funktionalen Zusammenhängen in größeren Kulturkomplexen bestimmt. Damit fährt sie im Zug der Zeit, aber es ist zu befürchten – und gerade die Großstadtforschung gibt zahlreiche Indizien dafür –, daß sie sich hier in einer Sackgasse befindet. Komplexere Systeme sind so vermascht, daß Aussagen über deren Funktionszusammenhänge entweder in ihrer Brauchbarkeit höchst zufällig sind oder schnell trivial werden. Vielleicht sollten wir mehr nach Erfahrungsmodellen von Kultur fragen: Wie wird München als Kulturgefüge erfahren, wie als Vermittlungsraum, wie als Vorstellungsbild? Gibt es Erfahrungskonflikte, und wie wirken sie sich im täglichen Leben aus, wenn die Erscheinung mit der Vorstellung sich nicht deckt? In wie hohem Grade werden solche Diskrepanzen eigentlich wahrgenommen?

Wir müssen neue Fragestellungen erkunden, um dem kulturellen Alltagsleben näherzukommen als das bisher über reine Funktionsanalysen möglich ist. Nicht nur: Warum sieht München so aus? Wie spielen die Kulturelemente ineinander? Sondern: Wie wird München von seinen Bewohnern, wie von Fremden gesehen? Wie wird dort der Alltag erfahren? In welchen Bildern lebt die Stadt, das Quartier, die Straße beim alltäglichen Lebensvollzug? Unter welchen Bedingungen? Und welchen Einfluß haben sie und ihr Wandel auf die täglichen Lebensentscheidungen?

Großstadtvolkskunde – Möglichkeiten ergiebiger Arbeit gibt es in Fülle; weder ihr Gegenstandsbereich der Alltagswelt der kleinen Leute, noch das kulturwissenschaftliche Betrachtungsspektrum sind im Erfahrungsfeld der Großstadt auch nur halbwegs ausgelotet. Die Schwierigkeit liegt vielleicht zuallererst darin, einen Absprung zu finden aus verfestigten Forschungstraditionen; Mut und Zeit aufzubringen, nicht einfach in die modischen Trends anderer Großstadtforschungen einzusteigen; Kraft vor allem zu behalten, um eine Spanne der Orientierungslosigkeit durchzustehen.

Die bisherige Großstadtforschung hat über Großstadt eine eigene, durchaus widersprüchliche Wirklichkeit geschaffen, und es scheint nötig, den Grund dafür, wie so etwas möglich ist, ohne daß im einzelnen die Plausibilität verloren geht, ganz genau verstanden zu haben, bevor wir weiterkommen. Auch das ist ein Thema der Kulturforschung und zugleich, ehe es aufgearbeitet ist, eine Mauer, die den Weg zu einer neuen Erfahrung hemmt.

Der Schatten von Tschernobyl

An der Schwelle zum 21. Jahrhundert vollzieht sich das Menschenleben in einem kulturellen Katastrophenszenarium, das sich zusammensetzt aus Ozonlöchern und Ölteppichen, Wäldersterben und Robbentod, Grundwassergiften und Müllnotstand. All dieses ist „menschengemacht", also kulturell. *Kultur*katastrophen haben wie Naturkatastrophen nicht nur beträchtliche Auswirkungen auf die Kultur, sondern sind auch wesentlich kulturell bedingt, d.h. von menschlichem Denken inspiriert und menschlichem Handeln entwachsen. Seit Mai 1986 ist der Name der kleinen ukrainischen Industriestadt Tschernobyl ein fester Begriff für das Gefahrenpotential moderner Großtechnologie geworden. Schon bald wurde dieser Name zum Schlagwort – „Tschernobyl ist überall" – und verdichtet damit die Symbolik für Ereignisse, die im menschlichen Vorstellungsvermögen, aber auch in der äußeren Realität alle Grenzen übersteigen und für die sich nur mit Mühe die richtigen Worte finden lassen.

Damals, vor anderthalb Jahrzehnten, sprach man häufig von „der Wolke", in deren Schatten sich Mitteleuropa befand. Doch eine drohend sichtbare Wolke, aus der es segensreich regnen könnte (Abb. 15), bildeten die kontinentweit verbreiteten Strahlungspartikel gerade nicht, obwohl Radioaktivität speziell dort, wo Regen gefallen war, das Leben besonders nachhaltig geschädigt hatte; sie löschte – in der Imagination eines Karikaturisten – Menschenleben aus bis auf den Grund. Können unsere Metaphern der Technikentwicklung noch folgen?

Eine Katastrophenerfahrung

Am 26. April 1986 explodierte am Dnjeprufer nördlich von Kiew in der Ukraine ein Reaktor des Atomkraftwerks von Tschernobyl. Als die Nachricht darüber – deutlich langsamer als heute üblicherweise Katastrophennachrichten um den Erdball zu gehen pflegen – am 28. April Mitteleuropa erreichte, und als man hier – weiterhin relativ langsam – mit dem Nachtregen zum 1.

Abb. 15: Es regnet, Gott segnet. – Hans-Georg Rauch, Mai 1986

Mai zu begreifen begann, daß, was in 1500 km Entfernung geschehen war, auch das eigene Leben unmittelbar betreffen könnte, ertönte wie selten zuvor aus breiten Bevölkerungsschichten ein vielstimmiger Ruf nach genaueren Informationen. Die erregten Fragen der bundesdeutschen Staatsbürger bezüglich ihrer Gefährdung durch Radioaktivität richteten sich zuerst an die für die äußere Sicherheit „Zuständigen", an Bundeskabinett und Landesregierungen. Die Antworten der Politiker dämpften und beschwichtigten, waren, wenn sie mit genaueren Zahlenangaben operierten, für viele unverständlich und dann auch widersprüchlich. So folgte dem ersten rasch ein zweiter, oft bereits verzweifelter Ruf der „einfachen Leute": nach Experten, die bei der Präzisierung und Wertung der Informationen helfen könnten. Plötzlich war – direkt aus dem Alltag heraus – „die Wissenschaft", die doch sonst durchaus vom normalen Alltagsleben abgehoben scheint, konkret und dringlich angesprochen.

Das Ereignis von Tschernobyl, die kontinentweite Verbreitung künstlich freigesetzter Radioaktivität, hat in Mitteleuropa wohl erstmals nicht nur einzelne Gruppen, sondern das „Volk" insgesamt in überwältigendem Maße mit einem Problem jenseits seines Erfahrungsschatzes konfrontiert. Die Hoffnung auf Erlösung von den dadurch verursachten Irritationen ruhte plötzlich auf dem naturwissenschaftlichen und technischen Expertenwissen. Die Massenmedien erkannten diesen Bedarf neuer Spezialkenntnisse und streuten in mehr oder weniger popularisierter Form eine Fülle von Daten zum Wesen und zur Verbreitung der Radioaktiviät, zu ihrer aktuellen Strahlungsintensität und ihres Gefährdungspotentials, zu Schutzmöglichkeiten und zur Sicherheit von Atomreaktoren überhaupt in die Öffentlichkeit.

Während so einerseits mannigfache Interessengruppen unter Berufung auf „wissenschaftliche“ Erkenntnisse und Autoritäten entweder die Chancen oder die Risiken einer friedlichen Atomenergienutzung herausstrichen, bemühten sich in anderen Diskurszusammenhängen Wissenschaftler darum, die „objektiven“ Entscheidungsgrundlagen abzuklären und „rationale“ Argumentationen in die öffentliche Diskussion einzubringen. Physiker erläuterten den Aufbau der Materie und die Prozesse der Atomspaltung; Techniker schilderten die Möglichkeiten der Energienutzung und der Gefahreneindämmung beim Kernkraftwerkbau; Chemiker stellten die unterschiedlichen Eigenschaften radioaktiver Isotope heraus; Biologen legten die „radioökologischen Belastungspfade“, die Wirkung radioaktiver Strahlung auf die Tier- und Pflanzenwelt dar; Mediziner bemühten sich um die Einschätzung der durch freiwerdende Radioaktivität bedingten Erkrankungsrisiken und die Heilungschancen beim Menschen. Darüber hinaus waren Ökonomen gefragt, um den Nutzen des Atomenergieeinsatzes im Verhältnis zu seinen Kosten für die Volkswirtschaft zu beurteilen; Juristen sollten rechtliche Fragen für den Schutz der Bevölkerung und zu Schadenhaftung und Straftatbeständen klären, die sich durch den Umgang mit der Kernenergie ergaben. Schließlich haben sich auch – unter dem Eindruck von Angst und Verzweiflung und im Hinblick auf Probleme der „sozialen Verträglichkeit“ – Psychologen und Soziologen zu Wort gemeldet und Teilaspekte des Atomunfalls von Tschernobyl zum öffentlichen Thema gemacht.

Im Kategoriennetz volkskundlicher Forschungsobjekte scheint das Ereignis von Tschernobyl fürs erste schwer unterzubringen. Wo wäre im Fachgegenstandskanon der materiellen und geistigen „Kulturgüter“ Platz für das Atomunglück? Aber man muß doch die Kernkraftindustrie, die damals mit immerhin rund 180 Kernkraftwerken auf das Leben und die Lebensweise der Bevölkerung Europas Einfluß nahm, zur „Alltagskultur“ zählen. Auch Technik läßt sich auf „thematische Stichwörter“ der Volkskunde beziehen: als ein Bestandteil menschlicher *Kultur*, in den Lebens*alltag* eingebettet, *geschichtlichen* Bewußtseinsvorgängen unterworfen, und sie stützt die *Identität*, das Selbstverständnis einer modernen Industriegesellschaft.

Daß der menschliche Umgang mit Radioaktivität mehr als nur naturwissenschaftlich-technische Probleme heraufbeschwören kann, ist spätestens 1945 mit dem Bau von Atombomben und ihrem Einsatz in Hiroshima und Nagasaki offenbar geworden. Die jahrzehntelang folgenden Atomversuche in der Atmosphäre hielten politische und ethische Fragen virulent. Regional sich auswirkende Störfälle in Atomanlagen blieben der Öffentlichkeit dagegen meist verborgen; erst das Reaktorunglück von Three Mile Island bei Harrisburg (Pennsylvania/USA) im März 1979 hat auch – mit gewisser Verzögerung – die gesellschaftlichen Dimensionen eines solchen Ereignisses zur Diskussion gebracht. So wurden dort zum Beispiel die Gefahreneinschätzung und die spontanen Fluchtbewegungen der lokalen Bevölkerung registriert und die Verknüpfungen zwischen technischen und sozialen Systemen untersucht.

Kulturwissenschaftler im engeren Sinne haben sich damals aber kaum zu Wort gemeldet, oder doch nur in einer Hinsicht: als Sammler und Interpreten von „Folklore"-Material, d.h. in diesem Fall speziell von Witzen. Es zeigte sich, daß deren „Produktion" nach Anzahl und Typenvielfalt beachtlich, aufs Ganze gesehen aber relativ gering war und deren Lebensdauer nur wenige Monate betrug. Ob es über das Entstehen von Wortspielen und Witzen hinaus noch andere, kulturell vielleicht bedeutsamere Erscheinungen gab, wurde nicht untersucht. Wie aber kann Volkskunde mit ihrer spezifischen Blickrichtung und Arbeitsweise zu einem tieferen Verständnis alltäglicher Lebensvorgänge, die durch Technik-Katastrophen (mit)geprägt sind, vordringen? Oder ist bereits mit jener Publikation einer Witzesammlung über das Atomunglück in der Ukraine, die neben unterschiedlichen Akzentuierungen deutliche Parallelen zu der entsprechenden Harrisburg-Kollektion enthält, das Thema Tschernobyl in kulturwissenschaftlicher Hinsicht im wesentlichen ausgeschöpft?

Veränderungen im Alltagsleben

Eine radioaktive Strahlung wirft zwar nur bildlich gesprochen ihren Schatten, der aber hat dennoch eine ganz reale Wirkung. In Zeitungskarikaturen wurde das in vielfältiger Weise umgesetzt und schlagender pointiert als in zahlreichen Kommentaren.

Unter dem Schatten Tschernobyls veränderte sich viel: erstens das Alltagsverhalten, auch in Mitteleuropa. Am Anfang herrschte *Unsicherheit* vor: Kann man das, was man nicht sieht, abduschen oder aus den Laken waschen? (Abb. 16a) Wie minimalisiert man den Kontakt mit den verstrahlten Liegewiesen? (Abb. 16b) Dann verbreitete sich *Angst*: Wo kauft man und wie hortet man für lange Zeiten unverstrahlte Kost? („Sie muß die nächsten 20 Jahre reichen!") Wie informiert man sich über den Verunreinigungsgrad der Lebensmittel? „Wieviel Käsium ist denn, bitteschön, in dem EG-Fromage?" (Abb. 17) Es folgte die *Verdrängung*, die ein Karikaturist mit der naiven Freude eines Kunden über exotische Warenimporte gespiegelt hat: „Hab ich ein Schwein! Erst Spinat aus Chile und jetzt H-Milch aus Südafrika!" (Abb. 18) Und langsam schlich sich die *Normalität* wieder ein: Auf dem Gemüsemarkt – „Dürfen's 30 Bequerel mehr sein, Gnädigste?" (Abb. 19) – ebenso wie am häuslichen Familientisch: „Du wirst Dein Cäsium aufessen wie wir alle! Kapiert?"

Strahlenverunsicherung

„Wenn S' as nach'm Trocknen guad waschen, hätt' i koane Bedenken …"

Freibäder und Liegewiesen wieder offen

„Vorderhand is' vernünftiger, wenn ma in da Sonn' steht …"

Abb. 16a, b: Ernst Hürlimann, Mai 1986

Abb. 17: Luis Murschetz, Juni 1986

Abb. 18: Anonym, Juni 1986

" Dürfen's 30 Becquerel mehr sein, Gnädigste? "

Abb. 19: „Dürfen's 30 Becquerel mehr sein, Gnädigste?" – Postkarte, Sommer 1986

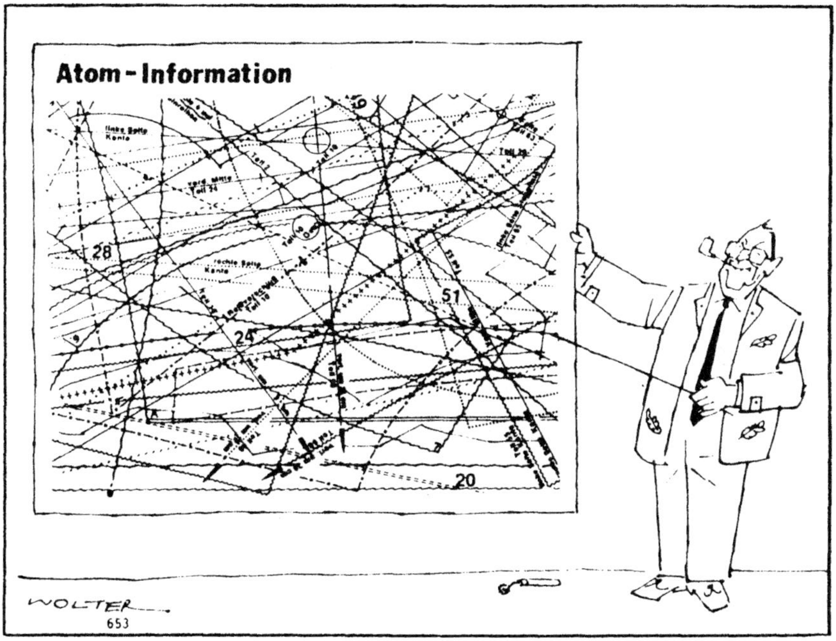

Abb. 20: „Sie brauchen sich also nur an die Aussagen des Innenministeriums und der Experten zu halten!" – Jupp Wolter, Mai 1986

Unter dem Schatten Tschernobyls verdunkelte sich – zweitens – das öffentlich-staatliche Leben: Wo man aus politischen Gründen – in der Sowjetunion z.B. – nichts merken wollte, hat man nichts gemerkt. Wenn es politisch opportun erschien, wurde von staatlichen Repräsentanten wider besseres Wissen und oft gegen den Augenschein des eigenen Handelns jede Gefährdung ausgeschlossen. Leichtfertig wurden Unbedenklichkeitsgarantien für die unterschiedlichsten Sachverhalte ausgestellt, und die Atom-Informationen von Politikern und Experten (Abb. 20) ergaben insgesamt den unübersichtlichsten Schnittmusterbogen aus Tatsachen, Meinungen, Vermutungen und Lügen, der sich vorstellen läßt, und der der Bevölkerung zugleich – oft mit der denkbar größten Arroganz – als klar und eindeutig verkauft wurde.

Unter dem Schatten Tschernobyls erblühte – drittens – die Sprachakrobatik, insbesondere in den konservativen Medien und den Werbeanzeigen der Industrie. Während sich die kleine Wirtschaftspartei FDP auf der Suche nach ihren Wahlchancen im bundesdeutschen Atomreaktorwalde durch Pfeifen Mut zu machen versuchte (Abb. 21), kochte die Atomlobby bereits ihr scheinheiliges Süppchen für naive Gemüter: „In den deutschen Atomkraftwerken gibt es gar keine sowjetischen Reaktoren!" (Abb. 22). Wenn in politischen Belehrungsstunden saubere Luft vorgetäuscht und eine strahlende Zukunft versprochen wurde („Kernkraftwerke sind umweltfreundlich“), klang als basso continuo das markige Verantwortungsversprechen der Industriegiganten: „Wir übernehmen die Verantwortung, ist das klar?“. Alle Mittel schienen dem Industrie-Management recht: so wurde zum Beispiel nach einem Beinahe-Unglück im Atomkraftwerk in Biblis im Herbst 1988 erst eine Lügengeschichte aufgetischt und der Vorfall dann – in der Imagination eines Karikaturisten – stur bürokratisch nach der Buchstabenhierarchie des Alphabets in den Karteikästen abgelegt (Abb. 23).

Unter dem Schatten Tschernobyls verwandelte sich – viertens – das Argumentationsklima in der westdeutschen Gesellschaft. Einem Autoaufkleber „gegen Atomkraft und Rüstung“ wurde mit einem anderen die fantasieloseste Extrem-Alternative „für Steinzeit“ konfrontiert, als ob ein Plädoyer für Natur und Leben zugleich eins gegen sämtliche Zivilisationsgüter wäre. Das Argumentieren verkam zur kindischen Schuldverweisung: Der da hat angefangen; dort macht man es doch genauso; das da ist auch nicht besser, etc. (Abb. 24). Der Ernst der Nachricht verschwand in der sprachlichen Verschleierung. Ein Zeitungsleser: „‚Harmloser Zwischenfall‘ – ‚Bedienungs-

Abb. 21: Das Pfeifen im Walde. – Luis Murschetz, Mai 1986

Abb. 22: Die Atomlobby informiert. – Luis Murschetz, Mai 1986

Abb. 23: Systematische Einordnung. – Pepsch Gottscheber, Dezember 1988

Abb. 24: Hans Sigg, Oktober 1986

fehler' – ‚geringe Mengen Radioaktivität' – ‚keinerlei Gefährdung' – ‚im Normalbetrieb absolut sicher!' – absolut sicher! na also!" Die absurde Diskussion über das sogenannte „Restrisiko", als ob damit das Risiko gebannt wäre, ließ sich kaum parodieren, weil hier die Parodie bereits Wirklichkeit war: „Herr A. behauptet: ‚Unsere jetzt 15jährigen Erfahrungen mit dem unfallfreien Betrieb von Kernkraftwerken beweisen, daß Atomenergie absolut sicher und völlig ungefährlich ist!' Fräulein B. meint: ‚Meine jetzt 30jährige Lebenserfahrung beweist, das ich unsterblich bin!' A: ‚Das beweist gar nichts!' B: ‚Eben!'" ... Und trotzdem wird Herr A. morgen wieder behaupten ... etc.

Unter dem Schatten Tschernobyls keimte – fünftens – Geschäftemacherei und Volksverdummung, aber auch Zivilcourage und Bürgerengagement. Einerseits wurden chemische Präparate gegen Strahlungspartikel, teures Magermilchpulver und ein frisch publiziertes Strahlenschutz-Lexikon angeboten, andererseits eine vielfältige private Betroffenheitsbekundung sowie Solidarisierungsappelle in großformatigen Zeitungsanzeigen publiziert. Gegen alles Beschwichtigungsgerede artikulierte sich, wie kaum je zuvor, die Angst der breiten Bevölkerung vor der atomaren Einkreisung – „Wohin denn ich?" (Abb. 25) – und dann in ironisch-sarkastischer Tatkraft: „Packen wir's an!" (Abb. 26), im gespielten Glauben, daß man auch vor einem entmutigenden Scherbenhaufen noch die Chance zum Aufräumen besitzt.

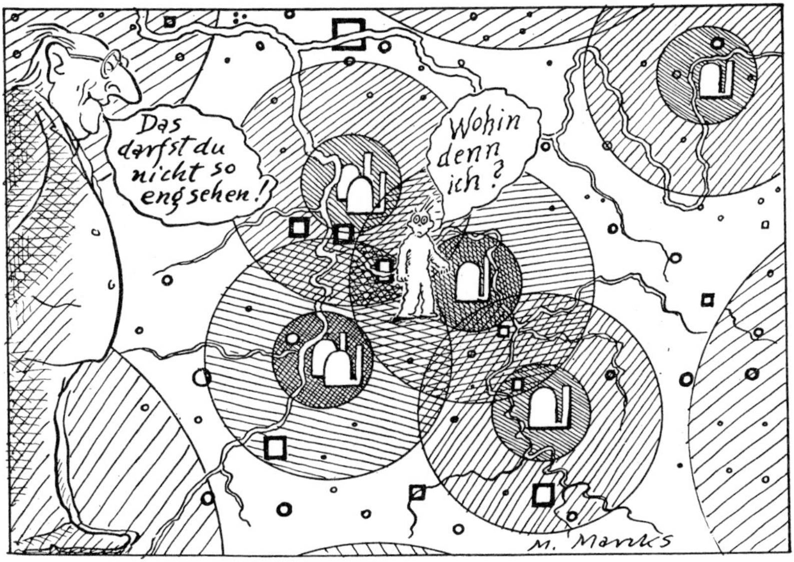

Abb. 25: Marie Marcks, Mai 1986

Halten wir fest: Seit Anfang Mai 1986 beherrschte der Reaktorunfall von Tschernobyl über Wochen und Monate hinweg die Tagesgespräche in weiten Gebieten Europas. Das Wort „Tschernobyl“ war allgegenwärtig und wirkte wie ein Signal, das jedem die Gefahren friedlicher Atomenergienutzung ins Bewußtsein rief. Es symbolisierte (wie die Mahnung „Remember Harrisburg“) die Unbeherrschbarkeit der Atomtechnik, die Leichtfertigkeit und Hinfälligkeit von Sicherheitsversprechungen vieler Politiker, Wirtschaftsmanager und wissenschaftlicher Experten, sowie allgemein menschliche Hybris und mangelnde Ehrfurcht vor dem Leben heute und morgen.

Wie haben die Menschen das „Unfaßbare“ ganz konkret erfahren? Zunächst kam per Radio, Fernsehen und Tageszeitung die Nachricht: stark erhöhte Radioaktivitätsmessungen in Skandinavien mit Vermutungen über einen Kraftwerksunfall in Rußland (28.4.), Spekulationen über 30.000 Tote (Bild-Zeitung, 30.4.), Gerüchte von Evakuierungsmaßnahmen bei Kiew (1.5.); dazu traten in Deutschland offizielle Bewertungen der hierortigen Strahlengefahr („ausgeschlossen“, 29.4.; „nicht akut“, 1.5.) und dann erste Beschlüsse über Vorsorgemaßnahmen (Einfuhrbeschränkungen für Lebensmittel aus Osteuropa, „Entseuchung“ von Schiffen und Kraftwagen, Empfehlungen für die Kinderernährung und zur Trockenfütterung der Milchkühe, 2.5.); es folgten Erläuterungen bisher praktisch unbekannter Institutionen („Strahlensicherheitskommission“), zu kaum geläufigen amt-

Abb. 26: Marie Marcks, Juni 1986

lichen Nomenklaturen („25 rem = Gefährdungsdosis") und die Festlegung von Grenzwerten radioaktiver Belastung („Milch: 500 Becquerel pro Liter", 5.5.). Etwa zehn Tage nach dem Unfall in Tschernobyl wurde die Nebelhaftigkeit und Widersprüchlichkeit der Nachrichten, Bewertungen und behördlichen Anordnungen selbst zu einem zentralen Diskussionsthema in der deutschen Öffentlichkeit.

Inzwischen hatte sich das verwirrte und verwirrende Informationsgeflecht auf das alltägliche Warenangebot und das Einkaufsverhalten der Bevölkerung ausgewirkt: Jagd nach Jodtabletten, Sturm auf Konserven und Tiefkühlkost, Kaufverweigerung von Frischmilch und Gemüse, Hamstern von Mineralwasser; in Kleinanzeigen Suche nach auswanderungswilligen Partnern, Anpreisungen von Geigerzählern für den Hausgebrauch (zwischen 299 und 5200 DM je Stück) und Investitionsempfehlungen z.B. für Sojabohnen („Internationale Fleisch- und Getreideversorgung für 1986/87 noch gesichert?"). Das Unglück gewann für die Bürger Konturen: halboffizielle Ratschläge für häufiges Abduschen der Kinder; viele Spiel- und Sportplätze geschlossen; Mengen unverkauften Gemüses zu vernichten; Trockenmilch aus Beständen der Europäischen Gemeinschaft nur durch Gruppeninitiativen beschaffbar.

Der wachsende Protest der Bevölkerung artikulierte sich zunehmend, z.B. im Heraushängen von mit Atomzeichen bemalten Bettlaken aus den Fenstern;

in Kundgebungen und Umzügen gegen Atomkraft; in symbolischen Entseuchungsaktionen oder „Entsorgungshandlungen" mit Schutzanzügen und Gasmasken auf öffentlichen Plätzen. Tag für Tag entstanden neue Aktionsgruppen und Zusammenschlüsse zu Bürgerinitiativen in bald kaum mehr überschaubarer Zahl: vor allem von Frauen („Mütter gegen Atomkraft", „Aktion stillender Mütter") als Selbsthilfe zur Informations- und Nahrungsmittelbeschaffung; Gründung von Vereinen wie z.B. einen mit dem sprechenden Namen „David gegen Goliath" (DaGG, München), der neben dem fantasievollen Protest gegen den „Goliath" Atomkraft auch alternative Energiekonzepte aktiv zu fördern versuchte.

Solche Gruppierungen, aber auch ganz private Bekannt- und Nachbarschaften, starteten Solidarisierungsappelle in großformatigen, d.h. teuer bezahlten Zeitungsanzeigen: „Wir können uns nicht beruhigen"; „Wann wachen wir auf?"; „Wir machen so nicht mehr mit!"; „Umdenken ist notwendig"; „Jetzt muß das Volk entscheiden können"; „Die Verantwortung liegt bei uns"; „Laßt uns ein Zeichen setzen!" Oft jeweils hundertfach unterzeichnet, bald nicht mehr nur mit Namen und Berufsangaben aus allen Sozialschichten, sondern mit dem Familienstatus (Mutter, werdende Mutter, Vater in spe, Eltern, Kind, Großmutter, Patentante), dem weltanschaulichen Bekenntnis (Christ) oder dem öffentlichen Rollenverständnis (Bürger, Bürgerin, DaGG-Unterstützer). Darüber hinaus verbreiterte sich die öffentliche Artikulation von Meinungen durch Graffiti („O Gott, es regnet" – mit Atomzeichen) und ungezählte improvisierte Flugblätter, kostenfreie Bürgerzeitungen und Broschüren, die – anders als die ebenfalls massenhaft verbreitete amtliche und industrielle Beschwichtigungspropaganda „von oben" – nur privat und über Kleinstspenden finanziert wurden.

Der Atomunfall von Tschernobyl motivierte und inspirierte in nachdrücklichster Weise die alltäglichen Meinungs- und Verhaltensäußerungen des „Volkes". Da niemand die Radioaktivität unmittelbar wahrnehmen konnte, wuchs Meßgeräten und Nachrichtenvermittlern für die Handlungsorientierung eine Schlüsselstellung zu. Ohne solche Übertragungshilfen hätte man weder von dem „Fallout" künstlicher Radioaktivität noch von der eigenen (wortwörtlich zu verstehenden) Betroffenheit erfahren können. Während jedermanns Alltagshandeln gewöhnlich auf dem Vertrauen in seine unmittelbare Sinneswahrnehmung gründet, wurden hier nun Sekundärerfahrungen wirksam, die jeder anhand wechselnder Vertrauensvorgaben für sich selbst aus der Informationsflut selektierte. Unter solchen Voraussetzungen mußten notgedrungen eigentümlich stilisierte „Objektvorstellungen" von Tschernobyl entstehen. Sie waren abhängig davon, was – bedingt durch das allgemeine Angewiesensein auf Abgeleitetes und Fremderfahrenes – an individuellen Eindrücken jeweils in eine breite Skala von Haltungsmöglichkeiten mündete: zwischen fraglosem Sich-Ausliefern an „Experten" auf der einen Seite und einem trotzigen Beharren auf Empfindungen wie z.B., „daß ich für Angst mein eigener Fachmann" bin (Leserbrief in SZ, 4.6.1986), auf der anderen Seite.

In welchem Grade diese Wahrnehmungsproblematik von all den Einzelnen unter den Vielen auch je reflektiert worden sein mag: Tschernobyl hat wenigstens einige Monate lang die bundesdeutsche Bevölkerung aufs Eindringlichste beschäftigt und ihre Lebensweise vielfältig beeinflußt. Der reale Alltag (nicht nur) der „kleinen Leute" in der zweiten Hälfte der 1980er Jahre, mit all seinen Emotionen, Zweifeln und Ängsten, ist jedenfalls ohne die Berücksichtigung von Tschernobyl nicht angemessen zu erfassen.

Tschernobyl als kultureller Gegenstand

„Tschernobyl" war für eine bestimmte Zeit zweifellos ein prägendes „Moment", ein wesentliches „Ingredienz" des europäischen Alltags. Aber wie kann man dieses Phänomen genauer studieren? Handelt es sich um einen kulturwissenschaftlich abgrenzbaren Gegenstand? Wenn das Unglück von Tschernobyl, das hier als ein überlokales Ereignis interessiert, mit der Freisetzung von Radioaktivität begann, war es dann damit abgeschlossen, daß man lokal die Freisetzung gestoppt hatte, oder erst mit dem Aufhören des letzten radioaktiven Niederschlags weltweit?

Oder dauert das Unglück gar an, bis die durch die Explosion verursachte künstliche Strahlung ganz aufgehört haben wird und damit – entsprechend der Halbwertszeit der langlebigsten Isotope – einen Zeitraum von Jahrtausenden beträfe?

Kulturwissenschaftlich wird man sich statt an naturwissenschaftlichen Kriterien (der Freisetzung künstlicher Radioaktivität) an sozialkulturellen Merkmalen des Ereignisses orientieren. Das sind z.B. durch das Unglück ausgelöste, konkret faßbare kollektive Reaktionen oder auch staatliche Verordnungen (Evakuierung, Anbau-, Verkaufsverbote). Die zeitliche Ausdehnung von „Tschernobyl" könnte dann z.B. durch Beginn und Aufhebung atomunfallspezifischer Verhaltensformen und Maßnahmen begrenzt werden, wobei eine zusätzliche Unterscheidung nach dem regionalen Bezugsrahmen – ob Südrußland, Deutschland, Bayern usw. – häufig notwendig erscheint.

Freilich bleibt zu fragen, ob eine solche äußerliche Abgrenzung des Forschungsgegenstandes genügen kann. Tschernobyl zeigte sich im Alltagsleben ja über das Arsenal der unglücksbedingten Erscheinungsformen hinaus auch als ein vielfältiges Reflexionsobjekt und ein kontroverser Diskussionsgegenstand, als ein kompliziertes Vorstellungsbild und nicht zuletzt als ein vielschichtiger Empfindungskomplex. Tschernobyl ist somit ganz wesentlich ein lebensvolles, kollektiv geprägtes und bewertetes, subjektiv akzentuiertes Bewußtseinsphänomen. Wie läßt sich ein so vielschichtiger Wertekomplex, um ihn einer objektivierenden Untersuchung zugänglich zu machen, abgrenzen? Wie könnte „Tschernobyl" in ein kulturwissenschaftliches Betrachtungsnetz eingespannt werden?

So wie wir durch unsere Wahrnehmungsmuster alltäglich unsere Lebenswirklichkeit konstruieren, so konstruieren wir durch unsere Denkmuster auch unser Forschungsobjekt. Ein entscheidender Unterschied ist nur, daß ein Wissenschaftler sich der Bedingungen dieser Konstruktion immer bewußt bleiben und sie im Diskurs offenlegen muß. Ein methodisches Hilfsmittel bilden Modelle, die nur provisorisch gelten und am Ende eines Forschungsganges stets aufhebbar bleiben. Tschernobyl läßt sich als ein „Ereignis mit Folgen" darstellen (Abb. 27). Es besitzt einen Verlaufscharakter, was eine zeitlich angeordnete Abfolge seiner „Bestandteile" nahelegt.

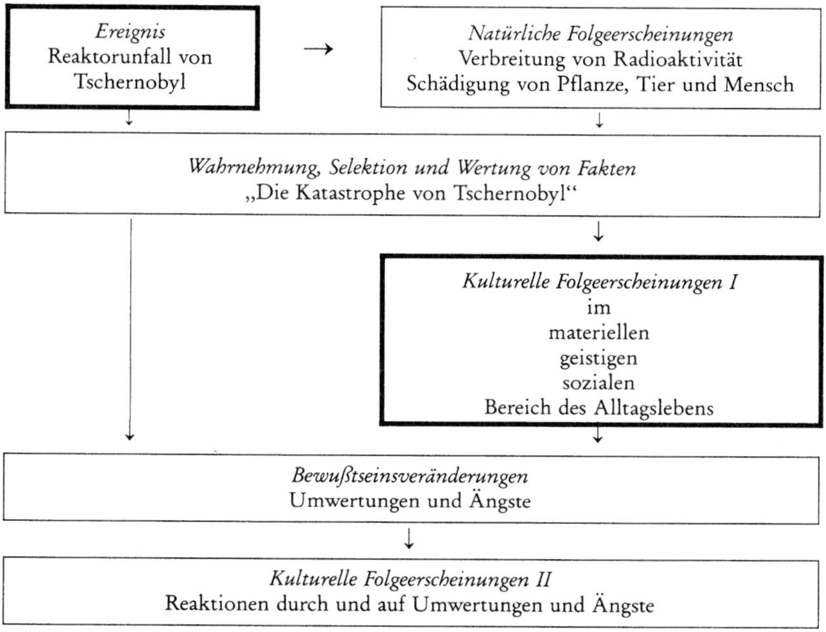

Abb. 27: „Tschernobyl": Folgeerscheinungen

In diesem Beschreibungsmodell werden die aus dem Explosionsereignis von Tschernobyl abgeleiteten Erscheinungsformen in drei Stufen gegliedert: in „natürliche" Folgeerscheinungen sowie in „kulturelle" Folgeerscheinungen ersten und zweiten Grades. Als Zwischenglieder begegnen Bewußtseinsvorgänge, einmal die erste Wertung und Einordnung des Wahrgenommenen, zum anderen die in einer zweiten Phase begegnenden Neu- und Umbewertungen. Der „Kitt" des ganzen sind Vermittlungsvorgänge. Erscheinungsformen,

Bewußtseinsvorgänge und Vermittlungsprozesse sind jeweils sehr komplexe Phänomene. Hier gehen neben anderem insbesondere zahlreiche Wirkmomente ein, die empirisch schwer zu spezifizieren sind: sowohl auf Seiten der jeweiligen Vermittler(personen) als auch auf Seiten der jeweiligen Rezipienten bestimmen deren Erwartungen, Interessen und augenblickliche Verfassung sowie die je gegebene Situation die konkreten Objektivierungen und Subjektivierungen mit. In einem ersten Schritt kann jedoch das sechsstufige Modell eine einfache idealtypische Vorstellung von Tschernobyl als in sich gegliedertem kulturellem „Phänomen“ geben und der vertiefenden Untersuchung eine Orientierungshilfe sein.

Was ist charakteristisch am Reaktorunfall von Tschernobyl? Um eine Naturkatastrophe handelt es sich jedenfalls nicht, auch wenn Millionen Menschen, davon 130.000 Ukrainer durch ihre Evakuierung, direkt betroffen waren, und wenn auch mit dem Ausströmen von Radioaktivität Ereignisse eingetreten sind, auf die die Menschen keinen Einfluß mehr nehmen konnten. Die Atomspaltung als solche sowie die Anwendung der damit verbundenen naturwissenschaftlichen Erkenntnisse in Kernkraftanlagen sind zweifelsohne Menschenwerk, und auch die mangelhafte Bedienung der Instrumente und Maschinen, die zu dem Unfall führte, beruhte auf menschlichen Handlungsweisen, war menschliches Versagen.

Vor allem aber ist die Bewertung des Vorgangs ein kulturelles Phänomen, die sich nicht aus den Sachgegebenheiten allein ableiten läßt. Wertsetzen ist eine Tat des menschlichen Bewußtseins; werten, Bedeutung verleihen, ist die Essenz kultureller Akte. Unser Bewußtsein färbt, prägt, steuert den Lebensprozeß, so wie unsere Wahrnehmung der Wirklichkeit andererseits durch kulturelle Muster gefärbt, geprägt und gesteuert wird. Hier wirkt beispielsweise die Sprache: Wer das, was in Tschernobyl passiert ist, als „Störfall“ bezeichnete, verwies damit auf einen nicht sehr bedeutsamen, rasch behebbaren Vorfall; wer von „Heimsuchung“ redete, diagnostizierte einen menschlicher Verantwortbarkeit entzogenen Schicksalsschlag; wer von „Unfall“, „Unglück“ oder „Katastrophe“ sprach, drückte damit zugleich seine (tatsächliche oder nur vorgeschobene) jeweils unterschiedliche Einschätzung darüber aus, wie und wie stark er die Menschen davon betroffen sah. Natürlich spielt bei der klassifizierenden Benennung nicht nur der jeweilige Zweck und die weltanschauliche Grundhaltung, sondern auch der geographische Bezug und die Zeitperspektive eine wesentliche Rolle: was für die Ukrainer eine Katastrophe, mag für die Deutschen ein Unglück, was für alte Menschen ein Unfall, für Kinder eine Katastrophe sein.

Über die Bewertung der Kraftwerksexplosion in sprachlichen Ausdrücken hinaus wurden aber von Tschernobyl auch sach- und gruppengebundene Phänomene durch bestimmte, oft neue Wertzuschreibungen „eingefärbt“. Bunkerbau, Schutzkleidung und Gasmasken, z.B., gewannen plötzlich auch „zivile“ Konnotationen. Als nun vor allem Mütter und werdende Mütter

Protestinitiativen starteten, als mit den Erwachsenen Tausende von Kindern (mit eigenen Sprechversen) auf der Straße gegen die Atomkraft demonstrierten, als statt Politaufrufen oder Gesellschaftskritik zunehmend trotzige oder resignative Überlebens-Sprüche an Mauerwände gesprüht wurden, verwandelten sich Kommunikationsformen in der Gesellschaft. Wenn man jetzt statt Frischgemüse Konservenkost verlangte, statt des jüngsten das älteste Ernteprodukt verwendete, statt auf Haltbarkeitsdaten auf Halbwertszeiten achtete, dann hatten sich offenkundig in den Alltag eingeschliffene Wertmaßstäbe verschoben. Zu beachten ist aber, daß hier ein „alltagskulturelles" Wertsystem nicht mehr oder weniger autark, sondern mit anderen gesellschaftlichen Wertvorstellungen vielfältig interagierend auf jenes ferne Ereignis Tschernobyl, das in die eigene Welt hinein drang, reagierte.

Alle, auch die natürlichen Bestandteile unserer Umwelt werden, sobald wir sie wahrnehmen und bewußt in unseren Lebensprozeß einbeziehen, aktualisierte Kulturphänomene und gewinnen, weil Kultur eine öffentliche Erscheinung darstellt, gesellschaftliche Relevanz. Wir leben z.B. heute, so könnte man verkürzt sagen, in einer „Zahlengesellschaft", in der „runde" Zahlen (Jubiläen!), statistische Datenreihen und überhaupt das Quantifizieren alle Lebensbereiche durchdringen. Quantifizierungsmaßnahmen werden allgemein hoch bewertet. In dieser Tatsache liegt gewiß einer der Gründe dafür, warum auch Tschernobyl sehr häufig, vielleicht sogar vorwiegend – in unzähligen seiner Einzelaspekte – als quantitative Größe aufgefaßt und mit Zahlenangaben und in Zahlenkontexten erläutert wurde. Im Alltagsleben zeigte sich das besonders drastisch bei den Meßwerten radioaktiver Belastung von Nahrungsmitteln, die zum Teil über Monate hin in langen Becquerel-Tabellen publiziert wurden – wo die in ihnen enthaltene faktische Aussagekraft häufig gegen Null tendierte und die Daten schließlich oft nur als „mystische Beruhigungshilfe" oder als Ausdruck einer irrationalen, geradezu grotesken „Zahlensucht" zu werten waren.

Wir leben heute, um noch einen anderen Aspekt herauszugreifen, in einer entstehenden „Kastengesellschaft", womit Hans Magnus Enzensberger jenes Faktum zu beschreiben versucht, daß sich gegenüber einer früheren Klassengesellschaft – aufgrund von bestimmten, nur jeweils Kleingruppen betreffenden Erfahrungsbereichen, Bildungs- und Freizeiterlebnissen oder Kommunikationsvorlieben – neue, von einander abgegrenzte kulturelle Milieus herausbilden, die keine gemeinsame Öffentlichkeit mehr kennen oder nur noch relativ punktuell miteinander kommunizieren. Diese Entwicklung spiegelte sich bis zu einem gewissen Grade auch bei der gedanklichen Einbindung Tschernobyls in unser Alltagsbewußtsein. Die Wertorientierungen und Argumentationsformen der – in sich jeweils wiederum differenzierten – Atomkraftbefürworter und Atomkraftgegner waren kaum mehr kompatibel. Tschernobyl wurde von diversen Gruppierungen fast nach Belieben als Indiz oder Beleg in die je eigene Weltsicht eingebaut. Für sogenannte „objektive"

Fakten gab es kein gruppenübergreifendes gemeinsames Verständnis mehr: Die Wahrscheinlichkeitsrechnung galt manchen als „harter Fakt", manchen als Zahlenspiel; das vielberufene „Restrisiko" schrumpfte für die einen zum vernachlässigbaren Rest und blieb den anderen ein unkalkulierbares Risiko. Als eine erdrückende Menge umweltbewußter Bürger die Atomkraftnutzung als unverantwortbar anprangerte, konterten Großanzeigen der Industrie mit der rhetorischen Gegenfrage: „Ist es verantwortbar, die Kernenergie nicht zu nutzen?"

Die Bedeutung Tschernobyls für die Alltagsbewältigung im Leben der Durchschnittsbevölkerung insgesamt einzuschätzen, verlangt eine weite, über räumliche und soziale, sogar über zeitgeschichtliche Grenzen hinausgehende Perspektive. Hier ist ein ausgedehnter, das Gesamtphänomen beleuchtender Betrachtungshorizont vonnöten. Aber gibt es überhaupt ein durchgängiges Merkmal, das alle „Elemente" des Tschernobyl-Komplexes – Radioaktivität und Vorsorgemaßnahmen, makabre Witze und Antiatomkraft-Demonstrationen, Reaktorsicherheit und Krebsgefahr, Nachrichtenwirrwarr und Strahlenangst etc. – einer gemeinsamen Kategorisierung unterwerfen kann? Durchaus! Kulturwissenschaftlich gesehen ist das tertium comparationis die Wertbedeutsamkeit, mit der die Menschen die von ihnen wahrgenommene und gestaltete Welt ausnahmslos übertünchen. Der Akt menschlicher Bewertung transformiert dabei auch jede Naturerscheinung (z.B. die Radioaktivität) in ein Kulturphänomen. Während die herrschenden Naturwissenschaften (wenn auch nicht ausnahmslos alle ihre Vertreter) durch ihr Objektivierungsstreben Wertzuschreibungen im Forschungsprozeß ausdrücklich ausschließen, markiert dagegen die Wertsetzung gerade die zentrale Ebene kulturwissenschaftlicher Analyse. Die Werte sind hier unabdingbarer und unablösbarer „Bestandteil" der Untersuchungsgegenstände, sie konstituieren überhaupt erst das kulturwissenschaftliche Forschungsobjekt.

Tschernobyl als kulturelle Tatsache

Wenn Tschernobyl als ein kulturelles Phänomen aufzufassen ist, muß man es auch – zunächst einmal beschreibend – mit einer kulturwissenschaftlichen Kategorie erfassen können. Was also stellt „Tschernobyl" dar? Eine Objektivation, ein konsistenter Objektivationenkomplex allein, ist es offenkundig nicht. Auch über eine Summe miteinander verflochtener Subjektivationen, verfestigter Meinungen und Wertvorstellungen, greift Tschernobyl deutlich hinaus. Und es wäre schließlich ebenfalls zu wenig, wollten wir für eine hinreichende Umschreibung Tschernobyls nur die Gesamtheit der Ausdrucksformen mit den ihnen zugewachsenen Bedeutungen berücksichtigen.

Émile Durkheim hat in die Soziologie den Terminus des „fait social" eingeführt. Damit sind Tatbestände des gesellschaftlichen Lebens von „eigener

Art" gemeint, die sich nicht hinreichend erkennbar auf psychologische und biologische Gegebenheiten zurückführen lassen. Der Begriff versucht, soziologische Tatbestände von rein individuellen Faktoren zu „emanzipieren" und den eigenständigen Charakter sozialer Gebilde zu betonen. Aus der Summe individueller Bewußtheiten in der Gesellschaft werden, so könnte man Durkheims Auffassung erläutern, Fakten abstrahiert, die nur selbständig aufgrund objektiv-gesellschaftlicher Bedingungen und nicht durch Reduktion auf ihre subjektiv-individuellen Ursachen-Bestandteile erklärt werden können. Solche soziologischen Tatbestände sind vielschichtig ausfächerbar: soziale Institutionen (Ehe, Kirche), soziale Normen (Moralvorstellungen, politische Vorurteile) und regelhafte Sozial„phänomene" (Selbstmordrate, Arbeitsteilung, Zivilisationsprozeß), die alle zwar durch die Verschränkung und Durchkreuzung der Absichten vieler Menschen und Menschengruppen zustande kommen, aber nicht allein als Ergebnisse von isolierbaren personengebundenen Plänen und Zielen zu verstehen sind.

In sprachlicher Analogie zu dieser Bezeichnung kann man den Begriff der „kulturellen Tatsache" bilden. Auch hier ist, wie beim „fait social", genau besehen nicht ein *Phänomen*, sondern eine *Aussage* über ein oder mehrere Phänomene gemeint. Wir wollen damit dennoch vor allem einen Beschreibungsbegriff gewinnen, der jenseits von phänomenologisch relativ gut isolierbaren Objektivationen und Subjektivationen kompliziert vernetzte „kulturelle Syndrome" ins Auge faßt, einen Begriff, mit dem sich „vermaschte" kulturelle Ausdrucks- und Wertekomplexe ganzheitlich vorstellen lassen. Die Charakteristik einer so verstandenen „kulturellen Tatsache" erwächst aus der Art ihrer Vernetzung und weniger aus der Summe ihrer Bestandteile; ihre „Einheit" versteht sich eher von einem (gedanklich gesetzten) „Kraftzentrum" her als durch klare Umgrenzungen.

Der Fall „Tschernobyl" erscheint unter solchen Prämissen als eine kulturelle Tatsache, die auf die in der Ukraine lokalisierte Freisetzung künstlicher Radioaktivität im April/Mai 1986 bezogen ist, aber über die Primärfunktion ausgedehnter radioaktiver Verseuchung hinaus durch die mit diesem Tatbestand verbundene medienvermittelte Informationsflut (einschließlich ihrer wertenden Urteile) nachhaltig wirkende und vielfältig vernetzte Sekundärfunktionen besitzt. Die kulturelle Vermittlung – vor allem, aber nicht nur, von Informationen – bildet also im Fall „Tschernobyl" keinen Problemaspekt, den man erst herantragen müßte, sondern einen integrativen Bestandteil dieses „Aussagephänomens". Erst komplex miteinander verflochtene Vermittlungsvorgänge machen Tschernobyl zu einer kulturellen Tatsache. Wesentlich im Tschernobyl-Komplex ist also – darauf verweist auch die Begriffsbildung „Tat-Sache" – ein deutlich dynamisches Moment. Es handelt sich hier um einen kulturellen *Akt*. Die kulturelle Tatsache ergänzt die Beschreibungskategorie des (raum-zeitlich) abgeschlossenen kulturellen „Fakts", die statische, d.h. „stillgestellte" Objektivation oder Subjektivation.

Der Begriff „kulturelle Tatsache" eröffnet – anders als „Objektivation" – einen ganzheitlich-lebensweltlich ausgerichteten, ungleich aspektreicheren kulturwissenschaftlichen Zugriff auf Tschernobyl, als das etwa mit einem ebenfalls Dynamisches erfassenden Begriff wie „kulturelle Handlung", der sich z.B. auf Bräuche anwenden läßt, erreicht werden könnte. Zugespitzt gesagt: „kulturelle Tatsache" oder – in diesem Fall besser – „kultureller Tatbestand" denkt den sozio-historischen Kontext gleich mit.

„Kulturelle Tatsache" ist für uns ein Beschreibungsbegriff mit nur geringer analytischer Qualität. Er bietet folglich für den Forschungsgegenstand „Tschernobyl" zwar eine Basis, aber selbst kaum tiefergehende Erklärungs- und Verständnishilfen. Das führt zu der Frage, in welcher Weise denn nun eine als „kulturelle Tatsache" umschriebene Gegebenheit für dessen verständige, alltagspraktische Einordnung sowie dessen theoretische Durchdringung und Erkenntnis fruchtbar gemacht werden kann.

Unter solcher Zielsetzung sticht eine gewisse Affinität der „kulturellen Tatsache" zur „Innovation" ins Auge. Innovationen sind Dinge oder Verhaltensformen, die in einem sozialen System als „neu" empfunden werden, weil sie sich qualitativ von bestehenden Gegebenheiten unterscheiden. Streng genommen handelt es sich bei dem zentralen Aspekt der „Neuheit" um eine Idee oder eine Ideenkonstellation. Deren Umsetzung ins sozialkulturelle Leben versucht eine kulturwissenschaftlich adaptierte Innovationsforschung zu erklären; sie wendet hierzu eine Reihe theoretisch-methodischer Hilfsmittel an. Inwiefern läßt sich dieses Instrumentarium für die Analyse kultureller Tatsachen einsetzen?

Wenn wir zum Beispiel die Frage herausgreifen, auf welche Weise eine Neuerung in einer größeren Population angenommen wird, wie man etwa – auf unseren Fall gewendet – Tschernobyl in Deutschland als ein die eigene Existenz, das eigene Leben nachdrücklich veränderndes Ereignis akzeptiert, so können wir hilfsweise die Modellvorstellungen über Adoptionsverläufe heranziehen. Auch auf Tschernobyl läßt sich die – in psychologischer Hinsicht entwickelte – Stufenfolge des Adoptionsprozesses übertragen: vom *Gewahrwerden* des „Neuen" (Nachricht über erhöhte Radioaktivität) über das *Interesse* daran (Erkundigungen, inwieweit man selbst betroffen ist) und das *Bewerten* des neuen Faktums („für mich und meine Kinder gefährlich") bis zu den Versuchen, *Folgerungen* zu ziehen (Geigerzähler kaufen oder erstmals an einer Antiatomkraft-Demonstration teilnehmen) und schließlich der *Annahme* der Neuerung (völlige Identifikation mit der Katastrophen-Bewertung und Ausübung dementsprechender Verhaltensformen).

Ferner sind bei dem Tschernobyl-Bewertungs- oder -Bewußtwerdungsprozeß Parallelen zu der bekannten S-Kurve über die Zuwachsrate der Adoptionen in einer Bevölkerungsgruppe zu erkennen: Tschernobyl erfaßt langsam ansteigend zunächst nur die Aufmerksamkeit Weniger, dann sehr rasch zunehmend eine Mehrheit und schließlich wieder abflauend noch einzelne Nachzügler. Auch scheint es, daß die Stadien der Annahmequantitäten hier wie sonst auch bei Innovationsvorgängen mit bestimmten Adopter-Typen korrelieren; im Fall Tschernobyl bestand zum Beispiel die Gruppe der „frühen Übernehmer" wohl vor allem aus Frauen und jüngeren Personen. Allerdings: Wenn man die zeitliche Ausdehnung des Tschernobyl-Komplexes nicht zu eng faßt und die (zwar regional unterschiedlich, aber doch) ab einem bestimmten Zeitpunkt einsetzende „Normalisierung" des Alltagslebens in die Betrachtung einbezieht, muß man ganz deutlich einen Abbruch und eine Rückläufigkeit der „Akzeptanz"-Kurve konstatieren, eventuell gar ein wellenförmiges Auf- und Abschwingen.

So zeigen sich neben der Erkenntnishilfe durch Modellvorstellungen zum Adoptionsvorgang zugleich deren Grenzen bzw. Unzulänglichkeiten. Hermann Bausinger hat schon 1971 darauf hingewiesen, daß die Innovationsforschung durch eine Dezedenzforschung, die sich mit dem *Abgang* von Erscheinungen befaßt, ergänzt werden müßte und ferner, daß bei den angesprochenen Modellüberlegungen die grundsätzliche soziale Determination solcher (wie man sagen könnte) Identifikations- und Distanzierungsvorgänge verkannt wird. Das läßt sich auch am Tschernobyl-Beispiel begründen, wobei etwa an die Sonderrolle bestimmter intellektueller Gruppierungen zu denken wäre. Eine Untersuchung Tschernobyls als kulturelle Tatsache gewinnt also durch die Innovationsforschung erkenntnisfördernde Analysehilfen, aber die sorgfältige Sachinterpretation wirft umgekehrt zugleich ein Licht auf die Problematik und die Modifizierungsnotwendigkeit unseres methodischen Instrumentariums.

Eine zweite Schwierigkeit ergibt sich aus der heute geradezu übermächtigen Vermittlung kultureller Tatsachen durch die Massenmedien, also in offener, ungerichteter und meist überaus rascher Kommunikation an ein disperses Publikum. Inwieweit kann man die unterschiedlichen Aspekte des Vermittlungsvorganges bei dieser Kurz- und Gleichzeitigkeit alles massenmedialen Geschehens empirisch überhaupt noch hinreichend getrennt erfassen, um sie dann objektivierend und verallgemeinernd in ihren räumlichen, zeitlichen und sozialen Dimensionen zu interpretieren? Auch hier scheint eine Überprüfung gängiger volkskundlicher Theoriekonzepte angezeigt.

Fragen wir noch kurz, welche Wirklichkeitskomplexe über das Beispiel Tschernobyl hinaus in die Kategorie der kulturellen Tatsachen fallen. Man wird, von diesem Fall ausgehend, zuerst an andere große Unglücke und Katastrophen denken, die Weltbilder zum Einsturz brachten (Untergang der Titanic, Atombombenexplosion von Hiroshima). Aber auch Entdeckungen (Amerika durch Columbus, das Unbewußte durch Freud), technische Erfindungen (Dampfmaschine, Elektronenmikroskop) sowie intellektuelle und künstlerische Leistungen (Luthers Bibelübersetzung, Goethes Werther) lassen sich unter einer hinlänglichen Zeitverlaufsperspektive als kulturelle

Tatsachen auffassen, die eine Vielfalt kulturell vermittelter Akte und Fakten zueinander in Beziehung bringen. Die kulturelle Tatsache ist eine „Komplex-Kategorie", ein „Themen-Postulat", bildet ein auf ein Ideenzentrum bezogenes Geflecht aus Objektivationen und Subjektivationen innerhalb eines Vermittlungsnetzes. Kulturelle Tatsachen erbringen somit nicht einfach eine additive Vervollständigung, eine quasi lineare Ergänzung des volks- oder alltagskulturellen Sachkanons, sondern eine Erweiterung der Kulturanalyse durch einen anderen Zugriff.

Vernetzungen

Tschernobyl hat nicht nur unseren unmittelbaren Alltag, und diesen schon gar nicht nur in Einzelmomenten, verändert, sondern übergreifende Konfliktfelder der Gesamtgesellschaft verwandelnd beeinflußt: zum Beispiel das innenpolitische Spannungsverhältnis zwischen obrigkeitlichen und „basisdemokratischen" Einstellungen, die zwischen Intellektuellen-Gruppen und der Industrielobby geführte Atomkraft-Debatte oder auch den (damals noch bestehenden) außenpolitischen Ost-West-Gegensatz.

In der Bundesrepublik Deutschland schien die Kluft zwischen dem „Volk" und seinen Repräsentanten durch den Atomunfall deutlich vertieft. Politische Entscheidungsträger delegierten ihre Verantwortung oft an wissenschaftliche Experten, die freilich das neue Wissen ihrerseits nicht unabhängig von den je gegebenen, auch parteipolitisch gefärbten Konstellationen „produzierten". Viele Tschernobyl-Aussagen waren nur anfangs Bestandteile einer (allerdings sehr divergenten) Expertenkultur und wanderten dann rasch als „sinkendes Kulturgut" durch alle Gesellschaftsschichten. Sie bewirkten zum Beispiel tiefe Störungen des Lebensgefühls (abtreiben? Kinder zeugen?), verschärften Konfliktlinien zwischen Optimisten und Pessimisten, schufen eine neue Mündigkeit im Aufbegehren und Zweifeln – und sorgten so insgesamt für eine nachhaltige Verwandlung des sozialen Beziehungsgeflechts in unserer Gesellschaft. Und dieses wiederum äußerte sich, zunächst oft nur ansatzweise erkennbar, in neuen, in „alternativen" Lebensformen, die das Kommunizieren, Lernen oder Kindererziehen, das Essen, Reisen oder Protestieren betrafen.

Die Vernetzung der kulturellen Lebensvorgänge gewinnt dadurch noch eine besondere Qualität, daß auch differenzierte Faktendarstellung und differenzierte Fakteninterpretation einander durchdringen. Wenn man eine vereinfachte (zeitliche) Dreigliederung des Tschernobyl-Ereignisses vornimmt, nämlich: Reaktorunfall – Informationswirrwarr – Vertrauensschwund, und mit spezifischen Analyseschritten verknüpft, läßt sich die Problematisierung der Atomreaktorkatastrophe modellhaft veranschaulichen (Abb. 28). Aus diesem (wiederum idealtypisch vereinfachten) Modell können wir ent-

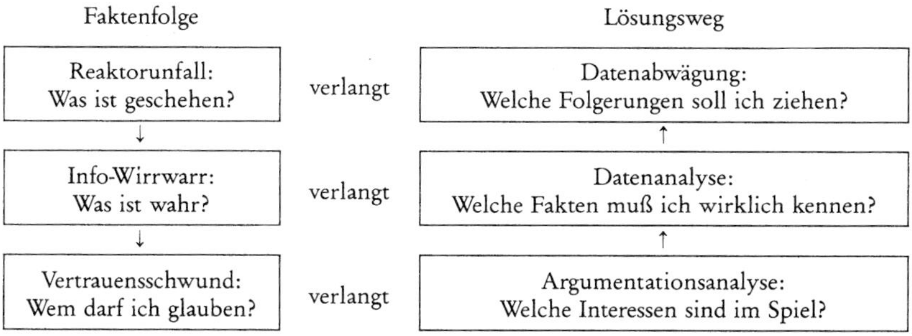

Abb. 28: „Tschernobyl“: Vernetzter Problemkomplex

nehmen, daß zwar jede Faktenebene des Tschernobyl-Komplexes ihre eigene Hauptfrage stellt und einen bestimmten Methodenzugriff fordert, daß aber die aufgeworfenen Fragen nicht – wie man erwarten könnte – eine nach der anderen in der gleichen Reihenfolge, so wie sie auftreten, gelöst werden müssen. Welche konkreten Folgerungen aus dem Unfallgeschehen zu ziehen sind, läßt sich nämlich erst auf Grund bereinigter Daten abwägen, d.h. wenn vorher die Interessen, die hinter dem Zugänglichmachen der erreichbaren Daten stehen, erkannt und berücksichtigt werden, und wenn dann auch noch die Aussagefähigkeit dieser Daten bezüglich der spezielleren Problemlösung, die jeweils angestrebt wird, überprüft worden ist.

Neben den mehr oder weniger synchronen Vernetzungen innerhalb einer kulturellen Tatsache ist auch deren *diachrone* Verflechtung zu bedenken, ihre Einordnung in historische Zusammenhänge. Über das weite Thema „Technik im Alltag“ mit all den Problemen spezifischer Aneignung und Umgangsformen hinaus muß im Falle Tschernobyls nicht nur die Frage von „Tradierungslinien“ zwischen Unglücken in Atomkraftwerken oder anderen technischen Katastrophen ins Auge gefaßt werden, sondern mehr noch die Vermittlung von Unglücksbewältigungsmustern. Die Untersuchung des Unfalls von Three Mile Island 1979 hat beispielsweise gezeigt, wie die Menschen in der Umgebung von Harrisburg ihre Reaktionen an bestimmten Interpretationsschemata orientierten, die guten Teils aus ihrer Medienerfahrung – insbesondere von Filmen – herrührten. Dort fanden sie Maßstäbe für ihre Einschätzung von Panikverhalten („kühlen Kopf bewahren“, „irrationale Reaktionen = Natur des Menschen“) oder konnten auch kulturelle Codes der Glaubwürdigkeit, etwa aus dem Verhaltensstil fiktionaler Figuren, für sich ableiten.

Welche Bedeutung, so ist weiter zu fragen, besitzen kollektive Erinnerungshilfen oder unterschiedliche Strategien der „Vergessensvorsorge“ auf der psychischen wie vor allem auch auf der gesellschaftlichen Ebene für das „kulturelle Gewicht“ Tschernobyls? Eine Form der „Bewältigung“ bildete

Abb. 29: „So was passiert halt bei den Russen, aber bei unseren Sicherheitsvorkehrungen – unmöglich!" – Horst Haitzinger, April 1987

bereits das Bezeichnen: ob Störfall oder Katastrophe, ob Heimsuchung oder Havarie – der jeweilige Begriff stärkte oder minderte den emotionalen Bezug. Zur benennenden Bildvorstellung traten aber auch zahlreiche objektivierte „Denk"-Male (Wegweiser „Tschernobyl 1600 km"; Rocksong „Tschernobyl"), Anzeigen und Kundgebungen am ersten, zweiten, dritten (und auch noch späteren) Jahrestag des Unglücks sowie „unfreiwillige" Erinnerungszeichen („Strahlenmolke-Zug" bei Straubing; hybride Pflanzenblätter) und schließlich eine Fülle literarischer Umsetzungen (Gedichte, Theaterstücke, Erzählungen, Romane), die das kulturelle Milieu beeinflußten. Nicht zuletzt aufgrund all dieser Folgeerscheinungen wurde Tschernobyl zu einer ganz eigentümlichen kulturellen Wert-Schöpfung.

Insgesamt ist es eine Aufgabe der Volkskunde, eine gewichtende Deutung alltäglicher Verhaltensweisen zu liefern. Dabei ist auch die „volkstümliche" Bewertung des produzierten Wissens (von den naturwissenschaftlich-technischen Spezialdisziplinen bis hin zu Medizin, Recht und Volkswirtschaft) zu integrieren. Inwiefern war Tschernobyl tatsächlich dem Durchschnittsbürger, wie vielfach betont wurde, eine bewußt neue Erfahrung, nämlich die einer „Entmächtigung seiner Sinne"? Haben sich nicht vielleicht

Abb. 30: Drachenflieger: „Wir halten daran fest!" – Ernst Maria Lang, September 1986

häufig schon vor solchem Bewußtwerden traditionelle Kulturmuster eingestellt, die den „Umgang mit Gefahr" gleichsam automatisch in bestimmte „Denk- und Argumentationsfiguren" leiteten? Immer wieder geschieht ja etwas zum ersten Mal. In welchem Falle aber, wie und warum, und mit welchem „Recht" wird das Neue nicht nur als gradueller Unterschied, sondern als ein „qualitativer Sprung" empfunden? Hier muß Kulturanalyse einsetzen. Gerade auch Werteskalen sind Kulturmuster, die unsere Alltagsorientierung wesentlich beeinflussen.

So mag man das Unglück von Tschernobyl, weil es die zumindest kontinentweite Verflechtung technisch-kultureller Geschehens als existentielles Problem ins allgemeine Bewußtsein hob, als ein „neues" und exemplarisches Ereignis unserer Zeit ansehen. Hier spiegelte sich beispielhaft – ob in angemessener oder „hysterischer" Form, sei dahingestellt – die Überlebensfrage („Wir haben nur eine Erde"): daß nämlich heute hinsichtlich des Umweltschutzes oder auch des Welthandels aus Problemen einzelner Volksgruppen oder Völker sehr häufig Menschheitsprobleme geworden sind. Jede regionale Einschränkung einer kulturellen Problemlage bedarf jedenfalls im Zeitalter praktisch unbegrenzter und unausgrenzbarer massenmedialer Wertevermittlung der expliziten Rechtfertigung.

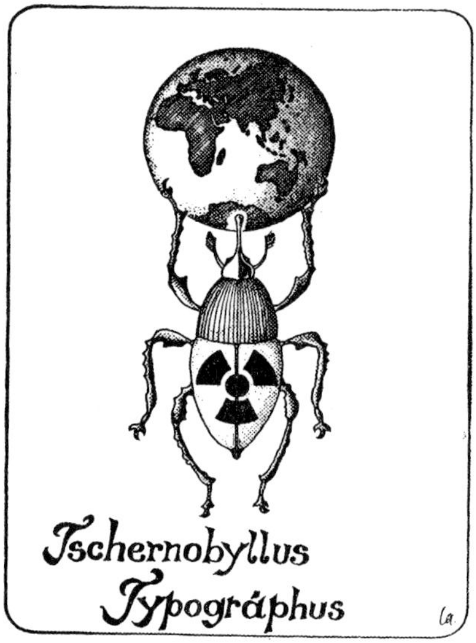

Abb. 31:
Lapschies, Juni 1986

Dieses Postulat schließt nicht aus, daß differenzierte kulturelle Regionalanalysen auch weiterhin von großem Wert sein können. Nicht jedes existentielle Problem eines Einzelnen oder einer kleineren Gruppe ist eine Menschheitsfrage; und nicht jedes Moment, das theoretisch mit der gesamten Menschheit verknüpft ist, ist auch praktisch für jeden Menschen gleichermaßen von Bedeutung. Gerade der isolierende Zugriff auf das Nahe und hier der Blick in die historische und soziale Tiefe bilden eine Stärke des volkskundlichen Zugriffs, aber doch nur, wenn gleichzeitig die ganzheitliche Sicht nicht verstellt wird und die jeweils relevante Reichweite des raumübergreifenden Blicks in die Ferne umsichtig erwogen worden ist.

Anderthalb Jahrzehnte nach dem Unglück hat sich der Schatten Tschernobyls etwas verwandelt, aber keinesfalls aufgelöst; unter ihm werden wir unser ganzes zukünftiges Leben fristen. Das gilt auch für noch ungeborene Generationen. Und das gilt in besonderem Maße natürlich für die am stärksten betroffene Bevölkerung in der Ukraine und in Weißrußland. Die Frage nach der Halbwerts-Zeit von Erinnerung eröffnet eine beklemmende Perspektive. Selbst wenn wir alles vergessen und vergessen-machen wollten, die eingebunkerte Reaktorbombe tickt bedrohlich weiter und die Vorsorge für eine neue Katastrophe scheint lächerlich (Abb. 29). Tschernobyl ist ein alltäglich gewordener Schatten des Atomzeitalters, der nicht nur leibliche Gefahr verkörpert, sondern uns auch mit sozialem Unfrieden, der Verteufelung unserer Emotionen und dem Wahrheitsanspruch technokratischer Argumentation bedroht. Wachsamkeit bleibt geboten, denn noch halten die Drachenanbeter (vgl. Abb. 30), obwohl es für sie windiger geworden ist, an ihrem Abgott fest.

Die Dimensionen des Alltagslebens sind seit Tschernobyl verändert: die radioaktive Verseuchung besitzt räumlich und vor allem zeitlich kaum abschätzbare Ausmaße. Die Erde ist Tschernobyl-infiziert. In einer zum Symbol verdichteten Karikatur wird der Globus anschaulich zum Spielball eines Käfers (Abb. 31), der den – aus Weltraumsicht – blauen Planeten als eine Mistkugel begreift, zu der ihn die Menschen gemacht haben.

Ein Gipfel kultureller Gewalt

Es gehört zum Schicksal der Menschen, in Ängsten zu leben; denn auf unserem schönen blauen Planeten sind wir vielen Gefahren ausgeliefert. Oft können wir deren Ursache und Wirkung so gut wie gar nicht beeinflussen: Erdbeben und Vulkanausbrüche, Feuersbrünste und Dürreperioden, Sturmwinde und Wasserfluten überfallen uns mit *Naturgewalt*. Dazu kommen manche anderen natürlichen Erscheinungsformen, deren Gewalt wir entweder selbst erst entfesselt haben, z.B. die Radioaktivität (durch Vorsatz oder Leichtfertigkeit bei der Nutzung der Atomenergie), oder deren verheerende Folgen durch Fehlverhalten verstärkt wurden, z.B. bei epidemischen Krankheiten (durch Unwissen oder Unachtsamkeit oder verbrecherischen Vorsatz beim Umgang mit Seuchenerregern). Die meisten Gewaltsamkeiten jedoch, mit denen wir konfrontiert werden, sind im strengen Sinne Gewalt*taten* und „rein menschenbedingt"; sie gehören – in je spezifischer Ausprägung und Bedeutung – zum Kulturverhalten und „Kulturbesitz" aller Gesellschaften.

Doch sind nun nicht etwa nur außerordentliche Gewalt-Ereignisse wie in Kolonisations- oder Kriegszeiten wacher Aufmerksamkeit wert. Auch das alltägliche Leben, und damit die Alltagskultur, zeigt sich in unterschiedlichem Grade von Gewaltanwendung durchdrungen. Fast allüberall wird Gewalt ausgeübt: am Arbeitsplatz und im Verkehr, gegenüber Frauen und Kindern, von Skinheads oder Polizisten, durch Gesetze oder Meinungsdiktate. Einen besonderen Bereich der Machtausübung in der globalen Weltgesellschaft bilden Wirtschaft und Politik. Kann es aber sinnvoll sein, das alles zusammenzuordnen und hier (analog zu den Naturgewalten) verallgemeinernd von „Kulturgewalt" zu sprechen?

Gewalt in der Kultur

Generell legt eine volkskundlich-kulturwissenschaftliche Betrachtung nahe, Gewalt dezidiert als „Kulturphänomen" aufzufassen. Das bedeutet, hypothetisch eine spezifisch „kulturelle" Gewalt zu postulieren und dann einen stärker induktiven Zugang über jeweils beobachtbare und beschreibbare „Gewalt in der Kultur" zu suchen. Doch haken wir nach: Was ist konkret zu beobachten, was mit „Gewalt" gemeint? Wer der Wortbedeutung des sprachlichen Ausdrucks „Gewalt" nachspürt, stößt auf einen divergenten Fächer von Begriffsinhalten. (In anderen Sprachen wird diese Bedeutungsvielfalt durch unterschiedliche Bezeichnungen teilweise differenziert: so unterscheidet das Lateinische zwischen *potestas* und *violencia*, analog das Englische zwischen *power* und *violence*.) Im Deutschen sprechen wir (1) von der „Gewalt Gottes", von „juridischer" und „elterlicher Gewalt" als einer legitimen *Macht*; (2) wer von der „Gewalt" einer Wasserströmung redet, spielt besonders auf die damit verbundene *Kraft* an; (3) wenn dagegen „ein Knopf mit Gewalt abgerissen" wurde, verstehen wir, daß es mit *Heftigkeit*, vielleicht auch durch *Anstrengung* geschah; (4) wo jemand „Gewalt besitzt", ist seine *Herrschaft* gemeint; (5) wenn aber irgendwo „Gewalt herrscht", denken wir vor allem an vielerlei Formen von *Zwang*; (6) wer schließlich fordert, „sich etwas mit Gewalt anzueignen", erweckt primär die Vorstellung der *Unrechtmäßigkeit*.

Schon diese wenigen Hinweise zeigen, daß die genaue Bedeutung des (deutschen) Wortes „Gewalt", in dem natürlich auch mehrere Sinngehalte zugleich anklingen können, sich jeweils nur aus einem konkreten Satzzusammenhang und dem situativen Kontext, in dem er gesprochen wird, erkennen läßt. Festgehalten sei, daß alle hier erwähnten Bedeutungsaspekte von „Gewalt" kulturell relevant sind, ob sie nun stärker auf körperlich-seelische oder soziale oder rechtliche Zusammenhänge abzielen.

Als 1991 ein volkskundliches Tagungsthema „Gewalt in der Kultur" formuliert wurde, war zuerst vor allem an eine kritische Untersuchung vielfältig ausgeübter *Zwänge* gedacht und dann zusätzlich an die *Heftigkeit* (Brutalität), mit der diese häufig durchgesetzt werden, und an das *Unrecht*, das mit entsprechendem Handeln verbunden ist. Wer sich nun der Analyse besonders solcher Gewaltsamkeiten widmen will, die als ein Ausdruck übergreifender soziokultureller Konfliktsituationen erscheinen, stößt erneut auf ein stark differenzierbares Aufgabengebiet: hier sind „Handlungsfelder" angesprochen wie Disziplinierung, Zensur, Beraubung, Zerstörung und Terror, die sich ihrerseits dann abermals in viele einzelne Aktivitäten aufschlüsseln lassen. Terror, beispielsweise, äußert sich durch Einschüchterung, Nötigung, Erpressung, Folterung, Mord – insgesamt eine kaum ausschöpfbare, überreiche Palette von Tätigkeiten mit unterschiedlich hohem Gewaltpotential.

Unabweislich stellt sich die Frage nach unserem Erkenntnisziel. Was interessiert speziell den Kulturwissenschaftler am Phänomen „Gewalt"? – Das sind unter anderem 1. die *kulturspezifischen Mittel und Ausdrucksformen* von Gewalt und Gegengewalt (Verhalten, Sprache, Symbole); 2. die jeweils *typischen „Einfallstore" und vorherrschenden „Einsatzbereiche"* für alltägliche Gewaltsamkeiten (z.B. Erziehung, Sexualität, Massenmedien) und auch die Schutzvorkehrungen und Schutzmöglichkeiten der von Gewalt Betroffenen (Solidarisierung, „Untertauchen", Flucht); 3. die *sozio- und psychokulturellen Bedingungen,* denen Gewalt entwächst und in denen sie sich behaupten kann (Diktatur, Kriegspropaganda, Todesgefahr), in ihrer je konkreten historischen, räumlichen und sozialen Dimension; 4. der *Grad der Legitimität,* mehr noch: die Art und Weise der Legitimierung, der Rechtfertigung wie der Verurteilung von Gewaltanwendung im jeweils betrachteten Zusammenhang („unwertes Leben", „Recht des Stärkeren", „gottgefällig").

Wonach der Volkskundler als Kulturwissenschaftler fragt, das ist hier, aufs Ganze gesehen, die Größe und die Bedeutung des Faktors „Gewalt" im Alltag, – aber läßt sich dieses „Ganze" überhaupt fassen? Anders gefragt: Lassen sich vor dem riesigen Lebenshorizont „Alltag" so verschiedene Ausdrucksformen wie die Prügelstrafe im Elternhaus, Vergewaltigung in der Ehe, Verkaufsverbot für Pornographie, Handtaschenraub auf der Straße, Brandanschläge auf Fremdenheime, Aussperrung von Fabrikarbeitern, Verletzung der Intimsphäre in Massenmedien, polizeiliche Hausdurchsuchungen oder Beugehaft, die wir mit vielen weiteren Gewaltanwendungen aus dem Alltag kennen, sinnvoll miteinander vergleichen? Wir wissen, daß es für jede dieser Arten von Gewaltgebrauch zeitbedingte „Gewohnheiten" gibt, modische „Rituale" und eingeschliffene „Normen" des physischen Krafteinsatzes. Aber dürfen wir auch erwarten, daß wir so etwas wie übergreifende, durchgängig gültige Kultur-Determinanten finden, von denen eine bestimmte Gesellschaft hinsichtlich des Gewalteinsatzes in allen ihren Handlungsbereichen geprägt ist?

Das, was wir Kultur nennen, ist ein ständig sich veränderndes Produkt aus unüberschaubar vielen (und sei es noch so schwach) sinnbesetzten menschlichen Handlungen. Diese Aussage gilt natürlich auch für den Teilaspekt „kulturelle Gewalt"; denn deren jeweilige Spezifik beruht gegenüber den weltweit gleichartigen und kaum beeinflußbaren Naturgewalten eben auf Sinngebungen oder Wertvorstellungen; sie gründet in Wertesystemen, die oft bestimmten kulturellen Klein-Milieus angehören, aber auch darüber hinaus gesellschaftlich vielfach vernetzt und selbst in ihren wesentlichen Faktoren dem Alltagsbewußtsein meist verborgen bleiben.

Kulturforschung, die gleich allen Wissenschaftsdisziplinen nach Wirklichkeitserkenntnis strebt, hat es nicht nur (wie die naturwissenschaftlichen Fächer) mit der ungeheuren Komplexität erfahrbarer Wirklichkeit zu tun. Sie steht darüber hinaus vor dem Verkoppelungsproblem einer „doppelten Wirklichkeit": sie fragt nämlich nach der „Wirkdynamik" zwischen jener von allen Menschen sinnlich wahrnehmbaren Wirklichkeitsschicht (der Objekte-Welt) und einer nur subjektiv erfahrbaren – gleichwohl sozial bis zu einem gewissen Grade vermittelbaren – Wirklichkeitsschicht (den Vorstellungs-Welten); und sie interessiert sich nicht zuletzt dafür, auf welche Weise in diese „Doppel-Wirklichkeit" die personalen und sozialen Sinngebungen (die Wertesysteme) eingebunden sind.

Alle Formen der Gewalt sind in der Regel hochgradig mit Werten besetzt. Der Gewaltgebrauch in einer bestimmten Kultur spiegelt die Werte dieser Kultur, genauer: wohl zumeist Wertkonflikte in dieser Kultur. Kulturgewalt läßt sich damit als jene Form von Gewalt auffassen, die aus Wertkonflikten resultiert. So gesehen erscheint es dann als eine vordringliche Forschungsaufgabe, dem Wurzelgrund der Wertkonflikte nachzuspüren, denen die real erfahrbaren Gewalttaten entwachsen.

Freilich: ein erkenntnistheoretisches Basisproblem empirischer Forschung liegt gerade darin, daß wir Werte (Bedeutungen) nicht unmittelbar erfassen können, sondern daß wir meistens aufgrund von Manifestationen (hier: der Gewalt) unsinnlich-abstrakte Gegebenheiten (hier: emotionale oder kognitive Wertestrukturen) erschließen müssen, sofern nicht Betroffene – was dem Forscher eine besondere Chance bietet – ihr eigenes Wertverständnis bewußt zu machen und zu artikulieren verstehen. In diesem Falle wird das wissenschaftliche Deutungsproblem des Zusammenhangs zwischen Gewaltsamkeiten und Wertprämissen dadurch erleichtert, daß man über Meinungsäußerungen einen (natürlich kritisch zu interpretierenden) Einblick in die Vorstellungswelt von Gewalttätern (und Opfern) zu gewinnen vermag und somit für die Analyse des Wertekomplexes Daten aus allen beiden kulturwissenschaftlich relevanten „Wirklichkeitsschichten" heranziehen kann.

Vermutlich sind die Wert-Entscheidungen eines Menschen – und andere Entscheidungen gibt es streng genommen nicht – seiner Vorstellungswelt „näher" als seiner Wahrnehmungswelt, und damit dürften wohl auch Impulse aus jener Vorstellungswelt für die Auslösung konkreten Handelns (z.B. das Gewaltanwenden) besonders bedeutsam sein. Eine solche These unterstreicht das Gewicht von Gedankenbildern, was im Umkreis des Gewaltgebrauchs speziell die „Feindbilder" betrifft. Das Gewaltpotential einer Kultur wäre also – wie andere Potentiale auch – wesentlich von den internalisierten Bildvorstellungen dieser Kultur abhängig. Damit ergibt sich für einen Kulturwissenschaftler die lohnende Aufgabe, nach der Herkunft und Genese Gewalt-relevanter Bildvorstellungen zu fahnden, und gerade der Volkskundler wird dabei eine Lösung nicht zuletzt über die kritische Analyse der je gegebenen Traditionsbestände und Tradierungsprozesse der Alltagskultur erstreben. Daß in diesen Problemfeldern auch künstlerische Produkte der sogenannten Elitekultur – eine „Ästhetik der Gewalt" z.B. in Literatur, Film oder Comic strip – in der Form von Leitbildern und „gesunkenem Kulturgut" höchste Wirkung entfalten konnten, liegt auf der Hand.

Wer dann am Ende die heute lebendigen, an tradierten Bildern haftenden, Gewalt-steuernden Wertsysteme angemessen beurteilen möchte, muß dabei selbstverständlich auch die je zeitbedingten (religiösen, mythischen) Wert-*Maßstäbe* der in den Traditionsprozeß eingebundenen gesellschaftlichen

Gruppen mit ins Kalkül ziehen. Vor diesem Reflexionshorizont darf dann selbst das Orientierungsmaß des Forschers nicht unbefragt bleiben, so daß letztlich jede Bewertung kultureller Gewalt immer zugleich auch eine Aussage über das Weltverständnis des Interpreten enthält.

In „Kulturgewalt" sind und bleiben wir alle involviert; denn eine völlige Harmonisierung gesellschaftlicher Wertvorstellungen ist utopisch, weil sie das Leben ersticken würde. Nur in der Sublimierung von Gewaltbereitschaft, was ein adäquates Verständnis von deren Genese voraussetzt, liegt eine menschenwürdige Chance.

Eine Weltwirtschaftstagung in München

Der Münchner „Weltwirtschaftsgipfel" (WWG) im Sommer 1992 galt in Politik und Medien unisono als ein „gewaltiges" Ereignis. Freilich war das keine einheitliche Bewertung. Regierungspolitiker bezogen diese Aussage meist auf die zu verhandelnden Inhalte, Journalisten eher auf die äußeren Begleitumstände. Die Münchner Lokalpresse widmete damals ihre Aufmerksamkeit in besonderem Maße der martialischen Abschirmung des Verhandlungsorts und dem spektakulären Einsatz von Sicherheitskräften. Was aus politischer Sicht als eine unerfreuliche Nebensache erscheinen mochte, erwuchs durch die so pointierte Berichterstattung zum kennzeichnenden Bild für das Spitzenpolitiker-Treffen der sieben mächtigsten Industrienationen der Welt.

Es geht hier um ein sehr komplexes Phänomen. Gewalt ist zunächst nur ein Sammelbegriff für disparate Erscheinungen, denen man überall begegnen kann. Gewalt – so könnte man sagen – „begleitet" das Leben der Menschen, nicht zuletzt auch durch den Alltag. Pauschale Anklagen besagen darum wenig. Wir müssen vielmehr versuchen, die jeweiligen Zusammenhänge des Gewaltgebrauchs präzise auszuleuchten und mit der Frage nach der Legitimität von Gewalt zu verknüpfen. Denn immer handelt es sich, wo von Gewalt gesprochen wird, um ein Interpretament: Welche Fakten in einer Gesellschaft als Gewalttaten angesehen werden und unter welchen Umständen diese möglicherweise gerechtfertigt sein könnten, unterliegt jeweils bestimmten Bedingungen. Der WWG 1992, nach dem Selbstverständnis der beteiligten Politiker ein „politisches Großereignis", hat bis in den lokalen Alltag durchgeschlagen. Volkskunde als Wissenschaft vom Alltagsleben muß dieses Thema aufgreifen.

Schon ein flüchtiger Blick auf die Schlagzeilen, Fotos und Karikaturen zum WWG in der Münchner Lokalpresse offenbarte verschiedene Facetten von Gewalt. Eine Karikatur bündelte das Ereignis zu einem dramatischen Bild (Abb. 32): Große Tiere ziehen, flankiert von einem Polizeiauto, im Geschwindmarsch durch München. Hinter einem Wall von Absperrungen und

Umleitungsschildern steht – kurz angeleint – ein Dackel (als Symbol für den Einheimischen) und demonstriert seine Verachtung für den Gipfel-Rummel durch Heben des Hinterbeins.

Hier wird etwas Gewaltsames signalisiert, mit den Sperrgittern, in der Polizeipräsenz und durch die Dinosaurier. Schlagzeilen der Boulevard-Zeitungen wie „Festung München“ oder „Die große Angst“ vermittelten die entsprechende Begleitmusik. Gewaltig wirkte auch die Selbstdarstellung der Gastgeber. Das Empfangsaufgebot an Trachtlerinnen und Gebirgsschützen wurde in der Presse als „Geballtes Bayern-Brauchtum“ gewertet. Einen anderen Akzent gewannen die landesüblichen Gepflogenheiten, als die Reaktion der Polizei auf ein Pfeifkonzert von Gipfel-Gegnern zum sogenannten „Münchner Kessel“ führte. Dieser Einsatz physischer Gewalt in Form von Prügelei und Festnahmen wurde später vom bayerischen Ministerpräsidenten als „bayerische Art des Hinlangens“ verteidigt. Die Reaktionen darauf artikulierten dann, selbst in konservativen Blättern, wiederum Dissenz: „Herr Streibl, wir sind keine Schläger!“

Insgesamt erkennen wir eine Verquickung unterschiedlichster Formen von Gewaltpräsenz: deutlich faßbar sind Raumbeschränkung, Demonstrantenlärm und Polizeieinsatz auf der Straße, unsichtbar hinter den Kulissen wirken ökonomische Kräfte und Zwänge. Kaum entwirrbar präsentieren sich die unterschiedlichen Bewertungsversuche des Gewalteinsatzes im Blickwinkel von Staatsapparaten, Medien oder der einzelnen Bürgerinnen und Bürger.

Abb. 32: Als Einheimischer bei den großen Tieren. – Luis Murschetz, Juli 1992

Gar nicht gewaltig erschien dann allerdings fast jedermann das Ergebnis der Konferenz. Ein Karikaturist veranschaulichte, wie den enormen Füllhörnern der Gipfel-Konferenzen von Rio bis Helsinki, und eben auch München, nur gerade je eine winzige Erbse entsprang. Waren diese mageren Ergebnisse einen solch riesigen Aufwand wert? Läßt sich dieser Aufwand, der vielfältige Gewaltanwendung provozierte, rechtfertigen?

Nachdenklich stimmte ein Bildkommentar (Abb. 33), in dem ein Münchner Ehepaar offensichtlich teilnahmslos – Er mit der Zeitung auf der Couch, Sie aus dem Fenster spähend – das Ende der Konferenz wie das einer müßigen Belästigung registriert: „Sind sie fort?“ – Worauf deutet solches Desinteresse am WWG? Daß die Bevölkerung mit dem aufoktroyierten Spektakel auch die Gewalt letztlich hinnimmt und damit legitimiert?

Die Konflikte, die anläßlich des WWG unter anderem auf der Straße ihren Ausdruck fanden, verweisen auf unterschiedliche Wertvorstellungen in unserer Gesellschaft. Um die gewaltsamen Auseinandersetzungen zwischen Demonstranten und Polizei besser zu verstehen, ist zu fragen, nach welchen Maßstäben in jener Wirtschaftsordnung, die den WWG als Institution zelebriert, gehandelt wird. Einen Diskussionsgegenstand der Tagung bildeten die 82 Kernkraftwerke Osteuropas und der GUS (dem aus der Sowjetunion hervorgegangenen Staatenbund). Obwohl der deutsche Regierungschef an-

Abb. 33: Ernst Hürlimann, Juli 1992

sprach, was allen Teilnehmern bewußt war, nämlich: „welche enormen Auswirkungen eine weitere Katastrophe wie die in Tschernobyl...“ – nein, nicht für die Menschen – „für die Akzeptanz der Kernenergie insgesamt hätte“, bemühten sich die sieben Regierungen vor allem darum, die Sicherheitsprobleme (wie eine Karikatur veranschaulicht hat) mit Geldscheinen zu verkleistern (Abb. 34). Sie dienten damit den Gewinninteressen der Industriekonzerne und bemühten sich im übrigen darum, Wettbewerbsvorteile für die jeweils eigene nationale Volkswirtschaft zu erringen. Nur nach wirtschaftlichen Kriterien beurteilt, kann Gewaltandrohung, sogar ein Krieg, zu einem positiven Faktor werden. Das liegt in der gewaltträchtigen Logik des modernen Produktionsprozesses, für dessen Triebkraft die Konsumkapazität nicht mehr ausreicht und der – wie Hannah Arendt sarkastisch konstatierte – „noch besser funktionieren würde, wenn wir uns entschließen könnten, die Welt der Gegenstände nicht nur zu verzehren, sondern zu vernichten.“

Vor solchem Hintergrund wird der Vorwurf der WWG-Opposition verständlicher, daß die Industriestaaten der nördlichen Hemisphäre mit der Erde wie mit einem Spielball umgehen, der ihrem Vergnügen dient. Es gehört zur Rationalität der wirtschaftsdominanten Lebensordnung, daß Rücksichten, insbesondere auf die natürliche Umwelt, immer dann nichts gelten, wenn sie ökonomischen Interessen schaden. Und wir alle sind dahin sozialisiert, „logisch“ getroffene Entscheidungen zu akzeptieren.

Wie einseitig Wirtschaftsmaximen das politische Denken bestimmten, wurde auf dem WWG in unzähligen Statements deutlich. Der deutsche Bundeskanzler über die Notwendigkeit politischer Vertrauensmaßnahmen: „Der Gipfel in München muß dazu beitragen, Vertrauen und Erwartungen von Investoren und Konsumenten in eine verläßliche und wachstumsfreundliche Politik zu festigen und die weltwirtschaftliche Entwicklung insgesamt zu stärken.“ Der Bundesfinanzminister zum Thema „Frieden und Freiheit“: „Hierzu können die großen Industrienationen auf wirtschaftlichem Gebiet beitragen, indem sie die Staaten der südlichen und östlichen Hemisphäre auf dem Weg zu Wachstum und Wohlstand tatkräftig unterstützen.“ Oder der bayerische Ministerpräsident zur Bewahrung unserer Lebenschancen: „Im weltweiten Wettbewerb kann sich nur behaupten, wer mit der Entwicklung Schritt hält und offensiv auf die Chancen des technischen Fortschritts setzt.“

Der WWG offenbarte, daß Werte wie „Wirtschaftswachstum“ oder „Fortschritt“, die aus einem spezifischen kulturellen Kontext stammen, als unproblematisch vorausgesetzt werden. Sie gelten als Allheilmittel für die Probleme der modernen Gesellschaft. Generell kann man sagen, daß die unbefragten Maximen unserer westlichen Industriegesellschaft heute genauso unbedacht der übrigen Welt aufgezwungen werden. Aber die Politik bleibt auch im Zeitalter der Weltwirtschaft immer an ihre kulturellen Determinanten, d.h. hier an ihre europäische Begriffstradition, gebunden: „Fortschritt“ suggeriert die Möglichkeit eines immer besseren Lebens für die

Abb. 34: „Die Welt kann aufatmen, es wird saniert". – Horst Haitzinger, Juli 1992

Menschen, „Wirtschaftswachstum" erscheint als eine natürliche und damit selbstverständliche Erforderlichkeit, und das Reden von „Sachzwängen" impliziert, diese seien prinzipiell unüberwindlich.

Eine Zeitungskarikatur zeigte, wie bei den Beratungen der herrschenden Wirtschaftsmächte die lädierte Welt vor verschlossener Tür steht. Kein Wunder, daß die sogenannten Entwicklungsländer die Politik der Industriestaaten als Fortsetzung des Kolonialismus begreifen, mit zwar etwas veränderten, aber keineswegs sanfteren Formen von Gewalt. Daß es jenseits des „siegreichen" marktwirtschaftlichen Systems und des (nach kapitalistischen Kriterien) „unterlegenen" Sozialismus noch andere Wertorientierungen (sowohl bei uns wie in fremden Kulturen) gibt, wird nicht ins Bewußtsein gehoben. Nur darum kann es einem naiven Beobachter als von der Sache her völlig legitim erscheinen, wenn heute Fortschritt und Wirtschaftswachstum, die Mythen des säkularisierten Abendlands, die Welt regieren.

Unsere Wirtschaftsordnung erscheint aufgrund einer eingeschliffenen Rhetorik in Politik und Medien als die beste aller möglichen, so daß wir ihre Gewaltaspekte offenbar von vornherein ausblenden. Warum wollten oder konnten sich die Zeitungen den Argumenten der WWG-Gegner nicht stärker öffnen? Aus Angst, die Lebensbedingungen wahrzunehmen, die wir uns selbst geschaffen haben? Aus Angst, zum Nach- oder gar Umdenken verführt zu werden?

Gewalttätiges Verhalten und Strategien der Macht

Die konkreten Äußerungen physischer Gewalt auf den Straßen und Plätzen um den Tagungsort des G7-Weltwirtschaftsgipfels vollzogen sich in spezifischen Ausdrucksformen und aufgrund von Verhaltensmustern, die sich als Rituale charakterisieren lassen. Sie orientierten sich an bereits zu Traditionen gewordenen Schemata, und zwar sowohl bei den Demonstranten als auch bei den Polizisten. Auf der Straße provozierten sich die Konfliktparteien gegenseitig. Was die eine Seite als legitime Gegenwehr verstanden wissen wollte, erschien der anderen als herausfordernde Aggression.

Beide Seiten – Polizei wie Demonstranten – vollzogen in der Form ihres Auftretens erprobte Strategien. Die Gipfelgegner benutzten den bekannten, relativ überschaubaren Zeichenvorrat, der sich – z.T. ältere Vorbilder aufnehmend und weiterführend – in den letzten 20 Jahren verfestigt hatte: Sie gestalteten ihre Protestdemonstrationen als Straßenumzüge mit Transparenten, skandierten Parolen, störten gezielt mit Pfiffen und reckten die geballte Faust in die Höhe. Diese Signale der Gegengewalt wurden durch zahlreiche Plakate und Handzettel ergänzt, aber auch durch Straßentheater und ähnliche Spielformen, die ihre gesellschaftskritischen Botschaften nicht selten mit viel Witz umzusetzen verstanden.

Das Changieren zwischen Spaß und Ernst scheint in der Gegenwart für den Ausdruck sozialen Protestes charakteristisch. Beim WWG wurde dieses Verhalten vom Bundesfinanzminister als „Kinderspiel“ verharmlost. Dem konterten die Kritiker mit einem gezielt Gewalt evozierenden Vokabular, indem sie ihre Widersacher z.B. als „Bayerische Staatssicherheit“ oder die Polizeieinheiten als „Schlägertrupps“ beschimpften. Ein Reflex davon äußerte sich im karikierenden Entwurf des „neuesten Münchner Stadtwappens“ (Abb. 35), in dem das Münchner Kindl, zum behelmten Polizisten verwandelt, einen Schlagstock in jeder Hand hält.

Im Frühjahr 1992 hatten sich Gruppierungen autonomer, ökologischer, christlicher oder pazifistischer Prägung mit höchst unterschiedlichen Motiven und Zielen zum „Münchener Bündnis gegen den Wirtschaftsgipfel“ zusammengeschlossen und einen Gegenkongreß mit Teilnehmern aus aller Welt geplant. Es sollte insbesondere darum gehen, die ungerechte Wirtschafts- und Finanzpolitik der Industriestaaten, die Ausbeutung der Dritten Welt anzuprangern. Mit dem Argument, es drohe Gefahr von Gewalttätern, wurden aber von der Stadt München die Unterkünfte und ganz kurzfristig dann auch von der Universität die zugesagten Tagungsräume verweigert. So steigerte sich notgedrungen der Protest auf der Straße; ein Transparent signalisierte „Wut, Widerstand, Gipfelsturm“.

Die öffentlichen Ordnungshüter wiederum erklärten das Zentrum der Stadt zur Sicherheitszone, schafften Sperrgitter in Mengen heran und regulierten mit Vehemenz den Münchner Alltag. Man versperrte Straßen und

Abb. 35:
Dieter Hanitzsch:
Das neueste Münchner
Stadtwappen, Juli 1992

Plätze, kanalisierte die Passantenströme und veranstaltete mit dem Aufmarsch von Bereitsschaftstruppen aus dem ganzen Bundesgebiet eine extensive Machtdemonstration. Das „Einsatzkonzept WWG" verlangte, zur vorbeugenden Bekämpfung von Straftaten alle rechtlichen Möglichkeiten auszuschöpfen; es sah eine „niedrige Einschreitschwelle" vor. In der Folge wurden z.B. Grillutensilien als Bausatz für Molotow-Cocktails angesehen und konfisziert, die Besitzer festgenommen. Protestgeschrei beim Empfang der Staatschefs gipfelte im „Münchner Kessel" mit über 400 Festnahmen. Die Angst vor einem Terrorüberfall wie bei der Olympiade 1972 vermochte es, daß das Argument „Sicherheit gewährleisten" praktisch jeden Eingriff ins lokale Alltagsleben legitimierten konnte.

Manche Aktionen erscheinen unter dem Gewaltaspekt zunächst wenig bedeutsam, z.B. die Formierung des Handlungsraums für den WWG: Haltestellen öffentlicher Verkehrsmittel wurden verlegt oder ganz aufgehoben, Parkplätze zu Parkverbotszonen erklärt. Doch auch in solchen Konflikten um Raumnutzung äußern sich Machtansprüche. In der Gewährung oder Verwehrung von Raum kann sogar eine sehr subtile Gewaltausübung verborgen sein.

Von der physischen Gewalt läßt sich die „strukturelle" Gewalt unterscheiden. Man kann solche in der Institution des WWG vermuten. Sie liegt wohl potentiell in allen Konstellationen, wo sich einerseits die Polizei als legitime Vertretung der Staatsgewalt und andererseits eine aktive gesellschaftskritische Opposition gegenüberstehen. Produziert – so ist zu fragen –

diese Struktur ein Ritual, das den schlichtenden Dialog verhindert; in dem die eigenen Positionen blind verteidigt und Gegenargumente nicht einmal zur Kenntnis genommen werden; wo Konflikte solange eskalieren, bis es nur noch Radikallösungen gibt: Sieger und Geschlagene?

Massenveranstaltungen benötigen Raum, insbesondere braucht man Tagungsräume und Unterkünfte für die Teilnehmer. Als das „Münchener Bündnis gegen den Wirtschaftsgipfel" einige Monate vor der Veranstaltung bei der Stadt die Bereitstellung von Grundstücken für Gemeinschaftsunterkünfte erbat, wurde dies abgewiesen, da nicht auszuschließen sei, „daß auch gewalttätige Krawallmacher darunter sind". Mit dem gleichen Argument kündigte die Universitätsleitung die zugesagten Tagungsräume. Im übrigen sei, hieß es ergänzend, jedem, der zu einer Demonstration reise, zuzumuten, sich selbst um ein Bett zu kümmern. Als dagegen ein Jahr später der Evangelische Kirchentag in München stattfand, ging dem eine monatelange Kampagne der Lokalpolitiker voraus, um jedem Besucher einen Schlafplatz zu garantieren: „Beim Kirchentag", so referierte eine Zeitung die offiziellen Argumente, „gehe es nicht nur um Religion. Wer nach München komme, suche Antwort auf wichtige Fragen wie Politikverdrossenheit, Ökologie, Wirtschaft und das Zusammenleben der Völker. Diese engagierten Besucher sollten die Stadt als weltoffen kennenlernen."

Die Frage der Raumgewährung für zwei Großveranstaltungen, die hinsichtlich der Thematik und zum Teil auch der verantwortlichen Organisationen in manchem übereinstimmten, war offensichtlich von einer vorgängigen Bewertung der Teilnehmergruppen abhängig. Hier zeigten sich eklatante Widersprüche. Die Evangelische Studentengemeinde z.B., deren Engagement beim Kirchentag 1993 wie das anderer Gruppen nachdrückliche Unterstützung fand, war 1992 mit gleichen Anliegen als eine der am Anti-WWG-Bündnis beteiligten Gruppierungen, die Übernachtungsmöglichkeiten für einige Dutzend Gäste bereitgestellt hatte, kriminalisiert worden (Geschäftsräume durchsucht, Personen festgenommen).

Beim WWG 1992 waren alle Aktivitäten der WWG-Gegner mit Raumproblemen konfrontiert; man kann sagen, daß den Strategien der Gewährung oder Verwehrung von Raum Indikatorfunktion für die politische Akzeptanz von Veranstaltungen zukommt. Immer stützte sich die Begründung von Raumverweigerungen auf dasselbe Argument: Sicherheitsbedenken. Übernachtungs- wie Tagungsverbot wurden mit der potentiellen Möglichkeit von Straftaten legitimiert, nicht etwa mit bereits verübten. Tatsächlich sind während des WWG nahezu alle Kontrollen und Festnahmen von Teilnehmern der Gegenveranstaltungen präventiv erfolgt. Auch über den spektakulärsten Einsatz jener Tage, den „Münchner Kessel", hieß es in der Presseerklärung der Polizei, er sei unerläßlich gewesen, „da damit zu rechnen war, daß die Störermenge versuchen würde (...), den ordnungsgemäßen Ablauf der Begrüßung zu verhindern."

Daß es beim Evangelischen Kirchentag 1993, also bei einer Veranstaltung, die sich ähnliche Themen gesetzt und zum Teil von denselben Organisationen getragen wurde, zu einem ganz anderen Umgang mit Übernachtungs- (und Tagungs-) Räumen kam, bezeugt, wie wichtig die vorausgehende Codierung von Personen und Organisationen bei der politischen Handhabung von öffentlichen Veranstaltungen ist. Während des Kirchentages wollte die Stadtverwaltung nicht potentielle Straftaten durch die Verweigerung von Raum verhindern, sondern setzte sich energisch für die „engagierten Besucher" ein, die einen Schlafplatz benötigten. Der zu einer politischen Veranstaltung Reisende suchte im Falle des Kirchentags „Antworten auf wichtige Fragen"; bei der Rechtfertigung des „Münchner Kessels" dagegen verwendete der Polizeipräsident die Feststellung, 360 der 420 festgehaltenen Personen würden nicht aus München stammen, als besondere Legitimation des Eingriffs.

In den Tagen des Wirtschaftsgipfels füllten Nachrichten über Polizeieinsätze einen Großteil der Lokalberichte in den Zeitungen; während des Kirchentags 1993 erschien keine einzige. Nur in einer Nachbetrachtung der Veranstaltung meldete ein Blatt: „Die Polizei verzeichnete entspannte Tage: Der Kirchentag verlief trotz des Riesenandrangs ohne Zwischenfälle." Zu fragen ist, ob diese Nachricht als Bestätigung der Polizeistrategie gelesen werden sollte, oder ob sich – besonders vor dem Hintergrund des WWG – das Verhältnis von polizeilicher Taktik und „Zwischenfällen" nicht vielmehr komplizierter darstellt; ob nicht der während des WWG extrem sensibilisierte Blick der Polizei notwendig zu Eskalationen führen mußte und ein betont entspannter Blick letztendlich auch keine Störungen registrieren konnte? Diese Frage erhält besonderes Gewicht, wenn es sich, wie in diesem Fall, um zwei Veranstaltungen mit zum Teil identischer Teilnehmerschaft handelt.

Kurz vor dem WWG gab der bayerische Innenminister ein Interview über die Sicherheitsbemühungen der Stadt München und sagte in bezug auf den Umgang mit Gegnern der Veranstaltung: „Wir werden aus Anlaß des Wirtschaftsgipfels keine rechtsfreien Räume dulden." Mit „rechtsfreiem Raum" aber war, wie die Strategien der Raumgewährung zeigten, keiner gemeint, in dem Recht gebrochen wird (Straftaten geschehen). Es ging vielmehr um die Potentialität von Straftaten, die dort möglich gewesen wären. Welcher Raum als „rechtsfrei" gilt, beruht somit auf Interpretation, auf einem Verdacht, der dann im Falle des Gegengipfels jedwede Verwehrung oder Überwachung von Räumen legitimiert hat. Formaljuristisch gesehen gab es aber während des WWG nur einen einzigen rechtsfreien Raum: jenes Medienzentrum, das ohne vorherige Genehmigung von Amts wegen im Münchner Hofgarten errichtet worden war.

Zur Schlüsselgewalt der Massenmedien

Der WWG, wie ihn die Münchner Bevölkerung direkt wahrnehmen konnte, und das medial vermittelte Wissen darüber waren eng miteinander verflochten. Die Medien bestimmten durch Auswahl, Plazierung und Kommentierung der Nachrichten wesentlich mit, welche Bestandteile der Konferenz zum öffentlichen Gesprächsthema wurden und beeinflußten dadurch die individuelle Meinungsbildung ihrer Leser. Die spezifische Berichterstattung der einzelnen Zeitungen wiederum hing von verschiedenen Bedingungen ab.

Es liegt auf der Hand, daß eine Lokalzeitung den lokalen Ereignissen besonderes Gewicht beimißt. „Die Welt schaut auf München, zeigen wir uns von unserer besten Seite“, beschwor der bayerische Ministerpräsident die Münchner Bürger. „Die Welt blickt nach München“ verkündeten auch die Münchner Zeitungen; München sei drei Tage der „Nabel der Welt“. Was es heißt, „sich von der besten Seite zeigen“, illustrierten die Boulevardblätter: verlangt war Toleranz gegenüber Absperrungen, Akzeptanz des gigantischen Polizeiaufgebots, Verständnis für horrende Kosten. Vor allem aber: die Veranstaltung nicht zu stören und dadurch in Frage zu stellen. Das Faktum des Gegengipfels wurde, von mehr skurrilen Einzelheiten abgesehen, fast ganz verschwiegen.

„Die Augen der Welt richten sich auf München“ – das war zugleich eine Schmeichelei und eine Aufforderung zu konformem Verhalten, aus der besonders die regierungsnahen Zeitungen Verhaltensregeln für die Bevölkerung ableiteten. Die Volksbeteiligung am öffentlichen Ereignis WWG wurde durch die mediale Rechtfertigung der Einschränkungsmaßnahmen den Politikerwünschen entsprechend reguliert, genau besehen: verhindert.

Zum alles beherrschenden Thema in Bericht und Kommentar der Münchner Zeitungen erwuchs seit der Eröffnung des WWG der schlagkräftige Zusammenstoß zwischen Demonstranten und Polizei. Die Einkesselungstaktik, die Rechtfertigung dieses Verhaltens durch die bayerische Regierung und die spezielle Argumentation des Ministerpräsidenten mit der Besonderheit des bayerischen Volkscharakters einerseits sowie die vehemente Verurteilung des Geschehens aus liberaler Sicht andererseits füllten tagelang die Spalten der Münchner Zeitungen.

Die überlokale Perspektive setzte in ihren Meldungen jedoch ganz andere Akzente. Die auswärtige Presse nahm den WWG keineswegs zum Anlaß, über speziell Münchner Vorkommnisse und Probleme zu berichten. In der „Mitteldeutschen Zeitung“ aus Halle, z.B., wurden die Zusammenstöße zwischen Polizei und Demonstranten nur am Rande erwähnt. Kritisiert wurde nicht die Prügelei, sondern der Aufwand an Geld und Polizeischutz sowie die „Selbstdarstellung“ und „Wichtigtuerei“. Diese Zeitung wählte die Nachrichten vor allem nach ihrer Relevanz für die (deutsche) Ost-West-Problematik aus, bevorzugte Wirtschaftsthemen und glorifizierte dabei die Marktwirtschaft. Insgesamt nahmen die WWG-Ereignisse in auswärtigen Zeitungen gegenüber den Lokalblättern entschieden weniger Platz ein: die Welt blickte durchaus nicht nach München, sondern zum Gipfeltreffen.

Speziell die Hervorhebung und Bewertung der Gewaltaspekte des Münchner WWGs unterschieden sich sehr nach der Art und der politischen Einstellung der jeweiligen Zeitung. Für das „Neue Deutschland", um ein weiteres ostdeutsches Beispiel heranzuziehen, mit einer in diesem Fall prononciert „linken" Einstellung, war das eigentliche Ereignis des WWG der Gegengipfel. Das Blatt publizierte darüber besonders viele Informationen und zudem als einzige eine beißende Kritik der Weltwirtschaftsordnung auf Seite eins. Zeitungsleser gewannen also insgesamt sehr unterschiedliche Vorstellungen vom Ereignis WWG und insbesondere davon, wo hier Gewalt verborgen war, wie sie zum Ausdruck kam und in welchen Elementen des WWG die Gewalt besonders bedeutsam erschien. In der Stilisierung der Nachrichten und ihrer Kommentierung (auch das Fernsehen ist natürlich nicht zu vergessen) wird die Wirkungsmacht der Medien evident.

Der manipulative Charakter der Medien schafft eine eigene „Medienrealität". Sie ist aus vielen Klischees zusammengesetzt. Und sie wird zu einer wirkungsvollen gesellschaftlichen Realität, weil man das von fern Berichtete ja nur selten persönlich mit- oder nachverfolgen kann. Die mediale Kommunikation macht zudem bequem und tötet dann vielfach auch dort den Antrieb, an öffentlichen Vorgängen teilzunehmen, wo es nötig und möglich wäre. Die allgegenwärtigen Massenmedien vermitteln in einer Gesellschaft Gewalt, zumindest unter zwei Aspekten: erstens präsentieren sie in sprachlichen oder optischen Bildern Gewalt und bewerten sie; zweitens liegt in der massiven Präsenz der Medien selbst ein Gewaltfaktor, der – wie sich auch beim WWG offenbarte – sowohl zur Stabilisierung und Legitimierung als auch zur Destruktion der politischen, wirtschaftlichen und kulturellen Verhältnisse beitragen kann. Das ist eine Schlüsselposition.

Bleibt die Frage: Sind wir den Medien ausgeliefert? Können die Medienangebote eine bestimmte Art ihrer Rezeption erzwingen? Oder müssen wir sie „nur" eigenverantwortlich nutzen, um die Chance einer „an sich möglichen" Selbstbestimmung wahrnehmen zu können?

Wahrnehmung und Legitimierung von Gewalt

Gewalt ist, wie sich zeigt, nicht gleich Gewalt. Und: nicht jede Gewalt ist für jeden Gewalt. Legalistisch gesehen stellt eine Handlung, die in einer Gesellschaft als rechtmäßig gilt, keine Gewalttat dar, jedenfalls keine, die man anklagen könnte und die bestraft werden müßte. So betrachtet wäre der WWG womöglich als ein gewaltfreies Phänomen einzustufen, denn alle Beteiligten beriefen sich auf ihre staatsbürgerlichen Rechte und Pflichten: die

Verwaltungsbeamten auf die Pflicht, potentiellen Störern Schlafraum zu verweigern; die Gipfel-Gegner auf ihr Recht, friedlich zu demonstrieren und laut zu pfeifen; die Polizisten auf ihre Pflicht, bei Ordnungswidrigkeiten angemessen durchzugreifen. Die Industriestaatenpolitiker pochten auf die Wettbewerbsrechte in der freien Marktwirtschaft; die Medien – schließlich – auf ihre Pflicht zur Berichterstattung und die Pressefreiheit.

Es gibt offenbar immer eine Perspektive, in welcher – selbst wenn Blut und Schmerzen registriert werden – die Gewalt verschwindet. Und wenn somit Gewalt als eine Frage des Standorts, als ein Produkt des jeweils herangezogenen Wertmaßstabes erscheint, dann wird die Bewertungsperspektive, dann wird der Blickwinkel auf das Geschehen samt seiner Bedingungen zum zentralen Problem.

Stellen wir die oft behandelten Argumentationsroutinen der „Herrschenden" einmal zurück und fragen: Was denkt das „Volk"? Wie wurde in den weit über hundert Leserbriefen zum WWG, die die Münchner Lokalpresse veröffentlicht hat, Gewaltanwendung registriert, verurteilt oder gerechtfertigt?

Es liegt nahe, die Briefe – wie es ein Boulevardblatt explizit getan hat – unter der Pro- und Contra-Perspektive zu ordnen: ob man für oder gegen die Demonstranten ist, für oder gegen den Polizeieinsatz plädiert, und ob man mit jener Bewertung des bayerischen Ministerpräsidenten, daß es in Bayern üblich sei, „etwas härter zuzulangen", übereinstimmt oder nicht. Doch ein so schlichtes Pro-Contra-Raster greift zu kurz.

Wahrgenommen wurden die WWG-Ereignisse – ganz gleich von welchem Standpunkt – meist in Form von Feindbildern, die nur aktiviert zu werden brauchten. Kurz und knapp hieß es etwa: „Für mich sind 70 % der Demonstranten Randalierer und Raufbolde." Historische Vergleiche ergänzten: Das habe man „noch gut aus den letzten Tagen des SED-Regimes in Erinnerung" oder „die widerlichen Prügelszenen der Polizei erinnern an vergangene ‚braune Zeiten'".

Beim Argumentieren – statt nur strikt zu behaupten – führte eine kühne Antizipation der Möglichkeiten, unabhängig von der Argumentationsrichtung, zum exzessiven Gebrauch des Konjunktivs: „Wie hätte man erst geschrien, wäre tatsächlich Ernsthaftes passiert." Neben blühender Fantasie, z.B. daß der sofortige Polizeieinsatz „höchstwahrscheinlich Tote" unter den Demonstranten verhindert habe, und verwegener Verharmlosung – „wenn Polizisten mal ein paar unschuldige Demonstranten erwischen", gäbe es gleich Geschrei – wurde gern die rhetorische Frage eingesetzt: „Wäre ein derartiges Kräfteaufgebot (...) auch gegen lautstark agierende Jubelgruppen und Beifallschreier eingeschritten?"

Bewertungsmaßstab für die WWG-Ereignisse bildeten in der Regel eine vielleicht kaum bewußte Ordnungsnorm und kritiklos akzeptierte Autorität: „Ich habe Angst vor Chaoten und bin für Ordnung". – „Kein Polizist prügelt grundlos.“ Solche Sätze zeigten eine latente Gewaltakzeptanz; in anderen Briefen lag sie ganz offen zutage: „Ich finde es richtig, daß Skinheads, Fußballrowdies und sonstigen Polittouristen hier in München im Falle eines Vorzeigens ihrer schlechten Kinderstube eines über die Mütze gezogen wird.“ Oder: „Die persönliche Sicherheit unserer Gäste“ hätte „einen höheren Stellenwert als das ‚Recht auf Geplärr und Geschrei‘“. Denn: „Wenn sich zwei Personen im Garten unterhalten wollen, und der Nachbar dreht seine Stereoanlage auf volle Lautstärke, so daß eine Unterhaltung selbst im Haus nicht mehr möglich ist, wird der Eigentümer doch die Polizei holen und den Nachbarn anzeigen.“

Daß Verletzungen der gesellschaftlichen Ordnung, seien sie noch so klein, sofort Gewaltgebrauch legitimieren, wurde auffallend häufig mit traditionellen Spruchweisheiten begründet wie „Wachsamkeit ist der Preis der Freiheit“, „Wehret den Anfängen“, „Wie man in den Wald hineinschreit, kommt es zurück.“ Dieser Rückgriff auf Überlieferung wurde durch die Berufung auf spezifische Stammesart ergänzt. Denn außer heftigem Widerspruch gab es durchaus auch dem Ministerpräsidenten zustimmende Leser mit der lakonischen Forderung: „Jeder, dem die bayerische Mentalität nicht liegt, kann gehen“ sowie die – ebenso konsequent erscheinende und doch nur ebenso bornierte – Folgerung eines Nicht-Bayern: „Spätestens jetzt weiß ich, daß ich von Herkunft und Erziehung her protestantisch-preußisch bin.“

Es scheint paradox: Gewalt, die ein Individuum unzweifelhaft physisch oder psychisch spürt, kann durch gesellschaftlich akzeptierte Rechtfertigungsformeln anderen Menschen als harmlos dargestellt werden; oder die Tatsache, daß Gewalt ausgeübt wurde, dringt aufgrund subtil eingesetzter Rechtfertigungsstrategien nicht einmal bis ins Bewußtsein der Allgemeinheit vor.

Insgesamt scheint die Meinung des Volkes so vielfältig wie das Leben. Doch ist nicht zu übersehen, daß sich in allen Köpfen Sprachfloskeln und Bilder finden, die öffentlich vorgeprägt sind und durch das sich wandelnde Meinungsklima beeinflußbar bleiben. Wir müssen erkennen, daß die Argumentationsmuster, ob für oder gegen den Einsatz von Gewalt, sich formal oft ununterscheidbar ähneln. Sie wirken wie Kippfiguren. Kann es verwundern, daß diese Spiegelbildlichkeit der populären Pro-contra-Urteile derjenigen der politischen Sprachrhetorik entspricht?

Gewalt unter Menschen ist nicht einfach ein Naturphänomen; Gewalt ist kulturell determiniert, und zwar sowohl in Bezug auf ihre Ausdrucksformen, als auch hinsichtlich der Einschätzung, was als Gewalt zu gelten hat. Überall dort, wo rasch reduziert, schlagend vereinfacht, grob zugeordnet wird, sind Triebkräfte wirksam, die in Gewalt münden können. Dabei sind die Grundmotive oft sehr verständlich: Viele sehnen sich in einer hochkomplexen Welt nach klaren Konturen, die Orientierungshilfen versprechen und damit mehr Lebenssicherheit. Vielleicht ist gerade diese heute oft als eine Sucht erscheinende Suche nach Sicherheit das Hauptproblem. Sie folgt so immens

Abb. 36: Anzeige der Bürgervereinigung „David gegen Goliath" (Ausschnitt), Juli 1992

übersteigerten Zielen, daß für Einfühlung und Mitleid keine Zeit, für Fantasie und Visionen keine Kraft und für den Wunschtraum nach globaler Gerechtigkeit kein Platz mehr bleibt. Wir mauern uns alltäglich fester in eine durch kleinlichste Rechte gesicherte Normenburg ein, welche – ob nun im Einzelfall Strafen angedroht werden oder nicht – am Ende immer die Lebenskraft mindert und die Lebensfreude verdirbt.

Was blieb vom WWG? Statt Ergebnisse, so scheint es, nur Klagen. Der Ministerpräsident gab – klagte einer – „die bayerische Bevölkerung (...) der Lächerlichkeit preis"; ein anderer: „Diese Bilder gingen um die Welt, und der Deutsche muß es sich wieder gefallen lassen, der ‚häßliche Deutsche' zu sein." Letztlich geht es – beklagte ein dritter hinwiederum solche Meinungen – „nur um die Aufrechterhaltung unserer Feindbilder und das weinerliche nachträgliche Wundenlecken". Kaum sei einmal engagierter Protest gegen Gewalt mit weltweiter Perspektive artikuliert worden, da begänne sich nach dessen gewaltsamem Ende – konstatierte derselbe Leser – gleich wieder jene

Mentalität durchzusetzen, „in der man nicht über den eigenen Kesselrand hinauszuschauen braucht".

Gewiß: Wer – vom „einfachen Mann" bis zum höchsten Repräsentanten – ist ohne Schuld in unserer gewaltbereiten Gesellschaft? Jeder trägt Mitverantwortung und muß bei sich selbst beginnen, über Feindbilder nachzudenken und Handlungsweisen gegebenenfalls zu korrigieren. Kulturwissenschaftler haben speziell die kulturellen Determinanten des Gewaltgebrauchs ins Bewußtsein zu heben und darüber hinaus als Staatsbürger mitzuhelfen, daß die Gegenkräfte des Gewaltpotentials – „Solidarität, Völkerverständigung, Liebe, Toleranz und Lebensfreude", wie eine Bürgervereinigung per Zeitungsanzeige zum WWG-Gipfel formulierte (Abb. 36) – zu allseits gelebten und akzeptierten Tugenden werden. Doch Selbstkritik hin und gute Vorsätze her – es darf auch das Gefühl für Gewichtungen und die Frage nach der Relevanz nicht verloren gehen; denn es gibt nicht einfach „Gewalt", sondern größere und kleinere Gewalt und damit Hinweise für Prioritäten, wo Handeln gefordert ist.

Der Weltwirtschaftsgipfel 1992 – ein Zeitungsleser kommentierte lapidar: „Es ist alles wie im Märchen: Für die G 7 ‚Tischlein, deck dich'; für die dritte Welt ‚Esel, streck dich' und für die bösen Demonstranten ‚Knüppel aus dem Sack!'"

Die Natur als Mythos

Natur wird heute häufiger beschworen als je zuvor. „Natur“ bedeutet für die moderne Nahrungsmittelindustrie, für die Körperpflege oder im Tourismus ein wirkungsvolles Orientierungs- und Identifikationsmittel, sie markiert eine prägende Leitidee in Politik und Medien. „Natürlichkeit“ ist eines der herrschenden Werte unserer Zeit: wir wollen naturnah wohnen, uns in Naturstoffe kleiden, ein natürliches Leben führen, erwarten freilich, daß die naturbelassene Natur uns nicht mit Krankheitsbakterien oder Erdbeben plagt. Doch mit versalzenen Böden, vergifteten Meeren und gentechnischen Experimenten hat der Mensch selbst Probleme geschaffen, die seine Existenz bedrohen. Natur, so formulierte der Präsident der Max-Planck-Gesellschaft, der Biologe Hubert Markl, „wird zur Kulturaufgabe, oder sie wird nicht mehr sein“.

Natur als kulturelles Phänomen

Eine empirische Kulturwissenschaft, die von den konkreten Erfahrungen des Alltagslebens ausgeht, zielt nicht auf die Erkenntnis von Naturgesetzen. Sie fragt vielmehr nach der kulturellen Begründung von Naturkonzepten, versteht also Natur als kulturelles Phänomen und analysiert die Dialektik von Natur und Kultur. Es gilt, die Kulturbedingungen aufzeigen, die hinter dem scheinbar Natürlichen liegen, aber auch, die Natur sichtbar zu machen, auf deren Grund sich Kultur entfaltet. Die Menschen schaffen, wie zahlreiche Mikroanalysen erweisen, ihre Naturbilder gemäß ihrem jeweiligen sozialen Umfeld, leiten daraus ihre normativen Verhaltensstandards ab und verleihen so – nicht zuletzt mittels ihrer Konsumgewohnheiten – dem Naturgegebenen Sinn.

Was „Natur“ ist, wird gesellschaftlich definiert und in immer wieder anderer Form den verschiedenen Zeiten und Sozialschichten entsprechend konstruiert. Volkskunde schreibt nicht zuerst großlinige Ideengeschichte, sondern betrachtet das konkrete Naturverständnis im Lebensalltag der „gewöhnlichen Leute“. Das ist allerdings nicht immer explizit und auf den ersten Blick zu erkennen. Sie geht aus von dem, was die breite Bevölkerung unter Natur versteht und beschreibt deren Umgang mit den natürlichen Gegebenheiten in Gegenwart und Vergangenheit.

Das Verhältnis von Mensch und Natur ist höchst kompliziert. Was wir heute als natürlich empfinden, stellt sich als Ergebnis eines diffizilen bürgerlichen Idealisierungsprozesses im 19. Jahrhundert dar. Dabei ist ein vielschichtiger, widersprüchlicher Naturbegriff entstanden, der sich etwa in der Tierliebe, die nicht allen Geschöpfen in gleicher Weise gilt, oder dem sich wandelnden Verhältnis zur drohenden oder einladenden Bergwelt äußert. Es geht um domestizierte oder musealisierte Natur; ferner um Landschaftskonstrukte und die „Konstruktion" des menschlichen Körpers aufgrund zeitbedingter Selbstwahrnehmung; nicht zuletzt auch um vielfältige Aspekte der „Natur aus zweiter Hand", z.B. künstliche Zeitordnung oder virtuelles Leben, oder auch um sogenannte „natürliche" Geburt.

Wie ist all dieses zu bewerten? Der menschliche Umgang mit Natur beschränkt sich nicht auf die Ausbeutung der Ressourcen, sondern gestaltet Natur auch als Kompensationsraum übersteigerter Rationalität; schafft eine Wunschnatur, die Sehnsüchte befriedigen und Zuflucht bieten kann. Die volkskundliche Analyse gilt alltäglichen Kulturprozessen mit weitreichenden Konsequenzen: Wo, wie und warum verwandeln wir Natur in Kultur (Moorkultivierung) und wann wird umgekehrt Kultur zu Natur (Müllverbrennung)? Für wen inszenieren wir Natur (in Museen, Zoologischen Gärten und Naturparks)? Und wie verändern sich dann die Menschen selbst, bewußt oder unbewußt, unter dem Einfluß ihrer selbstentworfenen Naturbilder?

Natur – wie weit scheint sie nur, wie weit ist sie tatsächlich eine Schöpfung des Menschen, für die er – schon aus Selbsterhaltungsgründen – Verantwortung trägt? Liegt es in der Natur der Sache, daß solche Natur schließlich – wie allenthalben zu erkennen – zum Mythos wird, nicht nur zum Handlungsfeld mythischer Gestalten? Eine „Natur", die aus Laboratorien oder neureligiösen Kultszenarien erwächst; die, mit „Pionierbaumarten" vorrückend, alte Industriereviere zurückerobert und zugleich neuen Wirtschaftsinteressen dienstbar wird. Der Sehnsucht nach Natur korrespondiert die Angst vor der Natur (auch vor der des eigenen Körpers). Kann hier Kulturwissenschaft vermittelnde Einsichten befördern? Kann sie Maßstäbe zurechtrücken oder wenigstens sichtbar machen?

Nagymaros bezeichnet eine urwüchsige Donaulandschaft in Ungarn. Ein Aquarell des Münchner Malers und Karikaturisten Horst Haitzinger (Abb. 37), das diese Landschaft in verfremdeter Form darstellt, zeigt die Reaktion des Künstlers auf eine politische Nachricht vom Mai 1989: die ungarische Regierung verzichtet auf den Weiterbau des im dortigen Naturschutzgebiet geplanten Kraftwerks. Das technische Großprojekt war durch den Protest der Bevölkerung, wenn man so will, ins Wasser gefallen. Hatte also die Naturliebe dort über die Energiewirtschaft gesiegt? Haitzingers Bild wirkt kaum triumphierend, eher wie eine latente Drohung. Als genüge ein Augenschlag, um knorrige Bäume wieder in Schaufelbagger und einen Storch in einen Kran zurück zu verwandeln. Kann eigentlich das einmal Gedachte wieder völlig aus der Welt verschwinden? Oder bleiben die menschlichen Zivilisationsvorstellungen als ein inhärentes Abbild der Natur für immer an diese gebunden? Liegt Haitzingers spiegelbildliche Verkoppelung von Natur und Kultur in der Natur der Sache oder ist sie eine Ausgeburt der Fantasie – vielleicht ein Mythos? Sie bildet, so scheint es, zumindest eine bedenkenswerte Metapher.

In Ungarn und überall auf der Welt ist und bleibt die Natur in ihrer mehr oder weniger ursprünglichen Form heute gefährdet. Überall suchen die Menschen ihre Überlebenschancen im technischen Fortschritt, d.h. in immer neuen kulturellen Umformungsprozessen. Wir brauchen Energie, und das verlangt Staudämme, Sägewerke, Chemiefabriken oder Braunkohletagebau. Solche industriellen Aktivitäten verwandeln riesige Naturflächen, schaffen künstlich erneuerte Landschaften und führen immer wieder zu einem hartnäckigen gesellschaftlichen Streit über Gewinne und Verluste in unserer Lebenswelt. Jedenfalls: der Umgang mit der Natur ist uns zum Problem geworden. Die Auseinandersetzung darüber, was naturgemäß ist, also im Hinblick auf das Regelwerk der Natur verantwortbar scheint, und was nicht, wird zum Gradmesser für die Hitze in den Gesellschaftskonflikten unserer Zeit. Die Natur selbst scheint inzwischen mehr und mehr zu verschwinden. Und die Spannweite der Empfindungen darüber reicht von selbstbewußtem Stolz der Innovatoren und Fortschrittspropheten über Gleichmut und schlechtes Gewissen der „Normalbürger" bis hin zu bodenloser Angst junger Mütter und Väter um das eigene Leben und die Zukunft der Kinder. Wie läßt sich diese Verwirrung der Gefühle im Schatten physischer und psychischer Staumauern auflösen oder doch erträglich gestalten? In einer verwissenschaftlichten Welt ist die Wissenschaft gefragt.

Noch einmal: Mit welchem Recht dürfen *Kultur*wissenschaftler Natur zum Thema machen? Ist das nicht ein Gegenstand, der ganz in die Kompetenz der Naturforscher fällt? Die Antwort darauf ist schlicht und einfach: Wir können, ja wir müssen Natur *auch* als Kultur verstehen. Natur ist in wesentlichen Aspekten ein kulturwissenschaftlicher Gegenstand. Die Handhabung von Naturdingen, die Ideen und Gedankenbilder über Natur und die Bewertungen dessen, was als natürlich gilt, sind kulturelle Phänomene. Schärfer gesagt: überhaupt alles, was als Natur vorgestellt oder bezeichnet wird, ist Kultur; denn es ist unsere menschliche – im Traditionsprozeß variabel vermittelte – Wahrnehmungslenkung, die ausnahmslos jeden Gegenstand prägt. Noch schärfer gesagt: eine eigenständige Natur jenseits des menschlichen Bewußtseins gibt es gar nicht. Das ist zugegebenermaßen bestreitbar und provoziert die Frage: ist denn Natur nur ein Mythos?

Was Natur ist und bedeutet, zeigt sich darin, wie wir über Natur reden. Auch ohne systematischen Erkenntnisanspruch verständigen wir uns dauernd über Natur. Wir vertrauen im alltäglichen Denken und Handeln in einem kaum beschreibbaren Ausmaß auf eben diese Natur, auch wenn oft genug das Selbstverständliche in einer Serie von Naturkatastrophen zu Schanden wird oder in einem Meer künstlich geschaffener Natursurrogate zu versinken droht. Ganz zweifellos ist Natur im öffentlichen Diskurs heute präsent wie nie zuvor, sie ist ein zentrales, häufig auch polemisch aufgeladenes Thema ersten Ranges.

Die Frage, der wir nachgehen wollen, lautet: ob und inwiefern unser Umgang mit Natur mythische Dimensionen besitzt, wie wir das – gegebenenfalls – einzuschätzen hätten und inwieweit gerade dieser Aspekt für die Volkskunde als Kulturwissenschaft, einschließlich ihrer praktischen Wirksamkeit, von Bedeutung sein könnte.

Konflikte: Was bedeutet uns die Natur?

Die Welt, in der wir leben, ist von Bildern umstellt und durchwoben, in denen wir auch Naturerscheinungen in ihren unterschiedlichen Ausprägungen in der Regel zweidimensional wahrnehmen. Urwalddokumentationen im Fernsehen, Bierwerbung an der Litfaßsäule, Landschaftsbilder auf Briefmarken vermitteln deutlich erkennbare Natur-Botschaften: erhaltet die Vielfalt in der Natur; genießt alles, was natürlich ist; seid stolz auf eine naturschöne Heimat! Demgegenüber wurde 1983 in München in einer mit scharfen Kontrasten arbeitenden Fotoausstellung über deutsche Landschaften und Gärten ebenso klar konstatiert: Grün kaputt. Schon die Bildfolge des Katalogumschlags (Abb. 38) demonstriert exemplarisch, wie erst ein großer Baum verschwindet, dann die restlichen Bäume und Sträucher folgen und schließlich nur eine kahle Fläche übrig bleibt. Noch nie habe – so wird im Katalog begründet – eine Generation „soviel Natur bereinigt, begradigt, planiert, drainiert und zugeschüttet. Und versiegelt und verbaut mit Asphalt und Beton." Wobei nicht die Veränderung an sich deprimiere, sondern „der Abstieg ins Grelle und Banale. Der Verlust an Gestalt. An Geschmack und Qualität." Diesem bissigen Appell an ästhetische Sensibilität und Wertbewußtsein ließ der Ausstellungsmacher, die Gesellschaft für ökologische Forschung in München, sieben Jahre später ein Projekt folgen, das die ästhetische Frage zum existentiellen Problem zugespitzt hat.

1990 ging es um „Sein oder Nichtsein". Anschaulich wurde dargelegt, daß der industrielle Eingriff in die Natur zu dramatischen Transformationen führt. Nicht einzelne Bäume nur sind betroffen, ein ganzer Wald muß fallen, um dem gigantischen Aufmarsch der Strommasten Platz zu bieten. Mit Verve wird dieser „Feldzug gegen die Natur" beklagt, der von langer Hand planvoll vorbereitet scheint, um kurzfristigem Profit nationaler und internationaler Konzerne zu dienen. Die harsche Zivilisationskritik mündete damals in der

Abb. 37: Horst Haitzinger: Nagymaros, Mai 1989

Abb. 38:
Buchumschlag, München 1983

moralischen Schlußfolgerung: „Wir müssen uns ändern, wenn das Leben auf diesem Planeten weitergehen soll."

Doch abermals gut sieben Jahre später wirkt das Ausstellungsteam gelassener und der Zorn gedämpft. „Schöne neue Alpen" heißt das neueste Fotoprojekt von 1998 – eine Ortsbesichtigung, die auf den ersten Blick hoffnungsfroher stimmt. Auf dem oberen Katalogumschlagfoto liegt die Großstadt München unter Nebel oder Smog verborgen und gibt den Blick frei auf die klaren Konturen der Bergwelt am Horizont. Aus der Gegenperspektive im Foto darunter tritt die Verklärung der Alpen noch eindrucksvoller hervor, und in der Ferne darf auch München leuchten. Ist das ein Hinweis auf Versöhnung von Natur und Kultur? Ist das Realität, Vision oder uneinlösbarer Traum? Die jüngste Ausstellung, nach eigenem Bekunden der Autoren eine „Gratwanderung zwischen Alpenmythos und Alpenwirklichkeit", berichtet vom Widerstand gegen die Zerstörung der Alpen und präsentiert neue Konzepte und Modelle für die Gestaltung der Zukunft.

So könnte man im Rückblick auf die drei Projekte zu dem Schluß kommen, daß sie die Fieberkurve des ökologischen Protests durch anderthalb Jahrzehnte nachzeichnen, eine Fieberkurve, die um 1990 ihren Höhepunkt erreicht hatte und die 1998 zur Ruhe gekommen ist. Die Indizien für einen Wandel im gesellschaftlichen Umgang mit der Natur lassen sich gewiß nicht verkennen. Aber man darf in der veränderten Einstellung auch den ironischen (oder sarkastischen) Unterton nicht überhören: „Schöne neue Alpen" – das erinnert und gemahnt an Aldous Huxleys „Schöne neue Welt", jenen utopischen Roman von 1932, der vor naivem Fortschrittsglauben und dem manipulativen Mißbrauch der Naturwissenschaften warnt; in dessen Zukunftsgesellschaft es keine Selbstbestimmung, Kreativität und Liebe gibt. Insgesamt verweisen die vorgeführten Bildgeschichten auf ein nuancenreiches, wandelbares Naturverständnis in jüngerer Zeit.

Unser Verhältnis zur Natur ist überdies ambivalent. „Schließlich wollen wir doch alle schnell und bequem in die schöne Natur kommen!" – so schallt uns die Rechtfertigung der Straßenbauer entgegen (Abb. 39), die mit ihrer Asphaltschlange Wiesen, Tümpel und Kleingetier niederwalzen, um die Sehnsucht der Stadtbewohner und Autobesitzer nach hautnahem Naturerlebnis zu befriedigen. Das Dilemma liegt im Sachverhalt selbst. Wer die Natur nutzen will, muß sie bis zu einem gewissen Grade zerstören, das gilt besonders für die Massenansprüche einer Massengesellschaft. Aber der Zwiespalt liegt tiefer. Der widersprüchliche Umgang mit Natur ist vielschichtig in den gesellschaftlichen Bedingungen verankert.

Es ist ja keineswegs so, daß heute alle sozialen Klassen die Natur in gleicher Weise nutzen könnten. Da sei das Kapital davor! Auf der anderen Seite aber, wenn es um den Schaden geht, wenn die Schuldigen für die Überstrapazierung der Naturgrundlagen zur Wiedergutmachung gesucht werden, dann sollen *alle* ihre Opfer bringen. Da dient eine Karikatur (Abb. 40), die diesen Zusammenhang aufspießt – indem sie das lachhafte Mißverhältnis der Umweltverschmutzung durch die Großindustrie einerseits und die kleinen Privathaushalte andererseits hervorhebt –, als ein Ventil, das die absurden Zustände unserem Gelächter ausliefert. Das Verhältnis von Natur und Kultur gerinnt hier zur gesellschaftlichen Groteske. Vielleicht könnte man hinsichtlich der propagierten Gleichheit aller Menschen in der Verantwortung vor der Natur mit Roland Barthes von einem Alltagsmythos sprechen; die Gleichheit der Menschen erscheint quasi „natürlich" gegeben, aber realiter handelt es sich, wie der Karikaturist demonstriert, um eine „falsche Augenscheinlichkeit", um eine gesellschaftspolitische Farce.

Abb. 39: Horst Haitzinger, April 1988

Abb. 40: [Umweltminister] Töpfers Offensive. – Pepsch Gottscheber, Mai 1989

Ein dritter Aspekt (neben dem sachbezogenen und dem sozialen), der das ambivalente Verhalten gegenüber der Natur beleuchtet, soll von den problematischen gesellschaftlichen Zusammenhängen keinesfalls ablenken. Er verweist aber auf den letztlich wohl entscheidenden Angelpunkt, durch den die menschliche Existenz als Natur-Kultur-Doppelwesen ihre Maßstäbe gewinnt, nämlich das Individualbewußtsein der Menschen. Auch dieses betrachtet die Natur mit gemischten Gefühlen: die Natur erfreut *und* ängstigt. Die große Liebe zur Natur kann, zumal wenn sie von Sammelleidenschaft (bezüglich aufgespießter Schmetterlinge) oder Konsumwünschen (nach Tigerfellen und Kroko-Handtaschen) beflügelt wird, eine tödliche sein (Abb. 41).

Doch in einem noch viel existentielleren Sinne ist das Verhältnis zwischen Natur und Kultur für den Menschen eine Frage von Leben und Tod: wir bedürfen nämlich in unserem irdischen Dasein einer gesunden Naturausstattung ebenso wie der geistigen und materiellen Kulturüberlieferung. Die Grenzübergänge vom natürlichen zum kultürlichen Zustand und wieder zurück bei der Geburt und beim Sterben sind besonders aufschlußreich. Nicht ohne Grund besitzen gerade diese Lebensstadien allegorisches Potential (wir sprechen von „Mutter Natur“ und „Gevatter Tod“) und sind von Mythen umwoben.

Abb. 41: Horst Haitzinger, Juni 1985

In vielen Facetten ihrer Konkretisierung wird Natur als ein existentielles Problem der Menschen erfahren. Die folgenden Überlegungen sollen sich aber nur auf den Umgang der Menschen mit Manifestationen der *äußeren* Natur – nicht mit ihrem eigenen Körper, so wichtig das Thema auch ist – beschränken. Das jeweilige Naturverständnis – ein Amalgam aus Traditionen, gefiltert durch persönliche Erfahrung – hat sich im Laufe der Menschheitsgeschichte und auch im Lebenslauf der einzelnen Menschen immer wieder verändert. Grob gesprochen könnte man die vor-neuzeitliche Auffassung dahingehend kennzeichnen, daß die *Natur* den Menschen beherrschte und sein Leben bedingte, d.h. die Natur war ihm sowohl Lebensspender als auch Lebensbedrohung, vor der er sich schützen mußte. Die beginnende Neuzeit gebar dann die Antithese, daß der *Mensch* die Natur prinzipiell beherrschen kann: sie werde ihm in immer gewaltiger ausgenutztem Maße Aneignungsobjekt und Ressource. Im je speziellen Kontext ergibt sich die Bedeutung des Naturbegriffs aus der seines jeweiligen Gegensatzes; das kann die Konvention als menschliche Übereinkunft (gegenüber dem Naturgegebenen) sein, ferner das Abgeleitete (gegenüber dem Natürlich-Ursprünglichen) oder die Kunst und das Künstliche (gegenüber dem Organisch-Gewachsenen). Als ein spezieller Gegenpol der Natur entwickelte sich in der Zeit der Romantik zunehmend die Technik. Doch wie kompliziert die Lage ist, sieht man daran, daß im 19. Jahrhundert durchaus nicht alle Techniker die damals weithin übliche Frontstellung der Naturwissenschaftler gegen die romantische Naturphilosophie eingenommen haben, so daß etwa im Titelbild des zweiten Bandes des „Neuen Buchs der Erfindungen“ von 1872 eine harmonische Natur- und Technikallegorie – die Natur als Mutter der Technik – dargestellt wird.

Andererseits war zur gleichen Zeit statt des Bildes von der Eintracht auch eine antagonistische Vorstellung verbreitet: daß die Natur sogar als schwächerer Partner vor der technischen Entwicklung und Okkupation zu schützen sei – Nationalparks wurden begründet (als erster 1872 der Yellowstone Nationalpark in den USA) –, sowie die Vorstellung von der Rache der Natur für das, was der Mensch ihr mit seinen Werkzeugen antut. Auf einer Zeichnung in den Fliegenden Blättern 1852 zersägt der Baum seinen menschlichen Widersacher; in Theodor Fontanes Ballade von der Brücke am Tay (1880) bringt der dämonische Hexensturm ein technisches Wunderwerk zum Einsturz. Doch es kommt immer auf den Einzelfall an, ob die Natur im Zweikampf mit den menschlichen Kulturerzeugnissen siegt oder von diesen bezwungen wird.

Im Falle des touristischen „Geheimtips“ (so heißt eines der fantasiebeflügelnden Blätter Haitzingers: Abb. 42) – einer üppigen Urlaubsinsel – offenbart sich hinsichtlich des Verhältnisses von Natur und Kultur ein neues Vorstellungsmuster des 20. Jahrhunderts: die Vernetzung der Lebensräume. Im ökologischen Verständnis zeigen sich Naturwelt und menschliche

Abb. 42: Horst Haitzinger: Der Geheimtip, August 1987

Zivilisation aufs engste miteinander verkettet. Die Flut der Verkehrsmittel, die den Urlauber in die Einsamkeit transportiert, schwemmt zugleich dessen Traum von der Natur in einer riesigen Woge hinweg.

Soviel nur kurz als ideengeschichtliche Marginalien zum Wandel des Naturverständnisses im 19. und 20. Jahrhundert. Dem sei noch eine alltagsgeschichtliche Bemerkung aus volkskundlicher Sicht hinzugefügt.

Volkskunde favorisiert die Mikroanalyse und geht von der konkreten Alltagswelt der breiten Bevölkerungsschichten aus, wo aber das Naturverständnis insgesamt nur relativ selten explizit faßbar wird. In jener bereits erwähnten umfänglichen Monographie über das ungarische Dorf Átány, z.B., taucht der Begriff „Natur“ nicht auf; nur bestimmte Pflanzen, Tiere, der Boden, das Schicksal etc. werden genannt. Auf einer Tiroler Votivtafel von etwa 1830 ist ein gewaltig zuckender Blitzschlag bei Vermessungsarbeiten auf einem Berggipfel dargestellt. Das Naturereignis wird hier in die christliche Weltordnung des Votanten integriert, der sich fromm an ein marianisches Gnadenbild wendet.

Etwa zur gleichen Zeit, als dieses Votivbild gemalt und dediziert wurde, begannen Volkskundler die Sagenüberlieferung der ländlichen Bevölkerung zu sammeln und als Reste mythologischer Überlieferungen zu deuten. In den Sagen habe – so meinte man – die gestaltende Einbildungskraft des Volkes „das Naturwahre zu leiblich wirksamen Gottheiten umgebildet.“ In Blitz und Donner vergegenwärtige sich für Bauern, Jäger und Fischer das Handeln germanischer Götter, aus Zwielicht und Nebelschwaden träten ihnen dämonische Gestalten entgegen. Ihr Bewußtsein sei durch eine naturmythologische Vorstellungswelt geprägt.

Das erkenntnistheoretische Problem von „Fund und Erfindung“ der Gelehrten, von Ursprung und Rücklauf im Volksleben, muß hier außer Betracht bleiben. Daß im 19. Jahrhundert aber da und dort naturmagische und mythische Vorstellungen wirksam waren, läßt sich kaum bestreiten, und daß sich andererseits auch ein vom romantischen Naturgefühl angeregtes, idealisiertes und gleichwohl in sich höchst widersprüchliches Naturverständnis des Bürgertums herausbildete, ist durch volkskundliche Analysen plastisch herausgearbeitet worden. Jedenfalls kann man gewiß nicht von einem *einheitlichen* Naturbewußtsein in den traditionalen Welten, von einem klar bestimmbaren traditionalen Naturverständnis, sprechen. Jede vertiefte Forschung wird neue Differenzierungen und „feine Unterschiede“ erkennen. Das heißt freilich nicht, daß Kulturwissenschaft sich nicht auch hier um Generalisierungen, um Gewichtungen und Orientierungslinien kümmern müßte, im Gegenteil: die Reduktion von Komplexität wird in einer von Experten beherrschten Welt immer wichtiger, aber sie muß auch zielgenauer werden. Was das konkret bedeutet, ist gleich noch zu präzisieren.

Instrumentalisierungen: Wie behandeln wir die Natur?

Wir wollen uns zunächst in der Gegenwart umsehen und einige Beobachtungen, die auf Aspekte des modernen Umweltbewußtseins verweisen, notieren. Daß der tropische Regenwald von einer Allianz der Großkonzerne durch den Fleischwolf gedreht wird, um ihn zu Geld zu „veredeln", mag als plakatives Bild für die schamlose Ausbeutung der natürlichen Ressourcen genügen. Damit ist gewiß ein Grundton der Industriegesellschaft des 19. und 20. Jahrhunderts getroffen. Aber die Natur wird auch noch auf andere Weisen instrumentalisiert, manchmal verborgener und oft subtiler, aber auch aufdringlich und hemmungslos.

Die Konsumindustrie bietet in dieser Hinsicht unerschöpfliche Beispiele. In allen Branchen wird Natur zum Vorbild stilisiert; in der Werbung ist Natürlichkeit – beim Wohnen und Kleiden, für Ernährung und Kosmetik – zu einem hohen Wert erkoren und so den Geschäftsinteressen nutzbar gemacht worden. Hier werden die unterschiedlichsten Einstellungen und Assoziationen aktiviert, insbesondere auch ästhetisch-luxuriöse: so wenn z.B. ein Bier als *Perle* der Natur gepriesen wird – was ja allenfalls beim Quellwasser noch einen gewissen Sinn ergäbe.

Um Sinnzusammenhänge geht es freilich nicht. Das Spiel mit Worten ist längst zu einem Spiel mit freiesten Assoziationen und Emotionen geworden, welche in der modischen Oberflächenbuntheit unseres Alltags jeweils gerade Konjunktur besitzen. Eine Alltagswissenschaft wie die Volkskunde sollte es zwar durchaus registrieren, wenn ein Werbeplakat der Münchner Stadtwerke 1999 „Das kultigste Wasser für die schönste Stadt" verspricht, also das Trinkwasser einer Großstadt – sogar im Superlativ – mit einer sakralen Aura versehen wird, aber es wäre fatal, wollten wir dieses Symptom nun unsererseits überstrapazieren und etwa als Ausdruck religiöser Bedürfnisse in der Gesellschaft werten und bis in die feinsten Verästelungen der Ideengenese zurückverfolgen. Wir müssen vielmehr grundsätzlich fragen, was in einer Welt, in der Informationen für jedermann und für jeden Zweck beliebig verfügbar sind, in der Bilder, Ideen und Deutungsmuster ganz nach Belieben ernsthaft, ironisch oder nur eines witzigen Effektes wegen verwendet werden – was in einer solchen Welt eine wissenschaftliche Analyse, die nach Kausalzusammenhängen sucht, noch zu leisten vermag. Kann es überhaupt dauerhaftes systematisches Wissen über den Alltag einer Informationsgesellschaft geben?

Neben der Verwendung der Natur als Mittel zur Optimierung ökonomischen Erfolgs ist in jüngster Zeit häufiger die sanfte Spielart eines partnerschaftlichen Umgangs getreten. Man kann das an der Internationalen Bauausstellung Emscherpark (1989-99) im Herzen des Ruhrgebiets veranschaulichen. Hier wurden zehn Jahre lang die Möglichkeiten zur Kultivierung und Renaturierung einer geschundenen Landschaft erkundet und

Visionen für das Zusammenspiel von Natur und Kultur in der Industrie-Folgelandschaft entworfen. Nachdem die Kohle- und Stahlindustrie zu einer brutalen Landschaftsumformung geführt hatte, sie selbst aber dort keine Zukunft mehr hat, wird nun ein angemessenes Verhältnis von Natur und Kultur in der alltäglichen Lebenswelt dieser Region angestrebt. Die Lösungsangebote der Landschaftsplaner zielen auf eine differenzierte Parkgestaltung, ein Geflecht von z.B. Erholungs-, Gewerbe-, Dienstleistungs- und Wissenschaftsparks. Die Tourismusmanager konzipierten eine über 200 km lange Reiseroute, die unter dem Doppelaspekt „Industriekultur – Industrienatur" für eine neue Ferienlandschaft wirbt. „Industriekultur" meint nicht etwa überflüssig gewordene und nun musealisierte Fabriken oder Bergarbeitersiedlungen, sondern für Kunstausstellungen umgenutzte Hochöfen, Fördertürme und Gasometer. Und die paradoxe Wortbildung „Industrienatur"?

„Industrienatur" meint jene spezielle „Natur", die sich auf ehemaligen, dem Verfall preisgegebenen Industrieflächen von selbst ansiedelt und unbeeinflußt entwickelt. „Industrienatur" meint jene Pflanzen- und Tierwelt, die – wie man zu sagen pflegt – die aufgelassenen Zechen „zurückerobert", eine Natur, die die alten Industriestandorte „frißt". Dieses Bild der gefräßigen Natur mag an archaische Naturmythen erinnern. Doch die Projektmanager haben der Natur im Recyclingprozeß vielmehr eine Partnerrolle zugedacht. Andererseits klingt in ihrer Redeweise vom „kontrollierten Verfall", dem die Industriebetriebe ausgesetzt werden, der alte Fortschrittsoptimismus weiter, daß nämlich der Mensch natürliche Vorgänge selbst dort noch beherrschen kann, wo er die Natur scheinbar sich selbst überläßt.

Natur hat aber im öffentlichen Handlungsfeld noch eine weitere Rolle gewonnen bzw. zugewiesen erhalten. Die Landschaftsgestaltung der Abraumhalden und die Krönung dieser renaturierten Berge mit künstlerischen Landmarken – wie z.B. dem Tetraeder des Jürgen LIT Fischer auf einer Schlackenhalde bei Bottrop – zeigt die Menschen als „Verbesserer" ihrer naturgeprägten Lebenswelt. Solche Ästhetisierung künstlich-natürlicher Lebensräume wird manchmal als eine geistige Aneignung der Natur verstanden oder auch als ein Dialog mit der Natur gewertet. Sind aber Mensch und Natur hier tatsächlich gleichwertige Partner? Dürfen wir uns mit solchen Aktivitäten tatsächlich einer neu erworbenen, toleranteren Beziehung zur Natur schmeicheln? Oder gilt das nur, solange es auch mit ökonomischem Erfolg verbunden ist?

Eine letzte Facette, die die Instrumentalisierung der Natur durch den Menschen in jüngster Zeit beleuchten soll, führt uns zum Mount St. Helens im Nordwesten der USA. 1980 wurden diesem Vulkanberg, der über 100 Jahre „geschlafen" hatte, in einer gewaltigen Eruption 400 Höhenmeter weggesprengt. Die Auswirkungen der Katastrophe haben alle Erwartungen weit übertroffen. Auf einer Fläche von 230 Quadratmeilen war alles Leben erstorben. Nach Flammensturm, Lavafluß und Aschenregen sowie monatelangen Nachbeben sagten Geologen und Biologen voraus, daß es Generationen dauern müßte, um neues Leben hier wieder heimisch werden zu lassen. Und daß im übrigen ein Vulkanausbruch mit womöglich noch gravierenderen Folgen sich jederzeit wiederholen könne.

Wer sehr schnell und schon bald in vorher nie erreichter Quantität in die trostlose Ödnis zurückgekehrt ist, das waren Wissenschaftler, Straßenbauer und Touristen. Das durch die Naturkatastrophe zerstörte Gebiet wurde 1982 zum Nationalpark erklärt. Eine spektakuläre, 52 Meilen lange, völlig neue Autostraße wurde mit dreistelligem Millionenaufwand bis ins Herz der Zerstörungszone geführt und in regelmäßigen Abständen mit Parkplätzen und fünf imposanten Besucherzentren ausgestattet. In jedem von ihnen gibt es jeweils spezifische Ausstellungs-, Film- und Ranger-Führungsprogramme für täglich viele Tausende von Besuchern. Die Natur selbst in ihrer Macht und Majestät wird hier – in „Nature's Institut of Higher Learning" (wie der Gesamtkomplex benannt ist) – zum Lehrmeister erklärt. Angst und Schrecken des jüngsten Ausbruchs sind in allen nur denkbaren Formen dokumentiert, werden lebendig vermittelt und wissenschaftlich erläutert.

Eine der beeindruckendsten Erfahrungen für alle Besucher ist die Konfrontation mit der Ohnmacht des Menschen gegenüber der Naturgewalt, aber auch die Offenbarung der Ohnmacht naturwissenschaftlicher Prognosen. Jahrzehnte früher als gedacht haben sich schon nach wenigen Jahren Tiere, Bäume, Blumen wieder angesiedelt. Als eine der hervorgehobenen Aussagen in allen Exponaten und Schriften begegnet die Tatsache, wie wenig wir trotz aller Kenntnisse über die Vorgänge in der Natur wissen und wie zerbrechlich alles Menschenwerk gegenüber ihrer Gewalt erscheint. Natur wird ehrfurchtsvoll behandelt und erlebt. Im Krater wächst der Berg wieder, zwar zentimeterweise, aber unaufhaltsam. Es ist als ob ein geheimnisvolles Wesen vor Ungeduld vibrierend schliefe, und es ist die Faszination des Unvorstellbaren, welches unversehens doch erlebt werden könnte, was alle Besucher gefangen nimmt.

Die skizzenhafte Umschau zum menschlichen Verhalten gegenüber der Natur läßt insgesamt die These oder Hypothese zu, daß in die Wahrnehmung der Natur und in die Kommunikation über Naturereignisse im Alltag mythische Momente einfließen. Der Begriff des Mythos wird dabei sehr weit verstanden. Es geht um die narrative, bildlich-irrationale Überhöhung realer Vorgänge in eine religiöse oder quasi-religiöse Sphäre. Mythen gründen auf archetypischen Erfahrungen; sie erweitern den Horizont des flachen Gegenwartsverstandes. Fragen wir noch, ob Mythen an der *Verarbeitung* der Naturerfahrungen beteiligt sind.

Eine Zeitungskarikatur von Marie Marcks zeigt einen Lehrer mit seinen Schülern in einer abgeholzten Hügellandschaft vor dem Schild „Waldleerpfad" (Abb. 43). Das illustriert zunächst nicht mehr als einen Wortwitz. Die Frage des Lehrers allerdings: „Hier ist was falsch – wer merkt's?", scheint

Abb. 43: Marie Marcks, 1980er Jahre

die absurde Situation ein wenig zu transzendieren, ohne daß allerdings die mythenbildende Fantasie bereits spürbar aktiviert würde. Oder darf man als hintergründige Bildaussage vermuten, daß – zumal in Deutschland – mit dem Wald auch der Mythos verschwunden und nichts als ein Kalauer übriggeblieben ist? Wir müssen ohnehin darauf gefaßt sein, in unserem postmodernen Alltag statt traditionsbeladenen Götter- und Weltuntergangsgeschichten nur Pseudomythen zu begegnen, d.h. Mythen in der Form von Utopien oder Ideologien als gesellschaftspolitischen Manipulationsinstrumenten.

Eine gewisse mythische Dimension – sowohl in phänomenaler als auch in zeitlicher Hinsicht – läßt sich in einer pointierten Darstellung Haitzingers erblicken (Abb. 44). Sie skizziert den Evolutionsweg vom Fisch über die Echse und den Affen zum Menschen und zeigt über diesem einen bedrohlichen Todesgeist, der dem Homo sapiens aus der FCKW-Dose entfleucht ist. Die Endzeit-Mahnung der Nebelgestalt: „Ich würde mich auf den Rückweg machen, hast zehn Jahre Zeit!" erzeugt einen scharfen Kontrast zu den 350 Millionen Jahren festländischer Evolutionsgeschichte. Man kann in dieser Zeichnung auch eine karikierende Verbildlichung des modernen wissenschaftlichen Schöpfungsmythos erblicken.

Vor allem Weltuntergangsthemen – und diese sind seit je mit Mythen besetzt – erweisen sich im bildhaften Sprechen über Natur heute virulent. Die erläuternde Unterzeile eines Haitzinger-Cartoons (Abb. 45) – „Buttje, Buttje in der See, gib uns den Pißpott wieder zurück!" – macht den Bezug eindeutig.

Abb. 44: „Ich würde mich auf den Rückweg machen, hast zehn Jahre Zeit!“
– Horst Haitzinger, Juni 1989

Hier wird die Geschichte vom Fischer und seiner Frau (die unter den Märchen der Brüder Grimm zu finden, aber doch nicht eigentlich ein Märchen ist) umerzählt und umgedeutet. Hier beschwört der einsam gewordene Mensch die durch die menschliche Hybris zerstörte Natur (nämlich den vom Abwassergift zerfressenen Butt) eindringlich, einen über den Fernsehschirm als Idylle imaginierten Urzustand wieder herzustellen. Die Trostlosigkeit der Situation, in der wir uns befinden, ist unerbittlich, der Untergang unausweichlich, keine Hoffnung in Sicht. Ein winziger Hoffnungsschimmer liegt allerdings – freilich auch einzig und allein – im erinnerten Märchen-Mythen-Wissen der Bildbetrachter, daß nämlich die größenwahnsinnigen Antihelden der alten Erzählung, auf die hier angespielt wird, nicht ganz vernichtet wurden, sondern daß ihnen am Ende doch wenigstens der Pißpott geblieben war.

Ein aufmerksamer Umblick kann die Beispiele vermehren; zweifellos lassen sich auch im wissenschaftlich-technischen Zeitalter verschiedene Formen und Grade mythischen Erzählens über die Natur fassen. Was besagt das für die moderne Lebenswelt und über das Selbstverständnis der Menschen in der Gegenwart? Welche Rolle spielt dabei die Wissenschaft? Und was kann sie zum Verständnis beitragen?

Abb. 45: „Buttje, Buttje in der See, gib uns den Pißpott wieder zurück!"
– Horst Haitzinger, Januar 1982

Mythen: Wie können wir die Natur verstehen?

Weltentstehungsmythen, also Erzählungen vom Anfang der Welt, sind Trennungsmythen. Die Trennung ist eine Urerfahrung des Menschen, und das Faktum, daß sich sein reflektierendes Bewußtsein von der ihn umgebenden Natur (der er entstammt) geschieden hat, kann als eine notwendige Voraussetzung aller Wissenschaft gelten. Mit dem Sündenfall der Erkenntnis, der Vertreibung Adams und Evas aus dem Paradies, ging der Garten der Einheit verloren, und der Mythos, der durchaus als ein Naturmythos begriffen werden kann, erzählt, daß seither der Cherub mit dem Flammenschwert (eben dem trennenden Bewußtsein) vor dem Tor zum Garten Eden steht. Hier liegt der Antrieb für alles Forschen, ob künstlerischer oder wissenschaftlicher Art: aus den Splittern der paradiesischen Einheit wieder ein Ganzes, das Paradies, zu rekonstruieren. Nur sehen wir als Ergebnis dieser Rekonstruktion in der Wissenschaft immer neue Zersplitterung, eine – wie es Wolfgang Frühwald formuliert hat – „immer feinere Ausdifferenzierung von Wertsystemen, welche Einheit versprochen und Trennung geboren haben."

Die moderne Wissenschaft – das ist zuvorderst Natur-Wissenschaft. Sie hat die Entfremdung des Menschen von der Natur auf die Spitze getrieben. Zwei neuere amerikanische Veröffentlichungen konstatieren inzwischen das „Ende der Natur" und den „Tod der Natur", während andererseits z.B. 1997 ein Buch den „Abschied von der Natur" fordert, dessen Autor ganz bewußt die Natur vollständig ersetzen will und schon im Untertitel aggressiv postuliert: „Die Zukunft des Lebens ist Technik." Märchen und Mythen dagegen widerstreiten der Entzweiung. Sie sind der Versuch, durch erzählende Imagination die Trennungen aufzuheben und wenigstens für die Dauer der Erzählung den Zauber der Einheit zu stiften. Den Erzählinhalt freilich bildet oft ein tragischer Konflikt. Horst Haitzinger hat den Menschen als stolzen Drachentöter dargestellt (Abb. 46), der der gefährdeten Natur Reservate geschaffen hat und dort für Ordnung sorgt, und dabei durch blinden Scharfsinn gerade das zerstört, was er zu schützen angetreten ist. Der Drache Natur – ist er tatsächlich tot?

Die wissenschaftlich-technische Welt der Menschen hat – um ein anderes Bild zu nehmen – durch Ozonloch und Regenwaldvernichtung die Natur zum Todesbringer gemacht, dessen Keule nun auf alle zurückschlägt (Abb. 47). Die Naturprobleme sind so gewaltig, daß demgegenüber militärisches Imponiergehabe geradezu lächerlich und anachronistisch wird (wie übrigens auch die Karikatur von 1989, die das zum Ausdruck bringt, in ihrem aktuellen Gehalt schon wenige Jahre später, als es den Warschauerpakt nicht mehr gab, veraltet war). Man kann die Grundkonstellation des Bildes vorsichtig auf andere Konflikte übertragen: dann könnte die Karikatur einen Typ wissenschaftlicher Debatten spiegeln, welche in spezialistischen Detailauseinandersetzungen verharren, ohne zu bemerken, daß inzwischen ein allen

Abb. 46: Horst Haitzinger: Der Drachentöter, 1987

Abb. 47: „Guckt euch mal um!" - Horst Haitzinger, Januar 1989

gemeinsames, viel größeres Problem herangewachsen ist, vor dem jede Spitzfindigkeit obsolet wird. Die Wissenschaft selbst stellt ein solches Problem dar und der Zuschauer im Vordergrund ruft ihren Jüngern zu: „Guckt Euch mal um!" Ist die Hintergrundgestalt nicht vielleicht als jener personifizierte Mythos zu verstehen, den die Wissenschaftler – die Mythenjäger, wie Norbert Elias sie charakterisiert – ausgetrieben haben und der sie nun (sich aus seiner Verdrängung ins Unbewußte befreiend) in ihrer Existenz bedroht? Der Mythenbedarf unserer Zeit ist evident. Er manifestiert sich z.B. in der Fülle esoterischer Schriften oder der Märchenerzählkonjunktur. Und auch antike Mythen, wie die vom König Midas, der seine eigene Lebensgrundlage zerstört, erleben – quasi als Naturmythen – eine ökologisch motivierte Renaissance.

In der modernen Naturwissenschaft werden Mythen revitalisiert. Für Lee Durrells Buch „Gaia. Die Zukunft der Arche" (1987) hat Jonathan Kingdon eigens ein Gemälde, „The State of the Ark", geschaffen. Er erläuterte es selbst: „Welt und Arche sind eins, darüber sind die Stämme des Lebens abgebildet. Der Mensch ist eine zentrale, aber mehrdeutige Figur, da er zugleich Kaskaden der Zerstörung auslöst, hier symbolisiert durch grellfarbene Wellen, und sie zu stoppen versucht; er ist außerdem eine Noah-Figur. Die negative Vergangenheit wird durch die stürzenden Figuren Quagga und Dodo – beide ausgestorben – symbolisiert, die positive Zukunft durch die Sandwichgans (Néné), die sich wie ein Phönix aus den Flammen menschlicher Zerstörungswut erhoben hat. Die schwarze, fallende Figur des Gorillas und die des hellen Breitmaulnashorns warnen vor dem unmittelbaren Bevorstehen weiterer Ausrottungen. Die arabische Oryxantilope steht als Symbol für praktischen Umweltschutz in Aktion. Das Gemälde soll mit seiner Struktur an Webstoff oder einen Wandteppich erinnern, als Symbol für eine ganzheitliche Weltsicht."

Der sachliche Hintergrund ist folgender: Manche Naturwissenschaftler behaupten, daß die physikalische und chemische Beschaffenheit von Erdoberfläche, Atmosphäre und Meeren vom Leben selbst nach seinen Bedürfnissen reguliert wird. Diese sogenannte Gaia-Hypothese – benannt nach der griechischen Erdgöttin Gaia – führte zur Entwicklung einer neuen Systemwissenschaft, deren Untersuchungsobjekt die diversen Beziehungen zwischen den Elementen der Ökosphäre sind. In einem ökologischen Werk wird hier also zur Erklärung von Naturtatsachen ganz bewußt ein alter Mythos herangezogen, freilich der ursprüngliche *Schöpfungs*mythos in einen *endzeitlichen* Zusammenhang gesetzt.

Das Motiv der Arche begegnet auch in anderen Bildvarianten (Abb. 48). „Diesmal ohne Euch!" rufen Tiere und Pflanzen, die gesamte Natur, auf einem Blatt Haitzingers aus der ablegenden Arche dem herbeieilenden Menschenpaar zu, dessen Zivilisation mit allen Statussymbolen in der selbstfabrizierten Ölpest versinkt. Der Sachverhalt, der dieser Bildglosse zugrunde liegt, besteht in naturwissenschaftlicher Form aus unzähligen Zahlenkolonnen und Kurvendiagrammen, die ein Laie nur schwer entschlüsseln kann. Das Bild in seiner Gestaltung und Motivik transportiert aber ebenfalls Einsichten, welche z.B. aus Analogien zu der mythischen Überlieferung von der Arche Noah herauswachsen. Außerdem läßt sich mit strengen naturwissenschaftlichen Methoden, die an die zweiwertige Logik und klar definierte Betrachtungsobjekte gebunden sind, nicht alles erfassen; z.B. nicht das Atmosphärische einer Abend- oder Abschiedsstimmung, das Physiognomische eines Geborgenheit ausstrahlenden Walmdachs oder die gestische Bewegungsanmutung einer Trauerweide. Auch solche Erfahrungen gehören zur menschlichen Wirklichkeit; hier ist kulturwissenschaftliche Hermeneutik gefordert.

In einem weiteren Bild, das die Arche als Raumschiff darstellt (Abb. 49), wird der Karikaturist, stärker als in eher pointierenden politischen Meinungsäußerungen, zum Erzähler. Jeder Betrachter kann diese Geschichte ausfabulieren, auch dann, wenn der Bildautor nicht eine kurze Sequenz daraus vorformuliert hätte: „... da wartete Noah 4000 Jahre, dann ließ er eine Taube mit Geigerzähler ausfliegen!“ Ich möchte dafür plädieren, daß so wie die Kunst auch die Kulturwissenschaft – *mit Bedacht*, versteht sich – die Mythen mobilisiert. Mythen sind vieldimensionale Bewußtseinsgeschichten, die dem Kalkül das Erzählen entgegensetzen. Interpretieren heißt auch erzählen. Das Erzählen evoziert das Bild- und damit das Analogie- und Ganzheitsdenken, verlangt neben dem rationalen auch einen einfühlenden Nachvollzug und bedarf während des abwägenden Denkprozesses einer gewissen Langsam- und Bedachtsamkeit. Daß das Raumschiff „Arche 2“ nicht nur eine vordergründige nostalgische Naturutopie verwirklicht, kann schon der Hinweis auf ihren Raketenantrieb nahelegen. Die Sachlage ist komplizierter, wie ja auch die moderne Befindlichkeit der Natur gegenüber sehr kompliziert ist.

Zuweilen wird das Mythenmotiv „Arche“ nicht erzählend, sondern rein als Bildsymbol eingesetzt, wie z.B. in jener Darstellung (Abb. 50), die auf dem Titelblatt des WWF-Journals anläßlich des 25jährigen Bestehens des World Wildlife Fund 1986 abgedruckt war. Wie ist das Bild zu verstehen? Die Natur erscheint als Rettungsboot der Zivilisation, ein unverzichtbares Fahrzeug zum Überleben, wenn der Dampfer in Seenot gerät. Mancher Betrachter könnte aber bei dieser Darstellung, wenn er sie aus dem Publikationskontext herauslöst, spontan auch an die sogenannten Orchideenwissenschaften denken, die polemisch als schön aber nutzlos apostrophierten Kulturwissenschaften, welche von den atomgetriebenen Maschinen der praktischen Wissenschaften – den Natur-, Wirtschafts- und Technikfächern – mitgetragen werden. Aber was oft wie ein überflüssiger Schmuck erscheint, ist eben in ernster Stunde auch die einzige Rettungsmöglichkeit. Freilich: die Bibel berichtet, daß auf der Arche keineswegs jedermann und alle Habseligkeiten gerettet werden konnten.

Abb. 48: Horst Haitzinger: Auf ein gutes Neues!, Dezember 1986

Abb. 49: „... da wartete Noah 4000 Jahre, dann ließ er eine Taube mit Geigerzähler ausfliegen!" – Horst Haitzinger, Mai 1986

Abb. 50: Horst Haitzinger: Titelbild des „WWF Journal“, Juni 1986

Abb. 51:
Horst Haitzinger: Das Rettungsboot, Februar 1988

Geheimnisse

Wen oder was rettet Volkskunde? Ihr geht es jedenfalls nicht um eine sture Bewahrung überlebter Traditionen, sondern um die einläßliche Reflexion und Vermittlung der Bedeutungsgehalte, die das kulturelle Erbe für den je konkreten Alltag besitzt. Sie sorgt sich insbesondere darum, daß die wissenschaftliche Aufarbeitung – nicht zuletzt auch der Mythen – stets an das real erlebbare Alltagsleben rückgekoppelt bleibt – und zwar, sowohl hinsichtlich der Quellenlage als auch der Adressaten. Darauf bezieht sich die Forderung nach Zielgenauigkeit der Komplexitätsreduktion; Zielgenauigkeit ist zeitlich, räumlich und sozial determiniert. Wissenschaftliche Ergebnisse bedürfen z.B. für ihren Transfer in den gesellschaftlichen Diskurs einer jeweils situationsadäquaten Form. Grundsätzlich bleibt der Alltag ebenso wie der Mythos unausschöpflich. Das macht beider Geheimnis aus.

Die Aussagekraft von Mythen – hier also die evozierte Geschichte der Arche Noah – wird offenkundig, wenn man das formal gleiche Bildmotiv vom Beiboot in einem anderen Zusammenhang betrachtet (Abb. 51). Daß die

Abb. 52:
Logo des
Volkskundekongresses
„Natur – Kultur“ (1999)

von den Ostseeanrainerstaaten 1988 verabschiedete Ostsee-Deklaration (über die Sauberhaltung dieses Binnenmeers) zwar die Funktion eines Rettungsbootes haben soll, doch nur eine Absichtserklärung ist – unverbindlich wie eine Zeitungsmeldung und unstabil wie ein Papierschiffchen, das schnell versinkt – kann eine Karikatur gut vermitteln. Karikaturen präsentieren sehr oft dezidierte Meinungen. Eine tiefere mythisch-erzählende Dimension erreichen nur wenige von ihnen, viele sind ohne Geheimnis.

Das Verhältnis von Natur und Kultur jedoch ist geheimnisvoll. Daß sich die Volkskundler dessen bewußt sind, deutet das Logo ihres Kongresses zu „Natur – Kultur“ (Abb. 52) 1999 in Halle an der Saale an. Wie lassen sich das halbe Schaufelrad und die Blütenblätter verbinden? Wer aufs Ganze schaut, sieht eine Blume – also Technisch-Kulturelles in Natur integriert. Oder ist eher ein Windrad gemeint und sind somit umgekehrt Naturelemente in ein Kulturprodukt einbezogen? Worauf verweisen die Farben – entspricht Kultur dem toten Schwarz und Natur dem lebendigen Rot? Die schwarzen Zähne, überlagern sie getötete Blütenblätter? Und hat das Verhältnis von vier zu drei Zacken etwas zu bedeuten? Soll der schwarze Halbkranz vielleicht auf eine gefräßige Baggerschaufel hindeuten, die nach einer schon halb gefressenen Blume schnappt? Solche Assoziationen bedeuten zunächst nicht mehr als ein Spiel, aber ein Spiel kann ernsthaft werden und Fragen in Bewegung setzen. Volkskunde hat es mit Symbolwelten zu tun. Sie ist – verglichen mit den Naturwissenschaften – ein unexaktes Fach mit weichen, anschmiegsamen Methoden, das immer neue Perspektiven auszuleuchten vermag und das seine Einsichten zu bedenken gibt, anstatt endgültig erscheinende Antworten in die Form von Gesetzen zu gießen. Gewiß, die Ergebnisse der Volkskunde bleiben bis zu einem gewissen Grade offen; aber gerade darin liegt ihre Kraft. Zwei letzte Beispiele sollen das andeuten.

Auf einer Haitzinger-Zeichnung sieht man drei Könige vor einer Krippe (Abb. 53). Der erste hält einen Blumentopf, der zweite ein Aquarium und der dritte einen Luftballon in der Hand. Jeder erkennt sofort die mythische Geschichte, die hier zugrunde liegt: „Das wirst Du dringender brauchen als Gold, Weihrauch und Myrrhe!“ sagen die Heiligen Drei Könige. Zu wem? Zu uns? Nein, zum Jesuskind. Wofür aber braucht ausgerechnet Christus „giftfreie Erde“, „reines Wasser“ und „saubere Luft“? Ja natürlich: Für die Erlösung der Menschen – von ihren neuen Sünden. Dieses Bild erzählt keinen Mythos, sondern ist eher eine allegorische Darstellung, denn sein Sinngehalt liegt relativ klar auf der Hand. Immerhin aber wird hier das Thema der beschädigten Natur in eine mythisch-religiöse Sphäre gerückt und an die Verantwortlichkeit der Bildbetrachter appelliert.

Eine Darstellung aus einer Bibel des 13. Jahrhunderts zeigt Christus bei der Weltschöpfung (Abb. 54). Die Abbildung wurde 1998 als Frontispiz für den Katalogband „Gen-Welten“ verwendet, der in Deutschland eine eindrucksvolle Wanderausstellung durch vier Städte begleitet hat. In München hieß die Ausstellung „Vom Griff nach dem ABC des Lebens“, in Mannheim „Leben aus dem Labor?“, in Dresden „Werkstatt Mensch?“ und in Bonn „Prometheus im Labor?“ Also: Die gleichen Inhalte über die natur- und kulturwissenschaftlich-philosophischen Herausforderungen der Gen-Technik unter vier verschiedenen Titeln, in denen drei Mal ein Fragezeichen enthalten ist und einmal Prometheus genannt wird, der mythische Titanensohn, der den Menschen nach seinem Bilde schuf. Vier unterschiedlich akzentuierte Ausstellungen, doch jede stand gewissermaßen unter dem Patronat des Christusbildes. Was alles läßt sich aus dieser mittelalterlichen Miniatur, in der Christus das Universum – Natur – in der einen und einen Zirkel – Kultur – in der anderen Hand hält, über das Verhältnis von Natur und Kultur herauslesen? Wird in diesem Bild ein Naturmythos versinnbildlicht, der die Entzweiung aufhebt? Ist es denkbar, daß unser modernes Umweltbewußtsein von einem traditionalen Naturverständnis zehren kann?

Hier wird deutlich, daß Fragen stärker – und manchmal auch wichtiger – sind als exakte Antworten. Gute Fragen öffnen Horizonte und bündeln Energie, sie motivieren und konzentrieren, schaffen Übersicht und Zusammenhang. Viele Antworten vergehen; was bleibt, sind die Fragen, die uns bewegen; denn jede Entwicklung und jede Perspektive gibt ihnen eine andere Wendung: gebiert sie neu. Die wichtigste Aufgabe der Kulturwissenschaften ist es, vor dem „Problemlösen“ (das nach Karl R. Popper alles Leben kennzeichnet) die bedeutsamen, lebensrelevanten Fragen zu finden. Hier vermögen gerade auch Mythen – als sprachlich entfaltete Sinnbilder – unorthodoxe Fingerzeige zu geben und dafür zu sensibilisieren, daß, wenn die Frage nicht stimmt, eine Antwort wenig nützen kann. Und schließlich: Fragen am Ende eines Gedankengangs schaffen auch der weiterschwingenden Erkenntnissuche des Lesers den notwendigen Raum ...

Abb. 53: „Das wirst du dringender brauchen als Gold, Weihrauch und Myrrhe!"
– Horst Haitzinger, Januar 1989

Abb. 54: Christus bei der Weltschöpfung, Mitte 13. Jh.

Orientierungsmuster

Wer nur eine einzige Metapher für die Welt hat, um die Welt zu verstehen, für den ist sie unverständlich. – Für den, der nur einen Hammer hat, sieht die ganze Welt wie ein Nagel aus. Für manchen ist sie ein Computerprogramm.

Uwe Pörksen

Programmatik im Wandel

Am 5. Oktober 1967, dem letzten Tag des 16. Deutschen Volkskundekongresses in Würzburg, der die Volksfrömmigkeit zum Thema hatte, wurde von Tübinger Studenten ein Flugblatt folgenden Inhalts verteilt:

Ausdruck des Bedauerns

Vor nunmehr zwanzig Jahren hat Heinz Maus einer depravierten Volkskunde ins Gewissen geredet und ihr am Ende das Lebensrecht abgesprochen.
Die Unterzeichneten zögern immer noch, Trauerkleidung anzulegen.
Mit dem Ausdruck des Bedauerns scheiden sie wieder einmal von einem Kongreß. Drei Tage lang haben sie versucht, ihr Unbehagen zu verdrängen. Die Gastfreundschaft und Liebenswürdigkeit der schönen Stadt Würzburg erleichterte ihnen das erheblich.
Warum aber hat Heinz Maus immer noch oder schon wieder recht? Warum fällt es uns Studenten so schwer, ihn zu widerlegen? Warum hat noch kein Kongreß uns dabei weitergeholfen? Lag es an uns? Lag es am Kongreß? Oder lag es gar an der Volkskunde selber!

Es liegt, meinen wir, an der Volkskunde. Wir meinen nämlich:
1. Die Volkskunde hätte Selbstbewußtsein nötig. Voraussetzung wäre, daß sie anfinge, auf sich selbst zu reflektieren.
2. Ein volkskundlicher Kongreß sollte eine institutionalisierte Plattform für wissenschaftliche Auseinandersetzungen sein. Voraussetzung wäre: Weniger persönliche Liebenswürdigkeit, mehr sachliche Kontroverse.
3. Endlicher Ausgang aus der Provinzialität. Voraussetzung wäre: Eine überfällige Kenntnisnahme und Rezeption der Nachbarwissenschaften, wie etwa der Soziologie, der Kultur- und Sozialanthropologie, der Psychologie etc.
4. Statt bloß ins Detail zu gehen, sollte sie von Problemen handeln. Voraussetzung wäre: Die Erkenntnis, daß wir Probleme nicht zu machen brauchen, sondern daß sie da sind.

Dieser Text markiert den Auftakt zur bisher wohl heftigsten Grundsatzdiskussion in der Geschichte der Volkskunde. Die Auseinandersetzungen begannen anfangs moderat, spitzten sich dann aber so zu, daß die Deutsche Gesellschaft für Volkskunde im Herbst des Jahres 1970 eine Klausurtagung zum Thema „Volkskunde in Deutschland. Begriffe, Probleme, Tendenzen" in Falkenstein im Taunus veranstaltete. Dort wurde in leidenschaftlich ausgefochtenen Kontroversen eine Formel des volkskundlichen Selbstverständnisses erstritten, die schließlich die drohende Spaltung des Faches verhindern konnte. Die Debatte, die schon vor der Tagung durch zahlreiche Rundschreiben stimuliert worden war, ist in den „Falkensteiner Protokollen" dokumentiert.

Man mag fragen, welche Aktualität diese hitzigen, oft polemischen, oft unausgegorenen Auseinandersetzungen heute noch besitzen. Damals, in den Jahren der Studentenrevolte, befanden sich die historischen Wissenschaften allesamt in einer Krise; heute ist ihre Renaissance offenkundig. Bedarf es da der Wiederaufnahme von Fragen, die inzwischen gelöst scheinen oder über die die Zeit hinweggegangen ist? Andererseits: Wenn Wissenschaftsgeschichte derzeit oft gefordert und hoch bewertet wird, warum sollte dann der kritische Nachvollzug gerade der jüngsten Fachentwicklung, deren Auswirkungen noch unmittelbar zu spüren sind, ausgeklammert bleiben?

Doch lassen wir uns durch solche Fragen nicht irritieren. Sie locken auf ein falsches Gleis; denn beide Begründungen – ob für, ob wider die wissenschaftsgeschichtliche Beschäftigung – gehören in das Argumentationsmuster eines konservierenden Wissenschaftsverständnisses. So rechtfertigt sich „normale" Wissenschaft (im Sinne Thomas Kuhns) ganz nach Belieben und geht zur Tagesordnung über. Zum Wesen autonomer Wissenschaft gehört jedoch, daß sie ihre eigenen Voraussetzungen *immer* mitbedenkt, ganz unabhängig davon, ob manche der dazu notwendigen Überlegungen den Zeitgenossen gerade obsolet erscheinen oder ob sie in den modischen Trend passen. Es gehört zur unabdingbaren Aufgabe jedes Forschers, in seiner konkreten, sachbezogenen Arbeit immer wieder innezuhalten, eine Pause der Selbstvergewisserung einzulegen und zu fragen: Was tue ich gerade? Warum tue ich das? Und warum tue ich das gerade *so*?

Ältere Programmdiskussionen

Ein Blick zurück: Die Wortverbindung Volks-Kunde wird zuerst in den letzten Jahrzehnten des 18. Jahrhunderts mit heterogenen Bedeutungsnuancen sowohl im populären wie im wissenschaftlichen Gebrauch faßbar. Sie bezeichnete in einem Reisejournal 1782 gegenüber weltweiter Kunde von den Völkern das Wissenswerte vom eigenen Volk und speziell von den niederen

Ständen. Sie akzentuierte in einer „Vaterlandschronik" 1788 das Interesse an nationalen Eigenheiten verschiedener Völker und spielte im Untertitel eines Unterhaltungsromans 1795 auf individuellere Verhaltensmöglichkeiten an. Demgegenüber meinte Volkskunde für den Historiker Josef Mader 1787 eine Erweiterung der (auf die politische Verfassung eines Landes gerichteten) Statistik hinsichtlich Denk- und Lebensart, Religion, Gewerbe und Sitten der Einwohner, während der Kameralwissenschaftler August Christian Heinrich Niemann den Begriff 1806 als physische Darstellung (z.B. Körperbau) des Volks verstand und dessen Lebensweise (Wohnung, Beschäftigung, Kleidung) unter „Volkssittenkunde" eingeordnet hat. In der ersten Hälfte des 19. Jahrhunderts begegnete die Bezeichnung Volkskunde dann meist in Wortkombinationen (mit Erd-, Landes-, Staatenkunde) und zielte im Rahmen der staatlichen Landesbeschreibung auf eine allgemeine Bevölkerungskunde, die ihr Augenmerk nicht zuletzt den Lebensäußerungen des einfachen Landvolkes gewidmet hat.

Obwohl also der Begriff „Volkskunde" gegen Ende des 18. Jahrhunderts in der Reiseliteratur und am Anfang des 19. Jahrhunderts bereits in Wissenschaftssystematiken der Spätaufklärer verwendet worden war, wurde ein entsprechendes Fach doch erst 1858 von dem Kulturhistoriker Wilhelm Heinrich Riehl ausführlicher entworfen und als Wissenschaft postuliert. Er verstand sie als eine kulturhistorisch unterfütterte gegenwartsbezogene Disziplin, die ihren „bewegenden Mittelpunkt" in der „Idee der Nation" fände. Riehls Münchner Vortrag zeitigte aber kaum Resonanz, und ebensowenig entzündete sich 30 Jahre später eine Diskussion an jenem Programmaufsatz „Was soll die Volkskunde leisten?", mit dem der Germanist Karl Weinhold 1891 die Zeitschrift des Vereins für Volkskunde (das erste und noch heute zentrale Fachorgan) eröffnete. Erst zu Beginn des 20. Jahrhunderts provozierte Eduard Hoffmann-Krayers Antrittsvorlesung an der Universität Basel mit dem Riehl-Titel „Die Volkskunde als Wissenschaft" eine differenzierte Auseinandersetzung darüber, was unter Volk und Volkskunde zu verstehen sei. An dieser Diskussion zwischen Philologen beteiligten sich in den Jahren von 1902 bis 1907 neben den Kontrahenten Hoffmann-Krayer und Adolf Strack noch Albrecht Dieterich und Eugen Mogk, der dabei auch Weinholds älteren Entwurf in seine kritische Betrachtung einbezog.

Eine zweite intensive Diskussionsphase um Wesen und Aufgaben der Volkskunde entflammte in den 1920er Jahren und beherrschte das ganze Jahrzehnt. Auslöser war das Theoriekonzept des Germanisten Hans Naumann vom „gesunkenen Kulturgut", ein einprägsamer Entwurf zur Systematisierung der Volkskunde. Dieser rief eingehende modifizierende Erwiderungen hervor – an erster Stelle von Adolf Spamer, der sich zum führenden Volkskundler seiner Zeit entwickelte, und von Eduard Hoffmann-Krayer –, aber auch einen auf ihn nur indirekt Bezug nehmenden strikten Gegenentwurf von Julius Schwietering, einem Germanisten, welcher wiederum eine kritische Stellungnahme des Grazer Volkskundlers Viktor von Geramb herausforderte.

Diese beiden älteren volkskundlichen Programmdebatten lassen sich in einer Textsammlung von 1958 gut verfolgen, wo sie mit knappen Kommentaren in den weiteren Forschungskontext der Volkskunde eingeordnet sind. Die Grundsatzüberlegungen begleiteten grob gesagt zwei Institutionalisierungsphasen der Volkskunde: am Anfang des Jahrhunderts die volkskundlichen Vereinsgründungen mit der Schaffung von Zeitschriften und Museen, speziell den Verbandszusammenschluß der Vereine für Volkskunde; und in den 1920er Jahren bildeten sie den Auftakt zur Etablierung der Volkskunde als selbständigem Fach an den Universitäten. Hier wäre dann freilich für die folgende Zeit des Nationalsozialismus noch weiterer Programmformulierungen zu gedenken, in denen eine rassenkundliche Grundlegung und eine nationalpolitische Erziehungsfunktion der Volkskunde betont wurde, die aber in dem genannten Handbuch zur Geschichte volkskundlicher Probleme weitgehend ausgeblendet bleiben.

Dem Untergang der NS-Herrschaft 1945, bei dem – wie im nächsten Kapitel zu zeigen ist – nicht ohne Grund auch die Volkskunde stark in Mitleidenschaft geraten war, folgten schon relativ bald wieder zahlreiche Grundsatzüberlegungen zur volkskundlichen Arbeit. Dabei wurden insgesamt zwar abweichende Positionen skizziert, aber wesentliche Auffassungsunterschiede zunächst kaum ausgefochten. Im Gegensatz zur ersten Jahrhunderthälfte, als man vorwiegend um „Wesen und Aufgaben" der Volkskunde stritt, rückten nach 1945 Lagebeschreibungen – freilich ohne jeden Seitenblick auf gesellschaftspolitische Fehlentwicklungen – in den Vordergrund. Neben nur wenigen Legitimierungsversuchen des Fachs grundsätzlicher Art wurde (wie schon ein Blick auf die Titelformulierungen zeigt) vor allem dessen Situation erörtert. Es ging nicht mehr um eine Begründung der Daseinsberechtigung, sondern gleich um den *Stand* der Volkskunde, um den *Zustand* oder den *Standort*, um *Positionen*, um die *Stellung* der Volkskunde in den Geisteswissenschaften oder im Wissenschaftsgefüge insgesamt. Man „verortete" Volkskunde zwischen zum Beispiel Wirtschaftsgeschichte und Kulturgeographie oder zwischen Germanistik und Sozialwissenschaften, skizzierte ihren Platz jenseits der Ideologien oder jenseits der Philologie.

Zu solchen wissenschaftstheoretischen Ortsbestimmungen, die die traditionellen Bindungen an bestimmte Nachbardisziplinen lockerten und verschoben, kam schließlich eine weitere: die zwischen Theorie und Praxis – und genau hier lag der zündende Funke, der dann um 1969 zum dritten Mal für mehrere Jahre einen intensiven Meinungsstreit über Richtung und Bedeutung volkskundlicher Studien ausgelöst hat.

Historische Erkenntnismöglichkeiten

Fachgeschichte wird – wie alle Geschichte – aus der Rückschau geschrieben und vom Gegenwartsstandpunkt her strukturiert. Die Fachauffassung des heutigen Betrachters liefert den Selektionsfilter dafür, was an Vorläufern einbezogen oder ausgeblendet werden soll. Wer dabei eine sehr rigorose Position bezieht, könnte zum Beispiel viele ihm unliebsame oder unbequeme Momente der Fachgeschichte mit der Begründung ausscheiden, daß dieser Bereich gar nicht zur „eigentlichen" Volkskunde dazugehöre oder jener Forscher gar kein „richtiger" Volkskundler sei. Auf der anderen Seite könnte man das Fach völlig diskreditieren, wenn auch noch die obskursten Aussagen und Personen, denen irgendwann – aus welchem Grund auch immer – einmal das Etikett „Volkskunde" angeheftet war oder ist, als wesentliche Bestandteile der Fachgeschichte gewertet würden. Die Einschätzung der NS-zeitlichen Volkskunde lieferte nach 1945 anschauliche Belege für diese Spannweite unangemessener Ausgrenzungs- oder Zuordnungsmöglichkeiten. Was ist daraus zu lernen?

Geschichtliche – und damit natürlich auch wissenschaftsgeschichtliche – Ereignisse dürfen grundsätzlich nicht mit dem Ziel rekonstruiert werden, Situationen und Standpunkte der Gegenwart zu legitimieren oder damit Fundamente für heutige Identitäten zu stiften. Sobald nämlich solche Motive mit ins Spiel kommen, ist der mögliche Erkenntniswert historischer Einsicht schon verloren, weil der jeweilige historische Zusammenhang dann nicht mehr – was am Anfang stehen muß – mit höchstmöglicher Vorurteilsfreiheit aus dessen eigener Epochenperspektive gesehen werden kann. Geschichtliche Erkenntnis erhellt das reflektierende Bewußtsein per se, während sie mit größter Wahrscheinlichkeit nur Kurzschlüsse produziert, sobald ihr eine isolierende Suche nach Sinnstiftung zugrunde liegt.

Bedenken wir kurz, was es heißt, den epochengeschichtlichen Diskussionszusammenhang in eine fachspezifische Programmgeschichte miteinzubeziehen. Die Betrachtung allein der expliziten Programmschriften kann leicht zu falschen Einschätzungen verleiten. Sie stehen schon als solche nicht für sich, sondern haben ihre Ergänzungen und ihre Gegenstücke ebenso jenseits nationaler wie jenseits disziplinärer Grenzen; sie stehen im Dialog mit Impulsen aus und Umsetzungen in monographischen Untersuchungen, und sie spiegeln sich zum Beispiel auch in Forschungsberichten und in Satzungen von Fachinstitutionen wider. Die programmatischen Darstellungen sind darüber hinaus – je nach ihren Funktionen – unterschiedlich akzentuiert: so mag in ihnen mehr der Charakter einer einführenden Gesamtdarstellung oder der einer pointierenden Standortbestimmung vorherrschen, oder in erster Linie eine bestimmte Nachbarfachabgrenzung, eine spezifische Fachausrichtung oder die Lösung einer theoretischen Einzelfrage angestrebt sein. Ferner und vor allem aber ist für eine adäquate Beurteilung auch zu bedenken, ob die jeweils aktuelle Fach- und Begriffsdiskussion eine stärker pragmatische Zielsetzung für zum Beispiel personelle oder institutionelle Entscheidungen hat, oder ob sie sich stärker an theoretischen Zielen, etwa allgemeinerer Wissenschaftssystematik, orientiert. Wer einen Überblick über die Entwicklung der Volkskunde anhand der expliziten Programmdiskussion gewinnen will, sollte solche Überschneidungen und Verzahnungen in der wissenschaftspolitischen Realität keinesfalls aus dem Auge verlieren.

Wie drückt sich der allmähliche Profilierungsprozeß der Volkskunde hin zu einer methodenbewußten und theoretisch anspruchsvollen wissenschaftlichen Disziplin konkret aus? Wo lassen sich programmatische Visionen erkennen, die beispielhaft in konkrete Untersuchungen umgesetzt worden sind? Welche durchgehenden Linien und längerfristigen Entwicklungen verbergen sich in der Fülle der Details?

Gegenstandsgebundene Kontinuitäten

Am Ende des Zweiten Weltkriegs war auch das Fach „Volkskunde", das nach 1933 aufgrund von Anbiederung und Vereinnahmung für machtpolitische Ziele des Nationalsozialismus eine gewaltige institutionelle Ausweitung erfahren hatte, weitgehend zerstört. Der Soziologe Heinz Maus zog als erster schon 1946 eine Bilanz. Er hat der Volkskunde zwar nicht – wie es in dem studentischen Flugblatt 1967 hieß – das Lebensrecht abgesprochen, sondern eindringlich gemahnt, die Volkskunde solle sich von unklaren ideologischen Vorstellungen lösen und sich vor allem auf zwei neue Aufgabenbereiche umstellen: auf Sozialgeschichte und eine umfassende Gegenwartskunde. Volkskunde habe durch enge Kooperation mit anderen Disziplinen neue Methoden zu übernehmen, ihre gebräuchliche Terminologie zu überprüfen und sich von einer Sozialphilosophie, die sich um das Schicksal der Allgemeinheit bekümmere, leiten zu lassen. So würden die Bemühungen einer deutschen Volksforschung, die ihren Volkbegriff erst aus einer Geschichtsschreibung „von unten her" gewinnen könne, auf ihre Weise die Theorie der Gesamtgesellschaft bereichern und schließlich einen positiven Beitrag zur Zusammenarbeit der Völker leisten.

Diese Überlegungen wurden von Volkskundlern damals nicht ernsthaft geprüft. Der im Dritten Reich von der Hochschule suspendierte und 1946 zum neuen Göttinger Volkskunde-Ordinarius berufene Will-Erich Peuckert hat vielmehr dieser Kritik heftig widersprochen: sie träfe nur eine vordergründige, verpolitisierte, nicht aber die wissenschaftliche Volkskunde Deutschlands. Diese brauche keine von außen an sie herangetragenen methodischen Lehren, sondern brauche auf dem von ihr im letzten Jahrzehnt eingeschlagenen Weg nur fortzufahren, nämlich, die „Gesetze", die dem Entstehen, Wachsen und Vergehen der im Volk vorhandenen Klassen und Kulturen, Stämme und Gemeinschaften zugrunde liegen, als diejenigen einer wahren „Naturgeschichte des Volkes" herauszuarbeiten und das hinter diesen Gesetzen Stehende, sie Treibende, ahnend zu ergreifen.

Deutlicher aber noch als in dieser Rechtfertigung – und auch die Sprache ist ein Indiz – zeigt sich eine ungebrochene Kontinuität volkskundlicher Arbeit in jenen Sachmonographien, die nach dem Krieg vorbildhaft wirkten. Insbesondere Richard Weiss' „Volkskunde der Schweiz" (1946) sowie skandinavische Studien, die 1951 zusammen mit jüngeren deutschen Volkskundeuntersuchungen referierend vorgestellt wurden, bildeten hochbewertete und allseits akzeptierte Orientierungspunkte. Sie dienten ferner dazu, die Notwendigkeit volkskundlicher Forschung durch einen spezifischen Gegenstands- und Aufgabenbereich zu begründen. Auf dieser Basis wurde dann in den Spuren der Vorkriegszeit auch programmatisch die Einheit des Fachs bestimmt sowie seine Bedeutung für andere Disziplinen und für allgemeine Aufgaben der Gegenwart – Stichwort: Flüchtlingsprobleme – zu erweisen versucht. Ein Beispiel bot der Hauptvortrag auf dem Volkskundetag 1951 in Jugenheim an der Bergstraße, der sich – strukturell gesehen – ganz und gar in die Tradition der „Wesen-und-Aufgaben"-Programmaufsätze der ersten Jahrhunderthälfte einordnen läßt. Andere Akzentuierungen der Betrachtungsweise, etwa auf soziale Sachverhalte, änderten an der prinzipiellen Fachauffassung nur wenig.

Neben solchen Konsolidierungsbemühungen aus alten Traditionen der Volkskunde heraus, die eine Forschungskontinuität bezeugten, indem nationalsozialistisch beeinflußte Entwicklungen einerseits ausgeklammert und als nicht der „eigentlichen" Volkskunde zugehörig betrachtet oder andererseits in ihren verheerenden Folgen gar nicht erkannt, jedenfalls nicht berücksichtigt wurden, standen nur vereinzelt auch andere Ansätze. Der Wiener Volkskundler Leopold Schmidt etwa vermied, als er Volkskunde aus wissenschaftssystematischen Überlegungen rechtfertigte und als „Wissenschaft vom Leben in überlieferten Ordnungen" definierte, den belasteten Volkbegriff, umschrieb aber ebenfalls einen spezifischen – und zwar den überkommenen – Gegenstandsbereich der Disziplin. Alles in allem blieb so die volkskundliche Programmatik im ersten Nachkriegsjahrzehnt weitgehend in den Bahnen der älteren Fachtradition.

Methodologische Konsolidierungen

1954 veröffentlichte in München Hans Moser unter dem Titel „Gedanken zur heutigen Volkskunde" eine ausgewogene Bilanzierung der Fachsituation. Der Aufsatz behandelte unter anderem ausführlich die „Gefährdungen der Volkskunde", und zwar aus methodologischer Sicht. Die verschiedenen damaligen Situationsberichte zur Volkskunde überblickend, zog Moser das Fazit, daß durchweg alle Auslassungen den romantischen Vorstellungen der älteren Volkskunde theoretisch eine Absage erteilten und daß sie ein einigendes Band um die Vielzahl der Aufgaben und Absichten aufzuzeigen versuchten, daß sie aber letztlich eher Wunschbilder lieferten als konkrete Richtungsweiser für gangbare Wege. Die Programmschriften sprächen zumeist nur von den Zielen – den ideellen einer erweiterten Kenntnis oder den praktischen der Anwendung im Dienste der Volkserziehung und Erneuerung –, recht selten aber von den Wegen, die dahin führen; also nur von dem, was geschehen solle oder geschehen müßte, und nicht davon, *wie* es geschehen soll und kann.

Damit kam ein neuer Akzent in die Grundsatzdiskussion. Moser sichtete die neuen weitausgreifenden kultur- und geistesgeschichtlichen Entwürfe, etwa Peuckerts „Große Wende" oder Schmidts „Bäuerlichen Arbeitsmythos", wollte das Verlockende solcher Konstruktionen nicht verleugnen, insistierte aber auf den Gefahren, daß nämlich das allzu Gelehrte sich leicht wieder mit dem Dilettantischen berühren könnte. Mosers Schlußfolgerung war eine Mahnung zum Maßhalten und zur Selbstbescheidung. Wichtiger als großlinige Kulturphilosophie wäre vorerst eine exakte Geschichtsschreibung der Volkskultur. Dabei betonte er weniger die Geschichte als die Geschichtlichkeit; nicht ein Gegenstandsbereich, sondern Probleme – Zeitwandel und Tradition – standen für ihn im Zentrum. Aus methodischen Gründen forderte Moser eine archivalische Quellenforschung; denn nur durch eine überzeugende Methodik könnte die Volkskunde wissenschaftliche Relevanz gewinnen.

Es fällt auf, daß Mosers Position in den folgenden Jahren kaum diskutiert wurde. Erst Gerhard Heilfurth setzte 1961 in seiner Marburger Antrittsvorlesung wieder einen methodologischen Akzent, wenn auch relativ allgemein. Jetzt wurde der empirische Ansatz der Volkskunde „jenseits der Ideologien" herausgehoben und auf das Instrumentarium sozialwissenschaftlicher Forschung verwiesen, damit in einer so betriebenen Volkskunde „unsere Füße auf der mütterlichen Erde" blieben. Eine Methodendiskussion wurde damit in der Volkskunde immer noch nicht entfacht, und abermals vergingen sieben Jahre, bis erneut methodologische Überlegungen in den Mittelpunkt eines programmatischen Vortrags rückten. Das war 1968, als Karl-S. Kramer mit seiner Kieler Antrittsvorlesung „Volkskunde jenseits der Philologie" im Titel Heilfurths Vortrag anklingen ließ, im Inhalt aber manchen Gedanken Mosers folgte. Speziell ging es Kramer darum, das Spezifische der Volkskunde in ihrer Betrachtungsweise zu bestimmen, genauer: im Bündel ihrer Betrachtungsweisen, in dem der funktionalistischen Fragestellung eine gewisse Schlüsselrolle zukam. Kramer erörterte dabei auch die partielle Erfassung des Gegenstandsbereichs „Volkskultur" über bestimmte „Traditionsbündel", wodurch in einer problembezogenen Betrachtung die bislang übliche Auffächerung der Volkskunde in einzelne Sachgebiete gewissermaßen überwölbt wurde.

Die Diskussion, die sich an Kramers Vortrag in der „Zeitschrift für Volkskunde“ anschloß, hat das Problem der methodologischen Konsolidierung einer eigenständigen Volkskunde nicht aufgenommen oder gar fortgeführt. Sie lenkte zurück auf die Ziele und die Arbeitsweisen der Volkskunde im Sinne von Blickrichtungen, und das landete schließlich erneut bei der Suche nach ihrem theoretischen Ort im System der Wissenschaften. Handelte es sich bei der Volkskunde um eine *historische* oder *sozialwissenschaftliche* oder – wie jetzt als weitere „Weise“, Volkskunde zu betreiben, vorgeschlagen wurde – *ethnologische* Disziplin?

Kramer hatte versucht, die Bedeutung der Volkskunde durch ihre Fähigkeit zu begründen, verschiedene Fragestellungen problemgebündelt zusammenzusehen, wobei für ihn die dominante Grundrichtung volkskundlicher Forschungsintentionen – der er freilich keine Dogmatisierung wünschte – die historische Sicht war. Hier lagen nun – man schrieb das Jahr 1968 – Gegenpositionen im Geist der Zeit. Die von Hans Moser 1954 detailliert begründete Notwendigkeit einer methodologischen Fundierung der volkskundlichen Arbeit war zwar von Heilfurth und Kramer in der Tendenz fortgeführt, aber zugleich doch auch etwas verschoben worden, indem im ersten Fall das Moment der Bescheidung wegfiel und im anderen Fall die Methodenfrage stark auf den Teilaspekt der Betrachtungsweise konzentriert wurde. Und das hatte letztlich zur Folge, daß sich die programmatische Diskussion im Fach wieder von der Erörterung wissenschaftlicher Qualitätsmaßstäbe zur Suche nach dem wissenschaftlichen Standort verlagerte.

Paradigmenwechsel

Mitte der 1960er Jahre, als die Volkskunde in der bundesdeutschen Hochschullandschaft wieder etabliert war und sich personell auszuweiten begann, als auch der Verband der Vereine für Volkskunde in der Deutschen Gesellschaft für Volkskunde eine straffere Organisationsform gefunden hatte, wurde in der Volkskunde ihr theoretisches Defizit offenkundig. Es gab damals – außer der konzeptionell von 1937 stammenden „Deutschen Volkskunde“ Adolf Bachs – keine systematische Darstellung des Fachs, auch keine neuere Einführung für die nun zunehmende Zahl der Studierenden. Es hatte bis dahin praktisch überhaupt keine Auseinandersetzung mit der Volkskunde im Dritten Reich stattgefunden; man arbeitete vielmehr stillschweigend in alten Bahnen weiter. Außer von Hermann Bausinger in Tübingen waren kaum irgendwo gewichtigere wissenschaftskritische Ansätze zu erkennen.

Bei der theoretisch insgesamt desolaten Situation lag eine Explosion förmlich in der Luft. Das studentische Flugblatt von 1967 entzündete eine

Auseinandersetzung, deren Frühstadium in einem Aufsatz Hermann Bausingers über „Kritik der Tradition“ gut zum Ausdruck kam. Dieser durch Debatten mit Studenten angeregte Situationsbericht diskutierte den Gegenstand und den Namen der Volkskunde. Bezüglich des Gegenstandes forderte er erstens Ideologiekritik an den Versuchen, die verlorene Einheitlichkeit des volkskundlichen Objekts durch ganzheitliche Entwürfe („Volk“, „Nation“, „Gemeinschaft“, „Echtheit“) wiederherzustellen. Zweitens plädierte er für eine Ausweitung des volkskundlichen Objektansatzes: an die Seite der „Güter“ sollten als Bestandteile der „sekundären Umwelt“ des Menschen die Einstellungen (verfestigte Wertvorstellungen und Meinungen) rücken. Drittens diskutierte Bausinger mehrere Möglichkeiten, den Gegenstand der Volkskunde neu zu umschreiben (z. B. „populare Kultur“, „Subkulturen“), und brachte dabei betont sozialwissenschaftliche Gesichtspunkte in die erweiterte Gegenstandsabgrenzung ein.

War mit dem doppeldeutigen Titel „Kritik der Tradition“ über die Kritik des Traditionsbegriffs hinaus auch auf die volkskundliche Wissenschaftstradition gezielt, so folgte 1970 eine noch konsequentere Parole: „Abschied vom Volksleben“. Das war der programmatische Titel eines Tübinger Aufsatzbandes, der die Ideologiekritik, die Gegenstandskritik und die Forderung nach sozialwissenschaftlicher Orientierung vertiefte und diese Aspekte durch methodenkritische, allgemein erkenntniskritische und speziell gesellschaftskritische Ausführungen ergänzte. Der schärfste Widerspruch, den der Band provozierte, richtete sich gegen das Diktum, Volkskunde als eine kritische Sozialwissenschaft zu verstehen, wie es dezidiert von Roland Narr skizziert worden war. Dem Band, der Ideologisierungen anprangerte, wurde seinerseits der Ideologievorwurf gemacht, weil er Gesellschaftskritik und Wissenschaft in eins setze, weil er vor allem in seiner Propagierung der Praxisbezogenheit wissenschaftlicher Arbeit sich an einer ganz bestimmten „richtigen Einstellung“ der Gesellschaft orientiere. Ein Jahrzehnt nach dem sogenannten Positivismusstreit in der Soziologie wurde damit die wissenschaftliche Debatte zwischen Dialektikern und Analytikern auch in der Volkskunde eröffnet, wobei es speziell um das Verhältnis von Theorie und Praxis ging.

Damit war ein letzter wichtiger Gesichtspunkt für die Relevanz der Volkskunde in die Programmdiskussion eingebracht. Über die gesellschaftliche Verantwortung des Fachs äußerte sich 1969 der schweizer Volkskundler Arnold Niederer, „Wem nützt Volkskunde?“ fragte ein junger Marburger Kollege, Dieter Kramer, im gleichen Jahr auf dem Volkskundekongreß in Detmold. Sein Vortrag wurde 1970 mit zahlreichen Diskussionsbeiträgen veröffentlicht. Kramer versuchte, die Volkskunde als Teil des menschlichen Emanzipationsprozesses und der Humanisierung der Lebensverhältnisse zu verstehen und die Konsequenzen anzudeuten, die daraus zu ziehen sind. Als wichtigste Aufgabe der Volkskunde schien ihm „die aufklärerische, das Bewußtsein befreiende Information über Kräfte, Strukturen und Mittel, mit denen die Bevölkerung manipuliert, beherrscht und ausgebeutet wurde und wird – und die Mittel und Wege, wie sie sich emanzipiert hat und emanzipieren kann".

Diese Position wurde nun scharf angegriffen, weil man der Volkskunde nicht nur *ein* Ziel, eine gesellschaftsverändernde Aufgabe, vorzeichnen dürfe; weil man von einer Wissenschaft nicht nur direkt für die Gesellschaft verwertbare, unmittelbar umzusetzende Ergebnisse verlangen dürfe; weil man die Forschungstendenzen nicht allein auf die Einsicht in relevante soziale Zusammenhänge einschränken dürfe; weil wissenschaftliche Analyse nicht als sozusagen programmierbarer, auf einer „objektiven" Weltanschauungsphilosophie basierender Erkenntnisakt vollzogen werden dürfe usw. Die Diskussion braucht heute nicht mehr im einzelnen zerpflückt und bewertet zu werden – schon damals hatte der Redaktor Bausinger feststellen müssen, „daß sehr viele Emotionen im Spiel sind, und daß nicht allzu viele wissenschaftstheoretische Ansätze sichtbar werden, von denen aus sich die Diskussion auf ein höheres Niveau bringen ließe". Gelassen meinte übrigens Arnold Niederer, daß man die neuen Postulate nicht totschweigen oder gar verketzern sollte, daß sie aber andererseits auch in Arbeiten umgesetzt werden müßten, welche für die Volkskunde einen wirklichen Fortschritt bedeuteten. Die Hürde dieser praktischen Forderung hat dann in der Folge manches engagierte theoretische Programm nicht nehmen können und sich so von selbst ad acta gelegt.

Die Theorie-und-Praxis-Diskussion beherrschte die Falkensteiner Klausurtagung 1970, ist auch in die „Falkensteiner Formel", die die volkskundliche Tätigkeit umschreibt, eingegangen – allerdings sehr „entschärft", wenn es darin heißt: „Ziel ist es, an der Lösung sozio-kulturaler Probleme mitzuwirken." Sozial engagierte Forderungen wie „Gesellschaftskritik" und „Entwicklung einer emanzipatorischen Praxis" blieben ausgeklammert und tauchten dann auch später in der Programmdiskussion kaum mehr auf. Viel entscheidender wurde aber ein anderer praxisbezogener Aspekt: die Namen- bzw. die Umbenennungsdebatte. Es war deutlich geworden, daß mit der „Falkensteiner Formel" die Einheit des Fachs zwar inhaltlich („die Analyse der Vermittlung von kulturalen Werten"), aber nicht mehr formal unter der Bezeichnung „Volkskunde" gewahrt werden konnte. Die Suche nach einem neuen, adäquateren Namen führte zu keiner einheitlichen Auffassung, gab jedoch der Programmdiskussion nochmals einen neuen Impuls. In mehreren Beiträgen wurde jetzt speziell das Verhältnis der Volkskunde zu Ethnologie und Kulturanthropologie diskutiert. Dabei konnte zum Teil an eine intensive internationale Debatte angeschlossen werden, die 1955 in Arnhem stattgefunden und – wesentlichen Argumenten des portugiesischen Volks- und Völkerkundlers Jorge Dias folgend – zu einer allgemeinen Verständigung auf Europäische Ethnologie geführt hatte, was aber in den deutschsprachigen Ländern ohne Folgen geblieben war.

Kurz: Mit ideologiekritischen Impulsen und der Öffnung der Volkskunde für sozialwissenschaftliche und kulturanthropologische Perspektiven fand um 1970 eine Art Paradigmenwechsel statt. Inhaltlich richtete sich das Erkenntnisinteresse nun statt auf „Volksleben" auf die Analyse der Alltagskultur europäischer und europäisch beeinflußter Gesellschaften, und die Frage nach der Bedeutung des Fachs war bereits 1971 – also bald nach Falkenstein – von der Diskussion seines gesellschaftlichen Orts zur Diskussion seines engeren wissenschaftssystematischen Orts zurückgekehrt.

Das Ergebnis dieser Auseinandersetzung waren dann allerdings verschiedene Orte – zumindest (und für jeden greifbar) im Netz wissenschaftsorganisatorischer Einbindung. Mit der Umstrukturierung der Hochschulen gelangte die Disziplin in unterschiedliche Fakultäten und änderte dabei zum Teil ihren Namen. So wurde dann beispielsweise an der Universität Kiel weiterhin „Volkskunde" betrieben, in Hamburg „Deutsche Volks- und Altertumskunde", in Marburg „Europäische Ethnologie", in Frankfurt „Kulturanthropologie und Europäische Ethnologie", in Tübingen „Empirische Kulturwissenschaft", in München „Deutsche und vergleichende Volkskunde" und – nicht zu vergessen – an der Humboldt-Universität in Berlin „Ethnographie/Volkskunde" im Bereich Ethnographie der Sektion für Geschichte. Auch in der DDR hatte sich in jenen Jahren eine eingehende Fachdiskussion vollzogen, die auf das stringente Einbeziehen marxistischer Positionen und damit zugleich auf den wissenschaftssystematischen Ort der Volkskunde zwischen Kulturgeschichte und Ethnographie/ Ethnologie gerichtet war.

War mit dieser Etikettenlage – so muß man wohl fragen – eine einheitliche Programmdiskussion der Volkskunde an ihr Ende gelangt? Als 1977/78 drei größere Fachdarstellungen veröffentlicht wurden, gab keines dieser Bücher einen streng systematischen Abriß der Volkskunde, jedes knüpfte an andere oder anders gesehene Fachtraditionen an, brachte schon in seinem Aufbau ein eigenes Fachverständnis zum Ausdruck und setzte der wissenschaftlichen Arbeit jeweils andere Ziele. Keines der freilich ziemlich zeitgleich entstandenen Werke reflektierte die Positionen der jeweils anderen; keines repräsentierte somit den Stand der Volkskunde insgesamt. Aber gab es denn noch ein einheitliches Fach, und war – auch angesichts der vielen unterschiedlichen Benennungen – eine als spezifisch „volkskundlich" zu bezeichnende Programmatik jetzt überhaupt noch möglich und sinnvoll?

Positionen in der Gegenwart

Das Selbstverständnis einer wissenschaftlichen Disziplin manifestiert sich nicht nur in theoretischen Proklamationen, sondern auch ganz konkret in sachbezogener Arbeit. Ob es gemeinsame Themenstellungen gibt, erweist sich zum Beispiel an der allgemeinen Akzeptanz von Fachtagungen. Für die deutsche Volkskunde läßt sich feststellen, daß die alle zwei Jahre stattfindenden Kongresse auch in dem Zeitraum heftigster Meinungsverschiedenheiten integrierend gewirkt haben. Seit 1979 begegnet dort in den Themenformulierungen als zentrales Stichwort meist das Wort „Kultur", abwechselnd in räumlicher, historischer oder gruppenspezifisch akzentuierter Beleuchtung. So wurde beispielsweise Regionalkultur, die Kulturgeschichte des Dinggebrauchs oder Kinderkultur behandelt. Insgesamt waren dabei in den Referaten und Diskussionen – bei aller Weite des Ausgriffs – die volkskundlich-gegenstandsgebundenen Fachtraditionen deutlich genug, um diese Tagungen nicht mit sozialgeographischen, sozialhistorischen oder soziologisch-sozialpsychologischen Veranstaltungen zu verwechseln.

Trotzdem: Die Volkskunde muß ihre Eigenart natürlich auch explizit formulieren können. Dazu hat 1980 Hermann Bausinger aus Tübingen mit einem Beitrag „Zur Spezifik volkskundlicher Arbeit" wieder das Wort ergriffen, und gleichzeitig wurde auch aus München (Gerndt) eine Perspektive volkskundlicher Forschung zu skizzieren versucht. Beide Aufsätze sahen als Arbeitsfeld der Volkskunde die Kultur; beide zogen methodologische Gesichtspunkte heran: der eine betonte konkret die weichen, qualitativen Methoden der Volkskunde, der andere forderte allgemeiner ein stringentes Methodenbewußtsein. Wichtig scheint, daß die volkskundliche Programmdiskussion damit wieder in ein anderes Fahrwasser geleitet wurde. Für die sachbezogene Arbeit dürfte es weniger bedeutsam sein, ob die gesellschaftspolitischen Aufgaben einer Disziplin *genau* bestimmt sind und ob eine Gegenstands- oder auch Methodenlücke zwischen den Fächern, auf die ein Einzelfach allein Anspruch erheben darf, gefunden wurde. Das führt ja nur regelmäßig zum Kampf der Platzhirsche um ihr Territorium und rückt die Qualität wissenschaftlicher Arbeit leicht aus dem Blick.

Was für ein spezielles Fachselbstverständnis benötigt wird, scheint neben einem locker umschriebenen Forschungsfeld (wo man auch Kollegen aus anderen Disziplinen begegnen kann) allein ein spezifisch gegenstandsbezogener Forschungsansatz einerseits und eine spezifische Palette von Problemstellungen andererseits. Beide sind aus der Fachgeschichte zu gewinnen und im Lichte der selbst erfahrenen Gegenwart zu modifizieren. Aus der Anwendung spezifischer Methoden allein kann keine Fachidentität erwachsen, sondern nur aus der jeweils gegenstands- und problemadäquaten Anwendung des allseits zur Verfügung stehenden Methodenfundus. Wissenschaft ist ein offenes Feld für ein freies Spiel der Kräfte. Jene Disziplinen werden sich dort am besten behaupten, die bezüglich ihres Gegenstands möglichst empirisch – also über die Wahrnehmung – rückgebunden sind, die bezüglich ihrer Ziele ihre theoretischen Leitlinien immer erneut präzise denken und formulieren und die bezüglich der Methodik dynamisch und weitblickend genug sind, das jeweils angemessenste Verfahren – woher auch immer – heranzuziehen, ohne von einem modischen Trend in den anderen zu fallen. Volkskundliche Arbeit steht so zum Beispiel in Konkurrenz mit Untersuchungen der Kultur- und Sozialhistoriker oder mit Studien empirischer Sozialwissenschaft, von Einzelfall zu Einzelfall letztlich mit jeder der anderen Kulturwissenschaften.

So verwundert es auch nicht, daß die jüngeren richtungsweisenden Bestimmungsversuche der Volkskunde neben stärker historischen, ethnologischen und gelegentlich soziologischen Akzenten oft eine deutlich kulturwissenschaftliche Ausrichtung formulieren. Als Beispiel mag auf zwei grundlegende Aufsätze – von Gottfried Korff über das Wissenschaftsverständnis der Tübinger EKW (Empirische Kulturwissenschaft) und von Martin Scharfe über „Bagatellen. Zu einer Pathognomik der Kultur" – verwiesen sein. Aber auch Albrecht Lehmanns Auffassung von Volkskunde als Bewußtseinsforschung oder Ueli Gyrs Frage nach der „kulturalen Alltäglichkeit in gesellschaftlichen Mikrobereichen" sind dezidiert kulturwissenschaftlich formuliert. Inzwischen wird diese Auslegung der Volkskunde auch in den Titeln selbständiger Werke explizit. Dieter Kramer, beispielsweise, versteht seine theoretischen Beiträge zu Volkskunde und Kulturtheorie ausdrücklich als ein Plädoyer für die „Notwendigkeit der Kulturwissenschaft", und Wolfgang Brückner veröffentlicht die zwölf Bände seiner Gesammelten Schriften unter dem programmatischen Titel „Volkskunde als historische Kulturwissenschaft". Daß das vorliegende Buch ein *generell* kulturwissenschaftliches Verständnis von Volkskunde zum Prinzip erhebt, braucht kaum noch einmal betont zu werden.

Lehren aus der Geschichte

Das Verhältnis von Volkskunde und Nationalsozialismus war in Deutschland nach dem Zusammenbruch des Dritten Reichs jahrzehntelang ein verschwiegenes Thema. Seit Mitte der 1980er Jahre aber – ein halbes Jahrhundert nach den unheilvollen Verflechtungen zwischen Wissenschaft und Politik der NS-Zeit – hat es sich in ein vielfältiges Problemreservoir verwandelt, das sich kaum ganz ausschöpfen läßt. Das Bild der Volkskunde im Nationalsozialismus schillert in zahlreichen, wechselnden Facetten. Dieser zwiespältige Betrachtungsgegenstand, dessen beunruhigende Faszination mittlerweile wieder etwas abzunehmen scheint, soll hier mit einer bilanzierenden Frage konfrontiert werden: Was haben wir aus der Geschichte gelernt?

Zunächst sei daran erinnert, daß im Mittelalter und in der frühen Neuzeit Schauergeschichten von menschlichen Taten in Kompendien gesammelt und verbreitet wurden, um damit Schreckbilder moralischen Handelns vor Augen zu führen. Im 18. Jahrhundert ist dann jedoch der Zweifel an deren Wirksamkeit aufgebrochen, und später sind die geschichtlichen Erkenntnismöglichkeiten immer wieder unterschiedlich beurteilt worden. Was könnte oder sollte die Historie als *magistra vitae*, als Lehrmeisterin des Lebens, in unserem Fall leisten?

Rasch legt sich ein differenzierender Gedanke in den Weg: Welche Geschichte ist hier gemeint? Denken wir allein an die zwölfjährige Herrschaftszeit des Nationalsozialismus (von 1933 bis 1945), als Volkskunde in eine wissenschaftliche Schlüsselposition des Parteiapparates gelangt war? Oder wäre nicht vielleicht die Inkubationszeit, das latente Verhältnis von Volkskunde und Nationalsozialismus vor 1933, viel lehrreicher? Könnte gar jene Epoche einer verdrängten Beziehung zwischen Volkskunde und Nationalsozialismus von 1945 bis etwa 1965 besonders ergiebig sein? Und was hat uns schließlich die jüngste Zeit kritischer Aufarbeitung dieser prekären Verbindung zu sagen?

Damit sind die notwendigen Vorfragen aber keineswegs alle gestellt. Es gibt gewichtige Unsicherheitsfaktoren, die unseren Argumentationsgang beeinflussen: Was können und müssen wir in den einzelnen Zeiträumen jeweils unter „Volkskunde" verstehen, die ja anfangs z.B. an den Universitäten kaum institutionalisiert war und außerhalb der Hochschulen nur teilweise ein auf einheitlichen Traditionen fußendes Gebilde darstellte: Welche Werke, Personen, Institute, Verbände gehören dazu, welche sind auszuschließen? Und auch beim Widerpart ist zu fragen, wodurch speziell der deutsche Faschismus ausgezeichnet war: welche Gedankengänge, Programme, Handlungen sind als spezifisch nazistisch einzustufen? Sowohl Volkskunde als auch Nationalsozialismus bilden keine homogenen Einheiten; Widersprüche gehören bereits innerhalb der beiden Beziehungskomplexe zum Thema.

Schließlich noch die Frage: Wer sind „wir", und worum geht es? Mit „wir", die wir gelernt haben sollten, seien zumindest alle diejenigen angesprochen, die in „volkskundlichen" Fachtraditionen stehend auf irgendeine Weise wissenschaftlich, pädagogisch oder publizistisch tätig sind. Was sie alle bewegen muß, ist das Selbstverständnis heutiger Volkskunde, ist die Vergewisserung, daß mit einem von verhängnisvollen Strömungen in der Fachgeschichte geläuterten Programm gute, sinnvolle Arbeit geleistet werden kann. Dabei dürfen wir allzu vordergründigen Legitimierungszwängen nicht aufsitzen, und vor leichtfertigem Zensurenverteilen wollen wir uns hüten.

Eine notwendige Auseinandersetzung

Im April 1933 notierte der Dresdener Romanist Viktor Klemperer in sein Tagebuch: „‚Volk' wird jetzt beim Reden und Schreiben soviel verwendet wie Salz beim Essen, an alles gibt man eine Prise Volk: Volksfest, Volksgenosse, Volksgemeinschaft, volksnah, volksfremd, volksentstammt ...". Auch Wissenschaft – ganz allgemein – erhielt damals ihre Prise Volk, die in manchen Forschungsbereichen der letalen Dosis nahe kam und die nicht zuletzt der Volkskunde genügend Anlaß gibt, über ihre – und unser aller – Geschichte nachzudenken. Man kann die wichtigsten Fragen, die zum Verhältnis Volkskunde und Nationalsozialismus heute zu stellen sind, in einen sechsstufigen Gedankengang ordnen.

1. Warum müssen wir uns auf dieses Thema einlassen? Ist die NS-Problematik im Rahmen der Volkskunde eigentlich belangvoll genug? Gibt es für einen Volkskundler nichts Wichtigeres? Die Fachgeschichtsschreibung der Nachkriegszeit war – wie das auch in anderen Disziplinen üblich ist – von einem Fortschrittsdenken geprägt, das den Blick aus der Gegenwartsperspektive des Forschers speziell auf jene Gesichtspunkte und Ergebnisse der Vergangenheit lenkte, die „fortgeschrieben" wurden, und Seiten- oder gar Irrwege meist übersehen hat. Insbesondere wurde zeitgeschichtliche Programmatik, wo sie widerspenstig erschien, gern an den Rand geschoben, weil sich Festhaltenswertes nach gängiger Meinung letztlich nur in weiterführenden Theorien und Analysen zeige. Aber wie soll man sogenannten „Fortschritt" angemessen beurteilen, wenn man die jeweiligen Zielsetzungen nicht zum Maß nimmt bzw. nur die eigenen von heute gelten läßt? Fachgeschichte muß ein breites Spektrum von Auffassungen repräsentieren; sie darf die Fachkontinuität nicht an beliebig dünnen Fäden durch unsympathische Epochen ziehen und muß den objektiven Gegebenheiten wie auch dem Selbstverständnis dieser Epochen gerecht zu werden versuchen.

Vergangene Forschungswirklichkeit ist eine Determinante gegenwärtiger Forschungspräferenzen und kann nur gebührend berücksichtigt werden, wenn wir den Interessenfilter „Fachtradition" – der alle gegenwärtigen Forscher so oder so mitgeprägt hat – richtig einschätzen. Freilich sind es die Auswahlprozesse der Nachfolgegenerationen wohl mehr noch als die Forschungsergebnisse der Väter, die den Weg wissenschaftlicher Disziplinen bestimmen. Und die Akzentuierungen der Nachkriegsvolkskunde haben – um es vorsichtig zu formulieren – den Durchblick nicht gerade erleichtern helfen. Blinde Flecken – ganz gleich an welcher Stelle – behindern Einsichtsmöglichkeiten sowohl beim geschichtlichen Rückblick wie für künftiges Problemlösen. Überlieferung ist nur als Ganzes und ungeteilt zu haben. Wer sich – und sei es mit Skrupeln – in eine Wissenschaftstradition der Volkskunde einreiht, kann ihr erkenntnisförderndes Erbe nur mit der Verpflichtung gewinnen, auch die Last der Irrtümer und Fehlwege kritisch anzunehmen.

2. Zu welchem Zweck müssen wir uns mit diesem Thema befassen? Die Gründe unseres Handelns sollten mit den Zielen und Hoffnungen korrespondieren. Auch in dieser Dialektik gilt, daß der nach Einsicht und Verstehen strebende Mensch ein Ganzes ist, der sein konkretes Sachinteresse zwar fachspezifisch zentrieren, aber die Einbettung des Forschungsgegenstandes in weitere Sinnbezüge mitreflektieren muß. Drei Betrachtungsfelder scheinen hier wichtig: der Blick auf den zeitgeschichtlichen, den fachgeschichtlichen und den erkenntnistheoretischen Zusammenhang.

Fachgeschichtlich ist nach der historischen Rolle von Volkskunde und Volkskundlern im Dritten Reich zu fragen. Wieweit hat hier ein wissenschaftliches Fach unangemessene politische Bedeutung erlangt, indem es den nationalsozialistischen Machthabern z.B. half, den Alltag der Menschen mit Volkstumsideologie zu durchtränken und Schlagworten wie „Blut und Boden", „arteigen" und „artfremd" die wissenschaftliche Weihe zu geben? Hinsichtlich der Fachentwicklung stellt sich die Frage nach jenen geistigen Strömungen, die unter der Leitvokabel „Volk" kumulierten, als aus den Quellgründen von Germanistik, Pädagogik, Soziologie, aber auch Volkswirtschaft, Rechtswissenschaft, Geopolitik Konzepte einer „Volkswissenschaft" gerannen, die durchaus kein einheitliches Bild abgaben. Volkskunde, die in ihrer altertumswissenschaftlichen Orientierung damals zum Teil als Kuriosum galt, darf sich hier nicht auf eine konservative Position zurückziehen.

Erkenntnistheoretisch steht die Qualität der unter dem Namen „Volkskunde" betriebenen Arbeit zur Debatte: ob sie Zeit übergreifenden wissenschaftlichen Standards entsprach oder ob damals wesentliche Grundprinzipien unbewußt oder mit arroganter Zielstrebigkeit suspendiert wurden. Auch hier darf man es sich nicht zu leicht machen und einfach einen hohen Anspruch postulieren, um mit reinem Gewissen offensichtliche Schwachstellen als fachgeschichtlich unwesentlich aus dem Gedächtnis zu tilgen.

3. Was müssen wir alles untersuchen? Die inhaltliche Analyse der volkskundlichen Arbeit in der NS-Zeit zielte bis in die 1980er Jahre vor allem auf die heterogenen Elemente einer gutenteils aus dem 19. Jahrhundert herrührenden Volkstumsideologie. Hermann Bausinger benannte als Stichworte: Nation, Nordrasse, Germanentum, Bauerntum, Organismus, Überindividuelles, Symbolwelt, Eigenglaube, Neubelebung. Die Frage lautet, wieweit mit diesem wichtigen Problemkreis das Verhältnis von Volkskunde und Nationalsozialismus im wesentlichen erfaßt ist, ob *alle* Nähe und Verflechtung letztlich auf eine gemeinsame volkstumsideologische Grundlage beider Ideensysteme reduziert werden kann.

Drängt nicht vielleicht die Übermacht der Volkstumsideologie einen anderen Aspekt zu sehr in den Hintergrund, der das Fach womöglich noch existentieller bedrohte – nicht durch ideologische Verhärtung und politische Verfehlung, sondern durch Selbstpreisgabe? Denn Volkskundler haben sich offenbar selbst eine nationalsozialistische Spritze verpaßt, und zwar mit für jede Wissenschaft tödlichen Mitteln: Weltanschauungsmystik und Irrationalismus. Dieser Komplex ist nicht leicht zu behandeln; in gewissem Grade wird wissenschaftliche Arbeit stets durch vor-rationale Gesichtspunkte mitgesteuert. Aber gerade darum stellt sich hier mit Schärfe das Relevanzproblem. Was ist fachinterner Auseinandersetzung und wissenschaftsgeschichtlicher Aufmerksamkeit überhaupt wert? Wieweit lohnt es, sich mit den Weltanschauungspostulaten eines Eugen Fehrle oder Walther Steller, mit den abstrusen Sinnbilddeutungen eines Karl Theodor Weigel oder Oskar von Zaborsky auseinanderzusetzen oder sie auch nur auf ihre geistesgeschichtlich-ideologischen Wurzeln zurückzuführen – zumal der Sinnbildwahn von Fachkollegen schon im Dritten Reich eindeutig abqualifiziert wurde?

4. Wie sollen wir vorgehen? Schon die Analyse des wissenschaftlichen Sprachgebrauchs liefert Einsichten in zeitspezifische Verblendung. Die Übergänge vom angemessenen Argumentieren zu Emotionalisierung und autoritärem oder totalitärem Denkstil sind fließend. Bestimmte wissenschaftliche Aussagen wurden in einer Debatte dann nicht *vermißt*, sondern man sah sich „enttäuscht", wurden nicht *widerlegt*, sondern „zurückgewiesen", waren nicht aus sachlichen oder logischen Gründen *unhaltbar*, sondern „müssen" – als „nichtnationalsozialistisch" – „abgelehnt werden". Kriegsvokabular verstärkte solche Haltung; so ging es z.B. 1937 bei der Behandlung der deutschen Volksgrenze in den Alpen um die „Front des Deutschtums", „deutschen Raumgewinn", „Abwehr- und Beharrungsvermögen" in solcher Diktion: „Südslawien griff bis zur Mur, Italien besetzte den Brenner. Die alten Linien blieben nur in den Teilabschnitten der Schweiz und Kärntens ... erhalten. Die gesamtdeutsche Südfront gleicht dadurch einer Stellung, in die dem Gegner zwei tiefe Frontaleinbrüche gelungen sind." Ähnlich wurde etwa die Ausbreitung des deutschen Hauses ständig als ein „Kampf" geschildert, in dem der „Kulturwille" des deutschen Bauern obsiegte. Aggressive Metaphern, Pauschalierungen und unbefragte politische Wertsetzungen führten schließlich bis hin zum Glaubensbekenntnis, das Wissenschaftlichkeit überhöht: „Möge es solchergestalt der deutschen Volkskunde gelingen, allen Volksgenossen das Wesen der Deutschheit zu erschließen ..., daß sie, einig im Kampf um Deutschlands Auferstehen, mit uns sprechen: ‚Ich bekenne mich zur deutschen Volksgemeinschaft und ich glaube an Deutschlands Unsterblichkeit'" (Wilhelm Peßler).

Daneben gab es Argumentationsstrategien, die weniger offenbar wurden, die unter dem Mantel moderater Wissenschaft um Macht und persönlichen Vorteil kämpften. Das sollte nicht verschwiegen werden, aber man darf die NS-Volkskunde-Problematik damit keinesfalls auf die allzu menschliche Ebene der Charakterschwächen und Irrtümer reduzieren. Bestimmte Denkschablonen haben auch in der Nachkriegszeit weitergewirkt. Bis heute fehlt eine genauere Analyse der frappierenden – darf man sagen? – „Naivität" z.B. Herbert Freudenthals oder Adolf Bachs, die beide in ihren 1955 bzw. 1960 als Grundlegungen der Volkskunde veröffentlichten Werken die politischen, hier speziell nationalsozialistisch gefärbten Implikationen verschiedener Fachauffassungen weder nennenswert reflektierten, noch gar in der Sache daraus für ihre eigenen Entwürfe Folgerungen zogen – obgleich beide Autoren bezüglich ihrer Thematik ausreichend „erfahrungsgesättigt" waren. Kurz: Argumentationsanalyse – der NS-Literatur vor 1945 und der Reaktionen darauf nach dieser Zeit – muß einer differenzierten Inhaltsanalyse vorausgehen.

5. Wie bewerten wir die Ergebnisse? Ein Urteil über die Volkskunde der NS-Zeit ist notwendig; denn wer kann sich mit einem wissenschaftlichen Fach identifizieren, zu dessen tradiertem Selbstverständnis er keine Stellung bezieht? Wichtig scheint allerdings die Perspektive der Bewertung: sie muß in die Zukunft und nicht in die Vergangenheit gerichtet sein. Was heißt das? Leopold von Rankes Maxime, wissen zu wollen, „wie es eigentlich gewesen", macht für uns nur dann einen Sinn, wenn dieses Vergangenheitswissen in ein Gegenwartsbewußtsein (und das heißt zugleich: ein auf Zukunft gerichtetes Nachsinnen) eingebunden ist, das Maßgaben setzt. Sonst würde Geschichtsforschung vor der Totalität des Vergangenen zum eklektischen Spiel. Die Gegenwart – ob es uns nun bewußt ist oder nicht – setzt Leitlinien;

die Vergangenheit setzt Grenzen, z.B. der Personenbeurteilung, weil solche Urteile in den personalen Kommunikationskreis und damit in die personale Lebenszeit gehören und sich sachwissenschaftlicher Kompetenz entziehen. Das bedeutet allerdings keinen Verzicht auf Präzision, die ja guten Teils eine individualisierende Betrachtung des Geschehens voraussetzt; denn nur in Individuen und ihrem individuell gestalteten Werk wird ein Abstraktum wie ein wissenschaftliches Fach der Analyse zugänglich. Das Verhältnis von Volkskunde und Nationalsozialismus verlangt auf *Individuen* gestützte Beurteilungen; Aussagen zur Person dagegen, die ein moralisches Gesamturteil einschließen, sind aus der wissenschaftlichen Perspektive allein in der Regel nicht zu leisten und dann fehl am Platz.

Erledigt diese Begriffsscheidung zwischen Individuum und Person das ethische Problem, und ist eine Frage nach der Pervertierung von Wissenschaft nun nicht mehr erlaubt? Keineswegs. Die Pervertierung der Volkskunde im Dritten Reich bleibt ein beschreibbares und zu verurteilendes Faktum, auch wenn die Verantwortung dafür nicht in der objektivierbaren Schuld einer begrenzten Anzahl von Personen aufgeht. Denn wir dürfen eben nicht glauben, ohne personales Gegenüber Personalität und personales Handeln voll verstehen zu können. In Bezug auf Individuen und Strukturen jedoch lassen sich Teilaspekte isolieren und so Wirkungszusammenhänge hinreichend plausibel machen, „erklären“ und auch bewerten.

6. Welche Folgerungen sind zu ziehen? Für die genauere Bestimmung des Verhältnisses von Wissenschaft und Politik – denn so lautet die übergeordnete kulturwissenschaftliche Aufgabe – ist mit der Forderung nach der strikten Trennung dieser beiden Handlungsbereiche genauso wenig erreicht, wie mit einer oberflächlichen Kategorisierung von Wissenschaftlern nach ihrem politischen Bewußtsein oder nach ihrer Parteizugehörigkeit und hier wieder nach der Scheidung zwischen fanatischen und „anständigen“ Parteigenossen. Das Thema „Volkskunde und Nationalsozialismus“ darf sich weder in endloser Vereinzelung verlieren, noch sollte es zu rasch auf eine generelle Ebene geschoben werden. Volkskunde sitzt – wie andere Fächer in vergleichbarer Weise – vor einem spezifischen Scherbenhaufen. Auch wenn das gesamte Zerstörungswerk nicht nur der eigenen Fachgeschichte anzulasten ist, gilt es, sich vor Selbstgerechtigkeit zu hüten, und mit gezügelter Leidenschaft und Augenmaß die ideologischen Verstrickungen sichtbar zu machen, die die Volkskunde mit politischen Programmen und Handlungsanweisungen der Nationalsozialisten verband.

Hermann Bausinger hat 1971 die „völkische Wissenschaft“ des Dritten Reichs als ein konsequentes Extrem fachinterner Entwicklungen der Volkskunde zu erweisen versucht, von Entwicklungen, die unter anderem in irrationalen Vorstellungsbildern der Romantik sowie in nationalen wie sozialkonservativen Gesellschaftsauffassungen des 19. Jahrhunderts wurzeln.

Eine der wichtigsten Aufgaben ist es nunmehr, festzustellen, mit welchem *Grad* von Notwendigkeit sich diese Fachentwicklung vollzogen hat. Nur in der Hoffnung, daß es nicht Ausweglosigkeit bedeutete, liegt die Chance, sinnvoll empirische Kulturwissenschaft in volkskundlicher Tradition betreiben zu können. „Volkskunde und Nationalsozialismus" ist also kein von der Gegenwart ablösbares historisches Thema, sondern es geht hier um das moderne Selbstverständnis eines Fachs vor dem Reflexionsspiegel seiner Geschichte.

Volkskunde in der NS-Zeit

Kein Zweifel: die volkskundliche Programmatik war, und zwar keineswegs nur marginal und aus der Feder mediokrer Randfiguren, schon 1933 und 1934 tiefgreifend von unverhohlen nationalsozialistischem Gedankengut durchsetzt, blühte geradezu auf und schmückte sich plump mit einer Anhäufung von Hitlerzitaten. Nicht wenige Volkskundler haben den fatalen Schlagworten der Nationalsozialisten gehuldigt und sind durch eine beflissene Proklamierung der Erziehungsfunktion volkskundlicher Erkenntnisse parteipolitischen Zielen weit entgegengekommen. Auf der anderen Seite haben Programmschriften des Nationalsozialismus von sich aus ein Vokabular verwendet, das damaligen volkskundlichen Zentralbegriffen nahestand oder glich. Da aber Wissenschaftsprogramme der Forschungsrealität ebensowenig entsprechen wie politische Propaganda der Lebenswirklichkeit, läßt sich vom zeitgenössischen Sprachgebrauch her, selbst von zeitbedingten Argumentationsformen, nur recht unzulänglich auf das geistige und moralische Potential einer Wissenschaft schließen.

Auch institutionelle Verknüpfungen zwischen Volkskunde und Nationalsozialismus waren unübersehbar. Die Institutionalisierung der Volkskunde an den Universitäten vollzog sich, mit wenigen Ausnahmen, im Zeichen – und im Geiste – des Nationalsozialismus. Manche Institutsgründungen sind Exempel für Formen nationalsozialistischer „Machtergreifung" an den Universitäten (z.B. in Tübingen), andere bilden Lehrbeispiele für die bevorzugte Förderung völkischer Wissenschaft in der NS-Hochschulpolitik (z.B. in Göttingen).

Der zentrale Verband deutscher Vereine für Volkskunde konnte durch das taktische Geschick seines 1933 bereits 69jährigen „Führers" John Meier längere Zeit relativ unbehelligt weiterarbeiten, jedoch seine Verbandszeitschrift vor dem politischen Zugriff nicht bewahren. Andere fachwissenschaftliche Gruppierungen gelangten unter parteiideologischen Einfluß: so die Abteilung Volkskunde der Deutschen Forschungsgemeinschaft und die Sektion Volkskunde in der Deutschen Akademie in München. Zudem wurde ein 1933 begründeter „Bund für deutsche Volkskunde", der deutlich nazistische Elemente (z.B. einen Arierparagraphen) enthielt, von fast der gesamten „Crème“ des Fachs unterstützt.

Schon 1934 begannen die Nationalsozialisten zwei Gegenverbände der Volkskunde aufzubauen, die sich ihrerseits untereinander bekämpften. Es entstand zum einen eine Arbeitsgemeinschaft für deutsche Volkskunde des für Schulung und Weltanschauungsfragen zuständigen sog. „Amt Rosenberg“, dem später auch noch ein „Amt für Volkskunde und Feiergestaltung“ und eine „Lehrstätte für Feiergestaltung“ zugeordnet waren, und welchem innerhalb eines Plans für eine (parteiamtliche) „Hohe Schule“ auch ein Institut für deutsche Volkskunde entsprang; zum anderen das sog. „(Deutsche) Ahnenerbe“, eine Institution der SS, des „Reichskommissars zur Festigung deutschen Volkstums“ Heinrich Himmler, in dem Volkskundler führend vertreten waren, besonders auch in der zugehörigen Kulturkommission Südtirol, die in einem großen Umsiedlungsprojekt die nationalsozialistische Weltanschauung mit „volkskundlichem“ Material in handgreifliche Realität umsetzen sollte.

Sowohl Ahnenerbe wie Amt Rosenberg propagierten, von dem Postulat einer auf germanischer Grundlage erwachsenen nordisch-rassischen Hochkultur ausgehend, eine Zusammenarbeit der Volkskunde vor allem mit Rassenkunde, Vorgeschichte und Religionswissenschaft. Von solchem politisch motivierten Fächerarrangement abgesehen erschienen die vorrangigen fachpolitischen Ziele der traditionellen Volkskundevereine und -verbände denen von Ahnenerbe und Amt Rosenberg ziemlich ähnlich. Alle wollten die Volkskunde hinsichtlich ihrer nationalpolitischen Bedeutung sowie ihrer Kompetenz in der Volkstumspflege anerkannt wissen und sie fest im Schul- und Hochschulwesen verankern. Trotzdem darf man diese Bestrebungen nicht bedingungslos und ohne Rücksicht auf wissenschaftliche Qualitäten in einen Topf werfen.

Die personellen Brücken zwischen Volkskunde und Nationalsozialismus sind schwer zu kategorisieren. Etliche NS-Fanatiker auf der einen Seite und eine Handvoll Widerständige auf der anderen, eine große, diffuse Personengruppe dazwischen. Namhafte Forscher wurden Parteimitglieder, andere nicht. Nationalsozialistisch klingende Aussagen lassen sich fast bei jedem finden. Doch was besagt es – ohne genauere Kenntnis der spezifischen Äußerungssituation – wirklich, wenn z.B. der Vorsitzende des Verbands der Vereine für Volkskunde John Meier „alle Kräfte in den Dienst dieser vaterländischen Bewegung“ stellen wollte oder wenn für den bedeutenden Germanisten Julius Schwietering die „volkskundliche Arbeit zu einer Durchbruchstelle nationaler Forschung und nationaler Lehre“ werden sollte?

Ein psychologisch akzentuiertes Erkenntnisziel (z.B. die Frage nach dem „Volkstümlichen“ oder dem „Volkscharakter“) kam den Nationalsozialisten entgegen. Die Kooperationsbereitschaft mancher Wissenschaftler mit dem NS-Regime mag heute manchmal naiv anmuten; doch nicht jeder von ihnen wurde tatsächlich ein Rassist. Warum aber wurden so viele andere eindeutige NS-Propagandisten, so daß sie auch in wissenschaftlichen Abhandlungen den „Hoheitsanspruch der Partei" vertraten, eine „richtige" „weltanschauliche Haltung" einforderten und von der Volkskunde Erkenntnisse verlangten, „die das nationalsozialistische Wollen bestätigen und bestärken" (Walther Steller). Die meisten von ihnen waren, neben einigen dubiosen Gestalten, durchaus einsichtsfähige Wissenschaftler.

Etliche Volkskundler hielten zum Nationalsozialismus Distanz, einige wurden aus ihren Ämtern entfernt, einige auf Grund ihrer Haltung zum Tode verurteilt. Doch sogar unter Verfolgten gab es Berührungspunkte mit dem herrschenden Zeitgeist. Der von Verhaftung bedrohte Kulturpolitiker und Frömmigkeitsforscher Georg Schreiber, z.B., befürwortete eine autoritäre Staatspolitik, und der Philosoph und Volksmusikforscher Kurt Huber, der als Mitglied der Widerstandsgruppe der Weißen Rose hingerichtet wurde, benutzte teilweise ein NS-konformes Vokabular.

Zusammengefaßt: Die Volkskunde-Programmatik war oft Parteiwünschen willfährig oder gar vorausgeeilt. Volkskundliche Werke behandelten NS-opportune Themen. Volkskunde-Institutionen waren mit Parteiunterstützung entstanden oder hatten sich gleichgeschaltet. Persönlich dürften sich die Volkskundler insgesamt wenig von der übrigen Bevölkerung unterschieden haben. Was sie geleitet hat, war wohl wie meistens Sehnsucht nach Glück und Erfolg, waren Ehrgeiz und Karriere-Denken, aber auch Fingerspitzengefühl und Zivilcourage. Kann es zur Charakterisierung des Verhältnisses von Volkskunde und Nationalsozialismus überhaupt eine allgemeine Formel geben, die die Gesamtsituation hinreichend genau beschreibt?

Erklärungsversuche als Vergangenheitsbewältigung

Nach Kriegsende 1945 äußerte sich die herrschende Einschätzung der NS-Zeit in der sog. Zwei-Volkskunden-These. Es habe quasi eine „gute" und eine „schlechte" Volkskunde bestanden. Neben einer politisch vereinnahmten habe die „eigentliche" Volkskunde unbeirrt weiterarbeiten können und brauchte nur fortgesetzt zu werden. Jahrzehnte später wurde diese These als „Schutzbehauptung" betrachtet, als ein Topos, dem man aber doch vereinzelt wieder eine gewisse Gültigkeit zusprach: im *Bewußtsein* der Betroffenen habe es tatsächlich zwei Volkskunden gegeben. Insgesamt aber erscheint dieses Erklärungskonzept, das wohl nicht zuletzt auch Rechtfertigungsbedürfnissen entsprang, heute kaum weiterführend und von geringem Erkenntniswert.

Eine zweite Kontroverse kulminierte in der Frage, ob die Geschichte der Volkskunde durch die NS-Zeit einen Bruch erfahren habe oder ob der Weg in die 30er Jahre hinein und aus den 40er Jahren heraus letztlich eine kontinuierliche Entwicklung bezeuge. Als einen Indikator könnte man die ungebrochene Akzeptanz des Werks von Wilhelm Heinrich Riehl betrachten. Rassegedanken tauchten gelegentlich schon vor 1933 in der Volkskunde auf; volkspsychologische Theorien lebten nach 1945 weiter; die im Nationalsozialismus erreichte institutionelle Basis der Volkskunde blieb in der Nachkriegszeit erhalten. In allen Fällen sind jedoch auch Modifikationen zu registrieren und zu bedenken, und die Gesamtbeurteilung hängt davon ab, ob man solche Veränderungen nun als entscheidend oder als unwesentlich wertet. Die Plausibilität der Argumentation kippt oft schon mit der sprachlichen Nuancierung. Makroskopisch erkennen wir eher Kontinuität, mikroskopisch eher Mehrdeutigkeit. Der Verdacht liegt nahe, die Frage sei falsch gestellt.

Allgemein wird die weitgehende Identifizierung vieler Forscher mit dem Nationalsozialismus aus einer nationalbewußten Gesellschaftsauffassung der Volkskunde herzuleiten versucht, die das Fach seit dem 19. Jahrhundert konservativ geprägt habe und für die Ideologie des Nationalsozialismus nützlich war. Der Nationalsozialismus verstand es, Traditionsbedürfnisse der bürgerlichen und bäuerlichen Bevölkerungsschichten zu integrieren und sich selbst mit Volkskunde-Vokabeln einen pseudowissenschaftlichen Anstrich zu geben. Aber nicht jeder Konservative unterstützte den Nationalsozialismus; und möglicherweise sind auch etliche Volkskundler gerade durch ihre konservative Grundhaltung (nach anfänglichem Sündenfall) vor schlimmsten Einlassungen bewahrt worden.

Hermann Bausinger, der wirkmächtigste volkskundliche Programmatiker der Nachkriegszeit, formulierte 1971: „Wenn irgendwo in einer Wissenschaft der Nationalsozialismus nicht als Einbruch von außen, sondern als innere Konsequenz verstanden werden muß, dann in der Volkskunde." Den Grund sah er in der sogenannten Volkstumsideologie, die sich sowohl in wissenschaftlichen wie politischen Programmen manifestiert hatte. Volkstumsideologie wiederum wurde als ein Säkularisierungsprodukt christlicher Vorstellungen speziell im deutschsprachigen Mitteleuropa gedeutet. Ideologisch scheinen die Affinitäten zwischen Volkskunde und Nationalsozialismus tatsächlich besonders offensichtlich, aber Bausingers Begründung ruht – genau besehen – letztlich doch hauptsächlich auf einem gemeinsamen Begriffsfundus (Nation, Germanentum, Bauerntum, Organismus, Symbolwelt) mit unscharfem semantischem Feld, so daß man kritisch fragen muß, inwieweit allein ideologische Verwandtschaften zwischen bestimmten Phänomenen Geschichtsabläufe hinreichend zu erklären vermögen.

Da der Wunsch nach einem allumfassend stimmigen Konzept, das die verschlungene Vielfalt der volkskundlichen Fachentwicklung im Nationalsozialismus überzeugend erklären könnte, wohl utopisch ist, ein solches Eingeständnis aber den Wissenschaftsstolz vieler verletzt, mag es verständlich sein, wenn manchmal fast blindlings nur dekuvrierende Zitate gesammelt werden oder eine hyperanalytische „Vergangenheitsbewältigungs"-Diskussion im Ausdifferenzieren theoretischer Möglichkeiten steckenbleibt. Geschichtliche Erfahrung läßt sich weder quantitativ bilanzieren noch einfach abhaken. Der zeitweise herrschende Forschungstrend fachegozentrischer Themenbehandlung und starker Personalisierung hat paradoxerweise oft nur sehr allgemeine Deutungsklischees erbracht: „konservativ-nationalistische Grundhaltung", „Verstrickung und Sich-Entziehen", „Kampf aller gegen alle" etc. Zu einem historischen Verständnis, das Gegenwart und Zukunft dient, führt das nur bedingt.

Die Nazifizierung der Volkskunde

Offene und – überdies – ungestellte Fragen gibt es zuhauf. So ist z.B. die Kriminalgeschichte verfolgter Wissenschaft im Nationalsozialismus – über die Emigrantenschicksale hinaus – noch nicht geschrieben und das (freilich wohl nicht allzu üppige) Bild wissenschaftlicher Gegenpositionen noch kaum skizziert. Die politische Indienstnahme der Volkskunde hat gewiß auch nicht alle Seiten des Fachs in gleicher Weise erfaßt. Hier wäre, um nicht im Partikularen zu verharren, ein interdisziplinärer Zugriff sinnvoll, der bisher – wie viele Sammelbände ausweisen – meist nur zu Parallelaktionen geronnen ist und nicht einmal dort Gemeinsamkeiten verfolgt hat, wo sie naheliegen, z.B. zwischen Volks- und Völkerkunde. So wäre hinsichtlich ethnologischer Fachtheorien etwa zu fragen, was durch den Nationalsozialismus an übergreifenden Wissenschaftsentwicklungen abgebrochen, was verändert, was vielleicht auch gefördert wurde, und wie sich das längerfristig auf die Qualität wissenschaftlicher Arbeit ausgewirkt hat.

Statt wissenschaftsgeschichtliche Einsicht nur auf schwer faßbare Ideenströme, auf Exzentrizitäten einzelner Volkskundler oder auf das Psychogramm eines ganzen Fachs zu bauen, anstatt tiefenpsychologisch, sozialpsychologisch oder moralisch zu argumentieren, soll hier – volkskundlicher Sichtweise und Kompetenz gemäß – der kulturwissenschaftliche Aspekt des Problems näher beleuchtet werden. Klar ist: die Disziplin Volkskunde wurde (auch wenn man alle zweifelhaften Zurechnungen abstreicht) nazifiziert. In ihren Handbüchern haben sich NS-Prinzipien eingenistet wie die Vorstellung vom Leben als Kampf, Gemeinschafts- und Lebensraum-Ideologie, völkisches Denken. So erwuchs, auf dem Boden volkskundlicher Forschungstraditionen, aus politischen Impulsen eine NS-Volkskunde, die – wenn auch nicht als ein einheitlicher Koloß – dem Mythos von der Ursprünglichkeit germanischer Gemeinschaft anhing und dem Glauben an die Rassebedingtheit der Kultur huldigte.

Wir wollen die Nazifizierung der Volkskunde als eine kulturelle Tatsache zu begreifen versuchen, das heißt u.a., einen Ausdrucks- und Wertekomplex zu verfolgen, der sich nicht allein als Ergebnis zielgerichteter Pläne und Aktivitäten erschließt. Eine solche Betrachtung ist skeptisch gegenüber einem deterministischen Geschichtsverständnis. Unser Leben wird ja – wie auch die wissenschaftliche Erforschung des Lebens – außer von systematischen Vorgehensweisen unabdingbar von Zufällen, glücklichen Umständen und willkürlichen Vorlieben mitbestimmt. Hier wirken komplexe Bedingungsfelder und Vermittlungswege, die im einzelnen – zumal aus historischem Abstand – undurchschaubar bleiben, und es geht jetzt darum, auf dieses Faktum angemessen zu reagieren.

Halten wir kurz ein. Die kulturwissenschaftliche Analyse des Nazifizierungsprozesses der Volkskunde bedeutet weder eine Kulturanalyse des Nationalsozialismus selbst noch kann sie diese ersetzen. Das Studium der Gründe, warum viele Menschen von diesem politischen Programm fasziniert waren, bleibt für das Verständnis von Wertevermittlung und Werteassimilation ein wichtiges Thema: warum z.B. etliche Menschen trotz ambivalenter Erfahrungen sich dem Nationalsozialismus verschrieben haben, während andere, obwohl sie manchen NS-Ideen nahestanden, Widerstand mobilisierten; warum damals z.B. Heilserwartung oder pädagogische Utopien sich mit dem Nationalsozialismus verbanden und ihren besonderen Reiz besaßen, und welche Bewußtseinsrealität etwa in Vorstellungen von „Blut" oder „Boden" oder „germanischen Ahnen" verborgen war (und ist).

Dem weiteren kulturanalytischen Problemfeld NS-geprägten oder vom Nationalsozialismus nachhaltig beeinflußten Alltagslebens sind inzwischen eine bemerkenswerte Anzahl volkskundlicher Studien und Projekte gewidmet worden. Dazu gehört beispielsweise eine auf den Nationalsozialismus fokussierte Untersuchung zur „Heimatkunde", die Aufdeckung prägender ideologischer Prämissen in kulturellen Ausdrucksfeldern wie etwa der Trachten-, Fest-, Lied- oder Siedlungsgestaltung, die Herausarbeitung speziell kultureller Überlebensmuster in den NS-Konzentrationslagern oder auch das Aufzeigen spezifischer Erinnernungsweisen und noch heute wirksamer Verdrängungsmechanismen an miterlebte NS-Gewalt.

Wir fragen hier jedoch nach der Kulturbedeutung einer nazistisch infizierten wissenschaftlichen Disziplin. Warum war gerade „Volkskunde" offensichtlich besonders disponiert, um als machtstabilisierende Staatswissenschaft aufgebaut zu werden? In welcher Weise haben Wissenschaftler, die sich als Volkskundler verstanden (oder als solche ausgaben) – durch aktive Beiträge ebenso wie durch Versäumnisse – zu Machtgewinn, Machterhalt und Machtausbau des Nationalsozialismus beigetragen? Inwiefern hat Volkskunde als prosperierende Wissenschaft dadurch den Alltag der Menschen mitgeprägt – und gar noch über das Ende des Schreckens im Jahr 1945 hinaus? Denn offensichtlich haben doch einschlägige Einstellungen und Verhaltensweisen, wenn wir uns von diffizilen Ausblendungs- und Rechtfertigungsversuchen nicht täuschen lassen, zumindest partiell im volkskundlichen Wissenschaftsbetrieb der Nachkriegszeit überlebt.

Vergessen und Erinnern sind grundlegende Faktoren menschlicher Kulturentwicklung; das zeigt sich gerade in Krisenzeiten. Es ist auffällig, daß nach 1945 sogar von bedeutenden Wissenschaftlern, die dem Regime kritisch gegenüberstanden, kaum Impulse zu einem prinzipiellen Umdenken ausgegangen sind. Explizite Revisionen der NS-zeitlichen Volkskundeforschung gibt es jedenfalls nicht. Erst viel später, als gegen Ende der 1960er Jahre eine jüngere Generation ein neues Geschichtsbild des Faches auszuformen begann, brachen Kontroversen auf und wurden zugleich auch Relativierungen wirksam wie mit der sogenannten Totalitarismusthese, daß nämlich z.B. im Kommunismus auch keine anderen Machtmechanismen als im Nationalsozialismus herrschen würden.

Noch der selbständigste Geist bleibt ein Kind seiner Zeit. Darin liegt gutenteils unsere selektive Wahrnehmung begründet und auch unsere selektive Erinnerung. Das hat prinzipielle Konsequenzen: Denn es liegt auf der Hand, daß – wenn die Menschen sich in jeder neuen Lebenssituation an ein und dasselbe Faktum immer etwas anders erinnern – eine Motivationen erfassende objektive Geschichtserkenntnis bis in alle Verästelungen hinein niemals möglich ist. Die Gültigkeit historischer Aussagen besitzt notwendigerweise einen Spielraum, d.h. daß das Immer-noch-mehr- und Immergenauer-wissen-wollen ab einem bestimmten Punkt nur noch Fehlermöglichkeiten erhöht und Irrtümer potenziert. Die Logik der Forschung, so könnte man formulieren, findet in der Zunahme des Komplexitätsgrads der Erkenntniswünsche ihre Grenzen.

Kulturelle Folgen politisierter Volkskunde

Wo ein Dilemma auftritt, empfiehlt es sich, den Frageansatz zu wechseln. Wenn Forschungen nicht mehr weiterführen, bedeutet das nicht unbedingt, die bisherigen Ergebnisse seien zu verwerfen. Nur ist offenbar das Erkenntnispotential eines bestimmten Problemaspekts ausgeschöpft; wir müssen uns dann mit dem Erreichten zufriedengeben und dürfen nicht auf weitere Präzisierungen in der bisherigen Richtung hoffen. Es genügt schon ein kleiner Blickwechsel, um zu erkennen, daß die volkskundliche NS-Forschung der letzten Jahre durchaus ergiebige Anstrengungen unternommen hat, den engeren fachgeschichtlichen Fragehorizont zu überschreiten. Die Folgen einer nazifizierten Volkskunde lassen sich beispielsweise als fachübergreifend relevante Kulturprozesse fassen. Ich will das in einem Dreischritt erläutern.

Zum ersten: *Die Politisierung von Wissenschaft unter dem Diktat parteipolitischer Vorgaben.* Volkskundliche Arbeit orientierte sich im Nationalsozialismus an politischen Bedürfnissen und ist der Versuchung erlegen, politisch verwertbare Ideengebäude wie „Volksgemeinschaft" oder „arteigene Kultur" nicht nur zu entwerfen oder weiterzuentwickeln, sondern auch eilfertig anzubieten. Unter volkskundlichen Prämissen wurden ferner z.B. Maximen nationalsozialistischen Handelns aus germanischer Wesensart herzuleiten und so historisch zu rechtfertigen versucht.

Solches Tun war oft mit einem Verzicht auf wissenschaftliche Grundprinzipien verbunden: Quellenkritik, vorsichtig abwägende Deutung, Transparenz des Forschungsprozesses verschwanden in irrationalen Diskursen und Weltanschauungsphrasen und wurden mit dem Vorrang der Intuition legitimiert. Sinnbildforschung im Dritten Reich demonstrierte anschaulich die Verirrung von Wissenschaft unter dem Einbruch zügellosen Fantasierens. Statt *Er*kenntnissen herrschten *Be*kenntnisse vor, und die Argumentationsformeln glichen oft genug nur zu genau dem gängigen Politvokabular.

Ein so abseitig scheinendes Thema wie z.B. „Hexen" offenbarte eindrücklich das politische Verfügbarmachen von Wissenschaft, das Verschmelzen wissenschaflicher und machtpolitischer Diskurse mit hier übrigens zwei einander scharf widersprechenden nationalsozialistischen Deutungsmustern. Eine von Himmler geförderte Hexenkartei war von vornherein als Kampfmittel gegen „das Christentum" gedacht, als ein Instrument, die „weltanschaulichen" Ziele der SS durchzusetzen. Dabei hat die Beschäftigung mit Prozeß- und Folterpraktiken die beteiligten Volkskundler aber keineswegs zu kritischen Rückfragen bezüglich des damaligen Umgangs mit Minderheiten geführt.

Hinsichtlich des Umgangs mit Wissen erscheinen Volkskunde und sogenannte Volkstumsarbeit als zusammenhängende Systeme: Ausgebildete Volkskundler haben z.B. Bräuche belebt oder neu geschaffen und eingeführt, gelegentlich auch, um sie später aufzeichnen und als Belege benutzen zu können. Vor allem aber stützte die fachwissenschaftlich propagierte Unterscheidung von „arteigener" und „artfremder Wesenheit" die Ausrichtung heimatpflegerischer Initiativen hin zu einem speziellen „Blut- und Boden-Folklorismus".

Zum zweiten: *Die politische Bemächtigung des öffentlichen und privaten Lebens unter Beihilfe der Wissenschaft.* Die NSDAP vereinnahmte den gesamten Alltag, nicht zuletzt mit volkskundlicher Unterstützung. Der durchgängigen Attitüde Hitlers verpflichtet, daß es immer und überall allein auf politische Wirksamkeit ankomme, wurde auch im alltäglichen Bereich danach selektiert, was dem Machtapparat nützte, was brauchbar gemacht werden konnte, was „auszumerzen" war. Solche Denkstrukturen haben etliche Volkskundler programmatisch unterbaut und in ihrer Arbeit umgesetzt.

Von erheblicher Bedeutung war im NS-Staat die Massenkommunikation; der Film, z.B., diente nicht nur als Unterhaltungs-, sondern auch als ein Überhöhungsmedium, das schlichte Bräuche zum Kult stilisierte. Der nationalsozialistische Einfluß auf das speziell volkskundliche Literatur vertreibende Verlagswesen hat das öffentliche Bild der Volkskunde und der von ihr bearbeiteten Gegenstandsfelder mitgeprägt. Besonders eng aber war die Verflechtung wissenschaftlicher mit erzieherischen Aufgaben, wobei die Schule als Vermittlungsinstitution parteigenehm aufbereiteten Volkskunde-Wissens eine Zentralposition einnahm.

Die gesamte Bevölkerung wurde auf „Volksgemeinschaft", als Gegenpol marxistischen Klassenkampfdenkens hinstilisiert, eingeschworen. Brauch und Fest, z.B. die Umgestaltung von Weihnachtssymbolen und Weihnachtsliedern, bildete ein wirksames Mittel, über die auch die neureligiösen Bestrebungen Himmlers oder Rosenbergs bis in die Familien hinein wirksam werden konnten. Unter Mithilfe der Volkskunde wurde ein Bild germanischer Lebens- und Glaubenswelt als nationalsozialistische Weltanschauung präsentiert, um darauf schließlich die Herrschaft des „Herrenmenschen" zu errichten. Als ein pikantes Alltagssymbol für solche tiefgreifende staatliche Durchinszenierung des Volksganzen kann der Eintopf gelten, das verordnete Kultessen des Hitler-Reichs.

Zum dritten: *Die Legitimierung von Gewaltakten in der Politik durch politikhörige Wissenschaft.* Volkskunde hat – indem sie sich durch die Konstruktion angeblicher „germanischer" Sitten und Bräuche und die Postulierung „rassischer Grundlagen" der Kultur der „Weltanschauung" des Nationalsozialismus auslieferte – der kulturellen „Vergewaltigung" weiter Bevölkerungsteile, dem Terror gegen Minderheiten und Andersdenkende Vorschub geleistet. In der weitgehend kritiklosen Übernahme rassistischer Argumente und totalitärer Argumentationsformen demonstrierte das Fach seine Abhängigkeit und Dienstbarkeit gegenüber den politischen Machthabern. Das begann mit einer aggressiven Sprache, z.B. der exzessiven Verwendung von Kriegsvokabular, und führte über aggressive, auf Rassismus und Antisemitismus gegründete Theoriekonzepte bis hin zur Erstellung „wissenschaftlicher" Kampfargumente für die Begründung hybrider Ansprüche auf sogenannten „Lebensraum". Hier wurde Volkskunde – zusammen mit anderen Fächern wie Geographie – vor allem im Osten Europas zum Legitimationsinstrument eines brutalen Kolonialismus unter dem Deckmantel der verlogenen Formel „Heim ins Reich". Diese Instrumentalisierung für völkische Machtpolitik war zumindest teilweise eine Selbstauslieferung des Fachs, die sich aus bestimmten Denkmustern wie „Sprachinselvolkskunde", wenn deren Nutzbarkeit hervorgehoben werden sollte, fast von selbst ergab. Je nach Opportunität ließen sich dabei die wissenschaftlichen Argumente umstandslos zurechtbiegen: so wurde z.B. gegen Ende des Krieges der deutsche Anspruch auf das zuvor preisgegebene Südtirol wiederum wissenschaftlich zu begründen versucht.

Politisierungs-, Bemächtigungs- und Legitimationsvorgänge sind Kulturprozesse, die als Abstrakta Vorgänge neutral beschreiben und erst in den je konkreten Lebenszusammenhängen ihre Brisanz gewinnen. Das bedeutet, daß wissenschaftliche Verallgemeinerung, je stärker desto mehr, zur Neutralisierung von Urteilen führt. Andererseits dürfen die katastrophalen Folgen einer nazifizierten Volkskunde für das wissenschaftliche, alltagspraktische und humane Handeln in keiner Weise relativiert werden. Hier liegt ein erkenntnistheoretisches Dilemma. Dieses läßt sich wohl nur im konkreten Lebensvollzug lösen – indem man den Zwiespalt empirischer und theoretischer Erkenntnisse präzis veranschaulicht und dann, so enttäuschend das klingen mag, als solchen – eben als einen unauflöslichen Zwiespalt – akzeptiert.

Wissenschaft wird von Menschen gemacht, d.h. Verantwortung tragen niemals Fachinhalte, sondern immer Fachvertreter; sie selbst, nicht unausweichliche ideologische Zwänge bestimmen ihr Tun. Das gilt selbstverständlich auch in der Gegenwart. Wer Gefährdungen und Abwege der eigenen Fachgeschichte kennt, so ist zu hoffen, wird neuerlichen Zumutungen gegenüber aufmerksamer sein.

Wissenschaft und Politik

Lernen können wir nur für heute und morgen. Wie also berührt das historische Verhältnis von Volkskunde und Nationalsozialismus unsere Gegenwart? Zum einen durch geschichtliche Fäden (wie stark oder schwach auch immer) und zum zweiten als geschichtliches Beispiel (ob nun direkt oder nur indirekt übertragbar). Volkskunde ist, wie andere Disziplinen auch, zugleich Reflex gesellschaftlicher Zustände und selbstwirkende Kraft. Über politische Realitäten nur zu klagen, bliebe genauso hilflos wie ein Rückzug in den Elfenbeinturm. Es gilt, das Exemplarische im Spannungsverhältnis von Volkskunde und Nationalsozialismus für die Gegenwart zu akzentuieren.

Erstens: *Wissenschaft gestaltet unseren Alltag entscheidend mit, ohne daß von vornherein klar wäre, ob positiv oder negativ.* Das gilt über all unsere technischen und medizinischen Errungenschaften, die auf naturwissenschaftlichen Erkenntnissen basieren, hinaus gleichermaßen – nur meist weniger offensichtlich – für geisteswissenschaftliche Deutungsmuster von Leben und Welt. Hier ist für die NS-Zeit gerade auch die Volkskunde betroffen, und hier wird Volkskunde zugleich zur Analyse gebraucht, weil sie – stärker als z.B. Politologie oder Soziologie – die Traditionen der Vergangenheit als einen wesentlichen Prägefaktor unserer kollektiven Identität begreift.

Zweitens: *Die Risiken wissenschaftlicher Arbeit für das menschliche Leben sind groß.* Auch das gilt sowohl für natur- wie für geisteswissenschaftliche Forschung, und man sollte dabei nicht nur an politische oder wirtschaftliche Instrumentalisierung denken. Wissenschaft ist heute auf weiten Strecken zu einer Warenproduktion verkommen, die immensen Wissensstoff anhäuft und als Konsumgut verschleudert. Ohne qualitative Auswahl und Gewichtung wird die Gefahr der Trivialisierung unverkennbar, nicht zuletzt in der Erforschung des Nationalsozialismus und auch in der Volkskunde, zumal deren Betrachtungsansatz per definitionem von ganz alltäglichen Erscheinungen ausgeht, wo die Qualität weniger in den Sachen selbst als in deren kulturwissenschaftlicher Bedeutung liegt: auf schmalem Grat zwischen den Abgründen von Beliebigkeit und Banalität.

Drittens: *Wissenschaft ist immer auch eine höchst wirksame Sozialgruppengeschichte.* Deutlich war z.B. die Theorienbildung der Volkskunde nach dem Krieg dadurch beeinflußt, daß sich die facheigene Konzeptualisierung an den Universitäten wesentlich unter Maßgaben der NS-Ideologie vollzogen hatte. Die gegenwärtige Volkskunde-Forschergemeinschaft muß fragen, wieweit spezifische Ergebnisse volkskundlicher Arbeit der NS-Zeit heute (als gesunkenes Gelehrtengut) weiterwirken – z.B. bei politischem Folklorismus im Festwesen, in rechtsradikalem Symbolgebrauch oder durch Rassenaspekte in der Ausländerfrage – und wieweit sie im Spiegel solcher Erscheinungen womöglich ihren eigenen Fachmythen begegnet, die sie – wenn sie unreflektiert bleiben – am Verstehen des heutigen Alltags hindern könnten.

Viertens: *Unser Umgang mit Wissenschaft bedarf grundsätzlich vertieften Nachdenkens.* Das schließt auch Wissenschaftsgeschichte ein, die die kollektive Erinnerung mit Hoffnungsmöglichkeiten verbinden sollte; die durch die Öffnung des Blicks für die Risiken in der Vergangenheit den Blick für die Chancen in der Zukunft schärft. Aus den je zeitgemäßen Vorstellungen über Relevanz und Verantwortung von Wissenschaft erwachsen deren wirklich wichtige Themen. Gerade diese bedürfen größter Behutsamkeit. Wer da nur bipolare Kategorien wie gut/böse, Freund/Feind, Täter/Opfer, richtig/falsch kennt, ist nazistischer Argumentation formal schon sehr nahe. Wir sollten – in diesem Falle: unerbittlich – auf Nuancen bestehen und auch die Diskurs- und Dialogformen, die zu Ergebnissen geführt haben oder führen sollen, als wichtige Erkenntnisbedingungen berücksichtigen. Das betrifft nicht zuletzt die NS-Aufarbeitung selbst; denn wie wir Taten und Verhalten Einzelner werten, hängt ja außer von den kulturellen Maßstäben der Epoche auch von unserer Einfühlungsbereitschaft und unserem Gesprächsvermögen sowie der Art des interpretativen Vorgehens ab.

Fünftens: *Wissenschaft muß ihr gesellschaftliches Umfeld immer wach und dabei das eigene Tun selbstkritisch im Auge behalten.* Gegenwärtige Alltagserscheinungen wie Naturzerstörung und Musealisierungsboom, Wirtschaftsverbrechen und Drogenkonsum, massenmediale Informationsflut und Gewaltverherrlichung, Sextourismus und Ausländerfeindlichkeit, sollten – weil und soweit hier kulturell geprägte und in kulturellen Bahnen vermittelte Wertungsmuster im Spiele sind – gerade Volkskundler mit Engagement und Ernst, aber ohne Eilfertigkeit zum Thema machen. Als öffentlich geförderte Wissenschaft muß sich natürlich auch Volkskunde angemessen legitimieren.

Dazu gehört, daß sie jederzeit darauf vorbereitet ist, mit politisch als wichtig und vordringlich bewerteten Kulturaufgaben im Alltagsbereich konfrontiert zu werden; denn hier liegt volkskundliche Kompetenz. Und hier hat die wissenschaftliche Enkelgeneration aus den leidvollen Erfahrungen der NS-Zeit und der jüngeren Reflexion darüber hoffentlich etwas gelernt: besteht auf Bedenkzeit, prüft sorgfältig und handelt verantwortungsbewußt.

Über den Kulturbegriff

Die „Kultur"-Debatten der letzten zwei Jahrhunderte sind unüberschaubar. Vermutlich ist alles, was über Kultur zu sagen ist, schon einmal formuliert worden und mehr als eine Variation des Altbekannten kaum zu erhoffen. Aber es ist natürlich unmöglich, daß alle bemerkenswerten Gedanken und Betrachtungsaspekte, die je geäußert wurden, in jedem Diskussionszusammenhang präsent sind. Da sie wegen ihrer Vielfalt und ihrer Verstreutheit in unterschiedlichsten Kontexten sowie aufgrund unseres begrenzten Auffassungs- und Erinnerungsvermögens auch nicht nach Belieben abgerufen werden können, ergibt sich immer wieder eine neue Gesprächssituation.

Die meist ungestellte, aber wichtige Vorfrage lautet: Warum ist es im gegebenen Fall notwendig, über „Kultur" zu sprechen? Im Folgenden steht nicht das Wesen von Kultur zur Debatte: was sie ist, vermag, bewirkt oder bedeutet. Unser Problem ist vielmehr der Kultur*begriff*; denn wir sind immer wieder damit konfrontiert, daß er in der wissenschaftlichen Auseinandersetzung höchst unterschiedlich verwendet wird. Daraus resultieren scheinbare oder tatsächliche Widersprüche. Aus diesem Grunde wird die Begriffsbildung zum Angelpunkt unserer Überlegungen. Begriffsbildung ist kein Vorgang außerhalb von Raum und Zeit. Sie muß in einem größeren kulturellen Umfeld, also vor allem den sozialhistorischen Kontexten, betrachtet werden.

Von „Volk" zu „Kultur"

Fachbegriffe fallen nicht vom Himmel und entwachsen auch nur in Ausnahmefällen einem isolierten Akt kreativer Forschungsfantasie. Das gilt besonders für die Grundbegriffe einer Disziplin, in denen sich – mehr oder weniger bewußt – theoretische Konzepte eines Fachs verdichten. Begriffsbildung ist in der Regel ein historischer Prozeß, der sich durch viele Jahre im wissenschaftlichen Diskurs einer Forschergemeinschaft vollzieht. Begriffe entstehen im Wechselspiel von intensiver Gegenstandsbetrachtung und übergreifender Reflexion des Erkenntnisinteresses und werden dabei akzentuiert und präzisiert. Da sich die beiden wichtigsten Elemente einer Fachidentität – nämlich der postulierte Fachgegenstand und das fachspezifische Erkenntnisinteresse – immer wieder verändern, verändern sich auch die zentralen Fachbegriffe.

Volkskunde hat sich gut hundert Jahre lang als die Wissenschaft vom *Volksleben* verstanden: grob gesagt von der Mitte des 19. bis zur Mitte des 20. Jahrhunderts. 1858 charakterisierte Wilhelm Heinrich Riehl Volkskunde als „halbvollendete Schöpfung" der vorausgehenden hundert Jahre, nunmehr selbständig geworden, „freigesprochen namentlich von ihrer alten Dienstbarkeit der Geographie und Geschichte"; sie richte ihre Forschung vor allem auf das „gegenwärtige Volksleben der eigenen Nation" und müsse dabei auf die „Naturgesetze des Völkerlebens" zurückgehen. Und noch 1946 war Volkskunde für Richard Weiss „die Wissenschaft vom Volksleben. Das Volksleben", so präzisierte er, „besteht aus den zwischen Volk und Volkskultur wirkenden Wechselbeziehungen, soweit sie durch Gemeinschaft und Tradition bestimmt sind."

Das Volksleben als Forschungsgegenstand und -ziel blieb bis in die 1960er Jahre das Zentrum aller Bemühungen. Die programmatischen Formulierungen variierten allerdings und setzten unterschiedliche Akzente, in denen auch Sprache und Geist der jeweiligen Zeit durchschimmerten. Volkskundler suchten und studierten z.B. um die Jahrhundertwende die „Lebensäußerungen" des Volkes (Weinhold 1890), die „Volksseele" (Meyer 1897, Mogk 1899), die „primitiven Anschauungen und die volkstümlichen Überlieferungen" (Hoffmann-Krayer 1902), die „Überbleibsel (survivals) der früheren älteren Anschauungen" (Kaindl 1903), „die Ideenwelt der großen Masse" (Mogk 1904); im Zeitraum, der von zwei Weltkriegen geprägt war, fragten sie nach den „tiefinnersten Charaktermerkmalen des Volkes" (Kaindl 1913), dem „Volksmenschen" (Mackensen 1926), dem „Unterschichtlichen im Volksmenschen" (Spamer 1928), der „Charakterologie des deutschen Volkes" (Wähler 1930), den „wirkenden Volkskräften" (Klapper 1931), „deutscher Wesensart" (Wrede 1936), dem „uneigenständigen, geistig-seelischen Leben, soweit es durch sichtbare oder unsichtbare Tradition bestimmt wird" (Stavenhagen 1936); und schließlich nach dem politischen Zusammenbruch der Volksideologie fragte man nach dem „Leben in überlieferten Ordnungen" (Schmidt 1947). *Kultur* tauchte als begriffliche Formel für den Forschungsgegenstand in der volkskundlichen Programmatik explizit nur selten und ganz am Rande auf. Noch im Handbuch Adolf Bachs von 1960 wurden als Kernfragen der Volkskunde die nach Weltbild und Wesensart des deutschen Volkes bezeichnet und der Kulturbegriff nur an einer Stelle knapp erwähnt. Dort gab Bach offen zu, daß er *Kultur* („Pflege und Vervollkommnung einer der Verbesserung fähigen Sache, Gesittung") nicht immer in gleichem Sinne gebrauchte und diese mangelhafte terminologische Scheidung als einen Mißstand empfand.

Seit den 1960er Jahren dienten zur Charakterisierung der Volkskunde dann Aussagen wie: sie behandele die „soziokulturelle Formenvielfalt" (Heilfurth 1969) oder „sozio-kulturale Probleme" (Falkensteiner Formel 1970) oder die „kulturale Seite gesellschaftlichen Lebens" (Bausinger 1978), sie sei „Sozialgeschichte regionaler Kultur" (Brückner 1987). In den Namen volkskundlicher Universitätsinstitute tauchten Anfang der 1970er Jahre – außer „Europäischer Ethnologie" – die Bezeichnungen „Kulturanthropologie", „Kulturforschung" und „Empirische Kulturwissenschaft" auf. Die neueren Einführungswerke in die Volkskunde erörterten meistens, was jeweils unter Kultur zu verstehen sei; „Kultur" galt nun im Fach als ein *Schlüsselwort* (Greverus 1978), als das erste von vier zentralen *thematischen Stichwörtern* (Bausinger u.a. 1978) oder als der grundlegende *Verständigungsbegriff*, der keiner strengen Definition bedarf (Gerndt 1981). Es sei der Kulturbegriff, meinte Bausinger, der „das vordergründig farbige, tatsächlich aber verengte volkskundliche Konzept von *Volkskultur* durchbricht".

Über den Begriff „Volkskultur" gab es später eine eigene Diskussion, als er in den 1980er Jahren in der Geschichtswissenschaft aufgegriffen wurde. Die volkskundlichen Gegenpositionen variierten. Kritisch wurde Volkskultur als konstruierte „Entdeckung" der Vorromantik betont, die von Anfang an als eine „Blutauffrischung" der Gelehrtenkultur funktionalisiert worden sei, oder als eine bürgerliche Kulturmanipulation des 19. Jahrhunderts mit der Propagierung und Etablierung gruppentypischer Güter, aber auch als eine historische Größe, die freilich in deutlicher regionaler oder sozialer Differenzierung als etwas funktionell Zusammengewachsenes bzw. – in anderer Sicht – als Gegenkultur mit generellem Andersverhalten verstanden werden müsse.

In der Programmatik der Volkskunde hat somit vor rund 30 Jahren – in der Hoffnung, Ideologiezwängen zu entkommen – eine Begriffsverschiebung von „Volk" hin zu „Kultur" stattgefunden. Bezüglich der konkreten Forschungsarbeit ist dieser Befund nur dadurch etwas einzuschränken, daß schon seit dem Beginn des 19. Jahrhunderts, wenn vom speziellen Untersuchungsgegenstand und nicht zugleich auch vom Erkenntnisziel der Volkskunde (dem „Volk") die Rede war, die Bezeichnung „Volkskultur" begegnete. Da dieser Begriff aber teilweise eine romantisch wertende Färbung gewann, die nicht leicht wieder abzustreifen ist, wird er in der gegenwärtigen Volkskunde zögerlicher verwendet und statt dessen lieber durch den Begriff „Alltagskultur" ersetzt. Der Gefahr, daß Begriffe immer auch Werte transportieren (zumindest insofern, daß der gemeinte Sachkomplex für einen Forscher oder in einer Epoche als betrachtenswert erscheint), kann man freilich nie ganz entgehen. Alltagskultur soll alle jene Erscheinungen beschreiben, von denen wir im täglichen Leben umgeben sind, die dieses Leben in all seinen Aspekten im vollen Wortsinne zum Ausdruck bringen. Diese tendenziell „wertfreie", objektivierende Sicht hat sich heute allgemein in den Humanwissenschaften durchgesetzt, so daß z.B. Literaturwissenschaftler auch die sogenannte Trivialliteratur und Werbetexte oder Historiker die „normale“ Alltagskultur in den Blick nehmen.

Im übrigen herrschte in der Volkskunde implizit lange ein „possessualer Kulturbegriff“ (Gottfried Korff) vor, der auf materielle und geistige Güter (Volkskunst, Volkspoesie) fixiert war. Bis zu einem gewissen Grade drückt sich diese Sicht auch in zusammengesetzten Begriffen, die den Bestandteil „Kultur“ enthalten, aus: Kulturgut, Kulturverhalten, Kulturraum, Kulturgrenze, Gemeinschaftskultur, Subkultur, Reisekultur etc. Günter Wiegelmann benutzte in seinem Werk „Theoretische Konzepte der Europäischen Ethnologie“ (1990) zahlreiche solcher Zusammensetzungen, ohne den Kulturbegriff jedoch selbst zum Thema zu machen. Das dort ausführlich erörterte Konzept der Kulturfixierung zielt beispielsweise im wesentlichen nur auf eine Fixierung bestimmter Kulturelemente und Kulturstandards und trifft keine Gesamtaussage über (eine) Kultur.

Die Diskussion des Kulturbegriffs blieb in der Volkskunde regelmäßig implizit. Ihr eigentliches Arbeitsfeld waren von jeher Kulturen als Lebenswelten. Aber neuerdings gibt es Ansätze, die volkskundliche Reflexion in den kulturphilosophischen Diskurs einzubinden. Für Martin Scharfe ist Kultur mit Poppers Welt 3 identisch, und er plädiert dafür, in die Kulturanalyse auch Erfahrungen herausragender Individuen miteinzubeziehen. Dieter Kramer erhebt die Forderung nach einer angemessenen Theorie der Kultur, nach einer Neubesinnung auf die vielfältigen Aspekte des Kulturbegriffs. Denn Volkskunde müsse heute fragen, wie die Menschen mit der Pluralität von Lebensstilen und Kulturen umgehen, wie sie ihren Sinnfindungs- und Orientierungsbedarf decken. Zentrale Fragen gelten in der jüngeren Volkskunde interkulturellen Kommunikationsproblemen und der Kulturalismusdebatte: „Kultur“ als Praxis der Wahrnehmung und Bearbeitung von „Wirklichkeit“; Stichworte sind hier: kultureller Rassismus (z.B. in den USA), Fundamentalismus (z.B. im Islam), gezielte ethnische Konstruktion (z.B. im ehemaligen Jugoslawien).

Zusammenfassend: Die Kulturkonzepte der Volkskunde haben sich im Laufe der Zeit gewandelt. Zunächst waren sie nur vage und implizit und mehr oder weniger auf die phänomenale Oberfläche von Volkskultur fixiert. Die Ideologiekritik am Volkbegriff hat zu einer kulturanthropologischen Neuorientierung geführt: über verschiedene kulturkritische Positionen letztlich hin zu einem weiten ethnologischen Kulturbegriff sowie zum Alltagsbegriff, der den empirischen Ansatz der Volkskunde markiert.

Kultur und Natur

Warum und wozu braucht Volkskunde einen Kulturbegriff? Begriffe sind Werkzeuge; sie werden entweder dadurch gebildet, daß man einzelne Merkmale unterscheidet und heraushebt, irrelevante Merkmale vernachlässigt und schließlich den so gebildeten Begriff auf alle unter ihn fallenden Objekte überträgt. Oder aber auch dadurch, daß man ihn in wesentlichen Merkmalen von anderen (Kontrast-) Begriffen unterscheidet.

Begriffe dienen der Verständigung. Sie haben einen Inhalt (was ein Gegenstand „meint") und einen Umfang (welche Gegenstände er alle umfassen kann), die miteinander korrespondieren: je größer der Umfang, desto kleiner der Inhalt. Sie besitzen aber darüber hinaus auch eine unterschiedliche Trennschärfe (die sich jeweils im konkreten Benutzungszusammenhang zu erkennen gibt). Generell ist sie in der Umgangssprache meist geringer als im wissenschaftlichen Gebrauch, und hier wieder in der Analytik, die der formalen Logik verpflichtet ist, größer als in der Hermeneutik, die der Einfühlung bedarf. Somit gibt es also auch Begriffe, die sich zwar erläutern, aber nicht im strikten Sinne definieren lassen.

Die Diskussion über den Kulturbegriff zielt meistens auf den Begriffsinhalt, eventuell auch auf den Begriffsumfang, und berücksichtigt oft gar nicht oder nur ansatzweise, in welchem Kontext er verwendet wird oder verwendet werden soll. Mir scheint es aber hinsichtlich des Kulturbegriffs nützlich, nach seiner Funktion zu fragen, die er in bestimmten Diskursen besitzt. Die Aufgabe, die er zu erfüllen hat, kann stark differieren und auch innerhalb eines einzigen wissenschaftlichen Argumentationszusammenhangs unterschiedlich sein.

Was Kultur an sich ist, will in der Regel niemand wissen. Was Kultur alles sein kann, ist prinzipiell unausschöpfbar. Was Kultur in einem bestimmten Aussagezusammenhang bedeutet, ist aber zu wissen nötig, wenn man die Aussage verstehen will. Darum ist es nicht sehr ergiebig, allgemein zu fragen: Was ist Kultur? Für ein fruchtbares Gespräch muß es heißen: Was meint Kultur im je speziellen Fall?

Daß der Kulturbegriff, oder besser: das Wort „Kultur", heute in der Umgangssprache und der popularisierten Wissenschaftssprache der Medien eine Inflation erlebt, ist offenkundig. Mit der Hypothek, mit der der Kulturbegriff durch solche Popularisierung und Vermarktung beladen wird (man vergleiche Wortbildungen wie Fertigkultur, Streitkultur, Mitmachkultur, Kulturmüll etc.), wollen wir uns hier nicht befassen. Wir beschränken uns auf den Gebrauch des Kulturbegriffs in kulturwissenschaftlichen Diskursen. Er wird immer mit einer bestimmten Intention verwendet, ist jeweils Bestandteil eines bestimmten Aussagenkontextes.

Bevor wir fünf solcher Kontexte an Beispielen erläutern, müssen zwei grundlegende Diskussionsfelder, auf denen die spezielleren Unterscheidungen direkt oder indirekt aufbauen, knapp skizziert werden: die Frage des sogenannten erweiterten Kulturbegriffs sowie das Verhältnis von Natur und Kultur.

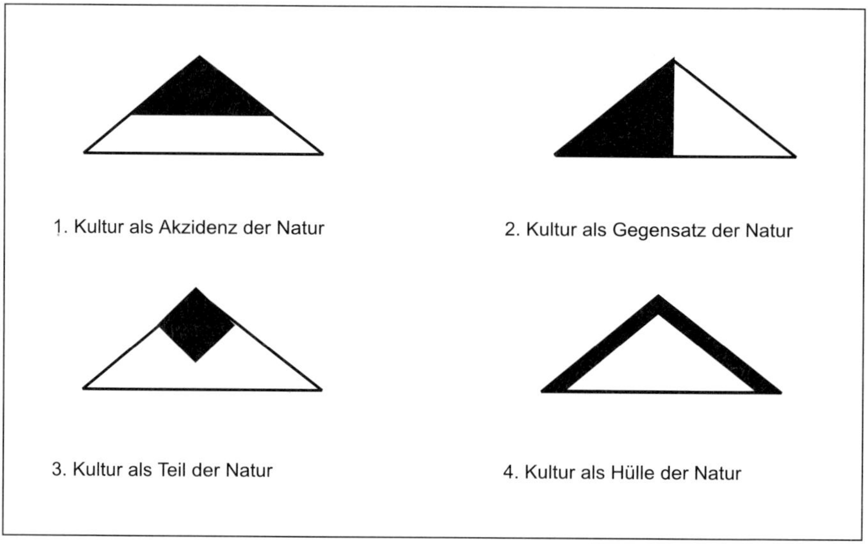

Abb. 55: Verhältnis von Kultur (schwarz) und Natur: Modellvorstellungen

Was aus dem Blickwinkel geisteswissenschaftlicher Fächer wie Literaturwissenschaft oder Kunstgeschichte, denen die bildungsbürgerliche Kulturvorstellung für ihre Gegenstandswahl zugrunde liegt (nämlich „hohe" Literatur bzw. Kunst), als eine Erweiterung ihres Fachbegriffs erscheint, ist im Grunde der alte ethnologisch-anthropologische Kulturbegriff. Es kann verwirren, wenn gelegentlich auch in der Volkskunde die Rede vom „erweiterten" Kulturbegriff übernommen wird, denn aus ethnologisch-volkskundlicher Sicht liegt bei den Kulturfächern mit ästhetisch begründeter Fachgegenstandsauswahl vielmehr eine *Einengung* des Kulturbegriffs vor. Nur aus der Perspektive eines älteren Volkskundeverständnisses könnte man im Blickwechsel von Volks- zu Alltagskultur eventuell eine Erweiterung ihres Kulturbegriffs erkennen.

Kurz: Kultur, wie sie in diesem Buch verstanden wird, meint grundsätzlich *alles* menschlich Geschaffene, Gedachte, Bewertete, Beeinflußte – das ist der anthropologisch gegründete weite, nur sogenannte „erweiterte" Kulturbegriff.

Das Verhältnis von Natur und Kultur bildet den Ausgangspunkt praktisch jeder kulturphilosophischen Begriffsdiskussion und ist im Laufe der Geschichte ungemein aspektreich und differenziert ausgefaltet worden. Zur Illustration des Verhältnisses von Natur und Kultur seien hier vier gängige Modelle skizziert (Abb. 55).

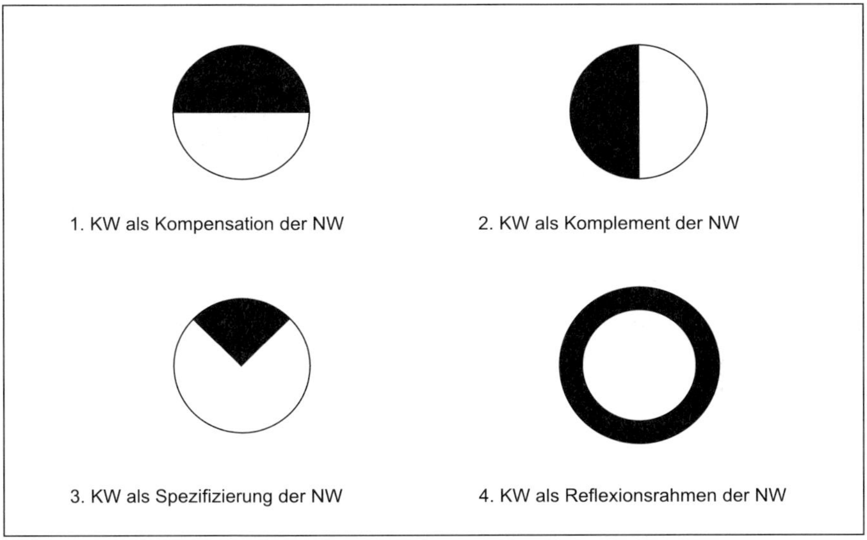

Abb. 56: Verhältnis von Kulturwissenschaft (KW = schwarz) und Naturwissenschaft (NW): Modellvorstellungen

In der öffentlichen kulturpolitischen Diskussion überwiegt die Vorstellung von Kultur als *Akzidenz* der Natur. Kultur ist dann – schematisch betrachtet – etwas „Aufgesetztes“, das nicht für sich bestehen kann, sondern einer tragenden Substanz, eben der Natur, bedarf. Kultur gilt in einer solchen Sicht als das Besondere, das die elementaren Lebensnotwendigkeiten übersteigt, als sogenannter „Überbau“, der aus den geistigen und ästhetisch oft besonders ansprechenden Werken der Menschen besteht (wie Musik, Theater, Kunst).

In anderer Perspektive, z.B. der älteren Volkskunde, versteht man Kultur als *Gegensatz* der Natur. Kultur ist das von Menschen „Gemachte“ gegenüber dem von der Natur „Gegebenen“. Diesem Bild liegt ein sehr weiter Kulturbegriff zugrunde, der alles umfaßt, was Menschen an materiellen und geistigen Produkten erzeugen, insbesondere auch alle – oft sehr unscheinbaren – Phänomene der sogenannten Alltagskultur (wie Hausrat, Kleidung, Volksgesang).

Beide Konzepte sind dualistisch konstruiert. Daneben wurden aber auch tendenziell integrative Vorstellungen zum Verhältnis von Natur/Kultur entwickelt. In solcher – z.B. naturphilosophischer – Sicht erscheint Kultur als *Teil* der Natur. Innerhalb der Natur hat sich im Laufe der Evolutionsgeschichte die Kultur herausgebildet und die Natur vielfältig bereichert. Zur Natur des Menschen gehört, daß er Kultur besitzt. Diese Betrachtungsweise sieht das Kulturelle in natürliche Gegebenheiten eingebunden und sich gewissermaßen über bestimmte Kulturstufen immer stärker emanzipieren.

Schließlich ist ein Verhältnis von Natur/Kultur im umgekehrten Sinne denkbar, und zwar in einer kulturphilosophischen Sicht, die Kultur als *Hülle* der Natur begreift. Alles, was uns als „Natur“ begegnet, ist heute in der Regel kulturell überformt, vor allem aber durch unsere kulturelle Auffassung von „Natur“ bestimmt. Wenn man unter „Kultur“ all das versteht, was mit Bedeutung besetzt ist, so transformiert der mit der menschlichen Wahrnehmung verbundene Akt der Bewertung ausnahmslos jede Naturerscheinung in ein Kulturphänomen, so daß wir also „Natur“ immer nur hinter dem Werteschleier der Kultur erfassen können.

Es sei ausdrücklich betont, daß es selbstverständlich weitere Möglichkeiten gibt, Natur und Kultur modellhaft zueinander in Beziehung zu setzen. Je nach dem herangezogenen Wirklichkeitsmodell ist damit zugleich das Verhältnis zwischen Kulturwissenschaft und Naturwissenschaft in Hinsicht auf deren gesellschaftliche Bedeutung bestimmt (Abb. 56).

1. Kulturwissenschaft als *Kompensation* der Naturwissenschaft. Diese Vorstellung entspricht dem Postulat des Gießener Philosophen Odo Marquard, daß die durch die experimentellen Wissenschaften vorangetriebene Modernisierung lebensweltliche Verluste hervorruft, die einen Ausgleich erfordern, und zwar durch erzählendes Sinngeben. Dieses nun werde durch die interpretierenden Geistes- und Kulturwissenschaften mit der ihnen eigentümlichen Mehr- oder Vieldeutigkeit geleistet. – Im nächsten Fall erscheint

2. Kulturwissenschaft als *Komplement* der Naturwissenschaft. Hier bildet die Kulturwissenschaft ein notwendiges Pendant zu einer Betrachtungsart, welche – bildlich gesprochen – nur die eine Seite der Medaille beleuchtet; erst Natur- und Kulturwissenschaft gemeinsam vermögen, in komplementärer Weise das Ganze zu erfassen. Die naturwissenschaftliche Erklärung der Welt muß durch ein einläßliches Verstehen ergänzt werden. – Dem dritten Fall entspricht

3. Kulturwissenschaft als *Spezifizierung* der Naturwissenschaft. Kulturwissenschaft bedeutet dann eine bestimmte Ausformung, eine in bezug auf Kulturphänomene spezifizierte Adaption des ursprünglich auf Naturphänomene ausgerichteten Erkenntnisstrebens. Kulturwissenschaftliches Denken bedient sich bei dieser Sicht methodischer Verfahren, die von den Naturwissenschaften begründet wurden. – Schließlich die Vorstellung, auf der das vorliegende Buch aufbaut:

4. Kulturwissenschaft als *Reflexionsrahmen* (auch) der Naturwissenschaft. Unter dieser Perspektive ist die naturwissenschaftliche Sicht von der kulturwissenschaftlichen Betrachtung eingehüllt. Zuerst muß nämlich jeder Forscher den kulturellen Filter beachten, durch welchen unabdingbar auch ein Naturwissenschaftler seine Forschungsgegenstände wahrnimmt. Alle empirische Erkenntnis verlangt vorgängig kulturphilosophische Reflexion.

Funktionen des Kulturbegriffs

„Kultur" wird in unterschiedlichen Diskussionszusammenhängen verwendet. Wir wollen hier, jeweils von Beispielen ausgehend, fünf unterschiedliche Aussagenkontexte pointieren (vgl. Übersicht S. 204).

1. Programmatische Aussagen

Beispiele: „Kultur ist die Schöpfung des Menschen, die er der (...) Natur entgegensetzt" (Sombart); Kultur ist all das, „worin sich das menschliche Leben über seine animalischen Bedingungen erhoben hat" (Freud); „Kultur umfaßt im Gegensatz zu Natur alles, was dem menschlichen Handeln entspringt" (Tenbruck). Kultur ist unsere gesamte Wirklichkeit im Spiegel des menschlichen Bewußtseins.

„Kultur als Forschungsfeld" – in einer solchen Formulierung hat der Kulturbegriff, je nachdem, an wen sich die Aussage wendet, eine *orientierende* Funktion (z.B. für Fachkollegen oder Studierende) oder eine *legitimierende* Funktion (z.B. gegenüber einem Wissenschaftsministerium oder der Öffentlichkeit). Kultur verweist hier auf den Kompetenzbereich eines Fachs oder einer Fächergruppe. Mit Kultur ist dabei ein großer, wesentlicher Teil der Wirklichkeit gemeint. Alles was nicht Kultur ist, ist Natur. Das muß freilich „kein Entweder-Oder, sondern (kann auch) ein Sowohl-Als-Auch" bedeuten, als ein „Verhältnis von Materie und Ausführung" (Hansen) verstanden werden. Grundsätzlich sind hier viele Vorstellungen möglich. Insbesondere die Tatsache, daß der Mensch als Erkenntnissubjekt zugleich ein Natur- und ein Kulturwesen darstellt, könnte und müßte dabei berücksichtigt werden.

Stets gilt: „Kultur" ist im grundlegenden erkenntnistheoretischen Zusammenhang ein Verständigungsbegriff. Dahinter steht ein sehr allgemeines, auf hoher Abstraktion beruhendes Kulturkonzept, das den Gegenstand der Kulturwissenschaft(en) – meist durch Charakterisierung des Verhältnisses von Natur und Kultur – idealtypisch umreißt.

2. Methodologische Aussagen

Allgemein heißt es oft „Das Problem fordert eine kulturelle Sicht" oder „Im Gegensatz zur soziologischen oder psychologischen ist eine kulturwissenschaftliche Betrachtungsweise gefordert". In formal ähnliche Richtung deuten Aussagen wie „Das geschichtliche Element von Gesellschaft ist kulturell bestimmt; Kultur ist nie von heute, sondern stets ‚soziales Erbe'" (Bausinger); Kultur muß „als eine vom einzelnen Individuum unabhängige Größe betrachtet werden" (Hansen).

„Der Mensch als Kulturwesen" – in dieser Formel hat der Kulturbegriff eine *perspektivierende* Funktion; er verweist auf eine bestimmte Betrachtungsrichtung mit einer bestimmten Verfahrensweise, die gegenüber anderen näher zu charakterisieren ist. Kultur ist als ein konstitutiver Teil des Menschen (oder des Menschlichen) anzusehen. Das Kulturelle steht dem Körperlichen gegenüber, aber in methodischer Hinsicht genauso wichtig wie diese Abgrenzung gegenüber der Natur des Menschen ist eine andere Akzentuierung: der Mensch als ein Wesen, das Bewußtsein hat, das Sozialbeziehungen eingeht, das in der Geschichte handelt. Die Vorstellungen vom Menschen als Bewußtseins-, Gesellschafts-, Geschichts- und Kulturwesen sind im Wechselverhältnis aufeinander bezogen.

Aus der Sicht einzelner Fächer werden unterschiedliche Differenzierungen vorgenommen. Kultursoziologisch unterscheidet etwa Alfred Weber zwischen Zivilisation (Gesamtheit der Einwirkung des Menschen) und Kultur (nur die normativen Werte). Volkskundlich kennzeichnet Hermann Bausinger das komplizierte Verhältnis von Kultur und Gesellschaft so: „Kultur organisiert die Werte, Normen und symbolischen Formen, welche das soziale Verhalten und die sozialen Handlungssysteme wesentlich begründen und begrenzen – die sozialen Interaktionen aber wirken ihrerseits auf die Organisation der Kultur zurück".

Die kulturwissenschaftliche Betrachtungsweise sollte die psychologische, soziologische und historische Betrachtungsweise nicht nur addieren, sondern integrieren. Das Besondere an Kulturwissenschaft ist, daß sie (im Gegensatz zu Historie und Soziologie) kulturelle Kristallisationspunkte sucht, von denen langfristige Neuformationen des Kulturprozesses ausgehen, ohne daß damit notwendig alte Paradigmen untergingen (H. Böhme); in Kultur bleibt Vergangenheit präsent.

3. Gegenstandsbezogene Aussagen

Beispiele: „Kultur ist die Gesamtheit der typischen Lebensformen einer Bevölkerung, einschließlich der sie tragenden Geistesverfassung, insbesondere der Wert-Einstellungen" (Mühlmann); Kultur ist in ihrer konkreten Form „ein Erbe von Fertigkeiten, Einrichtungen, Kenntnissen und Werten" (Tenbruck); „Neben den materiellen wie den geistigen Leistungen eines Kollektivs umfaßt Kultur die Standardisierungen, die in ihm gelten" (Hansen). Kultur bildet die Gesamtheit menschlicher Ausdrucksformen, ihnen zugrunde liegender Normen und zugehöriger Bedeutungen.

„Kulturen in Interaktion" – in dieser Formulierung wird auf einen „weiten" Kulturbegriff Bezug genommen, er hat eine *definierende oder umschreibende* Funktion und muß für eine gegebene Forschungsaufgabe fallweise näher eingegrenzt werden. Kultur bezeichnet hier etwas, was ein empirischer Teil der menschlichen Gesamtkultur ist.

Volkskundliche Arbeit geht von kulturellen Erscheinungen, von substratgebundenen Aussagen aus. Sie entwickelt operationale Konzepte, in denen der Kulturbegriff auf unterschiedlichen Realitätsebenen liegen kann. Gegenüber „Arbeiterbewegungskultur“ ist z.B. „proletarische Kultur“, die die Kultur der Landarbeiter mit einschließt, ein weiter gefaßter, übergeordneter Begriff; „plebeische“ oder „vorproletarische Kultur“ bedeuten eine historische Präzisierung; „Bergbaukultur“ oder „Festkultur der Arbeiter“ bieten sachbezogen nähere Bestimmungen.

Es empfiehlt sich, das Beschreibungsfeld wenigstens in zweierlei Hinsicht zu differenzieren:

a) *Kultur als analytischer Teilkomplex.* Einerseits ist zu unterscheiden zwischen verschiedenen kulturellen Ausdrucksformen (Gegenstandskomplexen): z.B. bestimmten Kulturgütern und Kulturverhaltensformen. Hier stellen sich Fragen hinsichtlich der Diffusion von Kulturelementen, zu den Selektionsmechanismen, Imitationen, Umformungsvorgängen, Umdeutungen. Andererseits ist zu unterscheiden zwischen verschiedenen abstrakteren Lebensbereichen: z.B. Kultur, Wirtschaft, Gesellschaft, Politik. Hier stellen sich Fragen nach Interdependenzen, Beeinflussungen, Strukturwandel etc.

b) *Kultur(en) als ganzheitlicher Teilkomplex.* Hier ist zu unterscheiden zwischen größeren kulturellen Gesamtheiten: z.B. Hoch- und Volkskultur, Sub- und Teilkulturen oder verschiedenen Nationalkulturen. Es stellen sich Probleme der Kulturvermittlung, der Lebensstil-Entwicklung (in die historische Arbeiterkultur sind z.B. Elemente aus der älteren bäuerlich-handwerklichen Kultur sowie der bürgerlichen Kultur eingeflossen), des Kulturkonflikts, der kulturellen Mißverständnisse (interkulturelle Kommunikation fragt: was passiert, wenn Personen aus verschiedenen Kulturen miteinander agieren?). Probleme liegen darin, daß Nationalkulturen keine klar definierbaren Einheiten darstellen, z.B. in der globalisierten Welt nicht mehr territorial gebunden sind (also ein flexibles Kulturkonzept nötig ist), ferner, daß die Entschlüsselung kultureller Unterschiede umso schwieriger wird, je mehr sich die Kulturen angleichen.

4. Theoretische Aussagen

Beispiele: Kultur ermögliche das Überleben der Menschheit (Harris, Gehlen); die kulturelle Ordnung beinhalte sowohl die Regel wie deren Überschreitung (Clifford); die Kultur verwehre unseren Gefühlen die Entfaltung (Freud); Kultur sei ein Orientierungsmuster, das Verhaltenssicherheit und Anerkennung im sozialen Untereinander gewährleisten solle (Greverus); Kultur sei ein Entzweiungs-Mechanismus (Eder); Kultur sei ein kompliziertes Bündel von in Systemen geordneten Prozessen (Wiegelmann).

In solchen Aussagen und auch in Buchtiteln wie „Patterns of Culture" oder „Urmensch und Spätkultur" hat der Kulturbegriff eine *erklärende* oder zum *Verstehen* führende Funktion. Er wird in ein theoretisches Aussagegefüge eingebaut. Kultur erscheint als theoretisches Konstrukt. Solche Aussagen, Modellvorstellungen oder Theoriegebäude repräsentieren oft sehr weitreichende Kulturkonzepte. Kultur kann dabei unterschiedlich verstanden werden, zum Beispiel: als Überlebenssicherung, Bedeutungsgewebe, Orientierungsmuster, Kommunikationssystem, Vermittlungsprozeß etc.

Diese Abstraktionsebene, die hier nur ganz kurz und unzulänglich angesprochen wird, ist zweifellos besonders interessant und liefert wichtige Einsichten. Aber: Volkskunde als eine empirische Kulturwissenschaft, die den Bezug zum Lebensalltag wahren will, macht kaum je Aussagen über Kultur als Gesamtheit, sondern behandelt überschaubarere Kulturbereiche. „Kultur" ist nicht ihr Problem, sondern Kultur ist ihr Forschungsfeld, ein riesiges Sachgebiet, weil ihm ein „weiter" Kulturbegriff zugrunde liegt. Mit einem solchen Begriff sind durchaus Gefahren verbunden, die Hermann Bausinger herausstellt: Volkskunde erscheint für alles zuständig und kompetent, besitzt eine gewisse Blindheit gegenüber ästhetischen Werten und neigt dazu, das „Eigene" zu überschätzen – jedoch „das ist unsere Chance: daß wir aus unseren Schwächen den Vorteil eines genauen und kritischen Blicks entwickeln".

Erkenntniskonzepte wie die eben genannten führen zu starken Generalisierungen. Darum sind sie oft einseitig. Beim Funktionalismus Malinowskis, der die menschlichen Bedürfnisse als treibende Kraft der Kultur sieht, wird z.B. gegenüber Umwelt und sozialem Milieu die zeitliche Dimension oft vernachlässigt. Manche Phänomene erklären sich aber nicht hinreichend aus dem Zweck eines Gegenstands, sondern lassen sich erst bei Berücksichtigung ihrer weiterreichenden Bedeutung (z.B. als Statussymbol) oder historischer Vorschriften (die z.B. einen Zwangskonservatismus bewirken können) richtig verstehen.

5. Praxisleitende Aussagen

Im Hinblick auf kulturpolitische Aufgaben heißt es oft: „Kultur muß gefördert, erhalten, gepflegt werden". In solchen Sätzen oder in einem Buchtitel wie „Die Kultivierung des Alltags" gewinnt der Kulturbegriff eine *instrumentalisierende* Funktion. Er steht in einem gesellschaftspolitischen Kontext: Kultur als Angebot und als Anspruch. In der Denkmalpflege wird Kultur als (ästhetischer) Wert verstanden; es geht um praktisch umsetzbare Kulturkonzepte, um Kultur als Wertmaßstab im normativen Sinn. Der Kulturbegriff kann auch bei der Diskussion von Konfliktlösungen eingesetzt werden: Kultur als Integrations- und Ausgrenzungsfaktor. In der Regel verlangen Anwendungskonzepte, die Komplexitäten verringern müssen, eine stark vereinfachte Begrifflichkeit.

Vielfalt oder Transformation?

Wie viele Kulturbegriffe braucht Volkskunde? Jede Wissenschaft muß den Zentralbegriff, in dem sich ihre Identität hinsichtlich Forschungsgegenstand und –ziel manifestiert, letztlich immer offenlassen; er ist es, der das Fragen stimuliert und der wissenschaftlichen Erkenntnissuche unablässig die Mitte weist, obwohl diese selbst unerreichbar ist. Kultur gleicht in den Kulturwissenschaften, so könnte man sagen, einem Magnetpol, der alle Kompaßnadeln wissenschaftlicher Kundfahrer, von welcher Seite sie sich auch nähern mögen, auf sich zieht und dann, wenn sie meinen könnten, ihn erreicht zu haben, die Nadeln kreiseln macht.

Unser Gedankengang hat „Kultur" in fünf typischen Diskussionszusammenhängen zu skizzieren versucht: als idealtypischen Verständigungsbegriff, analytischen Differenzierungsbegriff, terminologischen Beschreibungsbegriff, modellbezogenen Theoriebegriff und operationalen Praxisbegriff. Es dürfte deutlich geworden sein, daß der Kulturbegriff in einem wissenschaftlichen Diskurs unterschiedlichen Bedürfnissen dienen kann, indem er auf spezifische Weise gegenüber jeweils anderen Begriffen abgegrenzt oder – auf der theoretischen Ebene – ihnen zugeordnet wird.

Der Kulturbegriff vermittelt also von Fall zu Fall: eine charakteristische Orientierung des Erkenntnisinteresses (in Abgrenzung von Naturerkenntnis), eine methodische Richtschnur (in Abgrenzung zu Studien über Gesellschaft, Ereignisgeschichte, Individualbewußtsein), eine beschreibende Erfahrungsgrundlage (in Abgrenzung von Teilkomplexen wie Wirtschaft, Politik, Sozialwesen bzw. zwischen verschiedenen Teil- oder Nationalkulturen), eine verstehend-erklärende Einsicht in theoretische Zusammenhänge menschlichen Lebens, eine entscheidungsleitende kulturpolitische Hilfestellung.

Volkskundliches Arbeiten, Erklären und Verstehen vollzieht sich auf unterschiedlichen Abstraktionsebenen. Der Kulturbegriff gewinnt dort eine jeweils spezifische Funktion; sein Stellenwert – und damit auch sein Inhalt – ist vom gegebenen Argumentationszusammenhang abhängig. Zu bedenken ist also stets zuerst die Zielsetzung: ob es im konkreten Fall in erster Linie um programmatische Orientierung, methodische Perspektivierung, sachbezogene Präzisierung, theoretische Konzeptualisierung oder politische Umsetzung geht. „Kultur" ist dann je spezifisch zu fassen.

Spezielle Fragen verlangen spezielle Begriffe. Wer bestimmte gesellschaftliche Einflüsse auf kulturelle Lebensformen erkennen will, braucht eine Abgrenzung der „Kultur" von Kategorien wie z.B. Wirtschaft oder Administration, zur Lösung kultureller Mißverständnisse zwischen verschiedenen

Aussagenkontext	**Begriffsart**	**Begriffsfunktion**	**Begriffskonstellation**
1. Programmatik	idealtypischer Begriff	Orientierung	Bezugsetzung zu: *Natur*
2. Methodik	analytischer Begriff	Perspektivierung	Unterscheidung von: *geschichtlich* *soziologisch* *psychologisch*
3. Gegenstands-bereich	Terminus	Kennzeichnung (Definition)	Abgrenzung zwischen a) analytischen Teilkomplexen: *Gesellschaft* *Wirtschaft* *Politik* b) ganzheitlichen Teilkomplexen: *verschiedene Nationalkulturen*
4. Theorie	Modellbegriff	(Er-)Klärung	Charakterisierung als: *Überlebenssicherung* *Bedeutungsgewebe* *Orientierungsmuster* *etc.*
5. Praxis	operationaler Begriff	Instrumentalisierung	Verwendung für: *Erwartungen* *Ansprüche* *Angebote*

Übersicht: Funktionen des Kulturbegriffs

Teil- oder Nationalkulturen eine gegenseitige Abgrenzung verschiedener Einzel-Kulturen, für die generellere Erkenntnis menschlichen Daseins eine idealtypische Unterscheidung z.B. zwischen Natur und Kultur. „Kultur“ besitzt also jeweils etwas andere Inhalte, wenn der Begriff dazu dienen soll, die Charakteristik des Humanen zu veranschaulichen, die Regeln und Selbstverständlichkeiten konkreter Alltagssituationen zu erhellen oder das Selbstverständnis der Kulturwissenschaften zu formulieren.

Der Kulturbegriff besitzt in den verschiedenen Kontexten, in denen er verwendet wird, auch eine unterschiedliche Trennschärfe. Wenn es nur um allgemeine Orientierung über den Aufgabenbereich einer Disziplin oder um deren prinzipielle Betrachtungsrichtung geht, muß weder „Kultur" noch „kulturell" genau definiert werden, sondern nur hinreichend von „Natur" und „biologisch" bzw. „historisch/ sozial/psychisch" unterschieden sein. Will man allerdings ein spezifisches Forschungsprogramm formulieren, wird es notwendig, jene Begriffe genau zu fassen, die den Argumentationsgang bestimmen. Der erfahrbare Forschungsgegenstand ist begrifflich zu kennzeichnen. Die Kategorien, auf die die Gegenstände bezogen werden, sind analytische Begriffe, die nur in einzelnen Dimensionen Trennschärfe besitzen müssen (z.B. „Kulturraum" in Bezug auf seine geographischen Grenzen, nicht aber hinsichtlich seiner zeitlichen Dauer oder sozialen Differenzierung). Später, bei der Formulierung übergreifender theoretischer Einsichten, stehen die Begriffe in einem präzisen Modellzusammenhang und bekommen eventuell einen idealtypischen Charakter.

Unter empirischen Gesichtspunkten scheint es wenig sinnvoll, vom „Wesen" der Kultur zu sprechen. Wenn man es trotzdem zusammenfassend und pointierend tut, muß man sich des Konstruktcharakters bewußt bleiben. Konstrukte kann man aufheben und adaptieren, und man sollte die Chancen, die in der Flexibilität liegen, nicht übersehen. Wer den Kulturbegriff eindeutig und endgültig auf feste Strukturen und bleibende Substanzen festlegen wollte, würde damit seine Einsatzmöglichkeiten einengen, z.B. verhindern, dem Verhältnis von Kultur und Gesellschaft genauer nachzuspüren.

Selbstverständlich müssen Begriffe eingrenzen, aber nicht blind, pedantisch und kontextlos; sie dürfen die Wahrnehmung und Analyse neuer Problemlagen nicht blockieren. In der Volkskunde stellt z.B. eine von engen Bewußtseinshorizonten umgebene traditionale Lebenswelt andere methodologische Herausforderungen an die wissenschaftlichen Beschreibungs- und Erklärungsstrategien als die postmoderne Industriegesellschaft im Globalisierungsprozeß. Der Kulturbegriff muß so flexibel bleiben, daß man auf aktuelle Probleme reagieren kann. Er darf auch deshalb nicht ein für alle Male und für alle Zwecke festgeschrieben werden, weil sonst jede kreative Arbeit mit ihm erstarren würde. Fruchtbar wird ein spezifischer Kulturbegriff immer nur dann, wenn seine kommunikative Einbettung oder seine forschungsstrategische Position jeweils „stimmt", er also angemessen eingesetzt wird.

Ob wir dann am Ende eine Summe von Begriffsvarianten zur „Kultur" besitzen oder diese Begriffe nur als situative Transformationen eines einzigen Kulturbegriffs verstehen wollen, wie es mir durchaus möglich erscheint, dürfte weniger wichtig sein. Das betrachtende Subjekt ist und bleibt auch im Falle der „Kultur" mit seinem Betrachtungsobjekt unlösbar verkoppelt, und Subjekt wie Objekt sind darüber hinaus eingebunden in konkrete Kommunikationssituationen mit bestimmten Gesprächspartnern oder antizipierten

Lesern. In der Praxis können wir uns die Kultur als ein weites, fruchtbares Feld vorstellen, daß sich situationsbedingt und zielorientiert umgrenzen läßt, aber vor allem immer erneut diskursiv erkundet und umsichtig überprüft sein will.

Vom bildlichen Wissen

Kultur, verstanden als Inbegriff der Auseinandersetzung des Menschen mit der Welt, in der er lebt, umfaßt die Gesamtheit menschlicher Aktivitäten und deren Spuren. Kultur ist das Menschenwerk schlechthin, wie es sich in statischer oder dynamischer Form äußert: als Artefakt und Tätigsein, als Traum- und Gedankenbild. Diese lebensvolle Gesamtheit – in ihren einzelnen Elementen wie im Ganzen, von den erahnbaren Anfängen bis zu Endzeitvisionen – verstehend zu durchdringen, kennzeichnet die Aufgabe der kulturwissenschaftlichen Disziplinen; sie zu transzendieren, ist eine Aufgabe der Kunst.

Die Legitimität solchen Tuns wird freilich von Zeit zu Zeit frag-würdig. Wenn sich die gesellschaftlichen Wertvorstellungen ändern, müssen Kunst oder Wissenschaft sich mit neuen Argumenten rechtfertigen. Die Legitimationsgeschichte der Kunst ist lang. In der griechischen Antike wurde der Wahrheitsanspruch der Kunst durch das Wissen bedroht, im Mittelalter mußte Kunst ihren Nutzen für die christliche Heilslehre erweisen und im 20. Jahrhundert hat sie sich des Vorwurfs mangelnder Ästhetik zu erwehren. Diese Vorhaltungen, bei denen wir in der Regel an Äußerungsformen denken, die der Sehsinn erfaßt, zielen gleichwohl auch auf das sprachliche oder musikalische Kunstwerk.

Die neuzeitliche Wissenschaft ist in jüngerer Zeit vor allem durch die negativen Umweltfolgen ihrer technischen Umsetzungen in Rechtfertigungszwänge geraten. Solche Kritik am mangelnden Verantwortungsbewußtsein betrifft in erster Linie die Naturwissenschaften, während die Geistes- oder Kulturwissenschaften unter den ökonomischen Aspekten einer Leistungsgesellschaft, die vorrangig ihre materiellen Konsumbedürfnisse befriedigen will, dagegen eher als zu teuer, als nutzlos und überflüssig erscheinen. Doch hier ist der Betrachtungshorizont gewiß zu eng. Die Argumentationsfronten zwischen Kritikern und Befürwortern wissenschaftlicher oder künstlerischer Betätigungen sind unübersichtlich und die Meinungen gegenwärtig vor allem deswegen so kontrovers, weil es in der sogenannten Postmoderne kaum dominierende, allgemein verbindliche und breit akzeptierte gesellschaftliche Werthierarchien gibt.

Alltagschronisten

Unübersehbar ist aber, daß wir heute in einer Vielfalt von Bilderwelten leben, daß Bilder einen wesentlichen Bestandteil des modernen Alltagslebens darstellen und gewissermaßen den Horizont der Alltagswelt „zupflastern". Auch das volkskundlich-ethnologisch-anthropologische Forschungsinteresse daran hat sich seit einigen Jahrzehnten deutlich artikuliert und ist bereits in Lehrbüchern – zur „Bildlore" oder „Visuellen Anthropologie" – ansatzweise systematisiert worden. Dennoch: aufs Ganze gesehen zeigt sich die kulturwissenschaftliche Bildanalyse theoretisch und methodisch immer noch im Stadium der Suche nach ihrem angemessenen Platz. Bildforschung erscheint in der Volkskunde gegenüber Text- und Sachanalyse bisher relativ punktuell, unsicher und wenig prägnant. Manche Bildtypen sind kaum untersucht, manche Betrachtungsaspekte kaum entwickelt, manche Problemfelder kaum umrissen. Viele, auch umfangreiche, Studien zur Alltagskultur kommen ganz ohne Bildbetrachtung aus.

Zu denjenigen, die diesem Gebiet wirkkräftige Impulse gegeben haben, gehört Martin Scharfe. Seit seiner Dissertation über evangelische Andachtsbilder haben ihn Bildprobleme immer erneut gefesselt, und in jüngerer Zeit erscheint kaum ein Aufsatz von ihm, dessen Thematik nicht auch über Bildanalysen entfaltet würde. Bildinterpretation ist ihm ein essentieller Bestandteil allgemeiner kulturwissenschaftlicher Arbeit. So interessiert ihn beispielsweise auch ein moderner „Bildermacher" wie Gerhard Hezel, der – als Alltagschronist verstanden – seinen Beitrag zur Diagnose der Zeit liefert, dessen Werk die Wirklichkeit allerdings nicht einfach (im Sinne eines vordergründigen Quellenverständnisses) abschildert, sondern Eigentümlichkeiten und Widersprüche unseres Lebens zum Thema macht und generell auf Weltdeutung zielt.

Ähnlich können Zeitungskarikaturen guten Teils als pointierte Alltagschronik verstanden werden. Die Karikatur ist eine Bildgattung, die in der wissenschaftlichen Arbeit verhältnismäßig wenig Beachtung gefunden hat. In die Kunstgeschichte wurde sie nur gelegentlich einbezogen, für geschichtliche Zusammenhänge fast ausschließlich als Quelle benutzt und in der Volkskunde überwiegend zu illustrativen Zwecken eingesetzt. Karikaturen spielen aber auch im öffentlichen Diskurs eine relativ geringe Rolle, obwohl man doch meinen könnte, daß sie häufig mehr Diskussionsstoff als ein Leitartikel bieten.

Karikaturen sind humorvolle, witzig oder satirisch übersteigerte Bilddarstellungen. Ihre Thematik reicht von schlichten Personenporträts bis hin zu sehr komplexen – realen wie imaginierten – Situationsschilderungen. Die Grenzen zum gezeichneten Witz, zu Comic und Cartoon sind fließend. Ein – wenn nicht das – Zentrum der Gattung bilden Karikaturen in Zeitungen und Illustrierten, also Presseprodukte, die in der Regel grafisch (als Strichzeichnungen) gestaltet sind, inhaltlich meist einen aktuellen Zeitbezug besitzen und sich auszeichnen sowohl durch eine kritische Perspektive als auch durch ein komisches Element. Man kann für einen ersten Zugriff drei Typen von Zeitungskarikaturen unterscheiden: a) die beschreibende Karikatur (oft ein ins Visuelle übersetztes Sprachbild), b) die kommentierende Karikatur (eine mit bildlichen Mitteln zugespitzte Kritik bis hin zu aggressiven, agitierenden, propagandistischen Aussagen), c) die visionäre Karikatur (fantasievolle „Denk-Bilder", die einen Gegenwartszustand „extrapolieren" und mögliche Problemlösungen evozieren).

Die Karikatur ist eine komische Zeichnung. Diese „will immer irgendwas. Sie will Augen öffnen für, Partei ergreifen gegen, Stellung nehmen zu, aufmerksam machen auf, lachen machen über. Hier, jetzt und gleich. Deshalb muß sie rasch produziert und schnell unter die Leute gebracht werden" (Robert Gernhardt). Unter psychologischem Aspekt erscheinen Doppeldeutigkeit, Transformation, Verdichtung und eine Art von Bildmagie charakteristisch. Bilder wurzeln generell tiefer in unserem Bewußtsein als Worte, bilden visuelle Knotenpunkte in unseren Wahrnehmungs- und Kommunikationsnetzen. Die Unter- und Hintergründe eines gezeichneten Sujets werden in der Regel nicht vollständig offengelegt; stärker als der Verstand werden Emotionen aktiviert. Gerade die Reizüberflutung der modernen Welt verhilft der zuspitzenden Karikatur zu besonderer Wirkung.

Bilder sind, was ihre Aussagen betrifft, als Texte zu verstehen, d.h. in ihnen verkörpert sich Wissen. Beachtenswert ist jedoch, daß sich das Wissen sprachlicher und bildlicher Medien von einander unterscheidet: Die Wissenschaft gießt ihre Erkenntnisse prinzipiell in eine begrifflich ausgefeilte Fachsprache, verdichtet sie (v.a. in den Naturwissenschaften) in Formeln und visualisiert sie gegebenenfalls in Karten oder Diagrammen. Die Erkenntnisse der Kunst werden dagegen sprachlich, akustisch oder bildlich in symbolischen Formen ausgedrückt und lassen sich nicht bis ins Letzte objektivieren. Welches Wissen verbirgt sich in Karikaturen? Offensichtlich stellen sie eine komplexe Wissensform dar, die sowohl begriffliche als auch symbolische, also rational nicht vollständig auflösbare, Elemente enthält.

„Die Galerie der Zukunft"

Zu Neujahr 2000 hat eine überregionale deutsche Tageszeitung von ihren Karikaturisten je eine aktuelle Zeichnung erbeten und sie auf einer großzügig gestalteten Doppelseite publiziert. Wie an einer imaginären Wand hängend sind die Bilder in altmodische Rahmen hinein komponiert; dazu ist die Teilansicht eines großväterlichen Sofas abgebildet und das Ganze mit „Die Galerie der Zukunft" überschrieben. Es ergibt sich ein buntes, spannungsreiches, wohl auch irritierendes Arrangement von neun Karikaturen, deren

Bildautoren normalerweise ihre mehr oder weniger politischen Bildkommentare einzeln und ungerahmt neben dem Leitartikel auf der Meinungsseite bzw. (in einem Falle) der Lokalseite des Blattes veröffentlichen. Welche Botschaft wird den Betrachtern in dieser Zukunftsgalerie übermittelt? Ist das nur ein Neujahrsspaß, eine humorvolle Bagatelle?

Greifen wir zunächst zwei Bilder heraus. *Bild 1* (Autor: Ernst Hürlimann, Abb. 57) zeigt in einer bewegten Szene 15 Individuen, die sich sportlich und spielerisch aktiv in, auf, mit und an den vier bauklotzartigen Ziffern des Jahres 2000 betätigen. Im Vordergrund verkündet eine Figur, die einem Trainer gleicht, mit Blick auf einen hereinfliegenden Fußball per Megaphon den flotten optimistischen Spruch: „Machen wir was draus!" Das Bild kennzeichnet unsere Alltagswelt als die einer heiter-vergnüglichen Spaß- und Freizeitgesellschaft. Oder ist das ironisch gemeint? – Auch auf *Bild 2* (Heinz Birg, Abb. 58) sind – im Ausschnitt eines Fernsehbildschirms – zahlreiche Individuen zu sehen, und zwar hier als Köpfe einer dichtgedrängten Menschenmenge, die offenbar erfreut und staunend in den Himmel schaut. Die Zeiger eines Weckers auf dem Fernseher weisen genau auf 12 Uhr (Mitternacht). Dieses Bild repräsentiert die Feier- und Erlebnislust unserer Mediengesellschaft. Oder spielt es auf unsere Anspruchslosigkeit an?

Beide Bilder akzentuieren einen Gegenwartszustand und legen den Gedanken nahe: so wird auch unsere Zukunft sein. Sie wirken freundlich illustrativ, die Wirklichkeitselemente eher verdichtend als überzeichnend; ein kritischer Anspruch scheint gar nicht oder kaum gegeben, der komische Effekt ist gering. Das Schmunzeln resultiert das eine Mal aus der Häufung lustiger Typen und das andere Mal aus der Unverhältnismäßigkeit zwischen dem kleinem Wecker und der großen Menschenmenge, die er bannt. Beide Karikaturen finden für die Situation des Neujahrbeginns, der traditionell mit Glückwünschen und Ermutigungssprüchen oder mit einem Feuerwerk begangen wird, eine pointierte Bildformel zur Charakterisierung unserer Gesellschaft, ohne dabei etwa kritisch Widersprüche aufzuspießen. Die Grundlage solcher Bildgestaltung bildet eine Wahrnehmung der Welt, die kaum jemandem fremd ist. Beide Karikaturisten bieten hier nicht mehr als eine etwas zugespitzte Sachverhaltsbeschreibung und mobilisieren damit das relativ leicht abrufbare *Anschauungswissen* der Bildbetrachter, das unser Erleben bestimmt.

Sehen wir uns jetzt vier weitere Bilder der Zukunftsgalerie an! In *Bild 3* (Ironimus = Gustav Peichl, Abb. 59) öffnet sich mit dem Jahr 2000 ein Theatervorhang und man sieht die modernen Schauspieler, die Computer-Akteure, sich mit leeren Monitorgesichtern dankend verabschieden; das Stück „Y2K" – so kann man die Prognose des Karikaturisten deuten – hat bereits stattgefunden: ein weltweiter Computer-Crash (weil die Rechner „00" nicht als 2000, sondern als 1900 lesen), der von vielen befürchtet, dann aber faktisch nicht eingetreten ist, überrascht ein konsterniertes Publikum. Oder ist

Abb. 57: Ernst Hürlimann, Neujahr 2000 *(Bild 1)*

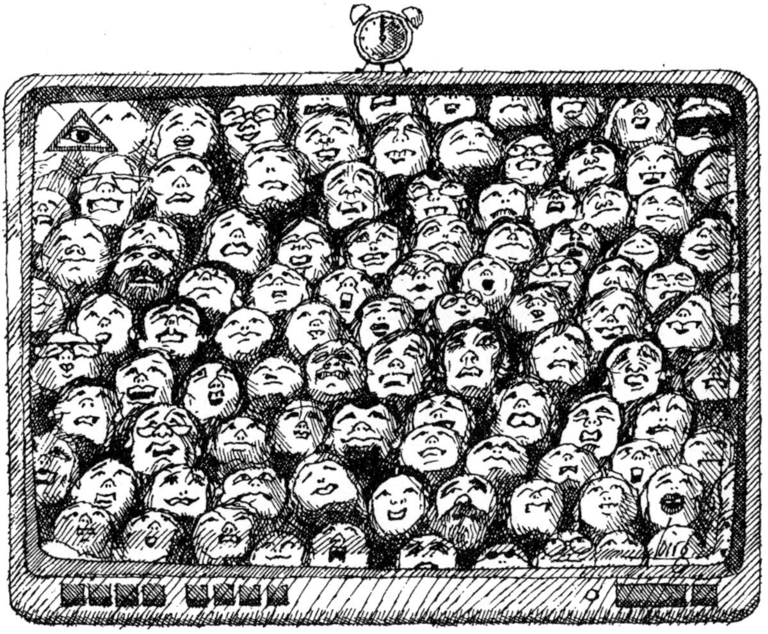

Abb. 58: Heinz Birg, Neujahr 2000 *(Bild 2)*

Abb. 59: Ironimus, Neujahr 2000 *(Bild 3)*

Abb. 60: Gabor Benedek, Neujahr 2000 *(Bild 4)*

Abb. 61: Dieter Hanitzsch, Neujahr 2000 *(Bild 5)*

Abb. 62: Erstes Buch Moses: „Seid fruchtbar und mehret euch und bevölkert die Erde und macht sie euch untertan ... habe ich das wirklich gesagt?“ – Ernst Maria Lang, Neujahr 2000 *(Bild 6)*

das „alles nur Theater"? – *Bild 4* (Gabor Benedek, Abb. 60) präsentiert eine menschenleere Stadt aus Computer-Türmen mit einer breiten Straßenschneise, von der aus alle Gebäude miteinander vernetzt sind. Ein einziges großes Verkehrsschild gibt eine einzige Anweisung: „Enter" – eintreten! Freilich: Kann man auch wieder hinaus? – In *Bild 5* (Dieter Hanitzsch, Abb. 61) wird die Erde aus der Weltraumperspektive gesehen: Der Riesenkrake „World AG" hält den gesamten Globus umschlungen und in der Chefetage seines Kopfes wird die (überflüssig gewordene) Frage gestellt: „Mit wem könnten wir denn noch fusionieren?" Bedeutet das nur Blindheit oder Hybris? – Das gleiche Thema behandelt auch *Bild 6* (Ernst Maria Lang, Abb. 62). Dort sieht man Gott-Vater im Lichte eines 2000-Kometen-Schweifes von einer Wolke aus auf die Vereinigungsakte irdischer Wirtschaftsunternehmen herabschauen und (nach „Erstes Buch Moses") zitieren: „Seid fruchtbar und mehret euch und bevölkert die Erde und macht sie euch untertan ... habe ich das wirklich gesagt?" Ist das Anklage, Selbstkritik oder Ironie?

Diese vier Karikaturen sind ins Bild übersetzte Metaphern: das Computer-Theater, die Daten-Autobahn, der Fusionierungs-Krake, die Industrie-Kopulation. Sie werfen Fragen auf und zeigen kritische Bilder, wie wir sie, allerdings meist weniger prägnant, in unseren Köpfen haben – wirklichkeitsgerechte und verzerrte, ahnungsvolle oder traumatische – und evozieren die damit verbundenen Hoffnungen und vor allem Ängste. Diese erwachsen aus der innerlichen Verlebendigung unserer Metaphern, die durch Ähnlichkeitsbeziehungen und Analogiebildungen ständig weitere Bilder gebären und eine Tendenz zur Stereotypisierung besitzen. Die Karikaturen setzen hier Vorstellungen ins Bild, die ihre Zeichner für die nahe Zukunft antizipieren; sie kommen wissenschaftlichen Extrapolationen (die irren können) nahe und mobilisieren in gewisser Weise abstraktes *Vorstellungswissen* (z.B. die Aussage eines Aktienkurs-Diagramms) der Betrachter.

Die Galerie der Zukunft enthält noch drei weitere Bilder. *Bild 7* (Pepsch Gottscheber, Abb. 63) zeigt ein – „V.I.P." benanntes und mit fast geschlossenen Ladeluken versehenes – großes Boot im Bauzustand, das mit einer riesigen Rakete bestückt ist. Der Werftplatz, eine Sandbank, wird von einem mit Stacheldraht gesicherten Zaun umgeben, den – bis auf eine freie Straßenzufahrt – rings Wasser umspült. Ein zum Scheitern verurteilter Fluchtgedanke? – In *Bild 8* (Brigitte Schneider, Abb. 64) sind zwei Hände über ein den Erdball mit ihnen vernetzendes Computer-Verbindungskabel aneinander gefesselt. Während dabei die eine Hand eine Fernbedienung hält, weist oder drückt der Zeigefinder der anderen auf den Einschaltknopf. Eine unauflösbare Verschlingung? Explosionsgefahr? – Schließlich *Bild 9* (Luis Murschetz, Abb. 65): In einer kargen, baumlosen Hügellandschaft – über dem Horizont die Sonne – sitzen drei Männer mit großen Sonnenhüten auf dem Kopf und singen aus vollem Halse „O sole mio", wie es in der Bildunterschrift steht, die noch den Zusatz enthält: „Im Goethejahr 2049". Ein leeres Ritual?

Abb. 63: Pepsch Gottscheber, Neujahr 2000 *(Bild 7)*

Diese drei Karikaturen gründen auf mythischen oder doch zumindest in eine mythische Sphäre gehobenen Stoffen und Motiven, die ins kollektive Gedächtnis der Europäer, wenn nicht der ganzen Menschheit eingeschrieben sind. Es werden visionäre Zukunftsvorstellungen entwickelt, die sich aber nur verstehen lassen, wenn der Betrachter spezifisches Überlieferungswissen besitzt. Man muß die biblische Erzählung von der Arche Noah und der Sintflut vor Augen haben, um die Brisanz auszuschöpfen, die darin liegt, daß die sich als Elite verstehenden „Very Importent Persons" unserer Zeit darauf bauen, dem Untergang der Menschen mittels einer Rakete in den Weltraum zu entfliehen. Man muß Michelangelos Deckenfresco in der Sixtinischen Kapelle kennen, um die beiden Hände als die des ersten Menschen Adam und Gott-Vaters zu identifizieren und damit die kommunikative Vernetzung der

Welt als einen zweiten Schöpfungsakt zu deuten oder – weil in der technischen Welt mit dem gleichen Knopf sowohl ein- wie ausgeschaltet werden kann – auch als das Ende der Schöpfung. Man muß sich an Tischbeins Bildnis von Goethe in der Campagne erinnern und vom Welterfolg dreier Tenöre (Carreras, Domingo, Pavarotti) am Ende des 20. Jahrhunderts wissen, um alle Facetten zu erspüren, die ein sentimentales „O sole mio"-Klassiker-Gedenken in 50 Jahren bedeuten mag. Diese Bildstrukturen erscheinen ambivalent, ja widersprüchlich; sie sind jedenfalls mehrdeutig und nicht ganz auszuloten. Die Karikaturen öffnen den Blick für eine etwas fernere Zukunft und mobilisieren das *Erinnerungswissen* der Bildbetrachter, das sich freilich nur mittelbar (als Gelerntes) auf eigene Erfahrung stützen kann und durch vielfältige Traditionen, die stets manipulierbar sind, gespeist wurde.

Die Zukunftsvisionen der Karikaturen-Galerie sind insgesamt von unterschiedlichem Gewicht und unterschiedlicher Reichweite. Die hier vorgestellten Darstellungen präsentieren ein relativ vielfältiges Spektrum von pointiert beschreibenden über kritisch kommentierende bis hin zu deprimierend visionären Bildaussagen. Als kennzeichnende Merkmale der Karikatur treten stets formale Verzerrung und inhaltliche Mehrdeutigkeit (die allein schon für den komischen Effekt notwendig sind) und generell eine verdichtende Reduktion der Wirklichkeit hervor. Dazu kommt aber noch, daß die Karikatur grundsätzlich auch einer Kombination ihrer Bildmotive mit Textelementen bedarf. Nur so vermag sie eine prägnantere Aussage, die intersubjektiv verstehbar ist, zu vermitteln. Dabei kann das Buchstabensignal sehr knapp sein („Y2K", „Enter", „V.I.P."). Wo Worte, selbst als Bildunterschrift, ganz fehlen, sind die schriftlichen Bezugspunkte in der Regel im weiteren Kontext zu finden; das ist bei *Bild 2* das Erscheinungsdatum der Zeitung (1.1.2000). Oder die Sprachbezeichnung ist in eindeutig identifizierbaren Bildmotiven verborgen. So gehört etwa zum wortlosen *Bild 8* als unabdingbar mit zu denkender sprachlicher Ausdruck die „Erschaffung Adams", die Bezeichnung des Bildinhalts, wie sie das Bildzitat von Michelangelos Hände-Motiv aus dem Erinnerungsspeicher des Betrachters abruft.

Was also ist – aufs Ganze gesehen – die Botschaft der „Galerie der Zukunft"? Und wie ist diese Botschaft zu bewerten? Eine kleine, mit ausgesprochen zeitkritischem Sensorium ausgestattete „individuelle Gesamtheit", nämlich alle neun Karikaturisten einer Tageszeitung, hat hier jene Empfindungen, Vorstellungen und Ahnungen hinsichtlich der Zukunftserwartung „auf den Punkt gebracht", die ihr an der Jahrtausendwende charakteristisch und bedeutsam (und für eine komische Überspitzung ergiebig) erschienen. Eine volkskundlich-kulturwissenschaftliche Betrachtung sollte, wenn sie dem Alltagsbewußtsein der modernen Gesellschaft auf die Spur kommen will, solche Äußerungen nicht übersehen. Diese reflektieren nämlich (im doppelten Sinne von widerspiegeln und gedanklich durch-

Abb. 64: Brigitte Schneider, Neujahr 2000 *(Bild 8)*

Abb. 65: O sole mio. Im Goethejahr 2049. – Luis Murschetz, Neujahr 2000 *(Bild 9)*

dringen) auch die optimistischen und pessimistischen und verzweifelten Gefühle der breiten Bevölkerung. Der Unterschied zu einer kulturwissenschaftlichen Studie als einläßlichem sprachlichen Diskurs liegt hier vor allem im weniger systematisierten, dafür bildkünstlerisch pointierten Ausdruck der Ergebnisse. Es stellt sich die Frage, wieweit in solchen Karikaturen jenseits ihres kulturwissenschaftlichen Quellenwertes ein eigenständiger (kulturwissenschaftlich relevanter) Erkenntniswert enthalten ist. Anders gefragt: Was bedeutet die Karikatur als spezifische Wissensform?

Möglichkeitsspiele

Karikatur und Kunst, so lautet eine These Robert Gernhardts, hätten nicht viel miteinander zu tun. Bildende Kunst trete, anders als die komische Zeichnung, mit dem Anspruch einer vieldeutigen Aussage an, während letztere vielmehr selten ohne ein gerade der bildenden Kunst ganz und gar fremdes Medium, das Wort, auskomme. Komische Zeichner wollten mit allen Mitteln erzählen und vagabundierten so in einer Art Niemandsland zwischen bildender Kunst, Literatur und darstellender Kunst umher. Unser eben durchgeführter Gedankengang legt nahe, daß das Niemandsland noch eine weitere Grenze besitzt: die zur Wissenschaft.

Karikaturen komprimieren eine auf Wissen gegründete Meinungsäußerung. Sie enthalten, wenn sie mit Worten oder kurzen Texten erläutert werden, so zumindest teilweise explizites Wissen. Das liegt tendenziell auch dann vor, wenn man ein Bild unwillkürlich wie eine Sachaussage liest. Karikaturen repräsentieren darüber hinaus implizites Wissen, nämlich die oft gar nicht ins Bewußtsein tretenden technischen Fähigkeiten des Künstlers, der die Zeichnung geschaffen hat. Nicht zuletzt beinhalten sie aber zudem eine Wissensform, die wir als bildliches Wissen bezeichnen, weil sie im Kopf des Betrachters Bilder entstehen lassen bzw. abrufen, und zwar in dreierlei Ausprägung: als Wahrnehmungs-, Erinnerungs- und (fantasievolle oder abstrahierende) Vorstellungsbilder. Diese Spezifizierungen sind allerdings nur analytisch trennbar, weil es unmöglich ist, streng auseinanderzulegen, was wir bei Betrachtung eines Bildes in einem bestimmten Moment wirklich sehen, wessen wir uns erinnern und was die Erwartung hinzufügt.

Wer Volkskunde als kulturelle Bewußtseinsforschung versteht, die nach dem Gefüge und Zusammenspiel kultureller Werte fragt, hat es im Kern mit solchem nicht-sprachlichen Bildwissen zu tun. Denn ob z.B. ein Gegenstand oder Sachverhalt nützlich, sauber, wertvoll, schön oder gut erscheint, sagen uns innere Bilder. Im bildlichen Vorstellungswissen eines Individuums ist auf eine nicht völlig objektivierbare Weise erlebte Gegenwart, gespeicherte Vergangenheit und „erschließbare Möglichkeit" (Fantasiepotential, u.a. antizipierte Zukunft) präsent. Die meisten Bilder, so auch hier, sind in wesentlichen Aspekten nur intuitiv erfaßbar. Sobald sie beschrieben und interpretiert, also in Begriffssprache übersetzt werden, vergröbern sich ihre Inhalte. Schwebende Ambivalenzen – wie wir sie aus Traumbildern kennen – werden in Eindeutigkeiten aufgelöst und rufen am Ende, wenn man den sprachlichen Übertragungsprozeß nur weit genug verfeinert, unweigerlich Widersprüche hervor. Daraus ergibt sich ein im Prinzip unabschließbarer Interpretationsvorgang, was freilich nicht verhindert, daß er in der Praxis – mit Blick auf seine Relevanz in der Lebenswelt – durchaus abgeschlossen werden kann.

Karikaturen können die besondere Kraft der Bilder gut demonstrieren. Die Bilder-Welt besitzt, so haben viele Bildinterpreten betont, gegenüber der Wort-Welt ihre eigenen Gesetze. Mit Bildern wird auf eine bildspezifische Weise argumentiert, wobei aber z.B. zwischen sogenannten Visiotypen und Karikaturen unterschieden werden muß. Visiotype (wie Uwe Pörksen global wirksame Schlüsselbilder, oft abstrakte Zeichen, z.B. die exponentiale Bevölkerungsentwicklungskurve, und zugleich den damit zusammenhängenden Denkstil bezeichnet) gaukeln Objektivität vor. Karikaturen aber wollen gar nicht objektiv sein, ohne daß man sie darum gleich generell als „das Irrationale im Zeitalter der Vernunft" charakterisieren muß. Gegenüber der Begriffssprache (nicht aber der metaphorischen Ausdrucksweise) besitzen Bilder in der Regel größere interpretative Offenheit, und es stellt sich die Frage, inwieweit (je spezifische) Bilder als Diskursmedium ihre eigene argumentative Plausibilität besitzen. Bei der Bildbetrachtung wird deutlicher als vor Texten, welche Bedeutung einem Gesprächspartner im hermeneutischen Erkenntnisprozeß zukommt; denn hier drängt sich auf, daß der Betrachter einen aktiven Anteil am Seh-Erlebnis hat, und daß es schwierig ist, die Grenze zwischen Sehen und Hineinsehen genau zu bestimmen.

Die Kulturbedeutung, die Johan Huizinga in seinem „Homo Ludens" dem Spiel zugewiesen hat, wird auch im Bereich der Erkenntnissuche evident. Das spielerische Element manifestiert sich in den Naturwissenschaften tendenziell in der Form eines rationalen Lösungsspiels, während es in der Kunst als ein emotional gesteuertes Fantasiespiel zum Ausdruck kommt. Die Kulturwissenschaften „kultivieren" dagegen ein Möglichkeitsspiel. Sie nehmen die Welt (jedenfalls wünschenswerter Weise) „mehransichtig" – polyfokal – wahr. Gerade anhand der Bildanalyse kann die Fruchtbarkeit dieses Ansatzes deutlich werden. Die Bildinterpretation verlangt stärker als ein Text wechselnde Standpunkte und ein Austasten der Deutungsmöglichkeiten. Mit einer einzigen Einstellung, einem fixierten Blick würde der „Witz", der in komischen Zeichnungen liegt, nicht „zünden". Aber auch die Ambivalenzen, die oben bei der Kurzbeschreibung der Karikaturen als einerseits bedrängende, sich andererseits ironisch entziehende Zukunftsvisionen mit Fragen angedeutet wurden, könnten dann nicht wirksam werden.

Ein Möglichkeitsspiel ist allerdings kein Beliebigkeitsspiel. Auch ein Kulturwissenschaftler sucht nach Konstanten und erklärenden Aussagen. Sein Verstehen ist aber nicht allein auf Kausalzusammenhänge gerichtet. Er will Eindrücke, auch Altbekanntes, vielleicht Vergessenes, der aktuellen Zeitsituation entsprechend neu formulieren; denn andere Mitspieler im Erkenntnisprozeß benötigen (und erwarten) einen veränderten Diskurs. Grundsätzlich erfordert Kulturwissenschaft die strikte Berücksichtigung der jeweiligen Rahmenbedingungen; sie braucht Spielraum und Fantasie – aber in reflektierter und „gezügelter" Form. Gerade in einer Zeit wie der unseren, in der sich viel verändert, werden zu starre Konzepte rasch zum Hemmschuh. Der Fortschritt kulturwissenschaftlicher Arbeit liegt ja nicht in einem linearen Weiterschreiten, sondern im Wechsel des Aspekts, genauer: in der Erweiterung des Betrachtungsspektrums. Kulturanalyse wird nicht vordringlich von der Sehnsucht nach Innovation und Einzigartigkeit angetrieben, sondern von Erkenntnislust an lebendiger Vielfalt. Sie distanziert sich von nur auf Problemlösungen fixiertem Denken und erkennt eine auf „Abschließbarkeit" des Wissens gerichtete Zielsetzung als Illusion; denn das Variationspotential menschlichen Schaffens und Handelns, Denkens, Vorstellens und Empfindens ist unerschöpflich.

Die verschiedenen Bilder unserer „Zukunftsgalerie" müssen hier nicht im einzelnen als potentielle Möglichkeitsspiele exemplifiziert werden. Es ist offensichtlich, daß deren Deutungsvielfalt manchmal nur Nuancen betrifft, daß sie aber auch tiefgreifende Widersprüche offenbart. Natürlich sind Karikaturen nicht mit einer kulturwissenschaftlichen Mikroanalyse gleichzusetzen, aber sie können sich ihr annähern und Forschungsimpulse auslösen. Der Karikaturist bietet seine Darstellung gewissermaßen dem Wissenschaftler zur Bearbeitung an. Karikaturen spitzen Sachverhalte zu. Damit stellen sie sie auch in Frage und öffnen sie dem Mißverstehen. Martin Scharfe hat das Mißverständnis als eine notwendige Bedingung der Kultur bezeichnet; und zweifellos ist das In-Frage-Stellen eine notwendige Bedingung wissenschaftlicher Arbeit.

Die Karikaturen-Gruppe, die in der Zeitung durch Rahmungen im bürgerlichen (musealen?) Stil auch eine Gesamtkomposition darstellt, präsentiert als Bildergalerie ein reizvolles Möglichkeitsspiel. Die Karikaturisten-„Fraktion" einer Tageszeitung entfaltet den Fächer ihrer Visionen. Von pfiffiger Illustrierung bis zu verschlüsselter Mythisierung entsteht dabei ein breites Panorama zwiespältiger Hoffnungen und Ängste, in denen vermutlich ein Großteil der Leser seine eigenen Empfindungen erkennt. Auch das Bilder-Arrangement insgesamt bedeutet noch keine kulturwissenschaftliche Analyse, ist aber bereits mehr als ein Impuls, nämlich ein anschaulicher Entwurf, der mit verbildlichten Ideen andere Gedankenfacetten zum Schwingen bringt als es beispielsweise eine Summe von Interviews über Zukunftserwartungen könnte. Bilder-Denken öffnet weitere Perspektiven als eine Textanalyse.

Bilder machen ein Möglichkeitsspiel bunter, freilich auch risikoreicher, und sie bewahren ein Stück Geheimnis. Bilder sind – auch darum – mindestens genauso wichtig wie Worte. „Wenn ich mir etwas nicht bildlich vorstellen kann, kann ich es auch nicht verstehen", hat Einstein gesagt.

Die in der modernen Gesellschaft relevanten Bilder stehen – wie die dominierenden Themen der gesellschaftlichen Auseinandersetzung auch – heute in der Verfügungsgewalt der Massenmedien. Deren Bilder schaffen auf dem „Jahrmarkt der Beliebigkeit und Reizabgreiferei" (Robert Gernhardt) eine Wirklichkeit, die alles durchdringt und bestimmt. Bildeindrücke kommen den Menschen, die wenig Zeit haben, scheinbar entgegen, weil man ein Bild in einem Blick als Ganzes erfassen kann. Das geht aber durchaus nicht so rasch und problemlos, wie wir meist anzunehmen geneigt sind. Auch Bilder muß man „lesen"; nicht linear wie einen Text, sondern nach eigenen Regeln. Wenn der Karikaturist die Politik „mythologisiert", hat Kulturwissenschaft hier auch die Aufgabe, die evozierten Sinnzusammenhänge in ihren jeweiligen Kontexten zu ordnen und z.B. – sich des Kippfiguren-Phänomens bewußt – zu diskutieren: wann ist was Hintergrund, wann Figur? Sie muß gewichten und „aufklären" und gleichzeitig Dynamisches und Ambivalentes sowohl erhalten wie aushalten. Wir bedürfen sensibler Bildanalysen, wenn wir etwa erkennen wollen, wie unsere Gesellschaft ein Wissen von sich selbst gewinnt; denn das vollzieht sich wesentlich über Bilder.

Kulturwissenschaften erarbeiten – wie gleich noch näher auszuführen ist – nicht nur ein spezifisches Wissen, sondern eine eigene Art von Wissen, das wir Bildwissen (nämlich bildlich vorstellbares Wissen) nennen können. Sie pflegen einen Arbeitsstil (oder sollten es doch), der die antizipierten Dialogpartner in die Schaffung des Wissens einbezieht. Bildwissen soll zwischen dem expliziten naturwissenschaftlich-technischen Wissen und dem impliziten Wissen der Kunst vermitteln und sie letztlich integrieren. Wir können keine dieser Wissensformen entbehren und müssen sie in ein angemessenes Verhältnis bringen. Der Mittler ist bildliches Wissen. Metaphorisch gesprochen können Karikaturen zwischen der Kunst und der Kulturwissenschaft (entsprechend Visiotypen zwischen der Kultur- und der Naturwissenschaft) Scharniere bilden. Ein Scharnier besitzt Klappfunktion, es trennt nicht, sondern bringt näher. Die vermittelnde Kulturwissenschaft rückt das Bildwissen, das wir in unserem Kopf haben (dessen Rahmenbedingung die Strukturen von Wahrnehmung, Erinnerung und Vorstellung sind), ins Betrachtungszentrum. Sie überführt diese schwer greifbare, latente Wissensform – was generell Aufgabe von Wissenschaft ist – in explizites Wissen, speziell in ein *Bildungswissen*, das zugleich auch die Interpretationsmaßstäbe mitliefert und auf diese Weise die stets begrenzte Reichweite seiner Aussagen bewußtmacht.

Spezialisierte Naturwissenschaft und exzeptionelle Kunst brauchen eine Brücke zum praktischen Leben. Der traditionelle Stil kulturwissenschaftlicher Arbeit ist da nur *eine* (vielfach fragwürdig gewordene) Möglichkeit, Wirklichkeit zu erfassen und weiterzuvermitteln. Hier mag ein Verständnis von „Kultur als Bild" vielleicht hilfreicher sein als die strapazierte Metapher von der „Kultur als Text". Bild-Denken könnte den Vorrang des Findens gegenüber dem des begründenden Deduzierens betonen. Bilder sind als visuelle Konstrukte gegenüber sprachlichen Modellen stärker emotional in die konkrete Lebenswelt eingebunden. Bildanalyse könnte so kulturwissenschaftliche Arbeit lebenspraktisch vertiefen. So wie die Sprache der Bilder bedarf, bedürfen freilich auch die Bilder sprachlicher Interpretation, um sie für einen weiteren rationalen Diskurs fruchtbar zu machen. Man sollte sie aber überdies als komplementäre Formulierung kulturwissenschaftlicher Erkenntnis auszuloten trachten. Karikaturen jedenfalls können vorerst das bisher noch wenig explizierte Grenzgebiet zwischen verstehenden und symbolisierenden Einsichten markieren und das Spannungsfeld zwischen Möglichkeitsdenken hier und künstlerischer Intuition dort sichtbar machen. Karikaturen bilden eine subjektiv zugespitzte, pointiert kritische und humorvolle Wissensform, die den Wunsch nach einem Pendant, einer objektivierenden, bedachtsam-polyfokalen Form des Wissens herausfordert.

Das Wissen und das Schöne

Der Topos von der Wissensgesellschaft, in der wir angeblich leben oder in naher Zukunft leben werden, ist in aller Munde, aber den verschiedenen Erscheinungsformen des Wissens wird dabei im allgemeinen wenig Aufmerksamkeit geschenkt. Eine jüngere Differenzierung stammt aus der Hirnforschung. Ernst Pöppel gliedert die Wissensformen dreifach: in explizites Wissen (begrifflich gefaßte Aussagen über Sachverhalte), implizites Wissen (selbstverständliches, mehr oder weniger unbewußtes Wissen darüber, wie zu handeln ist) und bildliches Wissen (das sich im Erleben, Vorstellen, Erinnern manifestiert). Diese Formen unterscheiden sich unter anderem durch ihre Ich-Nähe bzw. Ich-Ferne. In welche Kategorie gehört das kulturwissenschaftliche Wissen?

Was Volkskunde betrifft, so spricht man heute meist von ethnographischem oder ethnologischem Wissen, ohne es genauer zu spezifizieren. Gemeint ist in der Regel aber ausschließlich explizites Wissen. Beachtet werden nur sprachlich oder bildlich geäußerte, begrifflich faßbare Informationen. Damit liegt dem Begriff „ethnographisches Wissen" eine enge, sehr eingeschränkte Wissensvorstellung zugrunde. Was sind die Folgen?

Zunächst einmal unterstützt diese Konzentration auf das explizite Wissen einer Disziplin reibungslos das rein ökonomische Denken unserer Zeit, wie es auch in der Propagierung des heute angeblich unabdingbaren „Wissensmanagements“, das sich ebenfalls nur auf explizites Wissen bezieht, zum Ausdruck kommt. Wissen wird als Ware behandelt, die produziert, transportiert und verbraucht werden kann, deren Veräußerungsgewinn sich optimieren und maximieren läßt und die ihre Effizienz nach Kosten-Nutzen-Gesichtspunkten unter Beweis stellt. Der Wert des Wissens wird dann in rein wirtschaftlichen Kategorien – also nach dem Markt- oder Geldwert, nicht etwa nach dem Bildungswert – bemessen. Die oft beschworene Wissensgesellschaft ist unter diesem Aspekt nichts anderes als eine „Informationsgesellschaft“, die nur einen kleinen Teil ihres geistigen Potentials, nämlich das „in Form“ gebrachte Wissen, als Wissen berücksichtigt (wobei Fragen des Wahrheitswerts – wie z.B. mit falschem, irrtümlichem, nicht nur partiellem, „Wissen“ umzugehen ist – ein eigenes, aber selten adäquat reflektiertes Problem darstellt). Wer beispielsweise nach ästhetischen Komponenten im Informationswissen sucht, wird ein ärmliches Ergebnis gewinnen. Im Blick auf ein so enges Wissensverständnis scheint die Erweiterung unseres Wahrnehmungshorizonts geboten. Das verlangt zuerst eine Überwindung begrifflicher Barrieren.

Dazu erscheint es nützlich, in die Debatte über verschiedene Wissensformen eine weitere Unterscheidung, die zwischen quantitativem und qualitativem Wissen, einzubringen. Quantitatives Wissen soll sein: das im wesentlichen mit quantitativen, experimentellen, streng überprüfbaren Methoden – durch Messen, Zählen, Rechnen und die Anwendung der Gesetze der formalen Logik – erworbene Wissen; es wird in erster Linie von den Naturwissenschaften „produziert“. Qualitatives Wissen verdankt sich dagegen der Arbeit mit sogenannten qualitativen Methoden (wie sie z.B. in der Volkskunde beim Interview oder der Textauslegung üblich sind) und ist ein mehr oder weniger bewertetes Wissen. Es beruht auf „weichen“ Vorgehensweisen und auf der Sensibilität für Ähnlichkeiten und Affinitäten (letzteres ist allerdings eine Voraussetzung für jede, auch die naturwissenschaftliche Forschung). Qualitatives Wissen wird von den Kulturwissenschaftlern – in der gesamten Spanne des Disziplinenfächers – hervorgebracht. Objektbezogen befaßt sich Volkskunde nicht nur (unter anderem) mit qualitätvollen Gegenständen, sondern auch mit qualitativem Wissen selbst, nämlich dem der breiten Bevölkerungsschichten.

Daß das Alltagswissen der einfachen Leute ästhetische Momente enthält, belegen die darauf beruhenden Hervorbringungen: die Schaustücke jedes Töpfermarkts und die Geschichten jedes guten Erzählers. Daß schöne Dinge im Alltag eine bedeutsame Rolle spielen, wird niemand bezweifeln. Zwar ist ein Alltagsleben ohne gefällige Ausdrucksformen – bei Hausbau und Kleidung, in Lied oder Tanz – durchaus denkbar, aber es wäre dann so öde, daß es kaum lebenswert erschiene. So hat die Volkskunde als eine Kulturwissenschaft, deren Erkenntnisinteresse – um den Menschen als Kulturwesen besser zu verstehen – sich an alltäglichen Kulturerscheinungen entzündet, seit ihren Anfängen vor rund 200 Jahren, insbesondere unter romantischem Einfluß, nicht zuletzt Phänomene untersucht, die die Wissenschaftler als „schön" beurteilten (Märchen, Trachten; verzierte Gerätschaften, die in der zweiten Hälfte des 19. Jahrhunderts als „Volkskunst" gesammelt wurden); Phänomene, die – oft unter Mithilfe der Volkskundler – auch den Kulturträgern selbst zunehmend als „schön" ins Bewußtsein traten. Bezüglich der Untersuchungsgegenstände ist also eine ästhetische Komponente nicht nur in den „hochkulturellen" Literatur-, Kunst- und Musikwissenschaften, sondern auch in der Alltagskulturwissenschaft ganz offenkundig vorhanden.

Auffällig ist allerdings, daß in der Volkskunde über das Schöne explizit wenig gesprochen wird. Vor allem im 20. Jahrhundert, als die funktionalistische Fragestellung ins Betrachtungszentrum des Fachs rückte, wurde der Aspekt der Verschönerung der Lebenswelt, etwa durch Einbeziehung von Volkskunstelementen, allenfalls als ein Gesichtspunkt unter vielen gewertet; die Nutzungsaspekte – von einer instrumentellen Gebrauchsbedeutung bis hin zu differenzierten Signal- oder Repräsentationsfunktionen – standen im Vordergrund der Analyse. Wer Volkskunst definieren wollte, ordnete das Kriterium „schön" (oder seine Äquivalente) nicht nur dem Gegenstand selbst zu, sondern auch dem Werturteil seines Besitzers oder Betrachters; es interessierte dann weniger die Schönheit in ihrer je konkreten Objektivierung als vielmehr die Geschmacksattitüde im Bewußtsein der „Konsumenten" (was als schön empfunden wurde); schließlich verschwand das „Schöne" zeitweise als eine kaum registrierte Facette im kommunikativen und kreativen Vermögen der „Produzenten". Die Begriffsbestimmung „Volkskunst" zielte hinsichtlich der ästhetischen Aspekte in erster Linie auf die Wahrnehmungsweise eines Erscheinungskomplexes („Wie wirkt sich die Verwissenschaftlichung des Lebens seit dem 16. Jahrhundert auf die Wahrnehmung von Volksüberlieferungen aus? Was bewirkt die manufakturelle Warenproduktion im 18. Jahrhundert?"). Grundlegende ästhetische Wertungsprobleme („Was ist schön?" oder „Warum ist etwas schön?") blieben in diesem Umfeld weitgehend ausgespart.

In jüngerer Zeit ist es nun aber geradezu modisch geworden, im Zusammenhang z.B. mit Fragen der wissenschaftlichen, speziell der ethnologischen, Gegenstandskonstitution von Ästhetisierungsprozessen zu sprechen. Man registriert u.a. eine „Ästhetisierung" in der Tourismus- oder der Nahrungsmittelwerbung (folkloristische Bildelemente) oder bei der kulturellen Repräsentation bestimmter Regionen („Schönes Österreich – zwischen Ästhetik und Ideologie"). Man konstatiert einen „Ästhetizismus" in der Jugendkultur oder glaubt, „ästhetische Konturen der Ethnizität" beobachten zu können. Was ist hier mit „ästhetisch" gemeint?

In der Mitte des 18. Jahrhunderts wurde die Ästhetik als Theorie der Kunst oder, etwas umfassender, als Theorie sowohl des Kunst- wie des

Naturschönen begründet; für Kant war sie, noch weiter gefaßt, die Wissenschaft von den Regeln der Sinnlichkeit überhaupt. Die Wortbedeutung (griechisch „aisthetikós") verweist auf den Aspekt der Wahrnehmung – und Wahrnehmungsvorgänge sind heute auch für die empirische Kulturforschung höchst aktuell geworden. Fragen der kulturellen (d.h. der durch kulturelle Faktoren unterschiedlich geprägten) Wahrnehmung werden in der Volkskunde seit mindestens einem Jahrzehnt vielfältig thematisiert. Nicht immer wird dabei ausdrücklich der Begriff des „Ästhetischen" verwendet. Neuerdings nimmt dieser Sprachgebrauch jedoch zu und erzeugt vielfach Verwirrung, weil die unscharfe Begriffsverwendung – ähnlich wie bei „Ethnizität" – mit wechselnden Assoziationen spielt und so die Argumentation verschwommen bleibt. Wenn man beispielsweise von „ästhetischer Praxis" spricht oder vom „Ästhetisieren", dann kann das – wie in der Begriffsgeschichte angelegt – vielerlei bedeuten, nämlich: etwas „verschönern" – häufig dabei mit dem negativen Unterton eines übermäßigen Verschönerns; oder es meint ganz ohne Wertung: bestimmte Vorstellungen „verbildlichen"; oder sogar nur allgemein, sie „wahrnehmbar" machen.

Wie wichtig ist das Schöne in der und für die Alltags-Kulturwissenschaft? Die Verwissenschaftlichung des alltäglichen Lebens, die bereits in der Renaissance eingesetzt hatte, bewirkte nicht nur die Rationalisierung immer weiterer Bereiche menschlichen Denkens und Handelns, sondern neben der praktischen Umsetzung naturwissenschaftlicher Erkenntnisse in technische Geräte und Verfahren z.B. auch die zunehmende Verwendung historischer Forschungsergebnisse in der politischen Diskussion. Nicht zuletzt floß und fließt auch volkskundlich-kulturwissenschaftliches Wissen in den gesellschaftlichen Diskurs. Die Vermittlung abgekommener Brauchtraditionen zur attraktiven Ausgestaltung von Bürgerfesten, die Rückwirkung volksmedizinischer Dokumentationen auf die Naturheilpraxis oder die Lösung interkultureller Mißverständnisse aufgrund kulturanalytischer Einsichten sind nur wenige Beispiele. Und immer wieder läßt sich zeigen, daß bei der Auswahl repräsentativer Kulturäußerungen für die kulturelle Praxis – zur Volksmusik- und Trachtenpflege, zum Ausbau von Freilichtmuseen, zur Propagierung regionaler Kost, zur nationalen Selbstdarstellung etwa in den Weltausstellungspavillons der Expo 2000 – besondere ästhetische Momente zur Wirkung kommen.

Nun äußert sich das Faktum des Schönen in der Kulturwissenschaft nicht nur im materiell, geistig oder gestisch objektivierten Forschungsgegenstand. In unserem Zusammenhang ist das sogar ein untergeordneter Aspekt. Wichtiger – und wenig untersucht – ist die Frage nach dem Schönen im Wissenschaftsprozeß selbst. Unter philosophischem Blickwinkel wird das Problem gelegentlich in den Naturwissenschaften thematisiert. Poincaré und Einstein haben z.B. betont, daß mathematische und physikalische Lösungen im kreativen Prozeß mehr oder weniger unbewußt nach ihrer „Schönheit" ausgewählt werden, nach der Eleganz (Einfachheit) und Harmonie von Zahlen und Formen. Auch in der Ethnologie tauchen ästhetische Fragen in der Debatte um die sogenannte „Writing Culture" auf, bei der es aber mehr um die kreative Gestaltung und Vermittlung ethnologischer Erkenntnis geht, weniger um den Prozeß der Erkenntnisgewinnung selbst. Der Hirnforscher Ernst Pöppel hat jüngst nachdrücklich „ästhetisches Wissen" als ein Grundprinzip menschlicher Erkenntnissuche betont. Das Wissen, so sind seine Überlegungen zu explizieren, strebt nach Schönheit; denn offenbar bedarf das explizite Wissen der Ordnung, tendiert implizites Wissen nach Stimmigkeit und bildliches Wissen nach Harmonie. Über begriffliche Nuancen bzw. die angemessenste Metapher mag man streiten. Aber grundsätzlich ist das Wirken einer „ästhetischen Kraft", wie einläßliche Erfahrung zeigt, kaum in Abrede zu stellen.

Diese „ästhetische Kraft" nennen wir Qualität. Ähnlich der Augustinischen Aussage über die Zeit spürt jedermann (und zwar dann, wenn er ihr begegnet) unmittelbar, daß es Qualität gibt, aber danach befragt, kann niemand adäquat ausdrücken, worin sie besteht. „Qualität ist ein Merkmal von Gedanke und Ausdruck, das durch einen dem Denken entzogenen Prozeß erkannt wird. Da Definitionen ein Ergebnis streng formaler Denkakte sind, kann man Qualität nicht definieren" (Robert M. Pirsig). So verstanden lassen sich nur einzelne Aspekte von Qualität – doch keinesfalls in strikter Systematik und Abgrenzung – benennen: Glaubwürdigkeit, Lebendigkeit, Ökonomie, Klarheit, Genauigkeit, Ausgewogenheit, Geschlossenheit, Tiefe. Qualitätsempfinden ähnelt einem Aha-Erlebnis. Man kann (naturwissenschaftlich betrachtet) wohl vermuten, daß das unmittelbare „ganzheitliche Gespür" für Qualität in jener – offenbar für alle Menschen gültigen – kurzen Zeitspanne subjektiver Gegenwärtigkeit von etwa zwei bis drei Sekunden aktiviert wird, während der – wie die Hirnforschung erkannt hat – ein neuer Wahrnehmungsinhalt im Kurzzeitgedächtnis verweilt, ehe er den Gegenwartsspeicher verläßt, um „denkend" mit anderen Gedächtnisinhalten abgeklärt zu werden.

Qualitätsgefühl und Schönheitsempfinden erscheinen identisch, zumindest sehr eng miteinander verbunden. Sie sind im Forschungsprozeß von initaler Bedeutung. Das gilt gerade heute und umso mehr, je stärker der Komplexitätsgrad der Wirklichkeitswahrnehmung oder die Größe des Informationsstromes zunehmen. Wo rationale Auswahlkriterien nicht mehr greifen, muß die Ästhetik eine wichtige Vorauswahlhilfe leisten. Es scheint so, als ob die moderne, nicht zuletzt durch die Wissenschaft hervorgebrachte Unübersichtlichkeit in unserer Lebenswelt geradezu auf gestalterische Eingriffe warte, die unter ästhetischen Gesichtspunkten eine Schneise durch den Wald an Daten, Informationen oder auch Konsumangeboten schlagen. Damit stehen im Blick auf die wissenschaftliche Arbeit Möglichkeiten und Chancen „ästhetischer" Datensuche und -aufbereitung zur Debatte.

Schönheit kann aber nicht nur als Orientierungshilfe durch den Datendschungel von praktischem Nutzen sein, sondern ist darüber hinaus auch – und zwar zuvorderst – als Inspirationsquelle wissenschaftlicher Arbeit unverzichtbar. Gadamer hat in einem Beitrag zur Aktualität des Schönen die Rechtfertigung der Kunst in deren anthropologischem Fundament herausgearbeitet: in der Affinität zum Spiel (als wiederholende Bewegung und zweckfreies Tun, das Spielraum braucht und Mitspieler verlangt), zum Symbol (das ins Unbestimmte verweist und Sinn repräsentiert) und zum Fest (das alle versammelt, wiederkehrt und die verweilende Zeit „erfüllt"). Diese „Rahmenbedingungen" und Impulse sind auch für den kreativen Akt in der Wissenschaft bedeutsam; denn im spielerischen Tun und dem Nachspüren eines zugleich verweisenden und verhüllenden Symbols gewinnt wissenschaftliche Arbeit ihre Ideen.

Kulturwissenschaft zwischen Naturforschung und Kunst

Läßt sich der theoretische Ort speziell der Kulturwissenschaft mit Hilfe der Ästhetik genauer bestimmen?

Die von Dilthey begründete Unterscheidung zwischen „erklärenden" Natur- und „verstehenden" Geisteswissenschaften (welche wir hier unter der Perspektive kultureller Bewußtseinsforschung als Kulturwissenschaften auffassen wollen) greift nicht in jeder Hinsicht präzis genug. Jedenfalls stimmt das naturwissenschaftliche Wissen mit Erklärungswissen oder das kulturwissenschaftliche Wissen mit Verstehenswissen nicht völlig überein. In der Praxis wird auch in den Kulturwissenschaften manches „erklärt" (z.B. die Publikationsgeschichte eines Buches) und in den Naturwissenschaften manches „verstanden" (z.B. bestimmte Phänomene der Quantenphysik). Die mangelnde Kongruenz der Zuordnung ergibt sich daraus, daß in die gängige Definition von Natur- und Kulturwissenschaften neben dem Methodenkriterium (Erklären, Verstehen) ein zweites, nämlich das damit nicht deckungsgleiche Gegenstandskriterium (Natur, Kultur) eingeht. Allerdings gibt es keine allumfassend schlüssigen Lösungen, weil wir immer schon in einer geschichtlichen Situation stehen, die genauso wie unsere sprachliche Ausdrucksmöglichkeit Grenzen setzt. Bestimmte Erkenntnisgrenzen liegen auch in der dualistischen Konstruktion des Diskussionsgegenstandes, wie etwa die Auseinandersetzung um Charles Percy Snows Zwei-Kulturen-These deutlich gezeigt hat. Es scheint förderlich, in den Wettstreit zwischen Natur- und Kulturwissenschaften um den Fortschritt menschlicher Erkenntnis einmal versuchsweise einen dritten Mitstreiter, und zwar die Kunst, systematisch einzubeziehen.

Dem herkömmlichen Wissenschaftsverständnis liegt das Prinzip der Subjekt-Objekt-Spaltung zugrunde. Wissenschaft will, dem folgend, Sachverhalte objektivieren, doch ist bekannt, daß dies nur annäherungsweise möglich ist, daß jedenfalls in bestimmten Zusammenhängen, und dies besonders in den Kulturwissenschaften, subjektive Aspekte nicht auszuklammern sind. Durch Einführung einer dritten Kategorie könnte das analytische Problem umgewichtet und vielleicht etwas entschärft werden. Der amerikanische Autor Robert M. Pirsig hat das z.B. in romanartigen Diskurszusammenhängen ausführlicher erörtert. In dessen Wirklichkeitsvorstellung tritt zu Objekt und Subjekt die Qualität (die er freilich – was hier nicht diskutiert werden soll – dadurch auszeichnet, daß er sie als Urheber, als Ursprung aller Subjekte und Objekte begreift).

Nach dem hier vorgeschlagenen Modell (vgl. S. 229) besteht die Wirklichkeit nicht, wie Descartes postuliert, aus Geist und Materie, sondern sie läßt sich dreifach differenzieren: als Qualität, als Bewußtsein und als Materie bzw. Struktur; drei Wirklichkeitsaspekte, auf die sich jeweils ein spezifisches Tätigkeitsmuster – Kunstschaffen, Kulturwissenschaft oder Naturwissenschaft – eingestellt hat. Hier gilt das Interesse der Künstler der unmittelbaren Erfahrung, das der Kulturwissenschaftler intersubjektiven (kulturellen) Wertsystemen und das der Naturwissenschaftler objektiven Gegebenheiten. Gegenstand ist dementsprechend das *Sein* als erfahrene Welt, die *Kultur* als die vom Menschen geschaffene und bewertete Welt oder die *Natur* als „gegebene" Welt.

Die Eigenschaften der drei Tätigkeitsmuster sind nicht exklusiv, die Übergänge fließend. Idealtypisch kann man die jeweiligen Erkenntnisziele so pointieren: Kunstschaffen will Welt symbolisch repräsentieren, Kulturwissenschaft will sie hermeneutisch (d.h. von der Sinnerwartung des Ganzen gesteuert) verstehen, Naturwissenschaft will sie kausal erklären. Als methodischer Zugriff dient schöpferisches Gestalten, qualifizierende Interpretation oder quantifizierende Analyse. Das sind, wie gesagt, idealtypische Gewichtungen. Konkret kann sich jede Einzeldisziplin aller Aspekte und Methoden bedienen. Die Geschichtswissenschaft, z.B., *erklärt*, wenn sie fragt, „wie es eigentlich gewesen", sie *versteht*, wenn sie ausfaltet, „warum es (vermutlich) so gewesen ist" und sie arbeitet *künstlerisch*, wenn sie ausfabuliert, „wie es gewesen sein könnte".

Das gewonnene Wissen ist im künstlerischen Schaffensprozeß ein *implizites Handlungswissen*; in der Kulturwissenschaft ist es ein *Bildwissen*, welches Mensch-Ding-Beziehungen (Werte und Funktionen) betrifft; in der Naturwissenschaft handelt es sich um *explizites Begriffswissen*, das Objekt- bzw. Strukturzusammenhänge erhellt. Charakteristisch für die Kulturwissenschaft ist also *visuelles*, für Orientierungsbedürfnisse hinreichend explizierbares *Bildwissen*, das sich aus Wahrnehmungs-, Erinnerungs- und Vorstellungswissen zusammensetzt. Kurz: Kunst ist Symbolschaffen in ästhetischer Form; Kulturwissenschaft ist Deutungskunst, die plausible Regelhaftigkeiten erarbeitet; Naturwissenschaft, schließlich, ist Kausalwissenschaft, die objektive Einsichten als Gesetze formuliert.

Idealtypische Tätigkeitsmuster *Aspekte*	**Kunst-schaffen**	**Kultur-wissenschaft**	**Natur-wissenschaft**
1. Wirklichkeits-einstellung	**Qualität** als unmittelbare Erfahrung	**Bewußtsein** als intersubjektives Wertsystem	**Materie/Struktur** als objektive Gegebenheit
2. Gegenstand	**Sein** als erfahrene Welt	**Kultur** als bewertete Welt	**Natur** als ‚gegebene' Welt
3. Erkenntnisziel	symbolische **Repräsentation**	hermeneutisches **Verstehen**	kausale **Erklärung**
4. Methode	schöpferisches **Gestalten**; einläßliche Versenkung	qualifizierende **Interpretation**; diskursive Entfaltung	quantifizierende **Analyse**; formallogisches Vorgehen
5. Wissensform	implizites **Handlungswissen** *intuitives Wissen*	explizierbares **Bildwissen:** Wahrnehmungswissen Erinnerungswissen Vorstellungswissen *Orientierungswissen*	explizites **Begriffswissen** *Verfügungswissen*
6. Charakteristik	**Symbolschaffen** erstrebt **Ästhetik**; präsentiert **sinnliche Gestaltungen** *Fantasiespiel*	**Deutungskunst** erstrebt **Plausibilität**; formuliert **zeitbezogene Regelhaftigkeiten** *Möglichkeitsspiel*	**Kausalwissenschaft** erstrebt **Objektivität**; formuliert **allgemeine Gesetze** *Lösungsspiel*
7. Erkenntnis-perspektive	überzeitlich: **Vertiefung** der Sinnbildung (jede Neuerung variiert Tradition)	historisch-zeitbezogen: **Erweiterung** der Ansichten (jede Neuerung ergänzt Tradition)	zukunftsorientiert: **Fortschritt** der Einsichten (jede Neuerung ersetzt Tradition)
8. Ästhetische Tendenz	**Stimmigkeit** der (Erkenntnis-) Formen	**Ausgewogenheit** der (Erkenntnis-) Perspektiven	**Ordnung** der (Erkenntnis-) Inhalte

Übersicht: Kulturwissenschaft als Mittlerin

Die Erkenntnisperspektive der Kunst ist überzeitlich. Kunst kennt (von der Erweiterung technischer Gestaltungsmöglichkeiten abgesehen) streng genommen keinen Fortschritt; sie bemüht sich um vertiefte Sinnbildung, indem sie ihr Grundthema auf immer neue Weise variiert. Naturwissenschaft andererseits zeigt sich streng zukunftsorientiert und treibt mit der Ersetzung alter Erkenntnisse durch neue den Fortschritt voran. Kulturwissenschaft, in mittlerer Position, blickt vom Vergangenen bis ins Zukünftige, arbeitet historisch-zeitbezogen und ergänzt ihre Sichtweisen stetig durch neue und aktuelle. Während man tendenziell davon sprechen kann, daß in der Naturwissenschaft das Innovative das Traditionelle ersetzt und daß in der Kunst das Traditionelle als Innovation neu erscheint, bemühen sich die Kulturwissenschaften wesentlich darum, Tradition und Innovation miteinander in Einklang zu bringen. Ihre ästhetische Tendenz geht dahin, die Vielfalt der Perspektiven in ein ausgewogenes Verhältnis zu bringen. Dabei thematisiert jede kulturwissenschaftliche Spezialdisziplin die geschichtliche Gebundenheit der Menschen und die Besonderheit der einzelnen Individuen auf eigene Weise. Unser Lebensalltag braucht sowohl technische Kompetenz, das Formelwissen der Naturwissenschaften, als auch die Erfindungskraft, das Ahnungswissen der Künste. Genauso unverzichtbar ist jedoch das komplexe Bildwissen der Kulturwissenschaften, jene flexible, perspektivenreiche Bildung, die zwischen kontroversen Strebungen zu vermitteln vermag.

Unser Modell, das von links nach rechts gelesen keine streng chronologische Folge repräsentiert (denn Naturwissenschaft gab es früher als Kulturwissenschaft), weist der Kulturwissenschaft zwischen Kunstbetätigung und Naturforschung eine vermittelnde Aufgabe zu, nämlich: die menschliche Neugier nach begrifflich faßbarem Fortschritt in der Welterkenntnis einerseits und die Sehnsucht nach intuitiver Sinnerfahrung durch Symbolisierung von Welt andererseits mittels subjektbezogener Deutungskonzepte zusammenzuhalten. Kulturwissenschaft bildet in der Bandbreite menschlicher Erkenntnismöglichkeiten die verbindende Mitte. Sie verkörpert das Bindeglied zwischen objektiven und ästhetischen Zielsetzungen der Erkenntnissuche. Sie verantwortet gewissermaßen das (in der konkreten Lebenswelt verankerte) menschliche Maß. Dieses Maß gilt es, im Spannungsfeld zwischen – auf die extremen Pole blickend – absolutem Objektivitätspostulat hier und absolutem Qualitätsanspruch dort unablässig im abwägenden Dialog plausibel zu machen – als existentielle Notwendigkeit und als unverzichtbares Element eines humanen Lebens. Die austarierenden Rhythmen einer Waage scheinen mir dabei ein bezeichnendes und schönes Bild, das die Frage nach der Relevanz und damit die Rechtfertigung der Kulturwissenschaften metaphorisch, also ästhetisch beantwortet. Und da (neben dem Bewußtsein vom Tod) das Empfinden des Schönen zu jenen Wesentlichkeiten gehört, die den Menschen zum Menschen machen, markiert die ästhetische Komponente auch thematisch einen zentralen Bereich der kulturellen Anthropologie.

Metamorphosen

Wir wollen diese Überlegungen mit einem Blick auf das Werk der in Buenos Aires lebenden deutschen Künstlerin Edith Matzen Hirsch (*1938) erweitern. Als Mädchen war sie im Alter von elf Jahren aus Deutschland nach Argentinien ausgewandert und hat sich dort nach schweren Jahren der Existenzsicherung in reifem Alter der Kunst zugewandt. Ihr Antrieb war die Suche nach sich selbst, nach ihren Wurzeln und Prägungen zwischen zwei räumlich weit voneinander entfernten Kulturen. In ihrer Kunst versucht sie, die in der Kindheit verinnerlichten Zugehörigkeiten und Träume mit ihren späteren Begegnungen und Empfindungen in Einklang zu bringen. Kulturwissenschaftlich gesprochen gründet ihre Arbeit in der Erfahrung der Fremde und umspielt das Thema Heimat und Identität.

Zunächst fällt auf, wie eng sich in diesem Werk Emotion und Kognition durchdringen. Ästhetische Impulse der Intuition, wie wir sie für das künstlerische Empfinden als charakteristisch ansehen, verschmelzen mit objektivierenden Elementen der Ratio, die wir einer wissenschaftlich-analytischen Betrachtung zuschreiben. Aufschlußreich sind die technischen Mittel, mit denen die Künstlerin ihre Erinnerung verarbeitet, und die kulturellen Symbole, in denen sich ihre Reflexion verdichtet. Sie verwendet zum Beispiel ein Blatt mit Goethes Gedicht „Gefunden“ (und notiert – übersetzend – als einziges Wort „raices“ [= Wurzeln] handschriftlich am Rand), verarbeitet historische Landkarten ihrer Heimat Schleswig-Holstein (Abb. 66) oder des Auswandererhafens Hamburg (und ergänzt einen Fingerabdruck), wählt eine ältere Buchillustration eines kleinen Vogels im Nest (und legt ein Gitternetz darüber). Mit einer äußerlich nur geringfügigen Akzentuierung, Hinzufügung oder Einrahmung vermag sie so allgemeine Bildgedanken der Entwurzelung, des Spuren-Hinterlassens oder des Schreis eines Hilflosen hervorzurufen.

Kunst enthält Seinserfahrungen, die im Biographischen gründen. Freilich: indem wir die künstlerischen Aussagen konkret in Worte fassen und „auf den Begriff bringen“, wird deren Geheimnis zerstört und seiner Kraft beraubt. Kunst beläßt die Deutung „in der Schwebe“. Wissenschaftliche Arbeit, die Sinn erschließen und Lösungsmöglichkeiten anbieten will, begrenzt, weil sie das Sinnverstehen und die Sinneswahrnehmung der Betrachter unvermeidlich in bestimmte Bahnen lenkt. Darum muß Interpretation immer ein offener, unabschließbarer Prozeß bleiben, und dieser bedarf, um dessen Grenzen auszuloten, korrespondierender (nicht nur „alternativer“) Deutungen, also: des lebendigen Austauschs im Gespräch.

Bezogen auf die Werke von Edith Matzen Hirsch bedeutet das, daß nicht nur Entwurzelung – „grub's (Goethes Blümchen) mit allen den Würzlein aus“ –, sondern zugleich auch das Neuverwurzeln – „und pflanzt es wieder am stillen Ort“ – angesprochen ist; daß neben das Fingerspurenhinterlassen auch das neue Gedankenspurensetzen – der Stadtplan von Buenos Aires gleicht

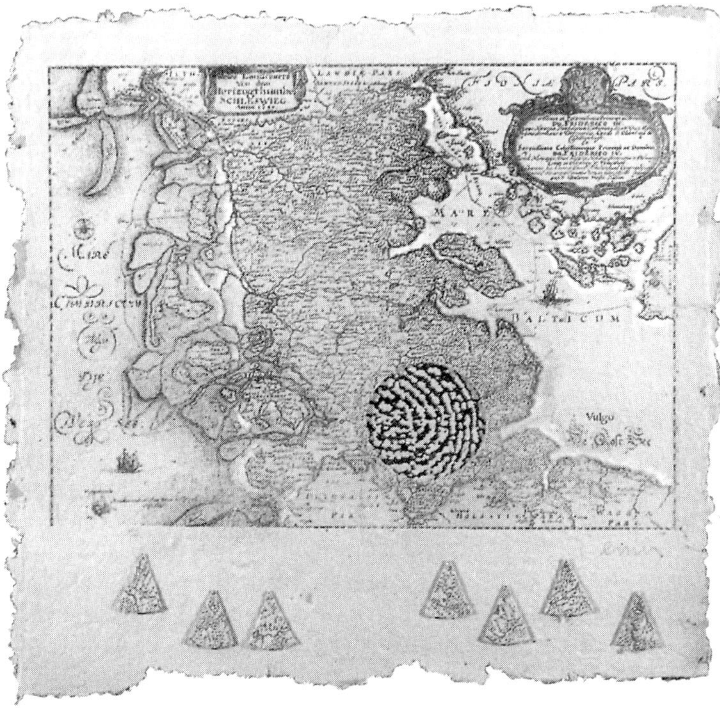

Abb. 66: Edith Matzen Hirsch, Erdgeborene (Ausschnitt), 1993

einem Gehirn (Abb. 67) – gehört; und daß mit dem Leid des Eingeschlossenen auch der Schrei und die Hoffnung nach Freiheit ins Bild gesetzt sind. Dennoch: auch eine klare doppelpolige Sichtweise versucht die Künstlerin selbst genauso wie die eindeutige Festlegung gerade zu vermeiden, indem sie ihr Werk einfach hinstellt und alles weitere der stummberedten Zwiesprache mit dem Betrachter überläßt.

Jedoch auch dies ist wieder einzuschränken. Die Künstlerin arbeitet charakteristischerweise in Serien. Ein Thema wird in Varianten entfaltet, am Ende aber meist nicht mehr als drei bis vier Mal sanktioniert, und diese Varianten setzen neue Akzente, tragen zugleich jedoch ein Grundmuster fort und verschaffen ihm so Kontinuität. Aus der Serienspannung gewinnen die Einzelwerke eine höhere Aussagekraft. Das wird noch dadurch gesteigert, daß die Bildvarianten auch verbal durch Serientitel miteinander verkoppelt werden: Strategien, Wege, Konventionen, Sich wandelnde Muster. Diese Serienbezeichnungen sind von hoher Abstraktion – sie ähneln analytischen Begriffen, wie sie in der wissenschaftlichen Arbeit unverzichtbar sind, um als

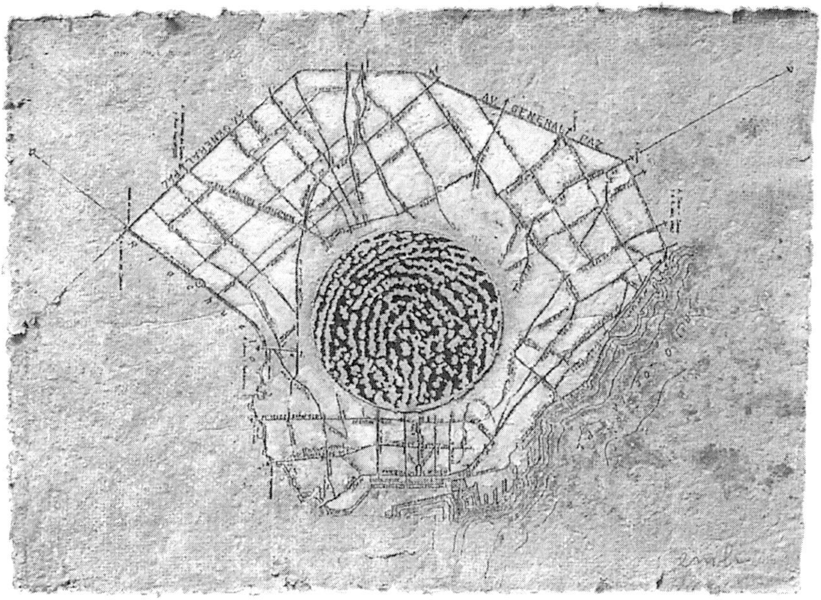

Abb. 67: Edith Matzen Hirsch, Geteiltes Schicksal II (Ausschnitt), 1992

Ordnungshilfe für empirische Befunde zu dienen. Die Entwicklung des künstlerischen Gesamtwerks erscheint paradigmatisch: inhaltlich führt sie von der verfremdenden Präsentation personalgeschichtlich eingebundener Motive hin zur Manifestation menschlicher Zustände, formal von konkret verörtlichten individuellen Zeichen hin zu einer allgemeinmenschlichen Symbolik, die Lebensräume und Lebenszeiten übergreift und transzendiert.

Das Werk von Edith Matzen Hirsch ist ein schönes Beispiel für die Zwiesprache zwischen künstlerischer und wissenschaftlicher Erkenntnissuche. Das kulturelle Faktum der Auswanderung mit seinen Lebensrisiken und -chancen, die Kulturvermittlung zwischen Europa und seinen überseeischen Kolonisationsgebieten sowie die Frage nach Zugehörigkeiten und Heimatbewußtsein sind kulturwissenschaftliche Problemfelder. Gerade in jüngerer Zeit haben Volkskundler dazu Bücher geschrieben und Tagungen veranstaltet. Nach soviel Datensammlung und Quellenanalyse, Systematisierung und Thesenbildung tut es gut, eine Pause zu machen. Immer wieder einmal sollten wir uns aus den Netzen wissenschaftlicher Problematisierung lösen und die Begegnung mit einem künstlerischen Werk suchen, wo sich individuelle Erfahrungen in exemplarischer Gestaltung zu subjektübergreifender Aussage verdichten.

Kunst und Wissenschaft sind dialektisch aufeinander bezogene Möglichkeiten der Wirklichkeitserkenntnis: was Kunst anstößt, wird durch Wissenschaft formuliert; was Wissenschaft feststellt, bringt Kunst wieder in die Schwebe. Die Metamorphosen von Kunst und Wissenschaft beleuchten Aggregatzustände der Wirklichkeit, stimulieren unterschiedliche Faktoren unserer Wahrnehmung und geben uns erst gemeinsam ein plastisches Bild von der Welt.

Kulturverständnis als Bildungsaufgabe

Weil das Verständnis von Allgemeinbildung schwankt, bleibt die Aufgabe der Schule als einer Institution, die Kinder in das soziale und kulturelle Normensystem der Gesellschaft einführt, indem sie Allgemeinbildung vermittelt, verschwommen. Geht es dabei um eine grundlegende oder um eine gemeinsame oder um eine „allseitige", umfassende Bildung? Alles umfassende Bildung ist, auf Wissen bezogen, in der Schule auch nicht annäherungsweise erreichbar. Hier muß es vielmehr um elementare Welt- und Lebenskenntnis gehen; hier soll sich für Schüler Weltorientierung mit sozialer und kultureller Wertorientierung verbinden.

Volkskunde befaßt sich, vom eigenen Erfahrungsraum ausgehend, mit den kulturellen Ausdrucksformen besonders der unteren und mittleren Bevölkerungsschichten Europas. Sie fragt nach Erscheinung, Struktur und Geschichte der Alltagskultur sowie deren sozialer Wirksamkeit und Bedeutung. Volkskunde untersucht speziell kulturelle Vermittlungsvorgänge, darunter den Enkulturationsprozeß: wie Kinder in die sie umgebende Kultur hineinwachsen, wie sie sich Handlungskompetenz aneignen und mit dem je zur Verfügung stehenden kulturellen Inventar umzugehen lernen. Für die junge Generation ist die Schule neben der Familie die gewichtigste soziale Institution, die beim Erlernen und Verinnerlichen der Regeln des Zusammenlebens mitwirkt. Die Schule dominiert eine frühe Phase des Lebenslaufs; sie schafft Verhaltenssicherheit, dient der Allgemeinbildung und fördert so nicht zuletzt aufgeklärtes Denken und Emanzipation – kurz: sie vermittelt das, was im Blickfeld der Volkskunde liegt: Kultur, spezieller: ein inniges Verständnis für alltagskulturelle Vorgänge.

Schule als Lebenswelt

Der Schuleintritt markiert einen bedeutsamen Übergang des Kindes in eine neue Lebenswelt. Schüler zu sein, stärkt das Selbstbewußtsein und steigert gegenüber den Jüngeren das Prestige. Kulturelle Symbole, wie die oft übergroße Schultüte, heben den Beginn des neuen Status nachdrücklich ins Bewußtsein. Der feierliche Charakter des Ereignisses korrespondiert in seinem emotionalen Wert dem Geburtstags- oder dem Weihnachtsfest. Aber sehr schnell wird deutlich, daß von nun an auch der gesamte Alltag des Schülers vom Reglement einer Kulturinstitution abhängig ist. Die kulturelle Prägekraft des Schulunterrichts wirkt in praktisch alle Bereiche des Kinder- und Familienlebens hinein.

Kinder leben in einem eigenen kulturellen Umfeld, das wesentlich durch Spielen samt den dazugehörigen Utensilien geprägt ist. Man kann hier analytisch eine eigen-kreative Kultur *der* Kinder von einer durch Erwachsene vorgeformten Kultur *für* Kinder unterscheiden. Sowohl die materiellen Gegenstände, das Spielzeug, als auch bestimmte soziale Umgangsformen des Miteinander sowie sprachliche und bildliche Ausdrucksweisen sind von kindspezifischer Eigenart oder werden entsprechend adaptiert. Kinderleben und Schulkultur bilden zwei volkskundliche Gegenstandsbereiche, deren Forschungsergebnisse für Schulpädagogik und Didaktik höchst aufschlußreich erscheinen; denn je besser man hier die kulturellen Wertsetzungen und Verflechtungen kennt, desto genauer kann daran im Schulunterricht angeknüpft werden.

Gute Lehrer haben das Alltagsleben und die Erlebniswelt der Kinder wohl schon immer mit in den Unterricht einbezogen. Aus solchen pädagogischen Zielen der frühen deutschen Aufklärung ist im 19. Jahrhundert das stärker wissenschaftliche Interesse für diese Gegenstände herausgewachsen. In der Frühzeit der Volkskunde haben neben den Dorfpfarrern gerade die Lehrer einen hohen Anteil an der volkskundlichen Sammelarbeit (im 20. Jahrhundert u.a. als Beantworter der Fragebögen des Atlas der deutschen Volkskunde), und sie verstanden es, die Ergebnisse dieser Tätigkeit für den Schulunterricht fruchtbar zu machen. Darüber hinaus leisteten sie aber auch wertvolle Beiträge zur interpretierenden lokalen und regionalen Heimatforschung. Sogar in den Unterricht selbst sind Forschungsaktivitäten eingeflossen, wenn die Schüler zur Suche nach historischen Überbleibseln wie zum Sammeln mündlicher Überlieferungen angeregt und angeleitet wurden.

Ein solcher Zusammenklang der Ermittlung neuer Wissensbestände mit der Vermittlung dieser Kenntnisse vermochte auch außerhalb der Schule das Gemeindeleben nachhaltig zu prägen. Viele Dorf- oder Stadtteilchroniken sind von Lehrern und Lehrerinnen geschrieben, manches Heimatmuseum ist von ihnen gegründet oder ausgebaut worden. Überhaupt waren und sind Lehrer vielfach als Funktionäre kultureller Institutionen tätig oder im Vereinswesen engagiert. So äußert sich die effektive Verklammerung von Forschen und Lehren – die ihre sachliche Mitte in volkskundlicher Fachkompetenz besitzt – facettenreich in lebensvollen Bezügen und bildet eine immer erneut nutzbar zu machende, tragfähige Grundlage für vertiefte Kulturstudien im Alltagsbereich.

In der ersten Hälfte des 20. Jahrhunderts, als Eduard Spranger 1923 den Bildungswert der Heimatkunde artikulierte, sind auch die Bildungsaufgaben der Volkskunde intensiv diskutiert worden. Die Beziehung zur Schule markiert in den 1920er Jahren einen beachtenswerten Aspekt der volkskundlichen Fachgeschichte. In nationalsozialistischer Zeit wurde im Zuge des Ausbaus der Hochschulen für Lehrerbildung der Erziehungsauftrag der Volkskunde noch stärker hervorgehoben; das hat freilich durch die völkisch-nationalen und vielfach unverhohlen rassistischen Akzentuierungen das Fach auch nachhaltig diskreditiert. Die ideologiekritische Aufarbeitung dieser Entwicklung seit den 1960er Jahren führte zunächst zu einer sozialwissenschaftlichen Neuorientierung und schließlich zur Auffassung der Volkskunde als einer dezidiert kulturwissenschaftlichen Disziplin.

Wenn Bildung nicht vorwiegend funktional aufgefaßt und auf ein lern- und sozialisationstheoretisches Verständnis reduziert wird, sondern den Inbegriff des durch Belehrung und Eigenerfahrung ermöglichten Weges zur selbstbestimmten Persönlichkeit meint, dann ist die Bildungsaufgabe aller Disziplinen, die den Menschen als kulturelles Wesen begreifen und die Einsicht in kulturelle Zusammenhänge fördern, offenkundig. Auch der Alltag ist, wie das Leben der Menschen insgesamt, nicht nur durch zweckbestimmtes Handeln, sondern in hohem Grade von symbolischen Sinngehalten und Vorgängen bestimmt. Es gehört zu den Aufgaben der Volkskunde, solche Zusammenhänge durchsichtig zu machen und das Bewußtsein für die Kulturbedeutung auch unscheinbarer Dinge zu schärfen.

Volkskultur und Alltagskultur

Die Herausbildung der Volkskunde zwischen Aufklärung und Romantik war eine kulturkritische Antwort auf spezifische Problemlagen zur Zeit der Französischen Revolution, mit der eine Verklärung der Überlieferung des „einfachen Volkes“ einherging. Seit damals bis über die Mitte des 20. Jahrhunderts befaßte sich Volkskunde mit dem Volksleben, ihr Blick war auf Volkskultur fokussiert. Seit sich gegen Ende des 18. Jahrhunderts der universalistische Kulturbegriff differenzierte und Herder die Kultur des Volkes von der Kultur der Gebildeten unterschieden hat, repräsentierte „Volkskultur“ einen Kristallisationspunkt kulturkritischer Dichotomien. Im heraufziehenden Zeitalter der Industrialisierung verkörperte dieser Begriff das Insistieren auf dem bäuerlich-handwerklichen Erbe, stand für Beharrungs- statt Neuerungsstreben, für Traditionalität statt Modernisierung. Er symbolisierte das „Ursprüngliche“, das vermeintlich allein „Echte“; er wurde zur Metapher für regionale Eigenart gegenüber dem Massenhaften, bewahrte so gewissermaßen die Sehnsucht nach dem Eigentlichen im Meer des „Verfälschten“ und „Sinnentleerten“.

Volkskultur ist ein wissenschaftlicher Reflexionsbegriff. Mit ihm entstand – durch gezielte Suche er-funden – die dazugehörige Sache und gerann zum Gegenstand einer eigenen Disziplin. Volkskundler wurden die Hüter der Volkskultur. Sie verliehen dem Traum von einer heilen Welt Dauer, und als insbesondere die junge revoltierende Forschergeneration der 1968er Jahre diesen Traum als ein Trugbild erkannte, setzte sie ihren eigenen Traum einer autonomen, herrschaftsfreien Volkskultur an die Stelle des alten. Später entdeckte man in dieser Vorstellung sogar Elemente von Widerständigkeit; und statt Rettung und Pflege des „unverfälschten“ Alten wurde die Wiedergewinnung von „Eigen-Sinn“ zur Maxime erhoben.

Wo „Volkskultur“ die Identifikation mit bestimmten Werten zum Ausdruck bringt oder dazu dient, das eigene Tun zu legitimieren, kann zwischen Heimatpflege und Wissenschaft leicht Streit entstehen, wenn man sich hier wie dort den Begriff nach eigenen Interessen zurechtbiegt und ohne Verlust an Selbstwertgefühl dann auf keine Nuance verzichten mag. Doch ein klares Bewußtsein für den Sachverhalt lockert die Fronten: „Volkskultur“ ist eine *Aussage* über Wirklichkeit, nicht die Wirklichkeit selbst. Darum braucht niemand Glaubenskriege um sie zu führen. Nur solange man sie als Abstraktion begreift, scheint Volkskultur real; wenn man näher hinschaut, löst sie sich in tausend konkrete Einzelheiten auf. „Volkskultur“ bezeichnet nicht mehr und nicht weniger als einen *Blickwinkel* auf das Spannungsfeld alltäglichen Lebens. Daß man diesen wechseln kann, gehört zu den Selbstverständlichkeiten fruchtbaren Nachdenkens und Weltdeutens.

Weder Phänomene noch Begriffe sind per se richtig oder falsch; falsch kann allenfalls die Anwendung eines Begriffs innerhalb einer bestimmten Argumentation sein. In einer Diskussion sind Begriffe die Spielfiguren, die für das jeweilige Denk-Spiel einer präzisen Definition bedürfen, während (wenige) andere Begriffe das Spielfeld markieren und flexibel bleiben müssen, wenn sich dort Kreativität entfalten soll. In die Gruppe jener letzteren Begriffe, die fruchtbare Diskussionen zu vielfältiger Einsicht erst ermöglichen und – vor allem im populären Gebrauch – nicht immer einer exakten Begriffsbestimmung bedürfen, gehört als eine von mehreren Bezeichnungen für das Forschungsfeld des Volkskundlers: Volkskultur. Und die inspirierende Vagheit dieses Begriffs gilt sogar für die Sache selbst; denn „Die Alltagswirklichkeit ist der Bereich der Bewegung, des Unscharfen, des Ungefähren“ (Lucien Febvre).

Während Vertreter der Historischen Volkskunde Volkskultur heute als eine reale historische Größe in der frühen Neuzeit auffassen, als eine „Vielfalt in Varianten und immer neuen Ausformungen“ (K.-S. Kramer), wird sie sonst in der Regel als ein bürgerliches Konstrukt des 19. Jahrhunderts verstanden. Da sich die ideologischen Implikationen schwer abschütteln lassen, wird statt von Volkskultur jetzt meist von Alltagskultur gesprochen (was freilich ebenfalls, weil z.B. „Festkultur“ zu subsumieren ist, gewisse Verständnisschwierigkeiten mit sich bringt). Es geht um die Erkenntnis des Alltagslebens, das mit all seinen Facetten als Alltagskultur zum Ausdruck kommt. Jedenfalls will Volkskunde heute – ob sie sich mit „traditionalen Welten" oder der Moderne befaßt – bevorzugt das „Normale", das Selbstverständliche und Gewöhnliche, das in Abwandlungen stets Wiederholte, eben das Alltägliche, ins Bewußtsein heben und verstehend durchdringen.

Volkskunde, die in ihrer Frühphase der Faszination für Merkwürdigkeiten und der Sammelleidenschaft für Phänomene der eigenen Lebenswelt wesentliche Impulse verdankte, ist praktischen Erfordernissen stets besonders nah geblieben. Statt großliniger Volks- oder Kulturtheorie zu frönen, widmete man sich eher lokal oder regional bezogenen Beschreibungen und behielt die mögliche Anwendung und Umsetzung des Erkannten im Auge. Hier lag freilich auch die Achillesferse des Fachs; denn neben der Versuchung, Dilettantisches und Triviales zu stilisieren, barg die Tendenz zu nostalgischer Rückwärtsgewandtheit und harmoniesüchtiger Vergangenheitsverklärung die Gefahr eines überzogenen Wertkonservatismus, der bevorzugt nach dem vermeintlich „Echten" suchte und nicht selten im Folklorismus, einer fragwürdigen Präsentation von „Volkskultur aus zweiter Hand", gipfelte. Moderne Volkskunde erstrebt als empirische Kulturwissenschaft Einsichten, die unsere Welt im Rahmen übergreifender kulturtheoretischer Konzepte erhellen, ohne jedoch den Rückbezug auf die je gegebenen konkreten Lebensumstände außer acht zu lassen.

Volkskundliche Wege und Ziele

Wie die Schule ist auch Wissenschaft in die aktuelle Problemsituation einer Gesellschaft involviert. Volkskundliche Arbeit setzt in der Gegenwart an oder erörtert historische Befunde zumindest implizit vor dem Horizont der Jetztzeit. Ein Forscher, der sich auf vielfältige Facetten von Wirklichkeit einläßt, kann ja die eigenen Erfahrungen in seinem Fragen nie völlig ausklammern. Ausgangspunkt sind in jedem Falle sinnlich wahrnehmbare Phänomene, die auf erklärungsbedürftige Sachverhalte verweisen. Feldforschung, also Erkundungen im unmittelbaren Lebenszusammenhang, und Archiv- oder Museumsarbeit ergänzen sich. Als methodisches Instrumentarium werden die Techniken der empirischen Sozialforschung herangezogen, vor allem (teilnehmende) Beobachtung und (mündliche oder schriftliche) Befragung. Die Analyse von Dokumenten und Objekten orientiert sich an den quellenkritischen Verfahren der Geschichtswissenschaft sowie den inhaltsanalytischen und hermeneutischen Vorgehensweisen der Literatur- bzw. Kunstwissenschaften. Ein wichtiges Deutungsmittel stellt die vergleichende Methode dar.

Da jede Kulturäußerung ihren genauen historischen und gesellschaftlichen Ort besitzt, ist zur angemessenen Analyse eines Gegenstandes, Bildes oder Textes die Kenntnis des jeweiligen Lebenskontextes eine unabdingbare Voraussetzung; nur so sind Funktionszusammenhänge und Bedeutungsgehalte realitätsnah zu erhellen. Wo das Wissen um die soziale Zuordnung einer Erscheinung und das geschichtliche Zeitbewußtsein verlorengehen, droht die Ausbildung von Alltagsmythen oder eklektisches l'art pour l'art. Es ist aber insgesamt nicht nur die sozialhistorische Einbettung kollektiver Kulturphänomene zu berücksichtigen, sondern z.B. deren Wirkkraft auch unter (sozial-)psychologischen Gesichtspunkten zu erkunden. Das Ideal kulturwissenschaftlicher Arbeit zielt darauf, die Dimensionen räumlicher, zeitlicher, sozialer und psychischer Betrachtungsaspekte in Hinblick auf die kulturelle Wertigkeit zu integrieren.

Wenn es der Volkskunde auch wesentlich um Einsichten in konkrete geschichtlich gebundene Lebenszusammenhänge geht, so bleiben doch die Grundbedingungen und Möglichkeiten menschlichen Handelns die Beurteilungsbasis und die Erkenntnis des Menschen als (im Gegensatz zum Tier) kulturgeprägtes und kulturschaffendes Wesen der übergreifende Orientierungspunkt. Eine vergleichende Kulturbetrachtung, die von regionalen Befunden ausgeht und themengeleitet – je nach Notwendigkeit – die Grenzen innerhalb des europäischen Völker- und Gesellschaftsgefüges überschreitet, gewinnt vor dem Horizont des menschheitlichen Kulturerbes, zumal im Zeitalter weltumspannender Vernetzungen, zusätzliche Erkenntnisaspekte. Volkskundliche Arbeit, die im Mikrobereich kultureller Vorgänge verankert ist, kann auf die Reflexion ihres Tuns unter der Makroperspektive allgemeiner Kulturentwicklung nicht verzichten.

Volkskunde macht die alltägliche Lebenswelt zum Thema und versucht, sie – besonders für vergangene Zeiten – in ihrem landschaftlichen oder kulturräumlichen Bezugsfeld zu beschreiben. So hat etwa K.-S. Kramer die historische Volkskultur Frankens zwischen 1500 und 1800 aufgrund archivalischer Überlieferung veranschaulicht. Ein übergreifendes Ziel stellte dabei die Herausarbeitung unterschiedlicher Lebensstile fränkischer Siedlungsgemeinschaften in Unter-, Mittel- und Oberfranken dar, während dagegen Kramers Analyse des Volkslebens im frühneuzeitlichen Holstein sich stärker darum bemühte, das Wechselspiel von beharrenden und bewegenden Kräften im geschichtlichen Ablauf zu erkunden. Andere Untersuchungen fragen danach, wo und wie sich Lebensräume durch sogenannte Kulturgrenzen voneinander scheiden und ob sie für manche Epochen als Relikt- oder als Novationsgebiete einzuschätzen sind.

Grundsätzlich sind neben den regionalen durchweg auch die sozialen Differenzierungen ins Auge zu fassen. Die hohe Komplexität der Lebensgefüge kann besonders in Gemeindestudien anschaulich dargestellt werden. Sowohl die ländliche wie die urbane Gesellschaft zeigt sich in zahlreiche

Teil- und Subkulturen aufgespalten. Ein Kennzeichen der Moderne bildet – entgegen mancher Vereinheitlichungstendenzen – die immer stärkere Differenzierung der Lebenslagen, so daß räumlich, zeitlich oder sozial generalisierbare Aussagen über kulturelle „Befindlichkeiten“ zunehmend schwieriger werden. Der Distinktionsbedarf der Menschen, der Wunsch nach sozialer Abgrenzung, ist aber unverkennbar und die Erforschung der „feinen Unterschiede“, so wie sie sich in der Art alltäglichen „Kulturkonsums“ und „Kulturgebarens“ ausdrücken, bleibt eine wichtige Aufgabe der Volkskunde.

Wie der Mensch ist auch seine Kultur der geschichtlichen Entwicklung unterworfen. Ein zentrales Problem liegt dabei aus volkskundlicher Sicht in der Frage, ob und inwieweit kulturelle Phänomene über längere Zeiten beständig sind. In welchen Lebensbereichen bestehen Kontinuitäten und wo herrscht kultureller Wandel vor? Kann man beispielsweise davon ausgehen, daß Brauchelemente wie der Maibaum und das Weihnachtsgrün oder Sagenüberlieferungen wie die von der „Wilden Jagd“ kontinuierlich bis in germanische Zeit zurückreichen? Hier hat es die Volkskunde oft mit der Analyse von Sekundärphänomenen zu tun, z.B. mit mythologischen Interpretationen des 19. Jahrhunderts. Gleichwohl sind auch diese popularisierten Wissenschaftsmythen als solche ein wichtiger Gegenstand der Kulturanalyse.

In der Regel stellt der Kulturprozeß ein komplexes Bündel aus Traditionen und Neuerungen dar. Was den Volkskundler interessiert, ist das konkrete Zusammenwirken überkommener dauerhafter Momente mit durch die jeweilige historische Situation iniziierten Kreationen und Variationen: z.B. wie sich mit der Französischen Revolution ein vorwiegend wirtschaftlich bestimmtes modisches Kleidungsverhalten und zugleich die sogenannte Volkstracht (jene Kleidungsart, die in der Tradition früherer Epochen verblieb) herausbildete oder warum ältere bayerische und schwäbische Stadtfeste gerade in den Jahrzehnten um 1900 eine historistische Ausprägung erhielten. Wenn heute das Tempo des kulturellen Wandels beschleunigt erscheint, so wird die Frage nach Anpassung oder Beharrung des kollektiven Zeitbewußtseins besonders aktuell.

Es kennzeichnet die Doppelheit menschlichen Lebens, daß es durch Kultur geprägt wird und zugleich kulturprägend wirkt. Obwohl es auch einen quasi natürlichen (unbewußten) Umgang mit den Dingen gibt, werden diese doch von den Menschen in der Regel sehr bewußt gestaltet, angenommen oder weitergegeben. Volkskunde befaßt sich mit dem kulturellen Vermittlungsprozeß in all seinen Facetten. Dieser Komplex meint nicht nur die Tradition im engeren Sinne, der seit je volkskundliche Aufmerksamkeit gegolten hat, sondern er besitzt neben dem zeitlichen einen räumlichen (Diffusion) und besonders auch einen sozialen Aspekt (Kommunikation). Im einzelnen lassen sich zahlreiche Teilprozesse unterscheiden. Ein Modell kann das verdeutlichen:

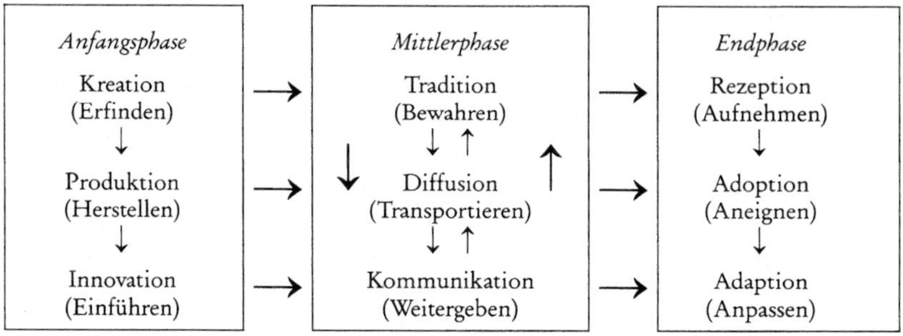

Abb. 68: Kulturprozesse: Phasen des Vermittlungsweges

Neben seiner allgemeinen und sehr formalen Kategorienfolge von Anfangs- zu Endphasen, enthält das Schema unterschiedliche Begriffsreihen zu speziellen Vorgängen. Auf diese Weise lassen sich verschiedenste Kulturprozeß-Abfolgen aufschlußreich markieren: z.B. – horizontal – der Weg von der Kreation einer Erzählung über deren zeitüberbrückendes Aufbewahren bis zur Rezeption; von der Produktion eines Gegenstands über dessen Transport bis zur Adoption (und gegebenenfalls auch Konsumtion); von der Innovation einer Neuheit über deren kommunikatives Weiterreichen bis zur Adaption in einem anderen Kontext. Aber auch – vertikal – der Weg von der Erfindung über die Herstellung zur Einführung eines Objekts; oder von dessen Aufnahme über die Aneignung bis zur Anpassung in einem bestimmten Milieu. Nicht zuletzt können die idealtypischen „horizontalen" und „vertikalen" Prozeßabfolgen auch vielfältig miteinander verknüpft sein. So mag in einem bestimmten Fall beispielsweise eine Prozeß-Reihe Innovation – Kommunikation – Diffusion – Adoption – Adaption sichtbar werden. (Die graphische Darstellung speziell der „Mittlerphase" ist in der zweidimensionalen Form nicht optimal, da es sich bei Tradition, Diffusion und Kommunikation um Prozeß*aspekte* handelt, die *gleichzeitig* zu denken sind.)

Die Kreation, Vermittlung und Aneignung von kulturellen Werten vollzieht sich auch als ein Bewußtseinsprozeß, den man im einzelnen nur über Kulturäußerungen als Indikatoren erschließen kann. Hier liegt eine Kernaufgabe volkskundlicher Arbeit. Albrecht Lehmann hat sich dem Problem über die Analyse lebensgeschichtlichen Erzählens genähert und dabei Einblicke in kollektive Welt- und Wirklichkeitsbilder der jüngeren Vergangenheit erzielen können. Besonders achtet Volkskunde auf Formen, Gründe und Auswirkungen des Beharrenden im Wandlungsprozeß; sie untersucht weit verzweigte Kulturkomplexe – vom Atomunfall in Tschernobyl war schon die Rede – als „kulturelle Tatsachen", als vermaschte Ausdrucks- und Wertkomplexe, für die die kulturelle Vermittlung nicht nur ein Betrachtungsaspekt ist, sondern einen Bestandteil des Phänomens selbst darstellt.

Alltagsthemen in der Schule

Volkskundliche Fragen gewinnen unter jedem Wirklichkeitsbezug, und so auch aus der Perspektive von Lehrern oder Schülern, eine eigene Gewichtung. Grundsätzlich läßt sich die Bedeutung einer Wissenschaft für die Schule – sowohl hinsichtlich ihrer Gegenstände und Erkenntnisse als auch ihres Problemzugriffs und ihrer Vorgehensweisen – unter drei Gesichtspunkten differenzieren. Wir wollen nacheinander einige allgemeinpädagogische, didaktische und sachbezogene Aspekte skizzieren, die für die Behandlung von Alltagsthemen in der Schule bedeutsam werden.

Unter den *Erfahrungsbereichen*, mit denen die Schüler konfrontiert sind und die sie „austasten" müssen, sind das Erleben der Heimat, die Begegnung mit dem Fremden und die Vergewisserung ihrer Identität besonders wichtig.

Menschen – speziell Schüler – fühlen sich dem Lebensraum, in dem sie aufwachsen, zugehörig, weil sie dort Handlungsmöglichkeiten, Sicherheit und Befriedigung finden. Solches Heimatbewußtsein konstituiert sich aus objektiven und subjektiven Elementen; es ist ein Angelpunkt dafür, um sich im geographischen Raum orientieren und auch neue Räume geistig aneignen zu können. Gerade in einer Epoche, in der aufgrund der durchdringenden Technisierung Verlusterfahrungen zunehmen und sich kurzzeitige wie dauerhafte Migrationen großen Ausmaßes vollziehen, bildet die Reflexion der eigenen Herkunft eine notwendige Basis für selbstbewußtes Tätigsein. Der Heimatbegriff darf allerdings nicht verklärt werden: auch in Großstadt und Industrierevier gibt es Heimat, und es kommt – zumal im Globalisierungszeitalter – darauf an, die kulturellen „Markierungen" regionaler Identität (Wahrzeichen) aufzuspüren. Insgesamt ist den Schülern Heimat als ein Glied größerer Natur-, Kultur- und Sozialeinheiten nahezubringen.

Selbsterfahrung und Fremderfahrung sind – wie Schüler früh lernen sollten – untrennbar aufeinander bezogen. Was zum Eigenen gehört, wird erst deutlich, wenn es sich von anderem abhebt. Aus der Wahrnehmung von Andersheit muß aber nicht notwendig Fremdheit folgen; denn was als „fremd" gilt, ist eine kulturell vermittelte Interpretation. Umso wichtiger ist die Behandlung dieses Deutungszusammenhangs in der Schule. Personen, die als Fremde empfunden werden – das mögen Arbeitsmigranten, Asylsuchende oder Touristen sein –, begegnen heute überall im Alltagsleben, und auch auf Reisen haben Schüler in der Regel bereits ausgiebige Kontakte mit fremden Kulturen erlebt. Daß kulturelle Unterschiede zu Konflikten führen können, kann jeder erfahren. Darum ist die Vermittlung von interkultureller Kompetenz, der Fähigkeit zu einem angemessenen Umgang mit Menschen anderer Kulturen, eine wesentliche Aufgabe der Gegenwart, die in der Schule durch sachkundige Unterrichtung gefördert werden muß.

Das Gefühl der Übereinstimmung eines Individuums mit sich selbst und seiner Umgebung ist ein unverzichtbarer Stabilisierungsfaktor im Leben gerade jüngerer Menschen. Das zeigt sich in der Moderne, in der immer zahlreichere Güter leicht verfügbar, die Erlebniswechsel beschleunigt und die sozial akzeptierten Verhaltensmöglichkeiten vielfältiger geworden sind, besonders deutlich. Identität wird zu einem guten Teil durch das kulturelle Inventar, das unsere alltägliche Lebenswelt erfüllt, vermittelt, aber auch durch die Möglichkeit, Erlebnisse oder gar sein ganzes Leben zu erzählen. In seiner eigenen Geschichte kann jeder am besten erkennen, wer er ist. Hier wirken neben dem personalen Erinnern und Vergessen auch kollektive Bewusstseinsvorgänge als Konstituenten des übergreifenden Traditionsprozesses: in dem, was eine Gesellschaft im Gedächtnis bewahrt, was sie des Aufhebens oder des Wegwerfens für wert erachtet, offenbart sich ihr Weltverständnis, das Schülern durch volkskundliche Betrachtung ins Bewußtsein gehoben wird.

Drei *diadaktische Prinzipien* des Schulunterrichts führen vom Nahen zum Fernen, vom Erahnen zum Wissen sowie vom Einzelnen zum Ganzen (letzteres oft auch umgekehrt).

Vom Nahen zum Fernen: Volkskunde, die im eigenen Alltag ansetzt, ist geradezu prädestiniert dafür, dort Interesse zu wecken, wo sich Schüler persönlich betroffen fühlen. Es gilt, die Augen dafür zu öffnen, wie man wohnt, sich kleidet, sich ernährt, welche Arbeiten man erledigen muß und warum man feiert, wie man mit den Dingen umgeht, die uns umgeben. Was die Schüler selbst gesehen, gehört, geprüft haben, bleibt ihnen gegenwärtig, und wer sich in seinen Nahbereichserfahrungen ernstgenommen fühlt, kann seine Beobachtungen und Folgerungen daraus auch an dem, was ferner liegt, selbstbewußt erproben.

Vom Erahnen zum Wissen: Das Ziel, die Wahrnehmung der Schüler zu schärfen, setzt voraus, daß die kindliche Einbildungskraft richtig eingeschätzt wird. Die Alltagswelt gerade auch von Schülern ist heute von Medien und speziell von Bildeindrücken geradezu umzingelt. Volkskunde kann deutlich machen, welche Mechanismen und (oft traditionellen) Stereotypen z.B. im Sprachgebrauch vorherrschen oder in der Werbe- und Unterhaltungsindustrie gezielt eingesetzt werden. Es gilt, das Interesse der Schüler an solchen Erscheinungen – gegenüber vordergründigen Reizen und unzulässigen Vereinfachungen – auf die Realität zu lenken und für die zugrundeliegenden Strukturen zu sensibilisieren.

Vom Einzelnen zum Ganzen: Volkskunde vermittelt – Schulfächer übergreifend – eine allgemeine Betrachtungsweise, die den Lebensalltag als Ganzheit versteht und von den unterschiedlichsten kulturellen Sachverhalten ausgehen kann. Ziel sind Einsichten in die Komplexität von „Sachuniversa“ und Milieus. Der Blick der Schüler soll geöffnet werden für die in der (Post-) Industriegesellschaft besonders drängenden Probleme ihrer Umwelt, also auch Fragen des Heimatschutzes und der Denkmalpflege. Das bedeutet zugleich, ein Bewußtsein dafür zu schaffen, daß im kulturellen Bereich oft konkurrierende Werte, die alle ihre Berechtigung haben, gegeneinander abgeklärt und zusammengeführt werden müssen.

Schließlich seien noch drei für die Schule besonders bedeutsame *Problemfelder* benannt: das Verhältnis von Fantasie und Wirklichkeit, die Wirkkraft von Sinnbildern und Verhaltensmustern sowie die Geschichtlichkeit der Dinge.

Es gibt kaum einen alltäglichen Lebensbereich, mit dem Schüler in Kontakt kommen, an dem sich ihre Fantasie nicht entzündet oder entzünden könnte. Durch die Brille der Kinder besitzen deren Spiele, Lieder, Reime, Rätsel häufig ein geheimnisvolles Eigenleben. Erst recht gilt das für die Märchen, die ihnen erzählt werden, und für die Angstlust erzeugenden Spukgeschichten, die sie einander selbst vortragen. Immer wieder geht es in der Schule um die Frage, was wirklich ist und was nicht. Hier kann die Volkskunde etwa bei der Behandlung von Sagen und Legenden das Verhältnis von Fantasie und Wirklichkeit, die Übergänge zwischen Faktischem und Fiktionalem besonders gut aufzeigen und zugleich behutsam darauf eingehen, daß es verschiedene Formen und Grade von Rationalität gibt.

Schüler sind es gewohnt, viele Kulturelemente unbewußt als Zeichen zu lesen, die auf etwas anderes verweisen. Allgemein ist es charakteristisch für das kulturelle Leben, daß sich komplexe Erscheinungen zu Sinnbildern verdichten und etliche Dinge als Teil unserer täglichen Routine einen symbolischen Wert gewinnen. Außerdem ist der Alltag von überindividuell gültigen Verhaltensweisen und Normen durchsetzt, die nur zum kleineren Teil verbalisiert werden oder gar rechtlich kodifiziert sind. Im Anschluß an Bräuche des Jahres- und Lebenslaufs oder der Arbeitswelt kann Volkskunde die Bedeutung von (auch religiösen) Symbolen und die Notwendigkeit vorgeprägter Umgangsformen für das soziale Leben deutlich machen: vom Grüßen bis zum fairen Verhalten beim Sport.

Die Faszinationskraft materieller Objekte liegt für Schüler nicht nur in ihrer Funktion, sondern zu einem wesentlichen Teil auch darin, daß sie eine Geschichte besitzen, die weit vor die Lebenszeit der Kinder zurückreichen kann und somit Vergangenheit lebendig macht. Wie hat sich im Laufe der Zeit das Verhältnis der Menschen zu bestimmten Materialien und Techniken gewandelt? Wem durch volkskundliche Betrachtung nahegebracht wird, wie bedeutungsvoll einst ein unscheinbarer Holzscheffel (als Vorratsgefäß und Getreidemaß) für einen Bauern oder eine Votivgabe in einer Wallfahrtskirche gewesen ist, der sieht auch die eigene Objektewelt mit neuen Augen. Volkskunde, die unsere alltägliche Lebenswelt als ein mit kulturellen, d.h. geschichtlich und sozial sanktionierten Bedeutungen aufgeladenes Gebilde verstehen lehrt, unterstützt so mit ihrer spezifischen Sach- und Methodenkompetenz die Aneignung des kulturellen Reichtums unserer Gesellschaft – ein Schatz, auf den die Schule nicht verzichten kann.

Schule – von der Grundschule bis zu den Oberklassen des Gymnasiums – bleibt freilich nicht immer die gleiche. Die Kinder unterschiedlicher Altersstufen sind unterschiedlich empfänglich für Geschichten, für bewährendes Handeln und systematische Reflexion. Nicht jedes Thema eignet sich durchweg für alle Phasen der Schulzeit in gleicher Weise. Für die meisten Aufgaben gibt es vielfältige praktische Umsetzungsmöglichkeiten und didaktische Lösungen. Schule sollte sich aber nicht auf Wissensvermittlung fixieren, jedenfalls nicht im Sinne eines festen, womöglich immer umfangreicher werdenden Wissenskanons. Andererseits geht es nicht ohne eine solide Basis des Wissens, auf der aufgebaut werden kann, um das Know-how zur Bewertung des Wissens zu vermitteln. Das ist im Zeitalter des Internets eine Schlüsselfrage. Die Schule als Lebensraum muß ganz bewußt zu einem Erfahrungsraum gestaltet werden, der zum selbständigen Ausprobieren der Antwortmöglichkeiten und zum Weiterfragen führt.

Dort, wo die alltägliche Lebenswelt als eine Kulturwelt vermittelt und verstanden wird, vermag sich der Bildungsprozeß fruchtbar in sinnerfülltem Miterleben zu entfalten, was nicht nur die einzelnen Persönlichkeiten formt, sondern damit auch der Gesellschaft insgesamt dient.

Wissenschaft im Globalisierungsprozeß

Seit vor gut zwei Jahrhunderten die Industrialisierung, die inzwischen die ganze Welt überzogen und das, was wir heute Globalisierung nennen, vorbereitet hat, in Europa begann, sind die Hoffnungen ebenso wie die Gefahren des technischen Zeitalters oft diskutiert worden. Jedermann hat sie im Ohr – die euphorischen Jubelrufe hier, die vernichtenden Anklagen dort und dazwischen die zur bemühten Objektivität gedämpfte Vielstimmigkeit der Wissenschaft. Es gibt eine Unmenge detailreicher Problembeschreibungen von Wirtschafts- und Sozialhistorikern, diffizile Analysen von Soziologen, Ökologen und Ökonomen, eindringliche Wertungen von Kulturphilosophen und Theologen. Die Bewertungskonflikte haben sich aber nicht aufgelöst, sondern eher noch zugespitzt. Die Gesetze des Marktes, der die Produktion und den Verkauf der Industrieprodukte regelt, bestimmen heute die gesamte Weltgesellschaft.

Es kann das Verständnis der modernen Lebenswelt und Lebensweise fördern, wenn wir uns nachdrücklich in Erinnerung rufen: Industrie wird von Menschen gemacht. Wir sind keineswegs bloße Zuschauer jenes machtvollen Vorgangs, der sich mit Dampfmaschinenbau und Eisenbahnverkehr entfaltet hat, wir sind nicht nur Betroffene der Atomkernspaltung und Computerentwicklung, sondern auch die Verursacher jener gigantischen Überformung der Erdoberfläche durch Technikeinsatz und Massendistribution. Industrialisierung ist ein kultureller Prozeß, der unser Leben in allen wesentlichen Zügen überprägt, der heute alle Erdwinkel zumindest mit seinen Produkten durchdrungen und eingefärbt hat. Stichwörter wie Urbanisierung, Arbeitsteilung, Fließbandproduktion, Verkehrserschließung, Stromversorgung, Masseninformation skizzieren das Bild einer Alltäglichkeit, die uns lückenlos umstellt.

Das Fundament der industrialisierten Alltagswelt bilden naturwissenschaftliche Erkenntnisse. Sie sind heute das Produkt einer breit ausdifferenzierten Forschungslandschaft, in der Konstruktionsbüros und Labors großer Firmen mit den Universitäten im globalisierten Netzwerk „Wissenschaft" konkurrieren. Welche Aufgabe fällt in dieser Situation der kulturwissenschaftlichen Arbeit zu?

Der industrialisierte Mensch

Volkskunde geht von der Alltagserfahrung aus und sucht den kulturellen Lebensgrund der breiten Bevölkerungsschichten zu erhellen. Als im Jahre 1961 Hermann Bausinger die „Volkskultur in der technischen Welt" zum Thema machte und der damalige Volkskundler und spätere Wirtschaftshistoriker Rudolf Braun die Wechselbeziehungen zwischen „Industrialisierung und Volksleben" im Zürcher Oberland untersuchte, hat die Volkskunde zwar spät, aber gleich sehr nachdrücklich ihren Anspruch auf die Analyse auch der industrialisierten Alltagswelt angemeldet. Hier wurde deutlich, daß der Umgang mit Technik in seiner oft ritualisierten Selbstverständlichkeit in vielschichtige mentale Vorgänge eingebunden ist. Hier zeigte sich, wie eine mehrdimensionale Horizonterweiterung des gesellschaftlichen Bewußtseins in der Moderne mit einer allgemeinen Verfügbarkeit der Güter einherging, zu einer Beschleunigung der Erlebniszeitmaße führte und im Sozialverhalten z.B. ein verstärktes Mißverhältnis zwischen angestammten und angemaßten Ausdrucksformen provozierte. Solche und weitere Einsichten – empirisch gegründet und begrifflich erhellend gefaßt – scheinen in ihrer stimulierenden Erkenntniskraft auch heute noch keineswegs ausgeschöpft.

Eine thematische Zuspitzung auf die ambivalente Formel vom „industrialisierten Menschen" (welche zugleich so verheißungsvoll und so deprimierend klingen kann) enthält die These, daß die Industrialisierung nicht nur unsere materielle Lebenswelt verändert hat, daß nicht nur die menschlichen Verhaltensweisen – etwa in Richtung stärkerer Disziplinierung – verwandelt worden sind, sondern daß auch das menschliche Bewußtsein davon betroffen ist. Modernes Denken scheint weitgehend „industrialisiert", so als hätten wir die Industrialisierung mit allen Fasern unseres Wesens aufgesogen und verinnerlicht.

Technikreflexion und Technikkritik sind so alt wie die Technik selbst, und doch haben sich mit den Technik-Erfolgen auch die Probleme, die sie aufwerfen, nur immer weiter gesteigert, so daß der Schaden heute im wahrsten Sinne des Wortes un-ermeßlich geworden ist. Das stützt die Vermutung, die traditionelle technikkritische Denkschiene könnte abwegig, die zentrale Frage falsch gestellt, ein wesentlicher Aspekt übersehen worden sein. Ob nicht vielleicht allzu flinken Objektivierern das Subjekt im Objekt abhanden gekommen ist? Auch Wissenschaft ist unausweichlich in die Widersprüche ihrer Gesellschaft verwickelt. Kulturwissenschaftler erforschen und kritisieren die Folgen der Industrialisierung, aber verharren doch zugleich als „Privatpersonen" mit ihren Konsumansprüchen und ihrem Wegwerfverhalten in den Handlungsmustern der Industriegesellschaft. Da ist die Einsicht, daß nicht nur der sogenannte industrielle Fortschritt, sondern auch die industrielle Zerstörung der Welt eine *Kultur*handlung darstellt, ganz ernst zu nehmen. Der Mensch muß auch in seiner modernen industrialisierten Bedingtheit in jedwedem Wissenschaftskalkül immer präsent bleiben; das betrifft sowohl unsere an wirtschaftlicher Effizienz orientierten Wertmaßstäbe, unsere wahnhafte Vergöttlichung der Rationalität, unsere verdrängte Selbstentfremdung. Andernfalls könnten wir auch die selbstfabrizierten Gefahren, die uns umgeben und im wachstumsfixierten Fortschrittsglauben kulminieren, nie tief genug erfassen.

Schon oft ist das Ende der klassischen Industriegesellschaft proklamiert worden, und das postindustrielle Zeitalter ist längst eingeläutet. Doch was besagt das schon? „Post", schreibt Ulrich Beck in seiner Analyse der modernen Risikogesellschaft, ist das Codewort für Ratlosigkeit. Und diese resultiert wesentlich aus der Industrialisierung, die in uns allen nistet. Den Idealtyp des industrialisierten Menschen stellt der hochspezialisierte Experte dar. Zu diesem Typ gehören zuvorderst die Wissenschaftler. Sie müssen sich also an die eigene Nase fassen und ihre Denkmuster überprüfen, wieweit z.B. in den wissenschaftlichen Normierungs-, Skalierungs- und Quantifizierungsvorgängen nachhaltige Reflexe der Industrialisierung verborgen sind.

In allen Forschungsplänen ist Sorge zu tragen, daß die für qualitätvolle Arbeit unumgängliche Spezialisierung stets mit ganzheitlichem Bewußtsein getränkt wird. Denn es scheint doch, daß viele der trügerischen Hoffnungen unserer Zeit auf isolierten Spezialergebnissen ruhen, welche sich allein in einem Labyrinth von Wahrnehmungsblockaden behaupten können. Mit Quantitäten allein – immer zahlreicheren Experimenten, immer dickeren Büchern, immer größeren Kongressen – sind die Probleme nicht zu lösen. Technomorphes Denken hat die gesamte Gesellschaft infiziert. Mit eingeschliffenen Denkmustern – daß sich Technik nur durch noch mehr Technik „humaner" machen lasse, daß jeder Einsatz neuer Techniken qualitatives Wachstum bedeute, daß durch staatliche Politik „Technikakzeptanz" herzustellen sei – muß sich jedermann auseinandersetzen.

Was kann hier Volkskunde tun? Der Kulturprozeß „Industrialisierung" ist längst in eine industrialisierte Kultur mutiert. Die Kulturwissenschaften haben ihre Unschuld verloren und dürfen weder zu Sinnstiftern des Fortschritts hochstilisiert noch auf Kompensationsaufgaben reduziert werden. Wenn wir, um wirklich handlungsfähig zu sein, uns heute, wie der Naturphilosoph Klaus Michael Meyer-Abich formuliert hat, um eine „historische Anamnese des gegenwärtigen Bewußtseins" bemühen müssen, so verlangt dies auch eine Form von Trauerarbeit. Und es verlangt selbstverständlich Konsequenzen im wissenschaftlichen Alltagshandeln, indem wir uns z.B. von Fall zu Fall immer wieder unserer Sachkompetenz versichern, indem wir uns auf die Bedürfnisse unserer Gesprächspartner einstellen und zu vermeiden trachten, woran unsere Industriegesellschaft zu ersticken droht, nämlich Müll (aus Phrasendrusch, blinder Polemik oder Zitier-Eitelkeiten).

„Innovationen"

Ein Nebelbegriff gegenwärtiger Rhetorik, der uns tagtäglich in Wort und Schrift begegnet, lautet „Innovation". Dieses Wort wird heute meist so verwendet, daß die Vorsilbe „in" dem Begriff Novation nichts Neues hinzufügt, sondern ihn zum Modeartikel maskiert – Neuerung ist „in". Die Erkundung des Neuen gehört freilich seit jeher zur Wissenschaft, doch der zunehmende Wettbewerbsdruck des freien Marktes hat die Erkenntnissuche verändert. Auch Wissenschaft soll sich heute durch „Innovationen" legitimieren, also wie jeder Wirtschaftsbetrieb ihren Produktausstoß ständig steigern. Das geschieht im wissenschaftlichen Bereich nicht viel anders als in der Ökonomie, etwa beim Konsumgüterverkauf oder im Tourismus: durch eine extreme Ausdifferenzierung des (Fächer-) Angebots, eine zunehmende Spezialisierung der (Forschungs-) Methoden sowie eine immer stärkere Erschließung der Ränder des (wissenschaftlich) Interessanten, z.B. durch Popularisierungsstrategien.

Wenn diese Möglichkeiten erschöpft sind, wird schließlich die Wahrnehmung der Rezipienten zu manipulieren versucht: nicht Neues angeboten, sondern Altbekanntes in verfremdetes Licht gerückt. Fantastische Wortschöpfungen geben den Dingen eine spezielle Färbung; eine spielerisch-zufällige Einbettung bekannter Phänomene in veränderte Kontexte erzeugt frische Reize; eine ziemlich beliebige Eröffnung anderer Blickwinkel täuscht neue An- und Einsichten vor; eine rastlose Umdeutung geläufiger Phänomene vermittelt dem Publikum ständig neue Konnotationen. Man erlebt so das Herkömmliche als etwas Innovatives, Alltägliches als etwas Besonderes, Massenhaftes als etwas Individuelles, Illusionäres als etwas Reales. Solche Vorgänge verstärken die Vermutung, daß auch das sozialkulturelle Phänomen „Wissenschaft" den Determinanten der Marktwirtschaft unterliegt, wo Natur und Kultur, Material und Gerät, Sprache und Bild als Ressourcen begriffen werden, die man bestmöglich zu vermarkten sucht. Grundlage ist auch hier der Wettbewerb, Leitwerte sind Leistungsstreben und Effizienz, den Maßstab bilden Größe und Quantität, Zielorientierung ist ständiges Wachstum und geeignete Mittel dafür sind eben, weil sie für Ökonomen ein empirisch kontrollierbares Prinzip der wirtschaftlichen Entwicklung darstellen, die sogenannten Innovationen.

Dem Zwang wirtschaftlicher Prämissen zu folgen, hat in der Wissenschaft vielfach zu einer Verinnerlichung des Neuerungszwangs geführt. Wenn früher im kulturellen Bereich oft Kontinuität beschworen, das Anknüpfen an Vergangenes propagiert wurde, so huldigen wir heute dem Wandel und versuchen das Kommende als etwas Neues zu antizipieren. Das bedeutet, im Zeichen der Veränderung nach Opportunitäten zu suchen (die wir Innovationen heißen) und alle Gewinn versprechenden Möglichkeiten durchzuspielen – auch mit der Aussicht, in der Oberflächenbuntheit der Erscheinungen zu verharren. Nun wäre es gewiß interessant, die Motive zu erkunden, die hinter der *Auswahl* der Innovationen liegen, und zu fragen, inwieweit Innovationen jeweils kulturspezifisch geprägt sind. Aber man muß wohl vermuten, daß der Erkenntnisgewinn sehr klein bleibt, wenn letztlich das Interesse am wirtschaftlichen Erfolg *jede* Entscheidung leitet.

Der Wissenschaftsbetrieb vermittelt den Eindruck einer unaufhaltsamen Expansion und will das offenbar auch. Seine begrenzte Reichweite zu verdrängen, wird möglich, weil auch die Gegenströmungen zum Wissensangebot (die Sehnsucht nach künstlerischen Produkten, nach meditativen Formen des Besinnens, nach individuellem Selbstfinden) ihrerseits in die Wissenschaft integriert, also wirtschaftlich funktionalisiert werden. Wenn aber mit den Gütern auch die Informationen und Bewußtseinsinhalte nahezu beliebig verfügbar werden, wenn Naivitäten von gut gegründeten Forschungen nicht zu unterscheiden sind, wenn man Metaphern und Logiken beliebig einsetzen und austauschen kann – was läßt sich dann noch von der wissenschaftlichen Analyse einer solchen Sachlage erwarten?

In der Wissenschaft – speziell auch in ihren Ergebnissen, soweit sie von der Bevölkerung rezipiert oder adaptiert werden – verkörpern sich die Wertvorstellungen unserer Gesellschaft. Wenn man die modernen Popularisierungsformen wissenschaftlich erarbeiteten Wissens genauer betrachtet, dann scheinen sich die überkommenen Werturteile („wahr", „richtig", „überzeugend") mehr und mehr als Funktionen eines Nutzwerts zu erweisen. Der unreflektierteste Nutzwert heißt heute „innovativ". „Neu" aber ist kein Wert-, sondern ein Beziehungsbegriff, der ohne präzisen Sachbezug nichts bedeutet, und gerade Wissenschaft sollte ihre Arbeit weder darin erschöpfen noch überhaupt so verstehen, am laufenden Band Neuheiten hervorzubringen.

Volkskunde als Bewußtseinsforschung verlangt das kritische Bedenken dessen, was Menschen tun oder nicht tun, was sie tun wollen und tun sollten. Sie hebt ideologische Erstarrungen ins Bewußtsein. Die weit verbreitete Verklärung des Neuen als Wert an sich, die üblich gewordene Verachtung dessen, was sich wiederholt, als Monotonie, provoziert die Frage, wieweit der Wert wissenschaftlicher Erkenntnisse tatsächlich im Grad ihrer Neuheit liegt und welche Bedeutung das Neue über das Ökonomische hinaus für ein Individuum oder eine Gesellschaft besitzt. Was für einen Einzelnen durchaus neu und interessant sein mag, kann im gesellschaftlichen Horizont völlig irrelevant erscheinen. Umgekehrt könnte z.B. eine technische Neuerung die Lebensqualität einer Bevölkerungsgruppe entscheidend verbessern, ohne daß sich aber auch jedes ihrer Mitglieder auf eine damit verbundene Verhaltensänderung einlassen möchte.

Eine kulturwissenschaftliche Betrachtung vermittelt Kenntnisse und Einsichten über historische Erfahrungen zur Bereicherung gegenwärtiger Diskurse. Sie kann daran erinnern, daß die menschliche Neugier erst seit der europäischen Neuzeit als etwas Positives angesehen wurde und daß uns das

Wissen um die Ambivalenz der Neugier – die mutigen Antrieb, aber auch Hybris bedeuten und lächerlich werden kann – verloren gegangen ist. Die Rezeption von etwas wirklich Neuem braucht Zeit und speziell die Verinnerlichung von Erfahrungen läßt sich nicht verkürzen.

Der volkskundlich-kulturwissenschaftliche Zugriff verlangt immer wieder einen ganzheitlichen Blick. Wer den Wandlungsprozeß einzig in jener Richtung, wo etwas Neues entsteht, verfolgt, der schränkt seine Wirklichkeitswahrnehmung ein; denn Innovation ist in die Dialektik von Gewinn und Verlust eingespannt, und es gibt sie nur auf der Basis von Tradition. Wer im Gleichgewicht bleiben und seine Identität nicht verlieren will, bedarf beider. Immer und überall stellt sich die Frage des rechten Maßes. Nicht nur: wieviel Innovationen braucht der Mensch, sondern auch: wie viele verträgt er? Natürlich ist das Bemühen um Neues und Neuerung nicht generell problematisch, doch problematisch und einer kritischen Abwägung wert sind Unmaß, Pathos und Leichtfertigkeit einer nur an marktwirtschaftlicher Effizienz orientierten Sichtweise. Ob es neben der Ökonomie des Materiellen nicht auch eine „Ökonomie des Menschlichen" (Romano Guardini) gibt, welche von verantwortungsvoller Wissenschaft mit in ihr Kalkül gezogen werden muß?

Zur Aufgabe der Universitäten

Als Institution begegnet Wissenschaft vor allem an Universitäten. Im kulturpolitischen Streit der letzten Jahre wurde allerdings den deutschen Universitäten häufiger unterstellt, sie seien „verrottet", und in den Massenmedien versuchte man, diesen Vorwurf wie ein beliebiges Thema im Talkshow-Stil zu traktieren. Wer jedoch die Position(en) der Wissenschaft glaubwürdig bestimmen will, muß auch im Gespräch *über* Wissenschaft den diskursiven Standards wissenschaftlicher Arbeit Genüge tun. Da reicht es nicht, einfach Fragen zu stellen und Antworten zu erbitten, sondern *guten* Antworten müssen auch *gute* Fragen vorausgehen. Was gute Fragen sind und wie man sie findet, ist ein Geheimnis, das erst ein mühsamer Lernprozeß vermittelt. Hier die bestmögliche Unterstützung zu geben, ist bereits eine der wichtigsten Aufgaben der Universität.

Im Frühjahr 1997 fand in München ein Podiumsgespräch zwischen Professoren und Journalisten statt. Das Thema lautete: „Selbstzerstörung eines Denkmals. Wie lange können wir uns unser Hochschulsystem noch leisten?" Da wurde also behauptet, ein Denkmal – das Hochschulsystem – zerstöre sich selbst. Doch die *Ausgangsthese* blieb unbefragt: inwiefern das Hochschulsystem ein Denkmal ist, und inwiefern es sich selbst zerstört; ob auch alle Bestandteile dieses Systems, speziell die Universitäten, als Denkmäler (Erinnerungsmonumente vergangener Zeiten) aufzufassen seien; ob die unterstellte Selbstzerstörung beabsichtigt oder unbeabsichtigt ist, und wer da am Werke sei; was jenes „Wir“ meine, das sich vorgeblich eine Bildungsinstitution nicht mehr lange werde leisten können: „die Gesellschaft“ oder „der Steuerzahler“ oder vielleicht „die Wirtschaft“ oder der „Standort Deutschland“? Je nachdem müßte die Antwort verschieden ausfallen. Da war von „sich etwas leisten können“ die Rede, also einem Kostenproblem. Müßten dann nicht sowohl die Kosten als auch der Nutzen möglichst präzise aufgelistet werden? Wie aber läßt sich der Nutzen einer Hochschule fassen, und in welcher „Währung“ sind Kosten und Nutzen bilanzierbar? Kann und darf man denn den Nutzen einer Hochschule, genauso wie ihren Jahresetat, in einen Geldwert – oder in eine andere volkswirtschaftlich relevante Quantität: etwa den „Ausstoß“ an beruflich Qualifizierten – umrechnen? Alles Fragen, die gewiß nicht einfach zu beantworten sind, aber zuerst einmal aufzuwerfen wären.

Zweitens müßte man den *Ausgangspunkt der Argumentation* präzise beschreiben. Wer die Universität als ein „sinkendes Schiff“ kennzeichnet, darf mit der Erläuterung, sie sei „verrottet“, nicht schon aus seiner Pflicht zu einer genaueren Begründung entlassen werden. *Inwiefern* scheint denn die Universität verrottet: als Lehr- oder als Forschungsstätte, als demokratische Bildungsanstalt, in ihrem Status einer kollegialen Berufs- oder Ausbildungsgemeinschaft, im Hinblick auf ihren Verwaltungsapparat oder in ihrer Repräsentationsfunktion? Worin zeigt sich die Fäulnis, und gibt es gar nichts, was erhaltens- oder erneuernswert scheint?

Natürlich sind im einzelnen eine Fülle von Unzulänglichkeiten offenkundig: aus der Innensicht der Universität z.B. überfüllte Seminare, überfrachtete Lehrpläne, gegängelte Assistenten, überlastete Dozenten; eine verbürokratisierte Verwaltung, zu geringe Finanzmittel; zu viele Studierunfähige, zu lange Studienzeiten; Eitelkeiten, Ungerechtigkeiten, Machtmißbrauch, Kungelei, Nischen für Drückeberger usw. Aus der Außensicht kommt hinzu: mangelnde Leistungsbereitschaft, zu wenige wirtschaftsrelevante Ergebnisse, zu wenig Attraktivität für ausländische Studierende, nicht hinreichend auf die Praxis vorbereitete Studienabgänger, deren unbefriedigende Qualifikation gegenüber Eliteabsolventen im Ausland etc. All das sind auch nicht nur zufällige und äußerliche, sondern teilweise strukturell bedingte Erscheinungen, und es tröstet wenig, wenn man erkennt, daß viele von ihnen nur ein getreues Abbild jener gesellschaftlichen Verhältnisse spiegeln, in denen wir leben. Auf jeden Fall aber bedarf es einer umsichtigen, präzisen Darstellung der Problemlage; denn über eilige Verallgemeinerungen und pauschale Verdikte kann man nicht fruchtbar diskutieren. Ohne eine klare Diagnose gibt es keine erfolgversprechende Therapie.

Drittens führt jede Diskussion, die grundlegende Differenzierungen ignoriert, trotz größter Sachkompetenz über eine Summe von Statements nicht hinaus. Bei aller Detaildiskussion darf der *größere Zusammenhang* nie aus dem Blick verschwinden. Die Tatsache z.B., daß die Humboldtsche Bildungsidee Forschung und Lehre eng miteinander verflicht, bedeutet keineswegs, daß nicht im konkreten Fall doch einzelne Probleme bezüglich Forschung oder Lehre sehr spezifisch ausgeprägt sind und zu unterscheiden wären. Ferner liegt es auf der Hand, daß man Probleme der kultur- und der naturwissenschaftlich-technischen Fakultäten nicht in einen Topf werfen darf, weil ihnen ganz unterschiedliche (Erkenntnis-)Interessen und Zielvorstellungen zugrunde liegen. Prinzipiell wäre es notwendig, all das, was man als „Forschung" zu bezeichnen pflegt, nach seiner Vergleichbarkeit viel genauer auszuloten. Und ohne die gegenseitige Bedingtheit von guter Forschung und Lehre anzuzweifeln, scheint es doch für eine ergiebige Auseinandersetzung unerläßlich, hier wenigstens theoretisch einen Vorrang zu bestimmen. Dieser Primat sollte wohl, wie es nahe liegt, an den Hoch*schulen* – im Gegensatz zu den Akademien und Max-Planck-Instituten – der *Lehre* im weitesten Sinne gehören.

Viertens muß sich auch hochschulpolitisches Handeln an *Zielen* orientieren. Wie kann man erwarten, eine vernünftige Hochschulreform zu gestalten, ohne zuvor die Aufgaben der Universitäten in unserer Gesellschaft einläßlich zu klären? Aber gerade an schlüssigen gesellschaftspolitischen Leitideen mangelt es allenthalben. Dafür häufen sich die unaufgelösten Widersprüche. So bestehen die Politiker z.B. auf einer Steigerung der Absolventenzahlen, während sie Personalbestand und Finanzmittel verknappen; fordern einerseits einen innovativen und flexiblen Forschungseinsatz und mehren andererseits ständig die Verwaltungsvorschriften; verlangen im gleichen Atemzug eine fantasiereichere Didaktik und eine verstärkte Leistungskontrolle; messen Forschungs- und Lehrerfolge an ausländischen Eliteuniversitäten, ohne deren Arbeitsbedingungen und Dozent-Studenten-Relationen zu berücksichtigen oder gar anzustreben; wollen grundsätzlich eine generelle Problemlösungskompetenz und zugleich auch eine berufsbezogene Spezialausbildung vermittelt sehen.

Bei solchen Widersprüchen gilt es, Entscheidungen zu treffen und deutliche Prioritäten zu setzen. Die Hochschulen sind wesentliche Bestandteile des deutschen Bildungssystems, das von Volks- über Fach- bis zu Volkshochschulen – flankiert von Museen, Bibliotheken, Archiven – ein Netzwerk mit sehr differenzierten Aufgaben bildet. Erst in diesem Kontext gewinnt die Universität ihre Spezifik, die sich bemerkenswerterweise gerade in einer gewissen Unschärfe äußert. Gegenüber den eher traditionsbewahrenden Anstalten, die allgemeine Kulturtechniken weitergeben und unsere kulturelle Identität sichern, bereichern die Universitäten das gesellschaftliche Leben vor allem durch wissenschaftliche Erkenntnisse und Selbstreflexion, vermitteln kulturelle Dynamik. Sie sind eine unverzichtbare Bildungsinstitution, weil aus ihr jenes kreative Potential erwächst, das individuelle Handlungsfreiheit und gesellschaftliches Verantwortungsbewußtsein voraussetzt und einfordert und zugleich Lebensperspektiven entwickelt und Lebensqualität schafft, kurz: eine rationelle Leistungsgesellschaft zu einer kulturbewußten, einer kultivierten Gesellschaft macht.

Fünftens: Es gehört zur wissenschaftlichen Arbeit, daß sie immer auch ihre *Voraussetzungen, Wege und Grenzen* mit bedenken muß. Gute Wissenschaft ohne hinreichende Selbstkritik gibt es nicht. Das bedeutet letztlich, daß in unserer wissenschaftlich-technischen Welt auch deren Existenzgrundlage, eben die Autorität „Wissenschaft" selbst, auf den Prüfstand gehört. Wo aber wäre die nötige Sachkompetenz dafür eher zu finden als an den Hochschulen? Freilich sind deren Mitglieder auch gefordert, ihren gesellschaftlichen Sonderstatus durch eine erhöhte Anstrengungsbereitschaft zu rechtfertigen und diese in ihrer Arbeit unter Beweis zu stellen. Ein solcher Anspruch verlangt von Hochschullehrern und Studenten natürlich nicht, sich jeder x-beliebigen Zumutung aus Politik, Wirtschaft oder Journalismus zu unterwerfen; im Gegenteil: gerade auf ihre unabhängige Urteilsbildung, die sich im Einzelfall auch als Verweigerung ausdrücken kann, ist besonderer Wert zu legen.

Daß andererseits das Privileg relativ großer Freiheit in der Arbeitsgestaltung von einzelnen Universitätsangehörigen öfter ungerechtfertigt ausgenutzt wird, ist leider wahr. Nur bleibt realistisch einzuschätzen, daß selbst die raffiniertesten Kontrollmechanismen – bei Professoren wie Studierenden – verhältnismäßig wenig nützen und am Ende gerade die Pflichtbewußten noch zusätzlich belasten. Wachsamkeit bei der Berufung bzw. Aufnahme in der Universität, vorbildliche Arbeit, kollegiale Solidarität und geduldige Ermutigung vermögen wohl am ehesten vor Schaden zu bewahren. Insgesamt aber wird man doch konstatieren dürfen, daß die Chancen, die ein zugestandener universitärer Freiraum für die Entwicklung und das Wohl unserer Gesellschaft bietet, entschieden größer und ertragreicher sind als das Risiko, daß der Freiraum hier und da in egoistischem Eigeninteresse unmäßig ausgedehnt wird.

Sechstens: Die *Transformationsvorgänge zwischen Theorie und Praxis* lassen sich nie bruchlos in logische Abläufe auflösen. Außerdem müssen Theoriefelder und Anwendungsbereiche miteinander vereinbar sein. Vorschläge für die Umgestaltung der Hochschulen, die in der Öffentlichkeit kursieren, bedienen sich durchweg einer ökonomischen Sprache: Wettbewerb, Effizienzoptimierung, Kontrolle (Evaluation). Soweit die Schaffung von Wettbewerbssituationen das Bemühen um eine erfolgreichere Forschung und Lehre *anspornt*, ist Wettbewerb nachdrücklich zu begrüßen. Aber übersteigerte Formen sind gefährlich, nämlich dort, wo schrankenloser Wettbewerb in einer säkularisierten Welt letztlich nur *einen* Sieger kennt, während alle übrigen Beteiligten irgendwann „auf der Strecke bleiben". Was aber wäre das für eine mitleidslose Gesellschaft, die nur den Primus ehrt?

Wo allein größere Effizienz zählt und Kontrolle jede Arbeitsphase erfaßt, herrschen Maßstäbe, die das menschliche Leben unangemessen einschränken und seine Qualität verringern. Dort ist alles durch Maß und Zahl geregelt und vom Vorrang quantitativer Größe beherrscht. Solche rigiden Prinzipien sind aber kaum geeignet, dem komplexen Universitätsbetrieb gerecht zu werden. Die Gefahr, Schwankungsbreiten und Zwischentöne bald gar nicht mehr wahrzunehmen und damit an Sensibilität zu verlieren, ist offenkundig. Sind es nicht gerade die unfaßbare Fülle, die verwirrende Vielfalt, die irritierende Flüchtigkeit und der überraschende Wechsel im Leben, die Neugier und Erkenntnisvermögen herausfordern? Eine Gesellschaft, die sich ihrer Fantasien und Träume schämt, grenzt elementare Realitäten aus.

Was wäre zu wünschen? Wer nach Objektivität strebt, muß überall auch die Subjektivitäten ernst nehmen. Wir wären blind, wenn wir annehmen wollten, daß sich in der Hochschule jeder Sachverhalt objektivieren und jeder Mißbrauch durch ein gutes Regelwerk ausschließen ließe. Wenn das Vergegenständlichen und Normieren ungebremst weitergeht, gibt es am Ende nur noch Binsenwahrheiten und Kontrolleure. Wo Leben ist und wo es um Entscheidungen geht, sind immer Menschen im Spiel. Wie sollte dann z.B. ein Hochschulrat aus Wirtschaftskapitänen und auswärtigen Wissenschaftskoryphäen eine effektivere, gar eine bessere Hochschulleitung garantieren können? Geeignete Persönlichkeiten sind rar und in der Regel bereits anderwärts stark belastet; und dafür, daß man sich bezüglich der Prognosefähigkeit von Forschergenies und der Managerqualitäten von Firmenchefs gewaltig irren kann, zeugen allzu viele abschreckende Beispiele (die allerdings im Strudel der Neuerungen schnell vergessen werden).

Was in den Hochschulen gebraucht wird, sind Eigenschaften wie sie gute Forscher und Lehrer auszeichnen: Neugier und Wagemut, Verantwortungsbereitschaft und Redlichkeit; das sind Verhaltensdispositionen wie Engagement, Offenheit und Kooperationsfähigkeit; das ist nicht zuletzt eine realistische Selbsteinschätzung. Ideen kommen dann bei entsprechender Anstrengung von alleine. Gebraucht wird – was ja im kombinierten Lehr- und Forschungsprozeß auch geweckt werden soll – Aufmerksamkeit, Flexibilität und Beharrlichkeit, Urteilskraft und Selbstkritik, und im übrigen kein missionarischer Geist, sondern Toleranz und Besonnenheit. Im tiefsten Grunde braucht die Universität nichts anderes als das, was auch die Gesellschaft braucht, der sie dienen soll: Vertrauen und Fürsorge.

Perspektiven wissenschaftlicher Arbeit

Eine Universität, die wir uns wünschen, muß offenkundig anders aussehen als das Image, das viele Politiker von ihr erwarten. Die – analog zu den Wirtschaftsunternehmen – emsig propagierte gesellschaftspolitische *Corporate Identity* soll jede Hochschule als eine Produktionsstätte gesellschaftlichen Wissens profilieren. Früher verstand man die Universität dagegen als einen

Ort der Erkenntnisgewinnung. Der Wechsel der Metaphorik vom Suchen und Finden zum Herstellen spricht für sich. Wo Wissen „produziert" wird, assoziieren wir einen technologischen Prozeß, bei dem ein Rädchen ins andere greift und Fließbänder rollen. Ob in diesem mechanischen Vorgang nun Information, Wissen oder Erkenntnis entsteht, wird schon nicht mehr reflektiert.

Eine pointierte Zeichnung von Brigitte Schneider stellt die Universität als eine Sardinendose dar (Abb. 69). Diese Sichtweise repräsentiert den Managerblick unserer Wirtschaftsgesellschaft. Wie die kleinen Fische werden die Eulen der Minerva wohlsortiert und ordentlich geschichtet in einer haltbaren Konservenbüchse für den Markt bereitgestellt. Eine bezüglich Inhalt und Verpackung genormte Massenware läßt sich formalen Kontrollkriterien ohne Schwierigkeiten unterwerfen. Ein solches Produkt kann man exakt wiegen und vermessen. Damit verschwindet aber zugunsten einer genau überprüfbaren (toten) Warenfunktion – dem Tauschwert – die lebensvolle Weisheit, die darin liegt, daß wir unser Handeln einem auf Vertrauen und personaler Verantwortung gegründeten, damit freilich stets neu zu reflektierenden Qualitätsbewußtsein überantworten.

Eine Konservendosen-Vorstellung von Wissenschaft setzt das Prinzip logisch-systematischen Denkens, das die wissenschaftliche Arbeit bestimmt, pedantisch bis in seine äußerlichsten Aspekte um. Aber Rationalität allein, gerade auch in ihrer wissenschaftlich-technischen Ausdrucksform, bildet noch keine hinreichende Bedingung für ein – im ethischen Sinne – humanes Produkt. In Wahrheit entsteht und gedeiht verantwortbares Hochschulwissen in sehr differenzierten Fachkulturen, in einer von eigenwilligen Persönlichkeiten durchsetzten *scientific community*. Der „menschliche Faktor" kann und darf nicht ausgeschlossen werden; er ist prinzipiell zu bedenken, gerade auch, wenn man eine kommende Wissensgesellschaft antizipiert. Da bleibt nicht zuletzt überdies noch die Weitervermittlung geistiger Produkte in Betracht zu ziehen, die ja durchaus nicht immer nüchtern-sachlich verläuft, sondern manchmal übertreibend oder mit Understatement, andeutend oder ironisch gebrochen oder gar in Form von Täuschung und Lüge vor sich gehen kann.

Eng verkoppelt mit diesem Einschätzungsproblem ist die globale Informationsflut, die das Nebensächlichste ebenso aufwirbelt wie das Wichtige, wo das solide Gegründete von Halbrichtigem und Falschem oft unerkennbar überschwemmt wird. Vor dieser Realität darf man die Augen nicht verschließen. Da wird die gängige hochschulpolitische Forderung nach dem Dreiklang von Innovation, Interdisziplinarität und Internationalität, der wie ein Zauber alle Unzulänglichkeiten lösen könne, leicht zur hohlen Phrase. Von Innovation war schon die Rede: von einer Sache, die nichts als neu ist, führt keine tragfähige Brücke zur Qualität. Das Glück einer Gesellschaft beruht eben nicht auf einer ununterbrochenen Generierung des Neuen, sondern auf dem jeweils Richtigen zur richtigen Zeit. Ähnlich wird aber auch

Abb. 69:
Brigitte Schneider,
1988

Interdisziplinarität zur reinen Floskel, wenn man die jeweiligen faktischen Bedingungen nicht hinreichend auslotet und nicht dafür sorgt, daß sie stets fest auf disziplinärer Kompetenz gegründet ist. Schließlich bedarf eine fruchtbare internationale Zusammenarbeit ebenfalls ganz bestimmter Voraussetzungen. Das unbestrittene Anregungspotential nämlich, das im Zusammenwirken vieler Disziplinen oder Nationalkulturen liegt, kann sich nur dann wirklich entfalten, wenn den – zumal bei diffizilen Interpretationsproblemen – überall lauernden Mißverständnissen hinreichend vorgebeugt wurde. Auch im Wissenschaftsbereich dürfen wir die Probleme der interkulturellen Kommunikation nicht ignorieren.

Zu allem ist die internationale Wissenschaftskultur genauso wie Politik und Wirtschaft unlösbar mit dem Medienbetrieb verschränkt. Die Definitionsmacht der Massenmedien konkurriert mit jener der Wissenschaft. Man kann beide Institutionen als Metaphernmaschinen auffassen, die neue Wirklichkeiten an die Stelle der alten setzen. Die Universitas der Hochschule ist durch den Spezialisierungsprozeß der Wissenschaften schon seit längerem in eine Diversitas von Inhalten auseinandergebrochen; doch heute gilt das verstärkt auch in sozialer Hinsicht. Mancher Dozent, so könnte man sagen, lebt und lehrt auf (s)einem eigenen Stern (Abb. 70). Der Weltraum mag anregende Offenheit signalisieren, aber die vom Karikaturisten Wolfgang Horsch imaginierte Lösung läßt offen, ob es die Extravaganz des Lehrers oder der streng kanalisierte globale Wissensdrang ist, der eine extrem asymmetrische Situation heraufbeschworen hat.

Nicht nur Wissenschaft schafft Wissen. Der viel beredete Informationsberg, den wir uns bis in die jüngste Zeit als eine Anhäufung von bedrucktem Papier vorstellen konnten, hat sich neuerdings als Eisberg entpuppt und ist im Datenmeer des Internets zerflossen. Die Menge und die Unüberschaubarkeit der Wissensangebote hat eine neue Qualität erreicht; die Überprüfung auf Irrtümer, Flüchtigkeiten und Manipulationen wird neben der Sachfrage nun auch zu einem (Lebens-)Zeitproblem. Die Selektion relevanter Daten ist um ein Vielfaches schwieriger geworden; denn Fehlerquellen und Fehlentscheidungsmöglichkeiten potenzieren sich. Darüber hinaus hat die Verwendung der englischen Sprache vielfach auch das Diskurstempo beschleunigt. In dieser bedrängenden Lage muß die Wissenschaft generell eine blinde, unreflektierte Steigerung der Wissensproduktion als eines ihrer zentralen Probleme erkennen; sonst wird sie im Meer der Beliebig- und Belanglosigkeiten untergehen. Auch darf die Bedeutung von Wissenschaft keinesfalls nur auf solchen Wissenszuwachs, der dem wirtschaftlichen Nutzen (und dem damit verbundenen Machtgewinn) dient, reduziert werden. Wissenschaftlicher Fortschritt erschöpft sich nicht in der Vermehrung und Vertiefung von Sachkenntnissen. Er äußert sich auch als eine scharfsinnigere Problematisierung und größere Präzision gedanklicher Zugriffe oder als eine Erweiterung und Differenzierung des Blickfeldes sowie ganz allgemein in Ordnungsmustern, die Geist und Sinne befriedigen, und als Zusammenschau.

Historisch gesehen gehört Wissenschaft als eine Quelle von Weltdeutungsmodellen mit alltagsprägender Kraft wesentlich zur kulturellen Identität Europas. Inzwischen ist die ganze Welt mit abendländischer Rationalität durchtränkt. Da ist die Frage wichtig geworden, wo und wie sich wissenschaftliches Handeln in einer Weltgesellschaft, die durch Grenzauflösung gekennzeichnet ist, beispielhaft positioniert. Der Entgrenzungsprozeß durch Globalisierung läßt durchaus auch wieder neue Grenzen entstehen, ähnlich wie das Distinktionsbestreben in einer pluralistischen Gesellschaft, welche auf soziale Gleichheit zielt, wieder „feine Unterschiede" hervorbringt. Und Abgrenzung ist ja auch notwendig, schon deshalb, weil wir uns immer nur über unsere Grenzen erfahren. Weniger Fremdes würde weniger Selbsterfahrung bedeuten, hat der hundertjährige Philosoph Hans-Georg Gadamer an der Jahrtausendwende betont und nachdenklich ergänzt: „Wir lernen durchaus immer mehr, aber leider nicht in dem Sinne, daß wir dabei die Endlichkeit und die Grenzhaftigkeit unseres Wissens im Auge behalten." Gerade Kulturwissenschaft sollte generell die Bedeutung von Grenzen bewußt machen und den Sinn für Grenzen schärfen, z.B. für jene,

Abb. 70: Wolfgang Horsch, 2000

wo die schiere Größe eines sozialen Gebildes dessen Lebensoptimum überschreitet (wie Leopold Kohr beschworen hat) oder wo eine überzogene Schnelligkeit des Wissenstransfers den Problemdruck der Rezipienten bedrohlich verstärkt.

Kultur und Kulturwissenschaft im Zeitalter der Globalisierung

In der heutigen Zeit, in der immer mehr Zeitgenossen die Lebenswelten verschiedener Völker als Varianten einer einzigen „Menschheitskultur" erfahren können und wo zunehmend die These verfochten wird, daß es Kultur im Plural nicht mehr gäbe, hat sich die Einschätzung der je eigenen kulturellen Befindlichkeit deutlich verändert. Dieser Bewußtseinswandel wird seit kurzem als „Globalisierung" zu fassen versucht. Ab etwa 1990, seit dem Zusammenbruch des osteuropäischen Staatssozialismus und dem Verschwinden der politischen Ost-West-Konfrontation, beherrscht der Begriff die Politik, die Sozialwissenschaften und die Feuilletons. Was bedeutet er genau?

Globalisierung kennzeichnet zunächst den Zustand einer Gesellschaft, deren Wirtschaftshandeln über den ganzen Globus hin umfassend vernetzt ist. Sie meint aber auch den Prozeß selbst, welcher zu einer immer dichteren Verknüpfung ökonomischer Handlungsentscheidungen führt, und sie erfaßt weitere Aspekte des gesellschaftlichen Lebens, die damit in Zusammenhang stehen. Neben der kapitalistischen Weltwirtschaft zählt z.B. Anthony Giddens das System der Nationalstaaten, die internationale Arbeitsteilung und die militärische Weltordnung zu den vier „Dimensionen" der Globalisierung, in denen sich spezifische Auflösungs-, Entwertungs- oder auch Individualisierungsvorgänge beobachten lassen. Grundlage der Globalisierung sind in technischer Hinsicht die neuen, weitreichenden Verkehrs- und Kommunikationsmittel sowie in gesellschaftlicher Hinsicht die gesteigerte mentale Mobilitätsbereitschaft der Menschen. Ein zusätzlicher Impuls erwächst aus der zunehmend empfundenen Notwendigkeit zu global abgestimmten Entscheidungen, z.B. im Klimaschutz oder bei der Terrorismusbekämpfung. Am deutlichsten ist das Bewußtsein der globalen Einheit als Informationsgesellschaft ausgeprägt und am augenfälligsten durch das Internet repräsentiert.

Das Internet hat sich in wenigen Jahren zu einer Herausforderung für die Kulturwissenschaften entwickelt, welche sich in ihrer vollen Bedeutung derzeit noch gar nicht abschätzen läßt. Der Alltag verändert sich tiefgreifend, und die Mittel, ihn wissenschaftlich zu durchdringen, verändern sich ebenfalls. Schon die Konsequenzen eines Computerprogramms als methodisches Instrument, das riesige Informationsmengen speichern, aufbereiten und rasch zugänglich machen kann, aber die Daten auch für uns auswählt und strukturiert, sind nicht hinreichend durchschaut – wieviel weniger die sogenannte Cyberspace-Kultur. Deren „virtuelle Realität" interagiert auf vielen Wegen mit unserer unabhängig vom Computer erfahrbaren Wirklichkeit. Da wandeln sich die Kommunikationsformen und -situationen, da werden von Maschinen generierte dreidimensionale Räume mit bestimmten Geräten faktisch „erlebt" und modifizieren oder ersetzen bestimmte Segmente der gewohnten Alltagswelt eines Individuums. Öffnet sich so eine neue Dimension des menschlichen Handlungsraums? Entsteht durch je kulturspezifischen Umgang mit den technischen Möglichkeiten gar eine Vielzahl neuer Menschenbilder oder – im Zeichen der Globalisierung – letztlich nur ein einziger Menschentyp überall in der Welt?

Die Erkenntnis, daß (fast) alle Erscheinungen auf dieser Erde, und insbesondere auch die kulturellen, miteinander zusammenhängen und sich gegenseitig beeinflussen, kann in Europa als eine Errungenschaft der Aufklärung angesehen werden und ist somit gut zweihundert Jahre alt. Heute kommt aber hinzu, daß auch die breiten Bevölkerungsschichten, die „einfachen Leute", sich dieses Zusammenhangs bewußt geworden sind und daß sie ihren Alltag nicht nur davon bestimmt sehen, sondern überdies ihr eigenes Handeln danach ausrichten. Die Globalisierung läßt sich auf der Sachebene schwerlich genau abgrenzen. Ab wann gehorchen denn materielle Kulturgüter oder Volkserzählungen, die kulturelle Grenzen überschreiten und in andere Kulturzusammenhänge gelangen (was sie schon immer getan haben), damit tatsächlich *globalen* Impulsen und Strukturen? Globalisierung ist vor allem ein Bewußtseinsphänomen; sie findet in unser aller Köpfen statt, wenn nämlich die Dinge des Alltagsgebrauchs im Hier und Jetzt als Produkte der globalen Welt wahrgenommen werden und der Globus von nun an unablässig den Reflexionshorizont unseres alltäglichen Handelns darstellt.

Globalisierung wirkt sich in unzähligen Aspekten direkt auf unseren Alltag aus. Wir empfangen die ganze Welt digital im Wohnzimmer und können sie während unseres Urlaubs (zumindest potentiell) bis in alle Winkel erkunden. Der Globalisierungsvorgang, die Entgrenzung von kulturräumlichen und nationalstaatlichen Gebilden, betont aber nur einen Teilaspekt des Gesamtgeschehens; ihm korrespondieren genauso mächtige gegenläufige Phänomene. Die Internationalisierung der Lebensverhältnisse hat spiegelbildlich zu einer Aufwertung des lokalen und regionalen Umfeldes geführt. Region als Heimat, als Brennpunkt familiärer und sozialer Bezüge, stärkt Zugehörigkeitsgefühle und bietet Orientierungssicherheit. Die Tendenzen zu Vereinheitlichung und die zur Fragmentierung der Welt erscheinen als zwei Seiten desselben Vorgangs. Im Übergang vom Nah- zum Fernraum wird dann noch eine dritte Kategorie sichtbar: der „Transitraum“ oder konkret: einzelne Transiträume (z.B. Flughäfen – sind das aber tatsächlich Nicht-Orte, wie Marc Augé meint?), mit einer spezifischen kulturellen Ausstattung, in denen sich Menschen verschiedener Herkunft zeitweilig begegnen. Entgegen der These von der Nivellierung der kulturellen Vielfalt im Globalisierungsprozeß scheint doch eher kulturelle Vielstimmigkeit zuzunehmen. Statt des Verschwindens bzw. der Homogenisierung der Kulturen bilden sich im Kulturkontakt neue, wechselnde Kulturmuster heraus. Ständige Veränderung wird zum Normalzustand.

Im Globalisierungsprozeß gewinnen Artefakte und Verhaltensformen eine neue Färbung, aber wichtiger ist wohl, daß die Globalisierung Ängste und Widerstände hervorruft. Alltagskultur wird zum öffentlichen Diskursgegenstand und sogenannte Kulturalisierung zum politischen Projekt. Die Frage, ob in einer Gemeinde „Multi-Kultur“ eher Konflikte schafft oder das Leben bereichert, ob propagierte (nationale) „Leitkultur“ gesellschaftliche Integration zu fördern vermag oder ausgrenzt, ist ein sehr strittiges Thema. Was trennt oder verbindet in globale Zusammenhänge gerückte Lebenswelten? Wir müssen heute die Aufmerksamkeit von der Analyse kultureller Einzelprozesse, die nationale Grenzen überschreiten, strikt auf das sich herausbildende Faktum transnationaler Kulturen richten; und besonders in der Perspektive weltweiter Vernetzung scheint es angemessen, bevor wir isolierte Diffusions-, Kommunikations- und Traditionsvorgänge verfolgen, stets zuerst kulturelle Transformation generell ins Auge zu fassen.

Das gilt für alle Kulturwissenschaften. Wie geht speziell Volkskunde mit der neuen Situation um? Die Behauptung, daß es heute keine „Outsider“-Perspektive mehr gäbe und daß im Hinblick auf die erhöhte Mobilität von Menschen, Dingen und Ideen die räumliche „Verortung“ von Kultur die wirklichen Probleme verschleiere, ist richtig, trifft aber nicht den Kern. Insbesondere scheint die Folgerung zu kurzschlüssig, daß die traditionelle ethnographische Feldforschung nur noch von begrenztem Nutzen sei, vielmehr „beweglich" werden und sich auf „bewegliche Ziele", *moving targets* (Gisela Welz), einstellen müsse. „Beweglich" im Sinne von „flexibel" muß Wissenschaft seit jeher sein; „bewegliche Ziele" aber besitzt sie immer nur in einem sehr oberflächlichen Sinne. Wer ein Beobachtungsobjekt als *Ziel* begreift, der zielt zu kurz, weil er die Frage unterläßt, zu welchem höheren Zweck als des Triumphes, des intellektuellen Sieges über einen Sachverhalt er denn aufgebrochen ist. Ein Forscher erstrebt *Einsichten* in Sachverhalte, und auf dem Weg dorthin mag man den Kulturwissenschaftler mit Norbert Elias durchaus als Mythenjäger verstehen, in dem Sinne, daß er Mythen erkennt, um sie geistig zu durchdringen, nicht um sie zu töten – Trophäenjäger „beweglicher Ziele", jedoch, wäre zur Kennzeichnung moderner Kulturforscherinnen und Kulturforscher eine schiefe, unzulängliche Metapher, jedenfalls kein wünschenswertes Bild.

Die methodischen Kompetenzen der Volkskunde entstammen ihrer Fachgeschichte: das sind der Kulturvergleich, die Kontextualisierung, der lebensweltliche Rückbezug. Im Zeitalter der Globalisierung muß Volkskunde, von der Eigenerfahrung ausgehend, sowohl europäische Lebensformen unter den Bedingungen der Globalisierung untersuchen als auch umgekehrt Globalisierungsphänomene unter regionalem Blickwinkel beurteilen. Die moderne Entwicklung zwingt sie dazu, in Horizonten zu denken, die über Europa hinausgehen, aber konkret studieren muß Volkskunde die Globalisierung am eigenen Ort, in Europa. Dabei bleibt der Raum als beschreibende Kategorie durchaus erhalten, auch wenn viele Menschen, eben die Kulturträger, ständig unterwegs sind; denn ohne ein gewisses Maß an stabilem Raumbezug, in dem sich Sozialbeziehungen – wenigstens zeitweise – manifestieren, kann kein Mensch auf Dauer leben.

Wichtig ist, daß Kulturwissenschaft Wertfragen virulent hält, daß sie in längeren Zeiträumen, an „kulturelle Nachhaltigkeit", denkt, daß sie als interpretierende Wissenschaft Deutungen ermöglicht, die auf die konkreten Befindlichkeiten der Menschen Rücksicht nehmen. Unser aller Lebenswirklichkeit besteht in der überwiegenden Zahl der Fälle in Spannungsverhältnissen zwischen mehreren Positionen, Ansprüchen und Gesichtspunkten. Dieser Komplexität kann am ehesten gerecht werden, wer besonnener recherchiert, wer länger nachdenkt und sorgfältiger formuliert. Komplexe Zusammenhänge dürfen nicht zu früh und zu rasch vereinfacht werden; kulturelle Ursachenvielfalt erfaßt man nicht auf rein analytisch-quantifizierendem Wege. Vielmehr gehören grundlegende Fragen der Analogiebildung, der Analogieschlüsse und der Metaphorik unabdingbar zum erkenntnistheoretischen Instrumentarium kulturwissenschaftlicher Arbeit.

Kulturwissenschaft kann, recht verstanden, einer oft allzu leicht entflammten Zukunftseuphorie so etwas wie Herkunftsbedachtsamkeit an die Seite stellen. Sie kann daran erinnern, daß Menschen elementare Bedürfnisse besitzen, auf die sie auch in einer prosperierenden Wirtschaftswelt nicht verzichten wollen: Träume, Sehnsüchte, Hoffnungen, Liebe. Dies bedenkend gewinnt Kulturwissenschaft im Jahrhundert der Ökologie eine wichtige Brückenfunktion nicht nur zwischen Naturwissenschaft und Kunstschaffen, sondern auch zwischen Natur und Kunst. Wir könnten sie als die zur Biologie komplementäre, mit guten Gründen gar als die eigentliche (nämlich Bewußtseinsinhalte einschließende) Lebenswissenschaft begreifen lernen. Statt der Verlockung endlosen Wachstums zu erliegen, sollte uns die Vision einer Kultur des „Wohlbefindens“ leiten, die das tägliche Leben der Menschen nicht auf ungebremsten Wettbewerb mit seiner, gesellschaftlich gesehen, tödlichen Alternative – Sieg oder Niederlage – reduziert.

Entscheidend wird sein, daß wir auch im wissenschaftlichen Alltagsgeschäft nicht übersehen, wo bedachtsame Erkenntnissuche sich in modischen Trends verliert. Statt uns, zum Beispiel, in Talk-Shows zu produzieren, sollten wir uns um Gespräche bemühen, statt Konsumware zu fördern, nach Werthierarchien und Prioritäten suchen, und dort, wo Schnelligkeit gefordert wird, auch auf Pausen bestehen. Denn: „Durch Verlangsamung entsteht überhaupt erst so etwas wie ‚Stil‘, im Gegensatz zu einer kalkulierenden Planung oder zum nur reaktiv-defensiven Handeln. Dabei wird etwas sehr Wichtiges erst möglich: reißende Beschleunigung nach gemächlichem Beginn, begeisternde Steigerung, ‚künstlerische‘ Losgelassenheit im Dienst der Sache und ihrer Möglichkeiten“ (Sten Nadolny) – kurz: Qualität.

Anhang

Die Wissenschaft ist nichts als ein Haufen von Worten und Formeln, die man erst mit Inhalt füllen muß. Und dafür stehen mehrere Möglichkeiten offen.

Paul Feyerabend

Anmerkungen

Dieses Buch zielt auf exemplarische Orientierung und beschränkt darum die Anmerkungen ganz bewußt auf knappe Belege und einige weiterführende Literaturangaben. Da einzelne Kapitel auf bereits publizierten, freilich durchweg stark umgearbeiteten Texten des Autors gründen, wird besonders auf diese verwiesen; dort sind weitere Belege genannt. Die im Folgenden abgekürzten Angaben, nach den einschlägigen Kapitelabschnitten geordnet, werden im Literaturverzeichnis aufgelöst.

Abkürzungen:
BBV = Bayerische Blätter für Volkskunde
BJV = Bayerisches Jahrbuch für Volkskunde
EE = Ethnologia Europaea
EM = Enzyklopädie des Märchens
ES = Ethnologia Scandinavica
HessBll = Hessische Blätter für Volkskunde
HessBllVK = Hessische Blätter für Volks- und Kulturforschung (Neue Folge)
JbfVk = Jahrbuch für Volkskunde (Neue Folge)
MittschlesGfV = Mitteilungen der schlesischen Gesellschaft für Volkskunde
ObdtZsfVk = Oberdeutsche Zeitschrift für Volkskunde
ÖZV = Österreichische Zeitschrift für Volkskunde
RhwestfZsfVk = Rheinisch-westfälische Zeitschrift für Volkskunde
SAV = Schweizerisches Archiv für Volkskunde
SZ = Süddeutsche Zeitung
ZsfVk = Zeitschrift für Volkskunde

Einleitung

Kulturwissenschaft und Kulturwissenschaften: Orientierung: H. Böhme u.a. 2000. – Vgl. Frühwald u.a. 1991; Cassirer 1989; Scharfe 2002.

Volkskundliche Markierungen: U. Gyr: Kulturale Alltäglichkeit in gesellschaftlichen Mikrobereichen. In: Burckhardt-Seebass 1997, 13-19. – Gerndt: Einleitung. In: Bönisch-Brednich u.a. 1991, 13-17; Halbwachs 1991; Assmann 1999; Weinrich 1997. – Zu aufgabenorientierter Zusammenarbeit: Vester 1985, bes. 479-489.

Ordnung und Distanz: Gerndt: Ordnungen. In: K. Löffler (Hg.): Dazwischen. Zur Spezifik volkskundlicher Empirien. Wien 2001, 75-82. – Fél/Hofer 1972; K.-S. Kramer 1974. – L. Schmidt: Die Volkskunde als Geisteswissenschaft. In: Gerndt 1988, 55-91; I.-M. Greverus: Kulturelle Ordnung. In: Beitl 1972, 6-13; Kultur als System: Wiegelmann 1995, 43-59, dazu H. M. Artus in: ZsfVk 69 (1973), 1-18. – W. Brückner: Ordnungsdiskurse in den Kulturwissenschaften. In: Brückner 2000-02, Bd. 1, 461-496. – Vgl. Berger/ Luckmann 1970; Foucault 1980.

Das Leben als Reise: Gerndt: Warum brauchen wir Kulturwissenschaft? In: ÖZV 104 (2001), 405-424. – A. Henkel, A. Schöne (Hg.): Emblemata. Handbuch zur Sinnbildkunst des 16. Jhs. Stuttgart 1978, Sp. 1073; Beresina-Lied: I. Baumer: Wallfahrt als Metapher. In: Kriss-Rettenbeck/Möhler 1984, 55-64, hier 55. – Apodemik: Stagl 2002. – Michel 1992; Harms 1970. – Altersstufen-Bild: A. Bach, um 1660. Abb. in: Joerißen/Will 1983, 22. – R. Schenda: Die Alterstreppe – Geschichte einer Popularisierung. In: Joerißen/Will 1983, 11-24; M. Scharfe: Zwei-Wege-Bilder. In: Blätter für württembergische Kirchengeschichte 90 (1990), 123-144; Pörksen 1997, bes. 255-287. – D. Drascek: „Ich werde 100 Jahre alt." In: Drascek u.a. 1999, 13-34; Gyr 1989. – A. Camus: Tagebuch. Mai 1935 – Februar 1942. Reinbek 1963, 20 f. – Vgl. Krusche 1989; Leed 1993.

Erzählen und Wirklichkeit

Eine zweifelhafte Geschichte: SZ, 29.4. und 30.4.1997.

„Sage" als Angelpunkt: Zu modernen Sagen z.B. Brednich 1994. – Zu den Sagendefinitionen vgl. Petzoldt 1999, bes. 43-60. – Zum Sagenbegriff: L. Dégh, A. Vázsonyi: Legend and Belief. In: Genre 4 (1971), 281-304; Dégh 2001; K. Graf: Anmerkungen zum Sagenbegriff. In: Beiträge zur Volkskunde in Baden-Württemberg 4 (1991), 295-304. – Zu Erkenntnisinteressen: Gerndt: Zur Frühgeschichte der Sagenforschung. In: ders., K. Roth, G. R. Schroubek (Hg.): Dona Ethnologica Monacensia. Festschrift für Leopold Kretzenbacher. München 1983, 251-266.

Sagenhafte Wirklichkeiten: H. Kuhn: Zur Typologie mündlicher Sprachdenkmäler. München 1960, 21; L. Honko: Gattungsprobleme. In: EM 5, 744-769, bes. 750-753; D. Ben-Amos: Do We Need Ideal Types (in Folklore)? Turku 1992. – Zu Gattungsschemata vgl. L. Honko: Methods in Folk-Narrative Research. In: EE 11 (1979/80), 6-27, bes. 12; D.-R. Moser: Theorie- und Methodenprobleme der Märchenforschung. In: JbfVk 3 (1980), 47-64, bes. 59 f. – Zur Wirklichkeitsfrage: Röhrich 1974; Gerndt 1986, 35-46. – U. Jeggle: Tödliche Gefahren. Ängste und ihre Bewältigung in der Sage. In: ZsfVk 86 (1990), 53-66, bes. 56. – Zu Geltungsansprüchen: C. Gerbel, R. Sieder: Erzählungen sind nicht nur „wahr". In: Botz 1988, 189-210, bes. 196-199. – Zum Wirklichkeitsverständnis: L. Virtanen: Hat der Industrialismus die Gespenster vertrieben? In: Dauskardt/Gerndt 1993, 359-366. – Ranke 1935, 17.

Erkenntnisziele: Oral History: Niethammer 1980. – Zur Sagenproduktion: R. Schenda: Mären von deutschen Sagen. In: Geschichte und Gesellschaft 9 (1983), 26-48; Gerndt: Volkssagen. Über den Wandel ihrer zeichenhaften Bedeutung vom 18. Jahrhundert bis heute. In: Jeggle u.a. 1986, 397-409. – Untersuchungsbeispiele: D. Harmening: Der Anfang von Dracula. Würzburg 1983; L. Kretzenbacher: Jordantaufe auf dem Satansstein. In: Kretzenbacher 1971, 49-74; L. Virtanen: Sagentraditionen bei Kindern. In: Röhrich

1973, 190-195; A. Lehmann: Erzählen im Gefangenenlager. In: Fabula 25 (1984), 1-17; ders.: Erzählen zwischen den Generationen. In: Fabula 30 (1989), 1-25; O. Brinkmann: Das Erzählen in einer Dorfgemeinschaft. Münster 1933; Isler 1971; M. Beck: Wilhelm Tell: Sage oder Geschichte? In: Deutsches Archiv zur Erforschung des Mittelalters 36 (1080), 1-24.

Moderne Realitäten: Zur Auflösung der Horizonte: Bausinger 1961. – Zum Indikatoransatz: Gerndt: Sagen und Sagenforschung im Spannungsfeld von Mündlichkeit und Schriftlichkeit. In: Fabula 29 (1988), 1-20, bes. 18. – Zur „Entwirklichung" der Sage: L. Röhrich: Sage. Stuttgart 1966, 3; zum Erzählen in Krisensituationen vgl. z.B. Lehmann 1991. – R. Sauter: Der Irrwitz des Jahres. Haarsträubende Nachrichten aus aller Welt. München 1998; zu Fäkalienbomben: R. W. Brednich: Das Huhn mit dem Gipsbein. München 1993, 12. – Vgl. A. Lehmann: Rechtfertigungsgeschichten. In: Fabula 21 (1980), 56-69.

Ein erweiterter Problemhorizont: Gerndt: Gedanken zur heutigen Sagenforschung. In: BJV 1991, 137-145; ders.: Vermischtes. Die Zeitungsnachricht als Sage. In: Lipp 1995, 48-59. – Vgl. allgemein Blumenberg 1984.

Die Alpen als Kulturraum

Vgl. Gerndt: Die Alpen als Kulturraum. Über Aufgaben und Verantwortung der Kulturwissenschaften: In: Schönere Heimat 85 (1996), 170-179; Nachdruck in: Salzburger Volkskultur 21 (April 1997), 7-22.

Alpine Kultur in der Gegenwart: Niederer 1993; Weiss 1946, bes. 263 f.; Weiss 1959, bes. 174-272 und 325-330; R. Weiss: Alpiner Mensch und alpines Leben in der Krise der Gegenwart. In: SAV 58 (1962), 232-254; Bätzing 1984; vgl. jetzt Tschofen 1999.

Alltagskultur im Alpenraum: Archäologisches: Pauli 1981, 26. – Österreichischer Volkskundeatlas. Wien 1959-81; Atlas der schweizerischen Volkskunde. Erlenbach-Zürich 1951-89. – H. U. Reck: Schwierigkeiten mit der Moderne? Zur Internationalisierung der Lebensgewohnheiten in der Schweiz. In: Hugger 1992, Bd. 3, 1241-1258. – Zu Frühstücksspeisen: Weiss 1946, 135-139, Karte bei 152. – R. Weiss: Die Brüning-Napf-Reuss-Linie als Kulturgrenze zwischen Ost- und Westschweiz auf volkskundlichen Karten. In: SAV 58 (1962), 201-231; zu subjektiven Kulturräumen: R. Weiss: Kulturgrenzen und ihre Bestimmung durch volkskundliche Karten. In: Studium Generale 5 (1952), 363-373; Greverus 1972.

Die Alpen als kultureller Wert: Seitz 1987; T. Gantner: Hirten-Folklore in der Schweiz des 19. Jahrhunderts. In: Alpes Orientales VI. München 1972, 155-156. – B. Tschofen: Aufstiege – Auswege. Skizzen zu einer Symbolgeschichte des Berges im 20. Jahrhundert. In: ZsfVk 89 (1993), 213-232, hier 225; A. Veth: Tourenberichte vom Bergsteigen. Zum Wandel des Naturerlebens von der 2. Hälfte des 19. Jahrhunderts bis heute. Magisterarbeit München 1996; zu Alpen als Sehnsuchtslandschaft: Johler u.a. 1995; Zebhauser/Trentin-Meyer 1996. – M. Lüthi: Aspekte der Blümlisalpsage. In: SAV 76 (1980), 229-243; Isler 1971. – Hamberger u.a. 1990, 43 (Abb. „Der Berg ruft – der Berg kommt"); U. Windisch: Nationale Stereotypen im Alltag. In: Hugger 1992, Bd. 3, 1343-1350, hier 1348 (Abb.). – Vgl. Stremlow 1998.

Zur Verantwortung der Kulturwissenschaften: Weizsäcker 1997. – E. Diesel: Philosophie am Steuer. Stuttgart 1952, 227, zit. bei M. Scharfe: Oben drüber. In: Geschichte und Region / Storia e regione 2 (1993), 145-164, hier 146. – P. Hefner: Naturwissenschaft und Theologie – Partner auf der Suche nach zuverlässiger Sinnstiftung. In: Hefner 1995, 7-26, hier 8 und 22; N. Elias: Über die Natur. In: Merkur 40 (1986), 469-481, bes. 481. – Huizinga 1965, 321.

Großstadtbilder

Vgl. Gerndt: Großstadtvolkskunde – Möglichkeiten und Probleme. In: Kohlmann/ Bausinger 1985, 11-19.

Wahrnehmungsprobleme und Betrachtungsansätze: Zur Metaphorik der Stadt: z.B. Andritzky u.a. 1975; Haseloff 1970; Lenz-Romeiß 1970. – W.H. Riehl: Land und Leute. Stuttgart 1853. – A. Bach: Volkskunde der deutschen Großstadt. In: ZsfVk 51 (1954), 177-195; L. Schmidt: Wiener Volkskunde. Wien 1940. – Kohlmann/Bausinger 1985; Lindner 1990; Gerndt 1997, 119-126; Hengartner 1999. – R. Barthes: Semiotik und Urbanismus. In: A. Carlini, B. Schneider (Hg.): Konzept 3. Tübingen 1976, 33-42. – K. Tenfelde: Vergleichende Studien zur Geschichte der Urbanisierung in München (Ms. eines Forschungsprojekts 1983); S. Fisch: Stadtplanung im 19. Jahrhundert. Das Beispiel München bis zur Ära Theodor Fischer. München 1988. – Vgl. K. R. Scherpe (Hg.): Die Unwirklichkeit der Städte. Großstadtdarstellungen zwischen Moderne und Postmoderne. Reinbek 1988.

Großstadt als kultureller Vermittlungsraum: Zum großstädtischen Leben: z.B. G. Korff: Mentalität und Kommunikation in der Großstadt. In: Kohlmann/Bausinger 1985, 343-361. – K. Zapf, K. Heil, J. Rudolph: Stadt am Stadtrand. Eine vergleichende Untersuchung in vier Neubausiedlungen. Frankfurt/Main 1969. – S. Weber, C. Gaedemann: Singles – Report über die Alleinlebenden. München 1980.

Großstadt als kultureller Bedeutungsraum: G. Ruhl: Das Image von München als Faktor für den Zuzug. Kallmünz 1971.

Stereotypvorstellungen: Gerndt: Zur kulturwissenschaftlichen Stereotypenforschung. In: Gerndt 1988 [a], 9-12, sowie ebenda passim. – Vgl. I.-M. Greverus, J. Moser, H. Schilling, G. Welz (Hg.): Frankfurt am Main: Ein kulturanthropologischer Stadtführer. Frankfurt/Main 1998. – H. Bausinger: Kulturelle Identität. Bonn 1982. – Vgl. K. Roth: „Bilder in den Köpfen“. In: V. Heuberger, A. Suppan, E. Vyslonzil (Hg.): Das Bild vom Anderen. Frankfurt/Main u.a. 1998, 21-43; Stanzel 1999.

Großstadt als Forschungsaufgabe: L. W. Moss in: A. Paredes, J. E. Steckert (Hg.): The Urban Experience and Folk Tradition. Austin u.a. 1971. – Vgl. z.B. I.-M. Greverus, J. Moser, K. Salein (Hg.): Stadtgedanken aus und über Frankfurt am Main. Frankfurt/Main 1994. – Kohlmann/Bausinger 1985; W. Kokot, T. Hengartner, K. Wildner (Hg.): Kulturwissenschaftliche Stadtforschung. Berlin 2000.

Der Schatten von Tschernobyl

Vgl. Gerndt: Tschernobyl als kulturelle Tatsache. In: Harmening/Wimmer 1990, 155-176.

Eine Katastrophenerfahrung: Hermann/Schumacher 1987. – Zu Three Mile Island: Sills u.a. 1982; Y. J. Milspaw: Folklore and the Nuclear Age. The Harrisburg Disaster at Three Mile Island. In: International Folklore Review 1 (1981), 57-65; L. Kürti: The Politics of Joking. Popular Response to Chernobyl. In: Journal of American Folklore 101 (1988), 324-334; Y. Lecerf, E. Parker: L'affaire Tchernobyl: La guerre des rumeurs. Paris 1987.

Veränderungen im Alltagsleben: Materialbasis sind vor allem Münchner Tageszeitungen aus dem Zeitraum von Mai bis August 1986 und teilweise darüber hinaus: Süddeutsche Zeitung, Abendzeitung, Bild München, vgl. die Dokumentation von A. Amelungse: Tschernobyl – vier Wochen im Spiegel der Presse. In: Hermann/Schumacher 1987, 267-301; s. ferner u.a. K. Traube u.a.: Nach dem Super-GAU. Tschernobyl und die Konsequenzen. Reinbek 1986; F. Vester: Bilanz einer Ver(w)irrung. Informationen, Berichte und Argumente zum Umdenken nach Tschernobyl. München 1986; M. Gambaroff, N. Nies u.a.: Tschernobyl hat unser Leben verändert – Vom Ausstieg der Frauen. Reinbek 1986; L. Schultz-Wild, I. Schürmann-Mock (Hg.): Mütter schützen KinderLeben. Was tun nach Tschernobyl? München 1986. – Vgl. verschiedene Beiträge in: Kursbuch 85 (September 1986): GAU – Die Havarie der Experten; H. P. Peters u.a.: Die Reaktionen der Bevölkerung auf die Ereignisse in Tschernobyl. In: Kölner Zs. für Soziologie und Sozialpsychologie 39 (1987), 764-782; H. M. Kepplinger: Die Kernenergie in der Presse. In: ebenda 40 (1988), 659-683; H. P. Peters, L. Hennen: Orientierung unter Unsicherheit. Bewertung der Informationspolitik und Medienberichterstattung nach „Tschernobyl". In: ebenda 42 (1990), 300-312.

Tschernobyl als kultureller Gegenstand: Zum Modelldenken: Gerndt 1986, bes. 194-198. – S. Brandes: Um vierzig. Lebensalter oder symbolische Zahl. Weinheim u.a. 1987, Kap. 5; Enzensberger 1988, bes. 70-72; Bourdieu 1988, 34 f.

Tschernobyl als kulturelle Tatsache: Zum „fait social": R. König: Einleitung. In: Durkheim 1970, 38. – M. Scharfe: Totengedenken. Zur Historizität von Brauchtraditionen. In: ES 19 (1989), 142-153. – Zur Innovationsforschung: Kiefer 1967; Matter 1978; Bausinger 1999, bes. 245-248. – Zur massenmedialen Vermittlung: Maletzke 1963, Reimann 1968.

Vernetzungen: Gerndt: Kulturvermittlung. In: ZsfVk 86 (1990), 1-13. – L. M. Malmsheimer: Three Mile Island. Fact, Frame, and Fiction. In: American Quarterly 38 (1986), 35-52. – Zu „kulturelles Gewicht" vgl. G. Wiegelmann: Probleme der kulturräumlichen Gliederung im volkskundlichen Bereich. In: Rheinische Vierteljahrsblätter 30 (1965), 95-117. – U. Beck: Der anthropologische Schock. In: Merkur 40 (1986), 653-663. – B. J. Warneken (Hg.): Umgang mit der Gefahr. Reaktionen auf Tschernobyl. In: Tübinger Korrespondenzblatt 32 (1987), 1-85. – Am 15.12.2000, fast 15 Jahre nach dem GAU, wurde der Reaktor Tschernobyl abgeschaltet.

Vgl. insgesamt den literarischen Text, der sich zwischen dokumentarischer Prosa und Oral History bewegt: Swetlana Alexijewitsch: Tschernobyl. Eine Chronik der Zukunft. Berlin 1997.

Ein Gipfel kultureller Gewalt

Vgl. Gerndt (mit Christina Claus, Andrea Kölbl, Stephan Bammer, Andreas Bernard und Christina Centner): Legitimierte Gewalt. Aspekte des Münchner Weltwirtschaftsgipfels 1992. In: Brednich/Hartinger 1994, 745-760.

Gewalt in der Kultur: Gerndt: Kulturgewalt? In: Kuckuck 8 (Graz 1993), Heft 1, 44-46. – Benjamin 1965, 29-65; R. Boudon, F. Bourricaud: Soziologische Stichworte. Opladen 1992, 173-183. – Vgl. Althaus u.a. 1988; Brednich/Hartinger 1994, passim.

Eine Weltwirtschaftstagung in München: Quellengrundlage bilden – neben Eigenbeobachtungen einer Arbeitsgruppe – die Münchner Tageszeitungen im Zeitraum Ende Juni bis Ende Juli 1992 (WWG: 6.-8.7.92): Süddeutsche Zeitung, Münchner Merkur, Abendzeitung, tz, Bild-München; darüber hinaus wurden überregionale Zeitungen, auch ausländische, zum Vergleich herangezogen sowie diverse Unterlagen, z.B. von den Gegengipfelveranstaltern und der Polizei, konsultiert. – H. Arendt: Wahrheit und Lüge in der Politik. München 1978, 32 f.

Die Natur als Mythos

Vgl. Gerndt: Naturmythen. Traditionales Naturverständnis und modernes Umweltbewußtsein. In: Brednich u.a. 2001, 57-75 (auch ders.: Naturmythen. Volkskundliche Perspektiven auf Mensch und Umwelt. In: Schönere Heimat 89 (2000), 21-32). – H. Markl: Natur als Kulturaufgabe. München 1991.

Natur als kulturelles Phänomen: Brednich u.a. 2001; Großklaus/Oldemeyer 1983; G. Böhme 1992; Janich/Rückhardt 1996.

Was bedeutet uns die Natur? Katalogbände: Wieland u.a. 1983, 7 f.; Hamberger u.a. 1990, 7; Hamberger u.a. 1998; weitere Ausstellungen dieser Reihe: „Alptraum Auto" (1986) und „Kein schöner Wald" (1993). – Barthes 1964, 7. – Zum Naturverständnis: G. Böhme 1992, z.B. die Kap. „Leib: die Natur, die wir selbst sind", 77-93, und „Wie natürlich ist die natürliche Geburt?", 94-104; Heiland 1992; Gloy 1995-96; Mohrmann 1999; R. Spaemann: Natur. In: Handbuch philosophischer Grundbegriffe, Bd. 4 (München 1973), 956-969. – J. Radkau: Natur und Technik – eine dialektische Beziehung? In: van Dülmen 1998, 389-408, hier 393 (Abb. 224: Buch der Erfindungen) und 392 (Abb. 223: Fliegende Blätter). – Zu vernetzten Systemen: Vester 1978. – Átány: Fél/Hofer 1972. – Kriss-Rettenbeck 1972, Abb. 168 (Votivtafel). – E. L. Rochholz: Naturmythen. Neue Schweizersagen. Leipzig 1862, V; L. Laistner: Nebelsagen. Stuttgart 1879; vgl. Petzoldt 1999, 72-75. – O. Löfgren: Natur, Tiere und Moral. Zur Entwicklung der bürgerlichen Naturauffassung. In: Jeggle u.a. 1986, 122-144.

Wie behandeln wir die Natur? Zum Regenwald: Abb. bei Haitzinger 1989, 69. – G. Böhme 1992, Kap. „Künstliche Natur", 183-199. – Z.B. Werbeanzeigen der Krombacher Brauerei (1999). – Katalog der Internationalen Bauausstellung – Emscherpark, Gelsenkirchen 1999; Höber/Ganser 1999; darin: J. Dettmar: Die Route der Industrienatur, 67-70; vgl. auch Brüggemeier/Toyka-Seid 1995. – B. und R. Decker: Mount St. Helena. National Volcanic Monument. Mariposa/CA 1997. – Zum Mythos: Kerényi 1996; Isermann 1990;

Lehmann 1999; A. Lehmann, K. Schriewer (Hg.): Der Wald – Ein deutscher Mythos? Berlin 2000. – H. Rölleke: Fischer und seine Frau. In: EM 4, 1232-1240.

Wie können wir die Natur verstehen? W. Frühwald: Ideenparadiese – Motivationen und Visionen in der Wissenschaft. In: Gen-Welten. [Katalogbuch.] O.O. 1998, 186-190, hier 187. – B. McKibben: Das Ende der Natur. Die globale Umweltkrise bedroht unser Überleben. München 1992; C. Merchant: Der Tod der Natur. Ökologie, Frauen und neuzeitliche Naturwissenschaft. München 1987; B.-A. Bohnke: Abschied von der Natur. Die Zukunft des Lebens ist Technik. Düsseldorf 1997. – Mythenjäger: Elias 1970, 53. – L. Durrell: Gaia. Die Zukunft der Arche. Atlas zur Rettung unserer Erde. Frankfurt/Main 1987 (zuerst London 1986), 16. – Popper 1994.

Programmatik im Wandel

Vgl. (insbesondere für die Literaturbelege) Gerndt 1988, 1-21; Gerndt: Volkskunde. In: Historisches Wörterbuch der Philosophie 11 (2002), 1108 f.

Ältere Programmdiskussionen: Falkenstein: Brückner 1971; Gerndt: Volkskundliche Arbeitstagung in Falkenstein. In: ZsfVk 67 (1971), 161-168. – Kuhn 1977. – Programmdebatten: Lutz 1958; Weber-Kellermann/Bimmer 1985; Gerndt: Einleitung. In: ders., K. Roth (Hg.): Gesamtregister der ZsfVk Jg. 1-90 (1891-1994). Göttingen 1995, 5-16. – Bibliographien in: E. Gilch, C. Schramka: Volkskunde an der Münchner Universität 1933 – 1945. München 1986, 88-92 [NS-Zeit], und Gerndt 1988, 373-387 [1946-86].

Gegenstandsgebundene Kontinuitäten: Nachdruck der im Folgenden genannten Programmtexte von Maus, Peuckert, Schmidt, Moser, Dias, Heilfurth, Jacobeit/Mohrmann, Bausinger, Narr, Lutz, Greverus, Bausinger, Gerndt, in: Gerndt 1988, 25-371. – Skandinavische Studien: W.-E. Peuckert, O. Lauffer: Volkskunde. Quellen und Forschungen seit 1930. Bern 1951. – Zum Volkskundetag 1951: W. Wiora: Die Stellung der Volkskunde im Kreise der Geisteswissenschaften. In: Bericht über den Allgemeinen volkskundlichen Kongreß in Jugenheim 1951. Stuttgart 1952, 8-21.

Methodologische Konsolidierungen: Geistesgeschichtliche Entwürfe: W.-E. Peuckert: Die große Wende. Das apokalyptische Saeculum und Luther. Hamburg 1948, L. Schmidt: Gestaltheiligkeit im bäuerlichen Arbeitsmythos. Wien 1952. – K.-S. Kramer: Volkskunde jenseits der Philologie. In: ZsfVk 64 (1968), 1-11, Diskussion dazu: 11-29, darunter G. Lutz: Drei verschiedene „Weisen“ von Volkskunde, 13-16.

Paradigmenwechsel: Abschied vom Volksleben. Tübingen 1970; vgl. Adorno u.a. 1969. – A. Niederer: Zur gesellschaftlichen Verantwortung der gegenwärtigen Volksforschung. In: Kontakte und Grenzen. Festschrift für Gerhard Heilfurth. Göttingen 1969, 1-10. – D. Kramer: Wem nützt Volkskunde? In: ZsfVk 66 (1970), 1-16, bes. 16, Diskussion dazu: 16-59, hier 59 (Bausinger). – A. Niederer: Gegen die Ausklammerung soziologischer Fragestellungen in der Volkskunde. In: ZsfVk 66 (1970), 52-54. – Falkensteiner Formel: Brückner 1971, 303. – Zur Benennung des Faches. In: dgv-Informationen 80 (1971), 1-18, 43-49. – Actes du Congrès International d'Ethnologie Regionale. Arnhem 1956. – Fachdarstellungen: Wiegelmann u.a. 1977, Bausinger u.a.1993 (zuerst 1978), Greverus 1978.

Positionen in der Gegenwart: G. Korff: Bemerkungen zum Wissenschaftsverständnis der Tübinger EKW. In: Tübinger Korrespondenzblatt 28 (1986), 2-12; M. Scharfe: Bagatellen. In: ZsfVk 91 (1995), 1-26; A. Lehmann: Volkskunde. In: Goertz 1998, 456-472; U. Gyr: Kulturale Alltäglichkeit in gesellschaftlichen Mikrobereichen. In: Burckhardt-Seebass 1997, 13-19. – D. Kramer 1997; Brückner 2000-02.

Lehren aus der Geschichte

Vgl. (insbesondere für die Literaturbelege) Gerndt: Deutsche Volkskunde und Nationalsozialismus – was haben wir aus der Geschichte gelernt? In: SAV 91 (1995), 53-75; veränderte Fassungen in: W. Haas (Hg.): Volkskunde und Brauchtumspflege im Nationalsozialismus in Salzburg. Salzburg 1995/96, 11-24, sowie in: Einsichten. Forschung an der Ludwig-Maximilians-Universität München 1995/2, 48-50. - Zu Geschichte als Magistra vitae: Koselleck 1992, 38-66.

Eine notwendige Auseinandersetzung: Gerndt 1987, 11-21 (engl. Fassung in: J. R. Dow, H. Lixfeld (Hg.): The Nazification of an Academic Discipline. Bloomington/Ind. 1994, 1-10). – V. Klemperer: LTI. Notizbuch eines Philologen. Leipzig 1975, 36. – R. Lochner: Volkswissenschaft. In: Der Ackermann aus Böhmen. O.O. 1934, 12-23. – Zur Volkstumsideologie: H. Bausinger: Volksideologie und Volksforschung. In: ZsfVk 61 (1965), 177-204; Emmerich 1971. – Zu Weltanschauung und Sinnbildern: E. Fehrle: Die Volkskunde im neuen Deutschland. In: ObdtZsfVk 7 (1933), 1-2; W. Steller: Volkskunde als nationalsozialistische Wissenschaft. Breslau 1935; K. T. Weigel: Germanisches Glaubensgut in Runen und Sinnbildern. München 1939; O. v. Zaborsky-Wahlstätten: Urväter-Erbe in deutscher Volkskunst. Leipzig 1936; kritisch dazu O. Lauffer, in: ZsfVk 45 (1937), 326; vgl. R. W. Brednich: Germanische Sinnbilder und ihre vermeintliche Kontinuität. In: Brednich/Schmitt 1997, 80-93. – Zu Denkstil und Sprache: W. Steller: Deutsche Volkskunde als Wissenschaft. In: MittschlesGfV 35 (1935), 25-56, hier bes. 26-29. – H. Bobek: Um die deutsche Volksgrenze in den Alpen. In: Deutsches Archiv für Landes- und Volksforschung 1 (1937), 734-748, hier 736; B. Schier: Das deutsche Haus. In: Spamer 1934-35, Bd. 1, 477-534. – W. Peßler: Der Volkskunde Wert und Wesen, Wirkung und Weite. In: Peßler 1935-38, Bd. 1, 3-7, hier 7. – Zu Argumentationsstrategien: Freudenthal 1955, Bach 1960, dazu: U. Jeggle: Im Schatten der Vergangenheit. In: Tübinger Korrespondenzblatt 1 (1970), 5-10. – Bausinger 1999 (zuerst 1971), 61-73.

Volkskunde in der NS-Zeit: Jacobeit u.a. 1994; Bibliographie in: SAV 91 (1995), 67-75; Lixfeld 1994; Harvolk 1990. – J. Meier in: Mitteilungen des Verbandes deutscher Vereine für Volkskunde Nr. 44 (Sept. 1933), 2; J. Schwietering: Die sozialpolitischen Aufgaben der deutschen Volkskunde. In: ObdtZsfVk 7 (1933), 3-11, hier 11. – W. Steller: Deutsche Volkskunde als Wissenschaft. In: MittschlesGfV 35 (1935), 25-56, hier 46. – R. Kriß: Im Zeichen des Ungeistes. Berchtesgaden ^{2}1995 (zuerst 1948); K. Freckmann: Aufklärung und Verklärung – Positionen im Werk Georg Schreibers. In: Gerndt 1987, 283-295; M. Bruckbauer: „... und sei es gegen eine Welt von Feinden!“ Kurt Hubers Volksliedsammlung und -pflege in Bayern. München 1991. – Zur Frage: Opportunismus oder Tragik? vgl. Fischer 1990, hier bes. 230 f.

Erklärungsversuche als Vergangenheitsbewältigung: R. Bollmus: Zwei Volkskunden im Dritten Reich. In: Gerndt 1987, 49-60, hier 54; H. Lixfeld: Die Deutsche Forschungsgemeinschaft und die Dachverbände der Volkskunde im Dritten Reich. In: ebenda, 69-82, hier 79 . – Vgl. V. v. Geramb: Wilhelm Heinrich Riehl. Salzburg 1954; allgemein R. König: Kontinuität oder Unterbrechung – Ein neuer Blick auf ein altes Problem. In: König 1987, 388-440. – Zur Bewertung vgl. A. Zippelius, Rez. in: HessBllVK 24 (1989), 209-213, hier 211. – Bausinger 1999 (zuerst 1971), 63; W. Brückner: Volkskunde und Nationalsozialismus. In: Brückner 2000-02, Bd. 1, 273-407. – A. Bruck: Vergangenheitsbewältigung?! In: ZsfVk 86 (1990), 177-202.

Die Nazifizierung der Volkskunde: Sammelbände z.B. Tröger 1984; Lundgreen 1985; Heiß u.a. 1989. – Volkskundliche NS-Studien: siehe SAV 91 (1995), 73-75. – W. Jacobeit: Die Auseinandersetzung mit der NS-Zeit in der DDR-Volkskunde. In: Gerndt 1987, 301-318, hier 301 f.; W. Brückner: Notizen über aufgeklärte Moral. Zu den Grundlagen der Totalitarismusdebatte. In: BBV 15 (1988), 26-29; Jacobeit u.a. 1994, 341-366, hier 359.

Kulturelle Folgen politisierter Volkskunde: „Hexen“: B. Schier: Hexenwahn und Hexenverfolgung. In: BJV 1990, 43-115; D. Harmening: Himmlers Hexenkartei. In: JbfVk 12 (1989), 99-112. – Volkstumsarbeit: H. Bausinger: Volkskunde und Volkstumsarbeit im Nationalsozialismus. In: Gerndt 1987, 131-141, hier 139. – Bräuche neu schaffen: A. Oesterle in: Gerndt 1987, 128; vgl. P. Schwinn: Auf Germanensuche in Südtirol. In: JbfVk 12 (1989), 85-98, hier 95. – Vgl. z.B. E. Gajek: Nationalsozialistische Weihnacht. Die Ideologisierung eines Familienfestes durch Volkskundler. In: Faber/Gajek 1997, 183-215; W. Dehnert: Volkskundliche Filmarbeit im Dritten Reich. In: ders.: Fest und Brauch im Film. Marburg 1994, 43-106; B. Schier: Volkskundliche Verlage im Dritten Reich. In: BJV 1988, 138-173; H. Schade: De Gruyter und die Volkskunde bis 1945. In: Brückner/Beitl 1983, 145-160. – M. Scharfe: Zur Einschwörung auf den völkisch-germanischen Kulturbegriff. In: Tröger 1984, 105-115. – K. Köstlin: Der Eintopf der Deutschen. In: Jeggle u.a. 1986 [a], 220-241. – Kolonialismus: M. Rössler: „Wissenschaft und Lebensraum“. Geographische Ostforschung im Nationalsozialismus. Berlin u.a. 1990; S. Mattl, K. Stuhlpfarrer: Angewandte Wissenschaft im Nationalsozialismus. In: Heiß u.a. 1989, 283-301; P. Assion, P. Schwinn: Migration, Politik und Volkskunde 1940/1943. In: Greverus u.a. 1988, Teilbd. 1, 221-226. – I. Weber-Kellermann: Zur Frage der interethnischen Beziehungen in der „Sprachinselvolkskunde“. In: ÖZV 62 (1959), 19-47.

Über den Kulturbegriff

Vgl. als ältere, z.T. überholte Fassung: Gerndt: Zielorientierungen oder: Wieviele Kulturbegriffe braucht Volkskunde als empirische Kulturwissenschaft? In: Fröhlich 2000, 215-228.

Von „Volk“ zu „Kultur“: W. H. Riehl: Volkskunde als Wissenschaft. In: Lutz 1958, 23-36, bes. 23 und 32-35; Weiss 1946, 11. – Zusammenstellung programmatischer Formulierungen bei Freudenthal 1955, 208-223; Bach 1960, 605. – Zu jüngeren Charakterisierungen der Volkskunde vgl. die Zitate bei Gerndt 1997, 78 f. – Zur Volkskultur-Debatte: K.-S. Kramer: Volkskultur. In: Harmening/Wimmer 1990, 13-29. – Zu Poppers Welt 3: M. Scharfe: Schlangenhaut am Wege. In: ÖZV 100 (1997), 301-327. – Zur Kulturalismusdebatte: W. Kaschuba: Kulturalismus. Vom Verschwinden des Sozialen im gesellschaftlichen Diskurs. In: ZsfVk 91 (1995), 27-46.

Kultur und Natur: Vgl. dazu Fröhlich 2000, passim; dort zur Diskussion der visualisierten Modellvorstellungen speziell E. Voland: Natur oder Kultur?, 41-53, bes. 51. – Vgl. ferner G. Böhme 1992; H. Böhme: Vom Cultus zur Kultur(wissenschaft). In: Glaser/Luserke 1996, 48-68; 5 Naturmodelle: H. Böhme u.a. 2000, 123-131; Meyer-Abich 1990. – Zum Verhältnis Natur- und Kulturwissenschaften: O. Marquard: Über die Unvermeidlichkeit der Geisteswissenschaften. In: Marquard 1986, 98-116; Snow 1967. – Scharfe 2002.

Funktionen des Kulturbegriffs: Programmatische Aussagen: Sombart 1938, 77; S. Freud: Die Zukunft einer Illusion. Frankfurt/Main 1971, 85; Tenbruck 1989, 15. – „Kultur als Forschungsfeld": Gerndt 1986; Hansen 1995, 26. – Methodologische Aussagen: Bausinger 1999, 240; Hansen 1995, 207. – „Mensch als Kulturwesen": Bringéus 1990; Bausinger 1999, 240; H. Böhme in: Glaser/Luserke 1996, 62. – Gegenstandsbezogene Aussagen: W. E. Mühlmann: Kultur. In: Bernsdorf 1969, 598-602, hier 598; Tenbruck 1989, 51; Hansen 1995, 31. – „Kulturen in Interaktion": Moosmüller 1997; zu „Arbeiteralltagskultur" vgl. P. Assion: Arbeiterforschung. In: Brednich 1988, 185-213, bes. 197; Lauterbach 1998. – Theoretische Aussagen: zu Harris, Gehlen, Clifford, Freud vgl. Hansen 1995, 197-199, 179, 96; I.-M. Greverus: Kulturbegriffe und ihre Implikationen. In: Kölner Zs. für Soziologie und Sozialpsychologie 23 (1971), 283-303, hier 298; K. Eder: Das Paradox der „Kultur". In: Paragrana 3 (1994), 148-173; Wiegelmann 1995, 58. – „Patterns of Culture": Benedict 1961; „Urmensch und Spätkultur": Gehlen 1986; Geertz 1983. – „Kultivierung des Alltags": Liebau 1992. – Gefahren: H. Bausinger: Wir Kleinbürger. Die Unterwanderung der Kultur. In: ZsfVk 90 (1994), 1-12, hier 12. – Zu Begriffsarten vgl. Bahrdt 1984, bes. 15-25.

Vom bildlichen Wissen

Vgl. Gerndt: Möglichkeitsspiele. Bemerkungen zur Karikatur als Wissensform. In: Becker u.a. 2001, 237-252; Gerndt: Über die ästhetische Komponente in der Kulturwissenschaft. In: SAV 98 (2002) [im Druck]. – Zur Legitimationsgeschichte der Kunst: H.-G. Gadamer: Die Aktualität des Schönen. In: Gadamer 1990-95, Bd. 8, 94-142, bes. 94-96.

Alltagschronisten: Zu Bildlore und Visueller Anthropologie: Bringéus 1982; Hockings 1995; Banks/Murphy 1997. – Scharfe 1968; ders.: Augen-Wissen. In: G. Hezel. Bilder und Lithographien 1958-1999. (Waiblingen) 1999, 21-32; vgl. Gerndt: Mit Bildern denken. In: H.-P. Zimmermann (Hg.): Was in der Geschichte nicht aufgeht. Marburg 2002 [im Druck]. – Zur Karikatur: Hofmann 1956; Piltz 1976; Langemeyer u.a. 1984; F. Avenarius: Das Bild als Narr. Die Karikatur in der Völkerverständigung. München 1918; U. E. Koch, M. Brehmer (Hg.): Grobe Wahrheiten – wahre Grobheiten. München 1996. – Karikatur in der Volkskunde: vgl. Röhrich 1991; L. Röhrich: Der Witz. Stuttgart 1977; L. Schmidt: Volksbrauch in der Karikatur. Wien 1977; aber auch: C. Lipp: Die Frau in der Karikatur und im Witz der 48er Revolution. In: Fabula 32 (1991), 132-164 sowie C. Lenk: Wenzel und Michel. Die Lesbarkeit nationaler Stereotypen am Beispiel deutscher und tschechischer Karikaturen. In: Gleiche Bilder, gleiche Worte. München 1997, 14-21. – Zur Typologie der Karikatur vgl. Plum 1998, 201. – Gernhardt 1988, 360. – Psychologischer Aspekt: E. H. Gombrich: Das Arsenal der Karikaturisten. In: Gombrich 1978, 223-248. – Vgl. allgemein G. Böhme 1999; Belting 2001.

Möglichkeitsspiele: Gernhardt 1988, 360. – Pörksen 1997. – S. Heinisch: Die Karikatur. Über das Irrationale im Zeitalter der Vernunft. Wien u.a. 1988. – Hineinsehen: E. H. Gombrich: Vom Bilderlesen. In: Gombrich 1978, 263-277, hier 276. – Huizinga 1956; Koestler 1966, vgl. bes. 17-42. – Polyfokal: W. Hofmann: Die Moderne im Rückspiegel. München 1998, passim. – M. Scharfe: Das Mißverständnis als Phänomen und Problem der Kultur. In: Grieshofer/Schindler 1999, 461-493, hier 493. – Zu Einstein: Horgan 1997, 133. – „Mythologisierung" der Politik: E. H. Gombrich: Das Arsenal der Karikaturisten. In: Gombrich 1978, 243. – Kultur als Text: Bachmann-Medick 1996. – Zum Vorrang des Findens: Grassi/Schmale 1982, vgl. 120 f.

Das Wissen und das Schöne: Zur Wissensgesellschaft: A. Pongs: In welcher Gesellschaft leben wir eigentlich? 2 Bde. München 1999-2000, Bd. 1, 259-280 (H. Willke); Bd. 2, 149-170 (K. Knorr-Cetina). – E. Pöppel: Drei Welten des Wissens – Koordinaten einer Wissenswelt. In: Maar u.a. 2000, 22-39. – W. Brückner: Schön und gut. In: Brückner 2000-02, Bd. 1, 361-390. – Zur „Volkskunst": E. Schwedt: Volkskunst und Kunstgewerbe. Tübingen 1970; L. Kriss-Rettenbeck: Der Hund „Greif" und die Frage „Was ist Volkskunst?" In: Pantheon 33/2 (1975), 145-152; M. Scharfe: Die Volkskunst und ihre Metamorphose. In: ZsfVk 70 (1975), 215-245. – Zur „Ästhetisierung": Johler u.a. 1999; Johler u.a. 1995; K. Köstlin: Ethnographisches Wissen als Kulturtechnik. In: Köstlin/Nikitsch 1999, 9-30, bes. 26. – Begriffsverwendung: H. Bausinger: Ethnizität – Placebo mit Nebenwirkungen. In: ebenda, 31-41. – Writing Culture: Clifford/Marcus 1986. – „Ästhetisches Wissen": E. Pöppel in: Maar u.a. 2000, 28. – Pirsig 1978, 211. – Subjektive Gegenwärtigkeit: Pöppel, wie eben, 32 f. – Gadamer 1990-95, Bd. 8, 94-142.

Kulturwissenschaft zwischen Naturforschung und Kunst: Gerndt: Warum brauchen wir Kulturwissenschaft? In: ÖZV 104 (2001), bes. 420-422. – Dilthey 1959. – „Zwei Kulturen": Snow 1967; Kreuzer 1969. – Zur Qualität: Pirsig 1978, 254; vgl. auch R. M. Pirsig: Lila oder ein Versuch über Moral. Roman. Frankfurt/Main 1992.

Metamorphosen: E. Matzen Hirsch: Bilder und Objekte. Ausstellungskatalog. (München/Buenos Aires) 1998. – Vgl. z.B. zur Transformation der wissenschaftlichen Reflexion gesellschaftspolitischer Verhältnisse in Literatur: Uwe Pörksen: Schauinsland. Roman. Stuttgart 1991.

Kulturverständnis als Bildungsaufgabe

Vgl. Gerndt: Volkskunde. In: Schreiber 1999, 2. Teilbd., 875-892 (mit Fragenkatalog).

Schule als Lebenswelt: Kinderkultur: Köstlin u.a. 1987. – E. Roth: Volkskunde und Schule. In: Harvolk 1987, 515-547. – E. Spranger: Der Bildungswert der Heimatkunde. Berlin 1923.

Volkskultur und Alltagskultur: K.-S. Kramer: Volkskultur. In: Harmening/Wimmer 1990, 13-29; W. Brückner: Popular Culture. In: Brückner 2000-02, Bd. 1, 56-71; „Volkskultur" – Stellungnahmen zum Thema. In: Salzburger Volkskultur 18 (Nov. 1994), 5-15. – Zur Alltagskultur vgl. Bausinger 1991. – L. Febvre: Das Gewissen des Historikers. Berlin 1988, 199.

Volkskundliche Wege und Ziele: Methoden: Jeggle 1984; Gerndt 1997, 40-57; Göttsch/Lehmann 2001; Gerndt: Komparatistik. In: EM 8 (1996), 105-111. – Kramer 1967; Kramer 1987. – Kulturräume: Wiegelmann 1995, 123-176; Gemeindestudien: Wiegelmann 1979. – Distinktionsbedarf: Bourdieu 1984. – Zum Modell: Gerndt: Kulturvermittlung. In: ZsfVk 86 (1990), 1-13, hier 6. – Lebensgeschichtliches Erzählen: Lehmann 1983.

Alltagsthemen in der Schule: H. Schuhladen: Heimat als kultureller Erfahrungsraum. In: Schönere Heimat 79 (1990), 15-18; Weigand 1997. – Zu Andersheit und Fremdheit: Weinrich 1985, 195-220; Greverus u.a. 1987; Roth 1996. – Zum Selbstverständnis: Köstlin/Bausinger 1980; Bönisch-Brednich u.a. 1991; H. Bausinger: Kulturelle Identität. Bonn 1992. – Zur Denkmalpflege: Gerndt 1986, 207-210. – H. Bausinger: Märchen, Phantasie und Wirklichkeit. Frankfurt/Main 1987. – Zeichenhaftigkeit: Brednich/Schmitt 1997. – K. Köstlin, H. Bausinger (Hg.): Umgang mit Sachen. Regensburg 1983.

Vgl. zum Thema generell: Bayerischer Landtag (Hg.): Matinee im Bayerischen Landtag. München. Bd. 2 (1993) [Thema: Kultur. Multikultur. Konsumkultur.], darin bes. H. Friedrich: Die Akademie im Kulturmißverständnis des Zeitgeistes, 10-29.

Wissenschaft im Globalisierungsprozeß

Der industrialisierte Mensch: Dauskardt/Gerndt 1993, bes. Gerndt: Einleitung, 11-15. – Bausinger 1961; Braun 1965. – Elias 1969. – Anders 1956/80. – Beck 1991. – Meyer-Abich 1990.

„Innovationen“: Gerndt: Innovative Wahrnehmung im Tourismus. In: Köck 2001, 11-20. – Blumenberg 1977; R. Löw: Evolution und die Entstehung des Neuen. In: Universitas 44 (1989), 1160-1167. – Schlüsselbegriff Innovation: Brockhaus Enzyklopädie, 19. Aufl., Bd. 10 (1989), 522-524. – D. Kramer: Innovationen im Kulturprozeß. In: Kramer 1997, 65-74, hier 66. – A. Lehmann: Bewußtseinsforschung. In: Göttsch/Lehmann 2001, 233-249. – R. Guardini: Kultur als Werk der Gefährdung. Teilnachdruck in: zur debatte 22 (München 1992), Nr. 1/2, 10-11, hier 11.

Perspektiven der Wissenschaft: J. und K. Roth: Interkulturelle Kommunikation. In: Brednich 2001, 391-422. – Zum Informationsberg: Weinrich 1985, 33-41. – Zum Diskurstempo: G. Raithel in: aviso 2000/3. – Interview mit H.-G. Gadamer: SZ 24.11.1999. – Zur Grenze: A. Hartmann: Was ist eine Grenze? In: RhwestfZsfVk 45 (2000), 9-19; Jeggle 1991; Jeggle/Raphael 1997. – Kohr 1995. – Vgl. zahlreiche Aspekte zur Wissenschaftskritik: Beck 1991.

Kultur und Kulturwissenschaft im Zeitalter der Globalisierung: „Keine Kulturen im Plural“: z.B. R. Lindner: Der zweite Abschied vom Volksleben. In: Volkskultur und Moderne. Festschrift für Konrad Köstlin. Wien 2000, 149-155, hier 155. – Giddens 1995, bes. 92 f.; Beck 1997; Borchardt 2001; U. Hannerz: „Kultur“ in einer vernetzten Welt. In: Kaschuba 1995, 64-84. – A. Todtenhaupt: Die Cyberspace-Kultur. In: HessBllVK 32 (1997), 105-122.– K. Roth: Erzählen zwischen den Kulturen. In: SAV 97 (2001), 145-156; K. Roth: Zur Sache! Materielle Kultur und interkulturelle Kommunikation. In: Trying to Understand Culture. Tallinn 1998, 35-53. – H. Bausinger: Heimat und Globalisierung. In: ÖZV 104 (2001), 121-135; Götz 2001. – M. Augé: Orte und Nicht-

Orte. Frankfurt/Main 1994. – W. Kaschuba: Kulturalismus. In: ZsfVk 91 (1995), 27-46. – G. Welz: Moving Targets. Feldforschung unter Mobilitätsdruck. In: ZsfVk 94 (1998), 177-194. – Wege nach Europa. Ansätze und Problemfelder in den Museen. Berlin 1995. – Grassi/Schmale 1982. – S. Nadolny: Entdeckung der Langsamkeit. Wahrnehmen und Entscheiden in turbulenten Zeiten. In: D. Schuppert u.a. (Hg.): Langsamkeit entdecken, Turbulenzen meistern. Wiesbaden 1992, 41-64, hier 42.

Zum Ausblick: R. Spaemann, R. Löw: Die Frage Wozu? Geschichte und Wiederentdeckung des teleologischen Denkens. Erweiterte Neuausgabe. München u.a. ^{3}1991; J. Hormann, W. Harman: Future Work. Trends für das Leben von morgen. Stuttgart u.a. 1990; D. H. Meadows, D. L. Meadows, J. Randers: Die neuen Grenzen des Wachstums. Die Lage der Menschheit: Bedrohung und Zukunftschancen. Stuttgart 1992; Die Gruppe von Lissabon: Grenzen des Wettbewerbs. Die Globalisierung der Wirtschaft und die Zukunft der Menschheit. Darmstadt 1998; G. Soros: Die offene Gesellschaft. Für eine Reform des globalen Kapitalismus. Berlin 2001; K.-M. Dietz, B. Messmer (Hg.): Grenzen erweitern – Wirklichkeit erfahren. Perspektiven anthroposophischer Forschung. Stuttgart 1998; J. Krishnamurti: Erziehung zur Kunst des Lebens. J. Krishnamurtis Briefe an seine Schulen. Gerlingen ^{2}1996.

Biographische Notiz

Helge Gerndt: geboren 1939 in Dresden, 1960 bis 1966 Studium der Volkskunde, Germanistik, Geographie (ferner u.a. Philosophie, Theaterwissenschaft, Vor- und Frühgeschichte) in Kiel und Wien, 1966 bis 1978 Assistent und Dozent (Habilitation 1973) für Volkskunde in München, 1975 Vertretung einer Professur für Neuere deutsche Literaturwissenschaft an der Universität Regensburg, 1979 dort erster Inhaber der Professur für Volkskunde, seit 1980 auf dem Lehrstuhl für deutsche und vergleichende Volkskunde der Universität München. – Von 1977 bis 1985 Vorstandsmitglied und 1987 bis 1991 Erster Vorsitzender der Deutschen Gesellschaft für Volkskunde; von 1983 bis 1987 Fachgutachter der Deutschen Forschungsgemeinschaft. – Seit 1994 Mitglied des Leitungsgremiums der Enzyklopädie des Märchens der Akademie der Wissenschaften zu Göttingen, seit 1995 Mitglied der Folklore Fellows der Finnischen Akademie der Wissenschaften und Literatur in Helsinki. – 1995-97 Dekan der Philosophischen Fakultät für Altertumskunde und Kulturwissenschaften, 1997 Gründungsmitglied des Humanwissenschaftlichen Zentrums und 2000-02 Senator der Ludwig-Maximilians-Universität München.

Literaturverzeichnis

Adorno, Theodor W., Hans Albert, Ralf Dahrendorf, Jürgen Habermas, Harald Pilot, Karl R. Popper: Der Positivismusstreit in der deutschen Soziologie. Neuwied u.a. 1969
Althaus, Hans-Joachim, Hildegard Cancik-Lindemaier, Kathrin Hoffman-Curtius, Ulrich Rebstock (Hg.): Der Krieg in den Köpfen. Tübingen 1988
Anders, Günther: Die Antiquiertheit des Menschen. 2 Bde. München 1956/80
Andritzky, Michael, Peter Becker, Gerd Selle (Hg.): Labyrinth Stadt. Köln 1975
Assmann, Aleida: Erinnerungsräume. Formen und Wandlungen des kulturellen Gedächtnisses. München 1999

Bach, Adolf: Deutsche Volkskunde. Wege und Organisation, Probleme, System, Methoden, Ergebnisse und Aufgaben, Schrifttum. Heidelberg [3]1960
Bachmann-Medick, Doris (Hg.): Kultur als Text. Die anthropologische Wende in der Literaturwissenschaft. Frankfurt/Main 1996
Bahrdt, Hans Paul: Die moderne Großstadt. Hamburg [2]1969
Bahrdt, Hans Paul: Schlüsselbegriffe der Soziologie. Eine Einführung mit Lehrbeispielen. München 1984
Banks, Marcus, Howard Murphy (Hg.): Rethinking Visual Anthropology. New Haven, London 1997
Barthes, Roland: Mythen des Alltags. Frankfurt/Main 1964 (zuerst 1957)
Bätzing, Werner: Die Alpen. Naturbearbeitung und Umweltzerstörung. Eine ökologisch-geographische Untersuchung. München 1984
Bausinger, Hermann: Volkskultur in der technischen Welt. Stuttgart 1961 (Frankfurt/Main [2]1986)
Bausinger, Hermann: Der blinde Hund. Anmerkungen zur Alltagskultur. Tübingen 1991
Bausinger, Hermann, Utz Jeggle, Gottfried Korff, Martin Scharfe: Grundzüge der Volkskunde. Darmstadt [3]1993 (zuerst 1978)
Bausinger, Hermann: Volkskunde. Von der Altertumsforschung zur Kulturanalyse. Erweiterte Auflage. Tübingen 1999 (zuerst 1971)
Beck, Ulrich: Politik in der Risikogesellschaft. Essays und Analysen. Frankfurt/Main 1991
Beck, Ulrich: Was ist Globalisierung? Irrtümer des Globalismus – Antworten auf Globalisierung. Frankfurt/Main [3]1997
Becker, Siegfried, Andreas C. Bimmer, Karl Braun, Jutta Buchner-Fuhs, Sabine Gieske, Christel Köhle-Hezinger (Hg.): Volkskundliche Tableaus. Festschrift für Martin Scharfe. Münster u.a. 2001
Beitl, Klaus (Hg.): Volkskunde. Fakten und Analysen. Festgabe für Leopold Schmidt. Wien 1972
Belting, Hans: Bild-Anthropologie. Entwürfe für eine Bildwissenschaft. München 2001

Benedict, Ruth: Patterns of Culture. London 1961
Benjamin, Walter: Zur Kritik der Gewalt und andere Aufsätze. Mit einem Nachwort von Herbert Marcuse. Frankfurt/Main 1965
Berger, Peter, Thomas Luckmann: Die gesellschaftliche Konstruktion der Wirklichkeit. Eine Theorie der Wissenssoziologie. Frankfurt/Main 1970
Bernsdorf, Wilhelm (Hg.): Wörterbuch der Soziologie. Stuttgart ²1969
Blumenberg, Hans: Die Legitimität der Neuzeit. Frankfurt/Main ²1977
Blumenberg, Hans: Arbeit am Mythos. Frankfurt/Main ³1984
Böhme, Gernot: Natürlich Natur. Über Natur im Zeitalter ihrer technischen Reproduzierbarkeit. Frankfurt/M 1992
Böhme, Gernot: Theorie des Bildes. München 1999
Böhme, Hartmut, Peter Matussek, Lothar Müller: Orientierung Kulturwissenschaft. Was sie kann, was sie will. Reinbek 2000
Bönisch-Brednich, Brigitte, Rolf Wilhelm Brednich, Helge Gerndt (Hg.): Erinnern und Vergessen. Göttingen 1991
Borchardt, Knut: Globalisierung in historischer Perspektive. München 2001
Botz, Gerhard, Christian Fleck, Albert Müller, Manfred Thaller (Hg.): „Qualität und Quantität". Zur Praxis der Methoden der Historischen Sozialwissenschaft. Frankfurt/Main u.a. 1988
Bourdieu, Pierre: Die feinen Unterschiede. Kritik der gesellschaftlichen Urteilskraft. Frankfurt/Main 1984
Bourdieu, Pierre: Homo academicus. Frankfurt/Main 1988
Braun, Rudolf: Sozialer und kultureller Wandel in einem ländlichen Industriegebiet (Zürcher Oberland) unter Einwirkung des Maschinen- und Fabrikwesens im 19. und 20. Jahrhundert. Erlenbach-Zürich u.a. 1965
Brednich, Rolf W. (Hg.): Grundriß der Volkskunde. Einführung in die Forschungsfelder der Europäischen Ethnologie. Berlin 1988 (3, erweiterte Aufl. 2001)
Brednich, Rolf W.: Sagenhafte Geschichten von heute. München 1994
Brednich, Rolf W., Walter Hartinger (Hg.): Gewalt in der Kultur. 2 Teilbände. Passau 1994
Brednich, Rolf W., Heinz Schmitt (Hg.): Symbole. Zur Bedeutung der Zeichen in der Kultur. Münster u.a. 1997
Brednich, Rolf W., Annette Schneider, Ute Werner (Hg.): Natur – Kultur. Volkskundliche Perspektiven auf Mensch und Umwelt. Münster u.a. 2001
Bringéus, Nils-Arvid: Volkstümliche Bilderkunde. München 1982
Bringéus, Nils-Arvid: Der Mensch als Kulturwesen. Würzburg 1990
Brückner, Wolfgang (Hg.): Falkensteiner Protokolle. Frankfurt/Main 1971
Brückner, Wolfgang, Klaus Beitl (Hg.): Volkskunde als akademische Disziplin. Studien zur Institutionenausbildung. Wien 1983
Brückner, Wolfgang: Volkskunde als historische Kulturwissenschaft. Gesammelte Schriften. 12 Bde. Würzburg 2000-02
Brüggemeier, Franz-Josef, Michael Toyka-Seid (Hg.): Industrie-Natur. Ein Lesebuch zur Geschichte der Umwelt im 19. Jahrhundert. Frankfurt/Main 1995
Burckhardt-Seebass, Christine (Hg.): Zwischen den Stühlen fest im Sattel? Eine Diskussion um Zentrum, Perspektiven und Verbindungen des Faches Volkskunde. Göttingen 1997

Cassirer, Ernst: Zur Logik der Kulturwissenschaften. Fünf Studien. Darmstadt [5]1989

Clifford, James, George E. Marcus (Hg.): Writing Culture. The Poetics of Ethnography. Berkeley, Los Angeles 1986

Dauskardt, Michael, Helge Gerndt (Hg.): Der industrialisierte Mensch. Hagen 1993

Dégh, Linda: Legend and Belief. Dialectics of a Folklore Genre. Bloomington 2001

Dilthey, Wilhelm: Einleitung in die Geisteswissenschaften: Versuch einer Grundlegung für das Studium der Gesellschaft und der Geschichte. In: ders.: Gesammelte Schriften. Bd. 1. Stuttgart u.a. 1959

Drascek, Daniel, Irene Götz, Tomislav Helebrant, Christoph Köck, Burkhart Lauterbach (Hg.): Erzählen über Orte und Zeiten. Festschrift für Helge Gerndt und Klaus Roth. Münster u.a. 1999

Dülmen, Richard van (Hg.): Die Erfindung des Menschen. Schöpfungsträume und Körperbilder 1500-2000. Wien 1998

Durkheim, Émile: Die Regeln der soziologischen Methode. Hg. und eingeleitet von René König. Neuwied [2]1970

Elias, Norbert: Über den Prozeß der Zivilisation. Soziogenetische und psychogenetische Untersuchungen. Bern 1969

Elias, Norbert: Was ist Soziologie? Weinheim 1970

Emmerich, Wolfgang: Zur Kritik der Volkstumsideologie. Frankfurt/Main 1971

Enzensberger, Hans Magnus: Mittelmaß und Wahn. Gesammelte Zerstreuungen. Frankfurt/Main 1988

Faber, Richard, Esther Gajek (Hg.): Politische Weihnacht in Antike und Moderne. Zur ideologischen Durchdringung des Fests der Feste. Würzburg 1997

Fél, Edit, Tamás Hofer: Bäuerliche Denkweise in Wirtschaft und Haushalt. Eine ethnographische Untersuchung über das ungarische Dorf Átány. Göttingen 1972

Fischer, Hans: Völkerkunde im Nationalsozialismus. Aspekte der Anpassung, Affinität und Behauptung einer wissenschaftlichen Disziplin. Berlin u.a. 1990

Foucault, Michel: Die Ordnung der Dinge. Eine Archäologie der Humanwissenschaften. Frankfurt/Main [3]1980

Freudenthal, Herbert: Die Wissenschaftstheorie der deutschen Volkskunde. Hannover 1955

Fröhlich, Siegfried (Hg.): Kultur. Ein interdisziplinäres Kolloquium zur Begrifflichkeit. Halle (Saale) 2000

Frühwald, Wolfgang, Hans Robert Jauß, Reinhard Koselleck, Jürgen Mittelstraß, Burkhart Steinwachs: Geisteswissenschaften heute. Frankfurt/Main 1991

Gadamer, Hans-Georg: Gesammelte Werke. 10 Bde. Tübingen 1990-95

Geertz, Clifford: Dichte Beschreibung. Beiträge zum Verstehen kultureller Systeme. Frankfurt/Main 1983

Gehlen, Arnold: Urmensch und Spätkultur. Philosophische Ergebnisse und Aussagen. Wiesbaden 1986

Gerndt, Helge: Kultur als Forschungsfeld. Über volkskundliches Denken und Arbeiten. München [2]1986 (zuerst 1981)

Gerndt, Helge (Hg.): Volkskunde und Nationalsozialismus. Referate und Diskussionen einer Tagung. München 1987

Gerndt, Helge (Hg.): Fach und Begriff „Volkskunde“ in der Diskussion. Darmstadt 1988

Gerndt, Helge (Hg.): Stereotypvorstellungen im Alltagsleben. Beiträge zum Themenkreis Selbstbilder – Fremdbilder – Identität. Festschrift für Georg R. Schroubek. München 1988 [a]

Gerndt, Helge: Studienskript Volkskunde. Eine Handreichung für Studierende. München [3]1997 (zuerst 1990)

Gernhardt, Robert: Was gibt's denn da zu lachen? Kritik der Komiker, Kritik der Kritiker, Kritik der Komik. Zürich 1988

Giddens, Anthony: Konsequenzen der Moderne. Frankfurt/Main [2]1995

Glaser, Renate, Matthias Luserke (Hg.): Literaturwissenschaft – Kulturwissenschaft. Positionen, Themen, Perspektiven. Opladen 1996

Gloy, Karen: Das Verständnis der Natur. 2 Bde. München 1995-96

Gombrich, Ernst H.: Meditationen über ein Steckenpferd. Von den Wurzeln und Grenzen der Kunst. Frankfurt/Main 1978

Goertz, Hans-Jürgen (Hg.): Geschichte. Ein Grundkurs. Reinbek 1998

Göttsch, Silke, Albrecht Lehmann (Hg.): Methoden der Volkskunde. Positionen, Quellen, Arbeitsweisen der Europäischen Ethnologie. Berlin 2001

Götz, Irene (Hg.): Bilder vom Eigenen und Fremden. Biographische Interviews zu deutschen Identitäten. Münster u.a. 2001

Grassi, Ernesto, Hugo Schmale (Hg.): Das Gespräch als Ereignis. Ein semiotisches Problem. München 1982

Greverus, Ina-Maria: Der territoriale Mensch. Ein literaturanthropologischer Versuch zum Heimatphänomen. Frankfurt/Main 1972

Greverus, Ina-Maria: Kultur und Alltagswelt. Eine Einführung in Fragen der Kulturanthropologie. München 1978

Greverus, Ina-Maria, Konrad Köstlin, Heinz Schilling (Hg.): Kulturkontakt – Kulturkonflikt. Zur Erfahrung des Fremden. 2 Teilbde. Frankfurt/Main 1987

Grieshofer, Franz, Margot Schindler (Hg.): Netzwerk Volkskunde. Ideen und Wege. Festgabe für Klaus Beitl. Wien 1999

Großklaus, Götz, Ernst Oldemeyer (Hg.): Natur als Gegenwelt. Beiträge zur Kulturgeschichte der Natur. Karlsruhe 1983

Gyr, Ueli: Lektion fürs Leben. Welschlandaufenthalte als traditionelle Bildungs-, Erziehungs- und Übergangsmuster. Zürich 1989

Haitzinger, Horst: Globetrottel. Karikaturen zur Umwelt. München 1989

Halbwachs, Maurice: Das kollektive Gedächtnis. Frankfurt/Main 1991

Hamberger, Sylvia, Peter M. Bode, Ossi Baumeister, Wolfgang Zängl (Hg.): Sein oder Nichtsein. Die industrielle Zerstörung der Natur. München 1990

Hamberger, Sylvia, Oswald Baumeister, Rudi Erlacher, Wolfgang Zängl (Hg.): Schöne neue Alpen. Eine Ortsbesichtigung. München 1998

Hansen, Klaus P.: Kultur und Kulturwissenschaft. Eine Einführung. Tübingen, Basel 1995 (2., vollständig überarbeitete und erweiterte Aufl. 2000)

Harmening, Dieter, Erich Wimmer (Hg.): Volkskultur – Geschichte – Region. Festschrift für Wolfgang Brückner. Würzburg 1990

Harms, Wolfgang: Homo viator in bivio. Studien zur Bildlichkeit des Weges. München 1970

Harvolk, Edgar (Hg.): Wege der Volkskunde in Bayern. Ein Handbuch. München u.a. 1987

Harvolk, Edgar: Eichenzweig und Hakenkreuz. Die Deutsche Akademie in München (1924-1962) und ihre volkskundliche Sektion. München 1990

Haseloff, Otto W. (Hg.): Die Stadt als Lebensform. Berlin 1970

Hefner, Philip: Natur – Weltbild – Religion. Drei Vorträge. München 1995
Heiland, Stefan: Naturverständnis. Dimensionen des menschlichen Naturbezugs. Darmstadt 1992
Heiß, Gernot, Siegfried Mattl, Sebastian Meissl, Edith Saurer, Karl Stuhlpfarrer (Hg.): Willfährige Wissenschaft. Die Universität Wien 1938-1945. Wien 1989
Hengartner, Thomas: Forschungsfeld Stadt. Zur Geschichte der volkskundlichen Erforschung städtischer Lebensformen. Berlin 1999
Hermann, Armin, Rolf Schumacher (Hg.): Das Ende des Atomzeitalters? Eine sachlich-kritische Dokumentation. München 1987
Höber, Andrea, Karl Ganser (Hg.): IndustrieKultur. Mythos und Moderne im Ruhrgebiet. Essen 1999
Hockings, Paul (Hg.): Principles of Visual Anthropology. Berlin, New York [2]1995
Hofmann, Werner: Die Karikatur von Leonardo bis Picasso. Wien 1956
Horgan, John: An den Grenzen des Wissens. Siegeszug und Dilemma der Naturwissenschaften. München 1997
Hugger, Paul (Hg.): Handbuch der schweizerischen Volkskultur. 3 Bde. Basel 1992
Huizinga, Johan: Homo Ludens. Vom Ursprung der Kultur im Spiel. Hamburg 1956
Huizinga, Johan: Herbst des Mittelalters. Studien über Lebens- und Geistesformen des 14. und 15. Jahrhunderts in Frankreich und den Niederlanden. Hg. von Kurt Köster. Stuttgart 1965.

Isermann, Gerhard: Revitalisierung der Mythen? Gegen den Mißbrauch alter Geschichten für neue Interessen. Hannover 1990
Isler, Gotthilf: Die Sennenpuppe. Eine Untersuchung über die religiöse Funktion einiger Alpensagen. Basel 1971

Jacobeit, Wolfgang, Hannjost Lixfeld, Olaf Bockhorn, James R. Dow (Hg.): Völkische Wissenschaft. Gestalten und Tendenzen der deutschen und österreichischen Volkskunde in der ersten Hälfte des 20. Jahrhunderts. Wien u.a. 1994
Janich, Peter, Chr. Rückhardt (Hg.): Natürlich, technisch, chemisch. Verhältnisse zur Natur am Beispiel der Chemie. Berlin 1996
Jeggle, Utz (Hg.): Feldforschung. Qualitative Methoden in der Kulturanalyse. Tübingen 1984
Jeggle, Utz, Gottfried Korff, Martin Scharfe, Bernd Jürgen Warneken (Hg.): Volkskultur in der Moderne. Probleme und Perspektiven empirischer Kulturwissenschaft. Festschrift für Hermann Bausinger. Reinbek 1986
Jeggle, Utz, Wolfgang Kaschuba, Gottfried Korff, Martin Scharfe, Bernd Jürgen Warneken (Hg.): Tübinger Beiträge zur Volkskunde. Festschrift für Hermann Bausinger. Tübingen 1986 [a]
Jeggle, Utz (Hg.): Zur Grenze. Ethnographische Skizzen. Tübingen 1991
Jeggle, Utz, Freddy Raphael (Hg.): D'une rive à l'autre / Kleiner Grenzverkehr. Deutsch-französische Kulturanalysen. Paris 1997
Joerißen, Peter, Cornelia Will (Hg.): Die Lebenstreppe. Bilder der menschlichen Lebensalter. Köln 1983
Johler, Reinhard, Herbert Nikitsch, Bernhard Tschofen (Hg.): Schönes Österreich. Heimatschutz zwischen Ästhetik und Ideologie. Wien 1995
Johler, Reinhard, Herbert Nikitsch, Bernhard Tschofen (Hg.): Ethnische Symbole und ästhetische Praxis in Europa. Festschrift für Tamás Hofer. Wien 1999

Kaschuba, Wolfgang (Hg.): Kulturen – Identitäten – Diskurse. Perspektiven Europäischer Ethnologie. Berlin 1995

Kaschuba, Wolfgang: Einführung in die Europäische Ethnologie. München 1999

Kerényi, Karl (Hg.): Die Eröffnung des Zugangs zum Mythos. Ein Lesebuch. Darmstadt [5]1996

Kiefer, Klaus: Die Diffusion von Neuerungen. Kultursoziologische und kommunikationswissenschaftliche Aspekte der agrarsoziologischen Diffusionsforschung. Tübingen 1967

Köck, Christoph (Hg.): Reisebilder. Produktion und Reproduktion touristischer Wahrnehmung. Münster u.a. 2001

Koestler, Arthur: Der göttliche Funke. Der schöpferische Akt in Kunst und Wissenschaft. Bern u.a. 1966

Kohlmann, Theodor, Hermann Bausinger (Hg.): Großstadt. Aspekte empirischer Kulturforschung. Berlin 1985

Kohr, Leopold: „Small is beautiful“. Ausgewählte Schriften aus dem Gesamtwerk. Wien 1995

König, René: Soziologie in Deutschland. München 1987

Koselleck, Reinhard: Vergangene Zukunft. Zur Semantik geschichtlicher Zeiten. Frankfurt/Main [2]1992

Köstlin, Konrad, Hermann Bausinger (Hg.): Heimat und Identität. Probleme regionaler Kultur. Neumünster 1980

Köstlin, Konrad, Rosemarie Pohl-Weber, Rainer Alsheimer (Hg.): Kinderkultur. Bremen 1987

Köstlin, Konrad, Herbert Nikitsch (Hg.): Ethnographisches Wissen. Zu einer Kulturtechnik der Moderne. Wien 1999

Kramer, Dieter: Von der Notwendigkeit der Kulturwissenschaft. Aufsätze zu Volkskunde und Kulturtheorie. Marburg 1997

Kramer, Karl-S.: Volksleben im Hochstift Bamberg und im Fürstentum Coburg. Eine Volkskunde auf Grund archivalischer Quellen. Würzburg 1967

Kramer, Karl-S.: Grundriß einer rechtlichen Volkskunde. Göttingen 1974

Kramer, Karl-S.: Volksleben in Holstein (1550-1800). Eine Volkskunde aufgrund archivalischer Quellen. Kiel 1987

Kretzenbacher, Leopold: Bilder und Legenden. Erwandertes und erlebtes Bilder-Denken und Bild-Erzählen zwischen Byzanz und dem Abendlande. Klagenfurt 1971

Kreuzer, Helmut (Hg.): Literarische und naturwissenschaftliche Intelligenz. Dialog über die „zwei Kulturen“. Stuttgart 1969

Kriss-Rettenbeck, Lenz: Ex Voto. Zeichen, Bild und Abbild im christlichen Votivbrauchtum. Zürich u.a. 1972

Kriss-Rettenbeck, Lenz, Gerda Möhler (Hg.): Wallfahrt kennt keine Grenzen. München u.a. 1984

Krusche, Dietrich: Reisen. Verabredung mit der Fremde. Weinheim u.a. 1989

Kuhn, Thomas S.: Die Entstehung des Neuen. Studien zur Struktur der Wissenschaftsgeschichte. Frankfurt/Main 1977

Langemeyer, Gerhard, Gerd Unverfehrt, Herwig Guratzsch, Christoph Stölzl (Hg.): Mittel und Motive der Karikatur in fünf Jahrhunderten. Bild als Waffe. München 1984

Lauterbach, Burkhart: Angestelltenkultur. „Beamten“-Vereine in deutschen Industrieunternehmen vor 1933. Münster u.a. 1998

Leed, Eric J.: Die Erfahrung der Ferne. Reisen von Gilgamesch bis zum Tourismus unserer Tage. Frankfurt/Main u.a. 1993

Lehmann, Albrecht: Erzählstruktur und Lebenslauf. Autobiographische Untersuchungen. Frankfurt/Main 1983

Lehmann, Albrecht: Im Fremden ungewollt zuhaus. Flüchtlinge und Vertriebene in Westdeutschland 1945-1990. München 1991

Lehmann: Albrecht: Von Menschen und Bäumen. Die Deutschen und ihr Wald. Reinbek 1999

Lenz-Romeiß, Felizitas: Die Stadt – Heimat oder Durchgangsstation. München 1970

Liebau, Eckart: Die Kultivierung des Alltags. Das pädagogische Interesse an Bildung, Kunst und Kultur. Weinheim, München 1992

Lindner, Rolf: Die Entdeckung der Stadtkultur. Soziologie aus der Erfahrung der Reportage. Frankfurt/Main 1990

Lipp, Carola (Hg.): Medien popularer Kultur. Erzählung, Bild und Objekt in der volkskundlichen Forschung. Festschrift für Rolf Wilhelm Brednich. Frankfurt/Main u.a. 1995.

Lixfeld, Hannjost: Folklore and Fascism. The Reich Institute for German Volkskunde. Bloomington u.a. 1994

Lundgreen, Peter (Hg.): Wissenschaft im Dritten Reich. Frankfurt/Main 1985

Lutz, Gerhard (Hg.): Volkskunde. Ein Handbuch zur Geschichte ihrer Probleme. Berlin 1958

Lynch, Kevin: Das Bild der Stadt. Berlin u.a. 1965

Maar, Christa, Hans Ulrich Obrist, Ernst Pöppel (Hg.): Weltwissen – Wissenswelt. Köln 2000

Maletzke, Gerhard: Psychologie der Massenkommunikation. Hamburg 1963

Marquard, Odo: Apologie des Zufälligen. Stuttgart 1986

Matter, Max: Wertsystem und Innovationsverhalten. Studien zur Evaluation innovationstheoretischer Ansätze, durchgeführt im Lötschental/Schweiz. München 1978

Meyer-Abich, Klaus Michael: Aufstand für die Natur. München 1990

Michel, Paul (Hg.): Symbolik von Weg und Reise. Bern u.a. 1992

Mohrmann, Ruth-Elisabeth (Hg.): Argument Natur - Was ist natürlich? Münster 1999

Moosmüller, Alois: Kulturen in Interaktion. Deutsche und US-amerikanische Firmenentsandte in Japan. Münster u.a. 1997

Niederer, Arnold: Alpine Alltagskultur zwischen Beharrung und Wandel. Ausgewählte Arbeiten aus den Jahren 1956 bis 1991. Hg. von Klaus Anderegg und Werner Bätzing. Bern 1993

Niethammer, Lutz (Hg.): Lebenserfahrung und kollektives Gedächtnis. Die Praxis der „Oral History". Frankfurt/Main 1980

Pauli, Ludwig: Die Alpen in Frühzeit und Mittelalter. Die archäologische Entdeckung einer Kulturlandschaft. München 1981

Peßler, Wilhelm (Hg.): Handbuch der Deutschen Volkskunde. 3 Bde. Potsdam 1935-38

Petzoldt, Leander: Einführung in die Sagenforschung. Konstanz 1999

Piltz, Georg: Geschichte der europäischen Karikatur. Berlin 1976

Pirsig, Robert M.: Zen und die Kunst ein Motorrad zu warten. Ein Versuch über Werte. Frankfurt/Main 1978

Plum, Angelika: Die Karikatur im Spannungsfeld von Kunstgeschichte und Politikwissenschaft. Eine ikonologische Untersuchung zu Feindbildern in Karikaturen. Diss. Aachen 1998

Popper, Karl R.: Alles Leben ist Problemlösen. Über Erkenntnis, Geschichte und Politik. München 1994
Pörksen, Uwe: Weltmarkt der Bilder. Eine Philosophie der Visiotype. Stuttgart 1997

Ranke, Friedrich: Volkssagenforschung. Vorträge und Aufsätze. Breslau 1935
Reimann, Horst: Kommunikations-Systeme. Tübingen 1968
Röhrich, Lutz (Hg.): Probleme der Sagenforschung. Freiburg/Br. 1973
Röhrich, Lutz: Märchen und Wirklichkeit. Wiesbaden [3]1974 (zuerst 1956)
Röhrich, Lutz: Lexikon der sprichwörtlichen Redensarten. 5 Bde. Freiburg u.a. [5]2001
Roth, Klaus (Hg.): Mit der Differenz leben. Europäische Ethnologie und Interkulturelle Kommunikation. Münster u.a. 1996

Scharfe, Martin: Evangelische Andachtsbilder. Studien zu Intention und Funktion des Bildes in der Frömmigkeitsgeschichte vornehmlich des schwäbischen Raumes. Stuttgart 1968
Scharfe, Martin: Menschenwerk. Erkundungen über Kultur. Wien 2002
Schreiber, Waltraud (Hg.): Erste Begegnungen mit Geschichte. Grundlagen historischen Lernens. 2 Teilbde. Neuried 1999
Seitz, Gabriele: Wo Europa den Himmel berührt. Die Entdeckung der Alpen. München u.a. 1987
Sills, David L., C. P. Wolf, Vivien B. Shelanski (Hg.): Accident at the Three Mile Island. The Human Dimension. Boulder/Colorado 1982
Snow, Charles Percy: Die zwei Kulturen. Literarische und naturwissenschaftliche Intelligenz. Stuttgart 1967
Sombart, Wilhelm: Vom Menschen. Versuch einer geisteswissenschaftlichen Anthropologie. Berlin 1938
Spamer, Adolf (Hg.): Die Deutsche Volkskunde. 2 Bde. Leipzig 1934-35
Stagl, Justin: Geschichte der Neugier. Reisekunst 1550-1800. Wien 2002
Stanzel, Franz K. (Hg.): Europäischer Völkerspiegel. Imagologisch-ethnographische Studien zu den Völkertafeln des frühen 18. Jahrhunderts. Heidelberg 1999
Stremlow, Matthias: Die Alpen aus der Untersicht – von der Verheißung der nahen Fremde zur Sportarena. Kontinuität und Wandel von Alpenbildern seit 1700. Bern u.a. 1998

Tenbruck, Friedrich H.: Die kulturellen Grundlagen der Gesellschaft. Der Fall der Moderne. Opladen 1989
Tröger, Jörg (Hg.): Hochschule und Wissenschaft im Dritten Reich. Frankfurt/Main u.a. 1984
Tschofen, Bernhard: Berg – Kultur – Moderne. Volkskundliches aus den Alpen. Wien 1999

Vester, Frederic: Unsere Welt – ein vernetztes System. Eine internationale Wanderausstellung. Stuttgart 1978
Vester, Frederic: Neuland des Denkens. Vom technokratischen zum kybernetischen Zeitalter. München [5]1988

Warneken, Bernd Jürgen (Hg.): Umgang mit der Gefahr. Reaktionen auf Tschernobyl. Tübingen 1987 (=Tübinger Korrespondenzblatt. 32.)
Weber-Kellermann, Ingeborg, Andreas C. Bimmer: Einführung in die Volkskunde / Europäische Ethnologie. Eine Wissenschaftsgeschichte. Stuttgart [2]1985

Weigand, Katharina (Hg.): Heimat – Konstanten und Wandel im 19./20. Jahrhundert. Vorstellungen und Wirklichkeiten. München 1997
Weinrich, Harald: Wege der Sprachkultur. Stuttgart 1985
Weinrich, Harald: Lethe. Kunst und Kritik des Vergessens. München 1997
Weiss, Richard: Volkskunde der Schweiz. Grundriß. Erlenbach-Zürich 1946
Weiss, Richard: Häuser und Landschaften der Schweiz. Erlenbach-Zürich 1959
Weizsäcker, Ernst Ulrich von: Erdpolitik. Ökologische Realpolitik an der Schwelle zum Jahrhundert der Umwelt. Darmstadt [5]1997
Wiegelmann, Günter, Matthias Zender, Gerhard Heilfurth: Volkskunde. Eine Einführung. Berlin 1977
Wiegelmann, Günter (Hg.): Gemeinde im Wandel. Volkskundliche Gemeindestudien in Europa. Münster 1979
Wiegelmann, Günter: Theoretische Konzepte der Europäischen Ethnologie. Diskussionen um Regeln und Modelle. Münster 2., erweiterte Aufl. 1995 (zuerst 1990)
Wieland, Dieter, Peter M. Bode, Rüdiger Disko (Hg.): Grün kaputt. Landschaft und Gärten der Deutschen. München 1983

Zebhauser, Helmuth, Maike Trentin-Meyer (Hg.): Zwischen Idylle und Tummelplatz. Katalog für das Alpine Museum des Deutschen Alpenvereins in München. München (1996)

Bildnachweise

Einleitung

Abb. 1 „Der schmale und der breite Weg“. Aus: M. Scharfe: Zwei-Wege-Bilder. In: Blätter für württembergische Kirchengeschichte 90 (1990), Abb. 9, bei 137

Abb. 2a Lebensrad. Aus: Joerißen/Will 1983, 14

Abb. 2b Lebensrad. Aus: Joerißen/Will 1983, 50

Abb. 3 Menschliche Lebensalter. Dänische Bildkarte. O.O., o.J.

Abb. 4 Lebenstreppe. Karikatur von Saul Steinberg, 1954. Aus: Joerißen/Will 1983, 91

Abb. 5 Formen der Altersgliederung. Aus: Brockhaus Enzyklopädie, 19. Aufl., Bd. 1 (1986), 437

Abb. 6 Körper-Puzzle. Werbeschrift. Aus: Pörksen 1997, Abb. 56, 258

Erzählen und Wirklichkeit

Abb. 7 Sagenhafte Geschichten: Kategorienschema (unveröffentlicht)

Abb. 8 Sagen, Sagenforschung, Alltagsleben: Wirkungsmodell (unveröffentlicht)

Abb. 9 Buchumschlag zu: R. Sauter: Der Irrwitz des Jahres. München 1998 (Entwurf U. Göbel)

Die Alpen als Kulturraum

Abb. 10 Alpenlandschaften. Briefmarkencollage. Aus: Gerndt: Die Alpen als Kulturraum. In: Schönere Heimat 85 (1996), 173

Abb. 11 Speisen zum Frühstück. Umzeichnung einer Karte aus: Weiss 1946, Karte bei 152

Abb. 12a Sprachgebiete der Schweiz mit Brünig-Napf-Reuss-Linie. Grundkarte nach: Atlas der schweizerischen Volkskunde. Erlenbach-Zürich 1951

Abb. 12b Konfessionsgebiete der Schweiz mit Brünig-Napf-Reuss-Linie. Grundkarte nach: Atlas der schweizerischen Volkskunde. Erlenbach-Zürich 1951

Abb. 13 Wilhelm Tell. Aus: U. Windisch: Nationale Mythen im Alltag. In: Hugger 1992, Bd. 3, Abb. 5, 1348

Abb. 14 Ferdinand Hodler: Der Niesen, 1910. Kunstmuseum Basel. Aus: Gerndt: Die Alpen als Kulturraum. In: Schönere Heimat 85 (1996), 178

Der Schatten von Tschernobyl

Abb. 15 Hans-Georg Rauch. Aus: Die Zeit, 16.5.1986 (nach: Warneken 1987)

Abb. 16a Ernst Hürlimann. Aus: SZ, 10.5.1986

Abb. 16b Ernst Hürlimann. Aus: SZ, 17.5.1986

Abb. 17 Luis Murschetz. Aus: Die Zeit, 13.6.1986

Abb. 18 Anonym. Aus: die tageszeitung, 4.6.1986 (nach: Warneken 1987)
Abb. 19 Postkarte. Werbemittel von „David gegen Goliath“, München, 1986
Abb. 20 Jupp Wolter. Aus: Badische Zeitung, 15.5.1986 (nach: Warneken 1987)
Abb. 21 Luis Murschetz. Aus: Die Zeit, 30.5.1986
Abb. 22 Luis Murschetz. Aus: Die Zeit, 9.5.1986
Abb. 23 Pepsch Gottscheber. Aus: SZ, 8.12.1988
Abb. 24 Hans Sigg. Aus: Rheinischer Merkur, 3.10.1986
Abb. 25 Marie Marcks. Aus: SZ, 15.5.1986
Abb. 26 Marie Marcks. Aus: SZ, 5.6.1986
Abb. 27 „Tschernobyl“: Folgeerscheinungen. Aus: Gerndt 1997, 127
Abb. 28 „Tschernobyl“: Vernetzter Problemkomplex. Aus: Gerndt: Kulturvermittlung. In: ZsfVk 86 (1990), 11
Abb. 29 Horst Haitzinger, April 1987. Aus: Haitzinger 1989, 35 oben
Abb. 30 Ernst Maria Lang. Aus: SZ, 13.9.1986
Abb. 31 Lapschies. Aus: SZ am Wochenende, 21.6.1986

Ein Gipfel kultureller Gewalt

Abb. 32 Luis Murschetz. Aus: SZ, Juli 1992
Abb. 33 Ernst Hürlimann. Aus: SZ, Juli 1992
Abb. 34 Horst Haitzinger. Aus: tz (München), Juli 1992
Abb. 35 Dieter Hanitzsch. Aus: Münchner Stadtanzeiger, Juli 1992
Abb. 36 Anzeige. Aus: SZ, Juli 1992

Die Natur als Mythos

Abb. 37 Horst Haitzinger, Mai 1989. Aus: Haitzinger 1989, 55
Abb. 38 Buchumschlag zu: Wieland u.a. 1983
Abb. 39 Horst Haitzinger, April 1988. Aus: Haitzinger 1989, 59
Abb. 40 Pepsch Gottscheber. Aus: SZ, 24.5.1989
Abb. 41 Horst Haitzinger, Juni 1985. Aus: Haitzinger 1989, 25
Abb. 42 Horst Haitzinger, August 1987. Aus: Haitzinger 1989, 65
Abb. 43 Marie Marcks. Aus: SZ, 1980er Jahre
Abb. 44 Horst Haitzinger, Juni 1989. Aus: Haitzinger 1989, 88
Abb. 45 Horst Haitzinger, Januar 1982. – Aus: Haitzinger 1989, 105
Abb. 46 Horst Haitzinger. Aus: Haitzinger 1989, Frontispiz
Abb. 47 Horst Haitzinger, Januar 1989. Aus: Haitzinger 1989, 89
Abb. 48 Horst Haitzinger, Dezember 1986. Aus: Haitzinger 1989, 27
Abb. 49 Horst Haitzinger, Mai 1986. Aus: Haitzinger 1989, 37
Abb. 50 Horst Haitzinger: Titelbild des „WWF Journal“, Juni 1996. Aus: Haitzinger 1989, 29
Abb. 51 Horst Haitzinger, Februar 1988. Aus: Haitzinger 1989, 102 oben
Abb. 52 Logo des Volkskundekongresses 1999. Aus: Brednich u.a. 2001, Buchumschlag
Abb. 53 Horst Haitzinger, Januar 1989. Aus: Haitzinger 1989, 83
Abb. 54 Christus bei der Weltschöpfung. Aus einer Bible moralise, Mitte 13. Jh. Nach: Gen-Welten. (Katalogbuch) O.O. 1998, Frontispiz

Über den Kulturbegriff

Abb. 55 Modellvorstellungen Kultur/Natur. Aus: Gerndt: Zielorientierungen. In: Fröhlich 2000, 220
Abb. 56 Modellvorstellungen Kultur-/Naturwissenschaft (unveröffentlicht)

Vom bildlichen Wissen

Abb. 57 Ernst Hürlimann. Aus: SZ, Neujahr 2000
Abb. 58 Heinz Birg. Aus: SZ, Neujahr 2000
Abb. 59 Ironimus. Aus: SZ, Neujahr 2000
Abb. 60 Gabor Benedek. Aus: SZ, Neujahr 2000
Abb. 61 Dieter Hanitzsch. Aus: SZ, Neujahr 2000
Abb. 62 Ernst Maria Lang. Aus: SZ, Neujahr 2000
Abb. 63 Pepsch Gottscheber. Aus: SZ, Neujahr 2000
Abb. 64 Brigitte Schneider. Aus: SZ, Neujahr 2000
Abb. 65 Luis Murschetz. Aus: SZ, Neujahr 2000
Abb. 66 Edith Matzen Hirsch: Lo terrigeno / Erdgeborene, 60 x 60 cm, 1993. Aus: Matzen Hirsch: Bilder und Objekte. Ausstellungskatalog. (München/ Buenos Aires) 1998, 4
Abb. 67 Edith Matzen Hirsch: Destino común II / Geteiltes Schicksal II, 60 x 60 cm, 1992. Aus: ebenda, 8

Kulturverständnis als Bildungsaufgabe

Abb. 68 Kulturprozesse: Phasen des Vermittlungsweges. Aus: Gerndt: Kulturvermittlung. In: ZsfVk 86 (1990), 6

Wissenschaft im Globalisierungsprozeß

Abb. 69 Brigitte Schneider. Aus: SZ am Wochenende, Herbst 1988
Abb. 70 Wolfgang Horsch. Aus: SZ am Wochenende, 17.6.2000

Personenregister

Alle Ziffern, auch die nach „Abb.“, verweisen auf Seiten; ab 267 handelt es sich um Literaturhinweise in den Anmerkungen.

Sachregister

Das Register soll verstreute Sachaspekte zusammenführen und gewichten; es erfaßt bewußt nicht jede Einzelerwähnung eines Begriffs.

Münchner Beiträge zur Volkskunde

herausgegeben vom
Institut für Volkskunde und Europäische Ethnologie
der Universität München

Uta Schier-Oberdorffer
Hex im Keller
Ein überliefertes Kinderspiel im deutschen und englischen Sprachbereich
Bd. 3, 1985, 313 Seiten, br., 15,30 €
ISBN 3-89325-850-7

Hans Schuhladen u. Georg R. Schroubek (Hrsg.)
Nahe am Wasser
Eine Frau aus dem Schönhengstgau erzählt aus ihrem Leben. Eine Dokumentation zur volkskundlichen Biographieforschung
Bd. 9, 1989, 200 Seiten, br., 19,50 €
ISBN 3-89325-851-5

Robert Böck
Volksfrömmigkeit und Brauch
Studien zum Volksleben in Altbayern
Bd. 10, 1990, 251 Seiten, br., 19,50 €
ISBN 3-89325-852-3

Edgar Harvolk
Eichenzweig und Hakenkreuz
Die Deutsche Akademie in München (1924–1962) und ihre volkskundliche Sektion
Bd. 11, 1990, 148 Seiten, br., 12,30 €
ISBN 3-89325-853-1

Gabriele Jaroschka
Lernziel: Untertan
Ideologische Denkmuster in Lesebüchern des Deutschen Kaiserreichs
Bd. 13, 1992, 130 Seiten, br., 14,90 €
ISBN 3-89325-855-8

Waltraud Pulz
„Nicht alles nach der Gelahrten Sinn geschrieben"
Das Hebammenanleitungsbuch von Justina Siegemund. Zur Rekonstruktion geburtshilflichen Überlieferungswissens frühneuzeitlicher Hebammen und seiner Bedeutung bei der Herausbildung der modernen Geburtshilfe
Bd. 15, 1994, 217 Seiten, br., 19,50 €
ISBN 3-89325-857-4

Christoph Pinzl
Eine Bäuerin wie im Buch
Literarisierte Lebensgeschichte – ein Beispiel aus der Hallertau
Bd. 16, 1995, 166 Seiten, br., 14,90 €
ISBN 3-89325-857-4

Elisabeth Mühlauer
Welch' ein unheimlicher Gast
Die Cholera-Epidemie 1854 in München
Bd. 17, 1996, 150 Seiten, br., 15,30 €
ISBN 3-89325-454-4

Beate Spiegel
Adeliger Alltag auf dem Land
Eine Hofmarksherrin, ihre Familie und ihre Untertanen in Tutzing um 1740
Bd. 18, 1997, 480 Seiten, br., 27,60 €
ISBN 3-89325-479-X

Irene Götz
Unternehmenskultur
Die Arbeitswelt einer Großbäckerei aus kulturwissenschaftlicher Sicht
Bd. 19, 1997, 277 Seiten, br., 19,50 €
ISBN 3-89325-478-1

Helge Gerndt
Studienskript Volkskunde
Eine Handreichung für Studierende
Bd. 20, 3. Aufl. 1997, 200 Seiten, br., 16,90 €
ISBN 3-89325-508-7

Eva Habel
Inventur und Inventar im Pfleggericht Wasserburg
Entstehung und Aussagekraft einer Quelle zur historischen Sachkultur im ländlichen Altbayern des 18. Jh.
Bd. 21, 1997, 360 Seiten, br., 22,50 €
ISBN 3-89325-541-9

Burkhart Lauterbach, Christoph Köck (Hrsg.)
Volkskundliche Fallstudien
Profile empirischer Kulturforschung heute
Bd. 22, 1998, 222 Seiten, br., 16,90 €
ISBN 3-89325-626-1

Burkhart Lauterbach
Angestelltenkultur
„Beamten"-Vereine in deutschen Industrieunternehmen vor 1933
Bd. 23, 1998, 284 Seiten, br., 19,50 €
ISBN 3-89325-658-X

Daniel Drascek, Irene Götz, Tomislav Helebrant, Christoph Köck, Burkhart Lauterbach (Hrsg.)
Erzählen über Orte und Zeiten
Eine Festschrift für Helge Gerndt und Klaus Roth
Bd. 24, 1999, 366 Seiten, br., 25,50 €
ISBN 3-89325-815-9

Helge Gerndt (Hrsg.)
Leopold Kretzenbacher – Vergleichende Volkskunde Europas
Gesamtbibliographie mit Register 1936–1999
Bd. 25, 2000, 108 Seiten, br., 16,90 €
ISBN 3-89325-840-X

Irene Götz, Andreas Wittel (Hrsg.)
Arbeitskulturen im Umbruch
Zur Ethnographie von Arbeit und Organisation
Bd. 26, 2000, 228 Seiten, br., 16,90 €
ISBN 3-89325-882-5
Was können ethnographische Methoden zum Verständnis einer sich rasch wandelnden postindustriellen Arbeitsgesellschaft beitragen? Mit welchen gruppen-, regional- und geschlechtsspezifischen Konzepten von Lohn und Leistung, Gleichheit und Hierarchie, Unternehmenskulturen und -politik wird die tägliche Arbeit gestaltet? Dieser Band bündelt neuere Ansätze einer kulturwissenschaftlichen Arbeits-, Organisations- und Unternehmensforschung. Mikroanalysen führen vor, wie die beteiligten Akteure ihre Arbeitswelt als soziokulturellen Raum konstruieren und deuten.

Birgit Speckle
Streit ums Bier in Bayern
Wertvorstellungen um Reinheit, Gemeinschaft und Tradition
Bd. 27, 2001, 290 Seiten, br., 19,50 €
ISBN 3-89325-919-8
Seit dem Jahr 1945 haben vier Auseinandersetzungen um das Bier in Bayern Schlagzeilen gemacht: Die Brauverbote in der Nachkriegszeit, der Süßbierkrieg in den 1950er Jahren, der Streit um das Reinheitsgebot und zuletzt 1995 die „Erste Bayerische Biergartenrevolution" in München.
Anhand einer umfassenden Präsentation der Konflikte und ihrer historischen Grundlagen geht das Buch den Wertvorstellungen um Reinheit, Gemeinschaft und Tradition nach, von denen die Auseinandersetzungen getragen wurden.

Gabriele Wolf
Lesen für den Fortschritt
Zur Rezeption von popularer landwirtschaftlicher Fachliteratur in Bulgarien (1878–1944)
Bd. 28, 2001, 342 Seiten, br., 25,50 €
ISBN 3-8309-1028-2
Mit dem Ziel der Modernisierung der Landwirtschaft in Bulgarien benutzte eine gebildete Elite populare Fachliteratur, um der bäuerlichen Bevölkerungsmehrheit „modernes" Wissen zu vermitteln. Das Buch untersucht die kulturellen und sozioökonomischen Bedingungen und analysiert die Rezeption der Fachtexte in diesem Kontext. Es zeigt dabei Differenzen auf: zwischen der intellektuellen Konzeption der Eliten und den Alltagspraktiken der bäuerlichen Haushalte; zwischen dem Versuch, mit dem Medium auch die wirtschaftlichen „Erfolge" zu importieren, und dem Eigensinn der Adressaten.

Christoph Köck (Hrsg.)
Reisebilder
Produktion und Reproduktion touristischer Wahrnehmung
Bd. 29, 2001, 244 Seiten, br., 16,90 €
ISBN 3-8309-1047-9
Im 19. und 20. Jahrhundert werden touristische Bilder zur substantiellen Basis kollektiver raumzeitlicher Wahrnehmungen – mit deutlich alltagsprägender Wirkung. 17 kulturwissenschaftliche Beiträge fokussieren die Entstehungskontexte und Reproduktionsvorgänge von Reisebildern in historischer und gegenwartsbezogener Perspektive.

Barbara Schier
Alltagsleben im „sozialistischen Dorf"
Merxleben und seine LPG im Spannungsfeld der SED-Agrarpolitik (1945–1990)
Bd. 30, 2001, 328 Seiten, br., 19,50 €
ISBN 3-8309-1099-1
Merxleben, ein thüringisches Dorf, in dem 1952 die erste Landwirtschaftliche Produktionsgenossenschaft (LPG) gegründet wurde, sollte ein sozialistisches Musterdorf werden. Das Wechselspiel aus Veränderung und Resistenz wird in dieser empirischen Untersuchung eindringlich dargestellt.
Anschaulich und facettenreich beschrieben wird das spannungsreiche Beziehungsgefüge von normativer Agrarpolitik und Dorfalltag, von staatssozialistischem Diktat und dörflicher Nischenkultur, von Anpassung und Widerstand.

Waxmann Verlag GmbH
Münster · New York · München · Berlin
http://www.waxmann.com